Aldo Natoli

Tanja Schucht und Antonio Gramsci

Über dieses Buch

Die Briefe, die Antonio Gramsci in den Jahren 1926-1937 aus dem Gefängnis geschrieben hat, gehören zu den großen Ereignissen der italienischen Literatur und Politik in diesem Jahrhundert. Die Rezeption der Werke Gramscis in Italien war immer wieder Gegenstand kritischer, politischer und philologischer Diskussionen. Dabei blieb jedoch - für uns heute fast unerklärlich - ein Aspekt im Dunkeln, dem wir seit dem Erscheinen von Aldo Natolis Buch "Antigone" (1990) eine zentrale Bedeutung zumessen: die Rolle, die Tanja Schucht gespielt hat und natürlich auch die Figur dieser Frau. Aldo Natoli schreibt: "Als ich Ende 1987 und im Frühjahr 1988 die Gefängnisbriefe erneut mit großer Aufmerksamkeit las, machten mich zwei Tatsachen betroffen. Von den 456 Briefen Gramscis war der größte Teil, nämlich 239, an die Schwägerin Tatjana Schucht gerichtet. Dieser Teil der Korrespondenz ist menschlich und politisch auf eine dramatische Weise höchst bedeutungsvoll. Und doch weiß man bis heute nichts über diese Frau. Keiner der zahlreichen Historiker, Politiker und Literaten, die sich mit Gramsci beschäftigten, ist der Frage nachgegangen, was das für eine Frau war, der Gramsci seine innersten Gefühle mitgeteilt hat."
Sensationell war Natolis Fund von 1988, daß weit über 600 Briefe, die Tanja in den Jahren 1926 bis 1934 an Antonio schrieb, unentdeckt im Gramsci-Archiv lagen. Im vorliegenden Band sind die wichtigsten dieser Briefe erstmals in deutscher Sprache abgedruckt (daneben bislang unbekannte Briefe Julias an Gramsci).

Über den Autor

Aldo Natoli, als junger Arzt und Forscher Stipendiat in Frankreich, war seit 1936 im antifaschistischen Widerstand und verbrachte seine politischen und theoretischen „Lehrjahre" im Gefängnis von Civitavecchia. Nach der Befreiung war er kommunistischer Parteisekretär von Rom, Mitglied des ZK und langjähriger Abgeordneter im Parlament. 1968 wurde er mit der Gruppe Manifesto aus der Partei ausgeschlossen, blieb jedoch parteiloser Abgeordneter. Er lebt heute als Gelehrter und Schriftsteller in Rom und widmet sich in Zusammenarbeit mit dem Istituto Gramsci der Herausgabe des (zu einem großen Teil noch unveröffentlichten) Briefwechsels von Antonio Gramsci.

Aldo Natoli

Tanja Schucht und Antonio Gramsci

Eine moderne Antigone

Übersetzt und eingeleitet
von Peter Kammerer

Cooperative-Verlag Frankfurt am Main

Herausgegeben von Ursula Apitzsch

CIP-Kurztitelaufnahme der Deutschen Bibliothek

Natoli, Aldo:
Tanja Schucht und Antonio Gramsci : eine moderne Antigone /
Aldo Natoli. Übers. und eingel. von Peter Kammerer. [Hrsg. von Ursula Apitzsch]. – Frankfurt am Main : Cooperative-Verl., 1993

Einheitssacht.: Antigone e il prigioniero <dt.>

ISBN 3-88442-026-7

Titel der italienischen Originalausgabe:
«Antigone e il prigioniero.
Tania Schucht lotta per la vita di Gramsci»

Gesamtherstellung:
AG Text & Publikation, Frankfurt/Main

Inhalt

Einleitung von Peter Kammerer 7

1. Kapitel: Gramsci und die Familie Schucht 17
2. Kapitel: Gramsci und Tanja.
Die ersten Gefängnisjahre 23
3. Kapitel: Das Jahr 1929.
Obsessionen und stoischer Mut 43
4. Kapitel: Tanja in Turi.
Das Schweigen Julias 53
5. Kapitel: Schwierige Beziehungen nach Moskau.
Intellektuelle Arbeit.
Erster Blutsturz und Krise (1931) 77
6. Kapitel: Julias Psychoanalyse –
Dialog mit Sraffa (mittels Tanja) –
Am Rande des Zusammenbruchs
(Sommer 1932) 97
7. Kapitel: Warten auf die Amnestie.
Der Schatten des Grieco-Briefes.
Initiativen für eine Hafterleichtertung 117
8. Kapitel: Verlassen und „verurteilt“?
Der letzte „große Versuch“. ....
Zusammenbruch und Überführung
nach Formia (1933) 137
9. Kapitel: Gramscis Tod (27.4.1937) 159
10. Kapitel: Antigone 167

Anhang

Tanja Schucht an Antonio Gramsci
April 1927 – Januar 1933 180

Julia Schucht an Tanja
Januar 1933 235

Tanja Schucht an Piero Sraffa
Februar 1933 – Juni 1933 236

Tanja Schucht an Antonio Gramsci
Dezember 1933 255

Julia Schucht an Antonio Gramsci
Dezember 1933 256

Julia Schucht an Antonio Gramsci
September 1934 258

Tanja Schucht an Piero Sraffa
Mai 1937 – September 1937 258

Piero Sraffa an Paolo Spriano
Trinity College Cambridge
Dezember 1969 269

Einleitung
von Peter Kammerer

1

Die Briefe, die Antonio Gramsci in den Jahren 1926-1937 aus dem Gefängnis geschrieben hat, gehören zu den großen Ereignissen der italienischen Literatur und Politik in diesem Jahrhundert. In einer ersten Ausgabe, im Jahre 1947, erschien nur eine Auswahl (etwa die Hälfte) dieser Briefe, im Jahre 1965 wurde eine "fast" vollständige Ausgabe zusammengestellt, die 1988 noch einmal erheblich ergänzt wurde(1). Die Rezeption der Werke Gramscis in Italien(2) und deren Beförderung, aber auch Kontrolle durch die kommunistische Partei, waren immer wieder Gegenstand kritischer, politischer und philologischer Diskussionen. Dabei blieb jedoch - für uns heute fast unerklärlich - ein Aspekt im Dunkeln, dem wir seit dem Erscheinen von Aldo Natolis Buch "Antigone" (1990) eine zentrale Bedeutung zumessen: die Rolle, die Tanja Schucht gespielt hat und natürlich auch die Figur dieser Frau. Aldo Natoli schreibt: "Als ich Ende 1987 und im Frühjahr 1988 die Gefängnisbriefe erneut mit großer Aufmerksamkeit las, machten mich zwei Tatsachen betroffen. Von den 456 Briefen Gramscis war der größte Teil, nämlich 239, an die Schwägerin Tatjana Schucht gerichtet. Dieser Teil der Korrespondenz ist menschlich und politisch auf eine dramatische Weise höchst bedeutungsvoll. Und doch weiß man bis heute nichts über diese Frau. Keiner der zahlreichen Historiker, Politiker und Literaten, die sich mit Gramsci beschäftigten, ist der Frage nachgegangen, was das für eine Frau war, der Gramsci seine innersten Gefühle mitgeteilt hat."(3) Natoli begibt sich in das Archiv des Istituto Gramsci und stellt zu seiner Überraschung fest, daß dort seit 1964, seit Togliatti sie hier deponierte, 652 Briefe liegen, die Tanja zwischen 1926 und 1934 an Gramsci geschrieben hat und die den anderen, bisher unbekannten Teil des Briefwechsels zwischen den beiden bilden.

---

1) Antonio Gramsci, Lettere dal carcere, Ausgabe der L'Unità, Januar 1988, zwei Bände, Hrsg. von A. Santucci auf der Grundlage der Ausgabe von 1965 (Einaudi); in deutscher Übersetzung erschien eine Auswahl der Briefe erstmals im Dietz-Verlag, Berlin 1956; gegenwärtig ist eine deutsche Gesamtausgabe der "Gefängnisbriefe" in Vorbereitung;
2) John M. Cammett (Hrsg.), Bibliografia Gramsciana 1922-1988, Roma, 1989
3) Vortrag am 17.9.1992 in Wien, unveröff. Ms.

2

Welches mögen die Gründe sein für ein Desinteresse, das die philologische Sorgfaltspflicht so sehr vernachlässigt und die menschliche Neugier so säuberlich beschneidet, daß jeder Blick auf den wichtigsten Briefpartner Gramscis für überflüssig erachtet wird? Zunächst bieten sich folgende Erklärungen an, die einander nicht ausschließen.

In der Kultur des offiziellen Antifaschismus der Nachkriegszeit gibt es kein „Privatleben". Gramsci ist ein kommunistischer Märtyrer, der mit seiner intellektuellen Arbeit die Grundlagen für die geistige Erneuerung Italiens gelegt hat. Tanja ist "Privatleben". Von Interesse ist höchstens ihre "weibliche" Funktion des Tröstens und Helfens. Ihre Briefe sind unwichtig, denn sie handeln von Lebensmitteln und Wollsachen. In den Kreisen der Partei muß zudem ihr gegenüber eine unterschwellige "Antipathie" geherrscht haben. Tanja entspricht in keiner Hinsicht dem Bild einer "proletarischen Kämpferin", das in den 30er Jahren kanonisiert worden war und sich über 30 Jahre lang auch in den kommunistischen Parteien des Westens hartnäkkig gehalten hat. Das Bild, das Gramsci von ihr zeichnet, als er sie kennen lernt, betont ihre Fähigkeit, "eine außerordentliche Arbeiterin" zu sein, die, wäre sie in der Sowjetunion, "alle Notwendigkeiten des Kampfes verstehen" würde (Brief vom 2. Februar 1925). Und er bestätigt diesen Eindruck in einem weiteren Brief, fünf Tage später, erzählt aber auch lachend eine Episode, über die es ein Jahrzehnt später nichts mehr zu lachen gegeben hätte. Tanja kauft für ihre ganze, in Moskau sich befindende Familie modische Schuhe ein, die der zur Sitzung des Exekutivkomitees der Kommunistischen Internationalen delegierte Gramsci mitnehmen soll, was in ihm die "vage Befürchtung" auslöst, daß an der Grenze "weißgott welche Zweifel an meiner sozialen Identität aufkommen werden". Ein bolschewistischer Revolutionär mit Damenschuhen im Koffer. Tanja hat da keine Probleme ("eine furchtbare Frau") und Gramsci letztlich wohl auch nicht. Kein Wunder, daß Tanja, als sie dann Ende 1938 nach Moskau kommt, von einigen Genossen als "bürgerlich" verschrien wird, denn sie wagt es, ihren eigenen Geschmack und - noch schlimmer - ihre eigenen Ansichten zu zeigen, auch im Widerspruch zur offiziellen Anschauung[(4)]. Tanja war nie durch die "Schule" der kommunistischen Partei gegangen (im Gegensatz zu ihren Schwestern Genia und Julia; Natoli betont mehrmals diesen Aspekt) und hat sich deren Verhaltens- und Sprachregelungen nie zu eigen

4) Tatiana Schucht, Lettere ai familiari, herausgegeben von Mimma Paulesu Quercioli mit einem Vorwort von Giuliano Gramsci, Rom 1991, S. XVII

gemacht. Auch das muß ihre letzten Lebensjahre, von denen wir nichts wissen, nach der Rückkehr in ein Land, das sie als Sechsjährige verlassen hatte, außerordentlich schwer gemacht haben.

Doch genügt das alles, um unsere Frage zu beantworten? Aldo Natoli geht einen Schritt weiter. Auf Grund seiner Analyse beider Seiten des Briefwechsels kommt er zu der Überzeugung, daß die Briefe Tanjas nicht nur einige bisher dunkle Stellen in den Briefen Gramscis erhellen, sondern auch eine wichtige und beunruhigende Frage klären: die Frage nach der Stellung Gramscis zum Stalinismus. Zwischen den Wollsachen Tanjas und in der diskreten Analyse der privaten Beziehungen Gramscis findet Natoli den Schlüssel, um diese Frage, die die Partei überhaupt erst nach dem Tode Togliattis (1964) zu stellen wagte[5], zu beantworten. Das Besondere am Buch von Aldo Natoli ist, daß er dieses Problem gar nicht explizit aufwirft. Es ergibt sich aus dem Material, dessen politische Bedeutung erst auf dem Hintergrund der tiefen Menschlichkeit Tanjas und ihres Verhältnisses zu Gramsci sichtbar wird. Diesen Hintergrund, für den die Parteihistoriker und Gramsciforscher kein Interesse gezeigt hatten, arbeitet Natoli wie einen Roman in Briefen, doch exakt an den Dokumenten bleibend, heraus.

3

Tatsächlich klingt Gramscis Geschichte nach einem großen Roman. Gramsci ist 35 Jahre alt, als er im November 1926 als führender Exponent der kommunistischen Partei unter Verletzung seiner parlamentarischen Immunität verhaftet wird. Vor vier Jahren hatte er in einem Sanatorium für Nervenkranke, in der Nähe Moskaus, zuerst Eugenia Schucht, dann deren jüngere Schwester Julia kennen gelernt. Julia wird seine Frau. Die Familie Schucht war zusammen mit Lenin in der Deportation und hat dann lange Jahre in Frankreich, in der Schweiz und vor allem in Rom gelebt. Der Vater, eine Tolstoische Figur mit dem schönen Namen Apollon, ist ein russischer Patriarch und ein Kosmopolit, Großbürger und Revolutionär. Die Mutter stammt aus einem wohlhabenden russisch-jüdischen Elternhaus. Die Töchter sind musisch sehr begabt. In Rom haben Eugenia die Kunstakademie, Julia das Konservatorium besucht. Über der Liebe zwischen Gramsci und Julia Schucht liegt von Anfang an der Schatten der

---

5) Giuseppe Fiori, Vita di Antonio Gramsci, Roma-Bari 1966, auf deutsch: Das Leben des Antonio Gramsci, Rotbuch, Berlin 1979 und Paolo Spriano, Gramsci in carcere e il partito, Roma 1977

durch politische Ereignisse erzwungenen Trennungen. Bei einem der Abschiede hatten sich die beiden versprochen, immer frei und wahr zu sein in den gegenseitigen Informationen über sich selbst. Doch später konstatiert Gramsci, daß sie dieses Wort nicht eingehalten hätten und fragt: warum? (13.1.1931). Und warum schreibt Julia so selten?

Eugenia spielt eine seltsame Rolle. Ihre anfängliche Sympathie für Gramsci muß umgeschlagen sein. Sie, die schon früher geschrieben hatte, "es ist etwas Krankhaftes in meinem Wunsch, von zwei, zehn, hundert Kindern geliebt zu sein"[6], übt einen starken Einfluß aus vor allem auf Delio, das älteste der zwei Kinder, die aus der Verbindung zwischen Gramsci und Julia hervorgegangen sind, und auch auf Julia. Ihre Wirkung trägt dazu bei, den in Haft befindlichen Gramsci von der Familie zu isolieren. Das mag ab einem bestimmten Zeitpunkt auch politische Gründe gehabt haben. Eugenia ist eine Revolutionärin, die im Bürgerkrieg aktiv gekämpft hat und die Linie der Partei verkörpert. Daß Gramsci in wichtigen Punkten von dieser Linie abweicht, wird ihr nicht entgangen sein und hat in einer Zeit, in der Abweichler isoliert und eliminiert wurden, möglicherweise ihr Verhalten beeinflußt. Später, in den Jahren 1939/1940, wird sie unter denen sein, die im Auftrag der Internationalen das Werk Gramscis hüten sollen[7], und in den 50er Jahren besorgt sie die russische Ausgabe der Gefängnishefte. Sie lebt bis 1972, Julia bis 1980, während Tanja schon 1943 gestorben war[8].

Tanja ist die dritte Schwester, die im Leben Gramscis eine entscheidende Rolle spielen sollte. Sie war nach der Rückkehr der Familie Schucht nach Rußland in Rom geblieben. Gramsci besucht sie 1925, nach seiner Rückkehr aus Moskau, und ist nicht nur beeindruckt von ihrer Persönlichkeit, sondern auch fasziniert durch ihre starke Ähnlichkeit mit Julia. Zusammen mit Piero Sraffa, dem großen Ökonom und Herausgeber der Werke Ricardos, dem Freund so unterschiedlicher Geister wie Togliatti, Keynes und Wittgenstein, organisiert Tanja nach Gramscis Verhaftung das Netz moralischer und materieller Unterstützung für Gramsci. Tanja, einsam, scheu und stark, wird zur Schlüsselfigur des Dramas.

---

6) Adele Cambria, Amore come rivoluzione, Milano 1976, S. 36
7) Giulietto Chiesa in: La Stampa vom 18.3.1992
8) Giuseppe Fiori, Gramsci, Togliatti, Stalin, Roma-Bari 1991, S. 112

4

Nach seiner Verurteilung zu mehr als 20 Jahren Haft kämpft Gramsci nicht nur um sein physisches Überleben, sondern, untrennbar damit verbunden, um die Integrität seiner Gefühle und Anschauungen. Er ist sich der Veränderungen bewußt, denen Menschen in Extremsituationen unterliegen und kämpft mit jeder Faser um die Kontrolle dieses Prozesses. Er wird zum "Lehrling des Gefängnislebens" und erfährt, wie mächtig eine Gefängnisordnung ist, die "neben dem Handbuch des Unteroffiziers und dem Kleinen Katechismus" zu den "Meisterwerken gehört", "in denen die Menschen ihre jahrtausendealte Erfahrung im Bereich der Organisation der Massen" zusammengefaßt haben (11.4.1927). Um nicht vom Leben abgeschnitten zu werden, entwickelt er einen ungeheueren Hunger nach Realität. Wunderbar ist, wie er seine Mutter anhält, ihm die Vorstellungskraft vom Leben draußen zu erhalten, indem er ihr seine Methode beschreibt: "Ich muß es machen wie die Naturforscher, die von einem in einer prähistorischen Höhle gefundenen Zahn oder Schwanzknöchelchen ein ausgestorbenes Tier, das womöglich groß war wie ein Wal, zu rekonstruieren versuchen". Und er bittet sie, ihm diese "Knöchelchen" zu besorgen: durch Mitteilungen z.B. über die Milchgenossenschaften oder darüber, wie das Konkordat zwischen Staat und Kirche in Ghilarza gefeiert wurde, über die Auswirkung des neuen Elektrizitätswerkes auf das Dorf etc. (30.12.1929). Er beschwört seine wenigen Briefpartner um den Bericht konkreter Einzelheiten (fast jeder Brief an Julia und die Kinder insistiert darauf), und er geht das Risiko ein, als Pedant mißverstanden zu werden. Tatsächlich wird er im Gefängnis zum Kleinigkeitsfanatiker, nicht nur positiv, aus Hunger nach Realität, sondern auch negativ, auf Grund der Notwendigkeit, die tausend schikanösen Kleinigkeiten abzuwehren, die ständig an den Nerven zerren (18.1.1932). Der Haftling Nummer 7047 wird von einer Verwaltungsmaschinerie, die ebenso leidenschaftslos wie irrational ist, zum willenlosen und unpersönlichen Objekt degradiert. Dieses Gefängnisdasein, "an das man sich unter großen Leiden gewöhnt", wird jedoch unerträglich, wenn "dazu noch die irrationale und chaotische Tätigkeit der eigenen Angehörigen kommt". Nur deren berechenbare Kooperation gewährt dem Häftling ein Minimum an Entscheidungsfreiheit, ein Minimum, das Gramsci so eifersüchtig hütet, daß er z.B. jeden ohne seine Anweisung organisierten Arztbesuch ablehnt und notfalls, nur "um mir zu beweisen, daß ich noch lebe" (25.1.1932), auch gegen das unmittelbare Eigeninteresse auf dem "eigenen Willen" besteht. Mit der gleichen Entschiedenheit wendet er sich dagegen, Objekt der "pietà" zu werden, eines Mitleids, das darüber entscheidet, welche Wahrheiten einem Leidenden zugemutet werden können. Diese Art des "Altruismus" erweist sich letztlich als Anmaßung und zeitigt als furchtbares Ergebnis nur Mißtrauen und "eine Kette tragischer Mißverständnisse" (16.5.1932).

Gegen das, was ihn im Gefängnis erwartet, hat sich Gramsci gewappnet. Überraschend treffen ihn die Schläge von außen.

5

Gramsci ist aufgeregt "wie ein Kind", als er, ein paar Wochen nach seiner Verhaftung, im römischen Gefängnis Regina Coeli eine Flasche Kaffee erhält und die Schriftzüge Tanjas sieht. Es vergeht aber noch fast ein Jahr, bis ihn Tanja im September 1927 erstmals besuchen kann, für beide ein Augenblick tiefer Bewegung und großen Glücks. Die Korrespondenz ist bereits seit Monaten regelmäßig und auch Tanja ist "pedantisch": ein eventuelles Ausbleiben des wöchentlichen Briefes möchte sie eine Woche zuvor erfahren. Sie kümmert sich intensiv um die Beziehungen zu Julia und den Kindern in Moskau und hat zur Familie in Sardinien Kontakt aufgenommen. Sie hat Gramsci ihre Vorstellung eines Verhältnisses selbstloser Liebe beschrieben und ihn ermutigt, er möge ihr gegenüber seinen Gedanken und Gefühlen "immer vollständig Ausdruck geben", ohne zu "fürchten, sie könnten mißverstanden werden". Sie weist die Feststellung Gramscis, sie könne seine Gefängnissituation nicht verstehen (was sie als Vorwurf empfindet), mit einem Hinweis auf ihren Vater zurück, der ebenfalls meint, sie könne das Leben in Moskau nicht nachvollziehen. Beide "seid ihr in einem schweren Irrtum". Die minuziöse Analyse ("unter einem linguistischen, literarischen und psychologischen Gesichtspunkt"), die Gramsci ihren Briefen angedeihen läßt, schützt also nicht vor Mißverständnissen. Dieser fast programmatisch wirkende Brief Tanjas vom 12.4.1927 steckt das Terrain ab, auf dem sich das Verhältnis der beiden in den nächsten zehn Jahren bewegt. Es wird noch hinzukommen, daß Tanja ab Herbst 1928 auch die Beziehung zu Sraffa vermittelt, denn nach seiner Verurteilung unterliegt Gramsci stark einschränkenden Bedingungen: er darf nur an Familienangehörige und nur zwei Briefe im Monat (später pro Woche) an jeweils festgelegten Tagen schreiben. Tanja verfaßt Abschriften und verteilt sie an die von Gramsci vorgesehenen Empfänger (darunter oft auch Julia). In ihren Briefen übermittelt sie, manchmal in langen, wörtlichen

Passagen, den Inhalt der an sie gerichteten Schreiben Sraffas[9] und der Moskauer Familie, insbesondere Julias. Tanja steht also im Zentrum eines komplizierten brieflichen Kommunikationssystems, dessen Informationen oft verschiedene, nicht immer eindeutig bestimmbare Stationen durchlaufen (hinter Tanja steht in bestimmten Fragen Sraffa, hinter Sraffa steht unter Umständen Togliatti, d.h. die Partei etc.). Die Figur Tanjas nimmt verschiedene Züge an, aber vor allem ist sie nicht von der Figur Julias zu trennen. In ihr ist etwas von Julia, und Gramsci denkt sie "in eins mit Julia". Wie im Theater Pirandellos überlagern sich die Identitäten und Gramsci schreibt an Tanja für Julia bestimmte Briefe, "eine Art Pirandellismus in Briefform" (27.8.1928). In absoluter Selbstlosigkeit übermittelt, filtert und interpretiert Tanja die für Gramsci lebenswichtigen Kontakte und Mitteilungen und führt, untrennbar damit verwoben, ihren eigenen, intensiven Dialog mit ihm.

6

Die Briefe sind die wichtigsten Fäden, die Gramsci mit der Welt verbinden. Sie erhalten in ihm die Fähigkeit, sich die Wirklichkeit vorzustellen. Dazu kommen seltene Besuche und das, was neu ankommende Häftlinge von draußen erzählen. Er liest Bücher und Zeitschriften und erfährt in groben Zügen, trotz der strengen Zensur politischer Informationen, von den großen Veränderungen, die sich während seiner Haft in Europa vollziehen. Was ihn jedoch ständig beschäftigt, ist die Frage, wie sich das Verhalten und die Gefühle der Menschen verändern. Die Welt der Gefühle ist so untrennbar "mit anderen (ideologischen, philosophischen, politischen usw.) Elementen verbunden, daß ich nicht zu sagen wüßte, bis wohin das Gefühl reicht und wo hingegen eines der anderen Elemente beginnt" (19.5.1930). Auch die politische Welt nährt sich von Gefühlen und wird ohne sie monströs. Das lange, ihm trotz ihrer Krankheit oft unerklärliche Schweigen Julias, an deren Liebe er nicht zweifelt, teilt ihm mit, daß sich die politische Welt, der er angehört, verändert hat. Am 5.5.1930 hatte er Julia geschrieben: "Warum läßt Du mich nichts wissen, warum erhöhst Du das Gefühl der Machtlosigkeit, dem ich bereits durch alle Einschränkungen meines Willens und meiner Freiheit unterliege, zu denen mich das Sondergericht verurteilt hat?".

9) Piero Sraffa, Lettere a Tania per Gramsci, herausgegeben und eingeleitet von Valentino Gerratana, Rom, 1991

Ausgerechnet durch die, die mit ihm solidarisch sein müßten, fühlt er sich abermals zum Objekt reduziert. Es gibt also noch ein "anderes Gefängnis", außerhalb der "vier Mauern, Gitter und Schießscharten" und noch eine weitere Zensur, denn er fühlt sich jetzt von einem "sehr viel größeren Kollegium" verurteilt: ein Dissident, der isoliert wird, ein kranker Märtyrer, der bloß der Propaganda dient. Wenige Wochen vor seiner Verhaftung hatte er sich im Namen der italienischen Parteiführung entschieden gegen die Methode ausgesprochen, mit der die, in der Sache auch von Gramsci unterstützte Parteimehrheit (Stalin-Bucharin) die innerparteiliche Opposition (Trotzki- Kamenew-Sinowjew) mundtot machte, und Ende 1929/1930 ist er erneut im Dissens mit der politischen Linie der Internationalen[10]. Nun spürt er den Schatten des Stalinismus, der auf ihm und Julia liegt und kann ihn nicht benennen. Symbol und Inbegriff seines Verdachts, von dem er "eisern überzeugt ist", wird der berühmte Grieco-Brief, durch den er sich der faschistischen Justiz ausgeliefert fühlte[11]. Er traut den Genossen, einigen Genossen, den Verrat zu. Er irrt, wie wir wissen, er ist nicht verraten worden, aber er hat geahnt und verstanden, was in den kommunistischen Parteien bereits während des Übergangs in die 30er Jahre möglich geworden war. Er weiß nichts von den großen Verbrechen, aber er spürt die feinen Mühlen des Stalinismus, die die menschliche und politische Solidarität zermahlen und den Begriff des "Kommunismus" entleeren. Was ihn nicht an allem verzweifeln läßt, ist die Haltung Sraffas und Tanjas (27.2.1933).

7

Durch Tanja bleibt er trotz der "vielfältigen Zensur" innerhalb und außerhalb des Gefängnisses mit der Welt in Verbindung, auch wenn Tanja selbst in einer gewissen Hinsicht, unbewußt und in gutem Glauben, Teil hat an der komplexen Konstruktion seines "anderen Gefängnisses". Auf ihre Veranlassung hin wird dem schwer kranken Gramsci der Tod seiner Mutter verschwiegen[12], und sie übermittelt keineswegs immer alle Nachrichten über Julia. In einem Brief an Julia schreibt Gramsci 1936 (ohne Datum):

10) vgl. dazu A. Natoli, Gramsci in carcere, il Partito, il Comintern, in: Belfagor, März 1988, Florenz und Giuseppe Fiori, Gramsci, Togliatti, Stalin, op.cit.

11) Die Briefe von Ruggero Grieco vom 10.2.1928 an führende Kommunisten im Gefängnis (Gramsci, Scoccimarro und Terracini), sind wiederabgedruckt in P. Spriano, Gramsci in carcere..., op.cit. S. 129 ff. Nur Gramsci hat an diesem Brief Anstoß genommen, aus Gründen, die im vorliegenden Band näher erläutert werden.

12) Tatjana Schucht, Lettere ai familiari, op. cit. pag. XXXI, vgl. auch den Brief Tatjanas S. 240

"Ich glaube, daß das falsche Mitleid (pietà) nichts anderes ist als Dummheit, das unter den Bedingungen, in denen sich ein Häftling befindet, zu einer richtiggehenden Grausamkeit wird, weil es einen Zustand des Mißtrauens und des krankhaften Verdachts erzeugt, irgend etwas würde einem verborgen". Das führt mehrere Male Gramsci bis an den Rand des Bruches mit Tanja. Trotzdem weiß er, daß sie es ist, die ihn davor bewahrt, lebendig begraben zu werden. Sie läßt nicht zu, daß er sich "böse verschließt" (Tanjas Brief vom 12.4.1927); sie ruft ihn aus der Tiefsee, in die er absinken will, weil dort die Welt auch bei Sturm unbeweglich bleibt (20.10.1928); sie kämpft gegen das Absterben der Gefühle gegenüber den Unglücklichen und auch in deren Herzen (13.1.1930); sie erreicht den höchsten Grad spiritueller Kommunikation, indem sie ihren Besuch bei Gramsci Julia "materiell" nachfühlen läßt, sodaß jede Gefühlsbewegung Antonios und Tanjas eigener Schmerz im Herzen Julias immer ein Echo auslösten (Tanjas Briefe vom 8.2.1929 und vom 1.7.1937). Sie reibt sich auf im Verkehr mit den Behörden, um Hafterleichterung und eine adaequate ärztliche Versorgung für Gramsci zu erhalten; sie verläßt Italien nicht, ohne den Toten auf die würdigste Weise auf dem protestantischen Friedhof in Rom, dem "Friedhof der Denker, Dichter, Künstler und Wissenschaftler"(13) begraben zu haben und sie tut ein Letztes, im Namen der Ideen Gramscis, indem sie der Frage des Grieco-Briefes auf den Grund gehen will, der, wenn nicht real, so doch symbolisch für ein Problem steht, das in den Jahren der Schauprozesse aufzuwerfen an furchtbare, sich als ehern ausgebende Gesetze stößt: die Frage, wie die Partei mit den Menschen und die Menschen in der Partei miteinander umgehen.

Aldo Natoli hat diese, unter vielfältigen Materialien und Zensuren verborgene Frage, die Gramsci fast zehn Jahre als Obsession verfolgt hat, wieder frei gelegt und damit nicht nur Tanja, sondern auch Gramsci Gerechtigkeit widerfahren lassen. Er hat sich nicht mit der offiziellen, meist aus "pietà" unausgesprochenen Version zufrieden gegeben, daß es sich um Mißverständnisse, um rein private Wahnvorstellungen gehandelt haben muß, in die ein unglücklicher und isolierter Gramsci und drei psychisch labile Schwestern verstrickt gewesen waren.

Um Gramscis Obsession als menschliches und politisches Phänomen ernst zu nehmen, bedarf es allerdings einer Vorstellung von Stalinismus, die sehr viel weiter geht als der von Togliatti bis Berlinguer offiziell zugestandene, auf Personenkult, Schauprozesse und massenhafte Repression

---

13) ebda. S. 256; auf diesem Friedhof sind u. a. Keats, Shelley und der Freund Hölderlins, Wilhelm Waiblinger, begraben

beschränkte Begriff. Stalinismus ist nicht der Inbegriff von "Degenerationserscheinungen eines an sich gesunden Sozialismus", sondern umgekehrt: Diese Erscheinungen "konnten sich nur entwickeln, weil in den Jahren 1929-1933 ... alle Keime des Sozialismus und des Kommunismus, die in der postrevolutionären Gesellschaft bis 1928 überlebt hatten, vernichtet wurden"(14). Nicht zuletzt wegen dieser Thesen wurde Natoli, zusammen mit der Manifesto-Gruppe, 1969 aus der kommunistischen Partei ausgeschlossen.

Und es bedarf einer zweiten Qualität, um Gramscis Obsession in ihrer wirklichen Dimension zu entziffern. Es bedarf dessen, was Gramsci die Fähigkeit zu "philologischer Kritik" genannt hat, die Fähigkeit und Geduld, aus den "Briefen alle möglichen Anzeichen und Bedeutungen herauszuziehen. Meinst Du, das ist Pedanterie?" fragt er Julia in einem seiner letzten Briefe (5.1.1937). Der Leser wird auch im Buch Natolis auf diese "Pedanterie" stoßen, unersetzliches Rüstzeug einer Generation von Kommunisten, die unter den Bedingungen ständiger Sprachregelungen nur auf diese Weise ihre Eigenständigkeit gewinnen und erhalten konnten. Natoli kennt die durch Repression und Zensur bedingte Geheimsprache des Widerstands ebenso wie die Herrschaftssprache der Eingeweihten und das "Kaderwelsch" der Funktionäre. Kommunist und Antifaschist seit 1936, verbrachte er seine Lehrjahre im Gefängnis von Civitavecchia, war nach Widerstand und Befreiung Parteisekretär von Rom, Mitglied des ZK und langjähriger Abgeordneter im Parlament. Seit seinem Parteiausschluß ist er Kommunist ohne Partei. Vielleicht trifft diese Bezeichnung auch auf Tanja zu, deren Ideale und Gefühle Aldo Natoli nicht nur dem Vergessen, sondern auch jenem anderen Tod entrissen hat, von dem Pasolini schreibt: "Der Tod besteht nicht im sich nicht mehr mitteilen können, sondern im nicht mehr verstanden werden können"(15).

---

14) Aldo Natoli, Sulle origini dello stalinismo, Firenze 1979, S.6
15) Pier Paolo Pasolini, Una disperata vitalità, in "Poesia in forma di rosa", Roma 1964

"Deine Schwester
Tatjana gibt mir einen Vorgeschmack
von Dir... Die Musik ihrer Stimme ist
ein Echo Deiner Stimme".
Antonio, 2.2.1925

1. Kapitel:

Gramsci und die Familie Schucht

Tatjana Apollonia Schucht wird 1887 in Samara an der mittleren Wolga geboren. Der Vater Apollon Alexandrowitsch war nach einigen Jahren der Deportation in Sibirien vom zaristischen Regime hierher verbannt worden.

1893, nach einem kurzen Aufenthalt in Zarskoje Selo bei Petersburg verläßt die Familie Rußland. Sie zieht zunächst nach Frankreich (Montpellier), dann in die Schweiz (Genf) und später, in den ersten Jahren nach der Jahrhundertwende, nach Italien (Rom).

Die Familie ist zahlreich und wohlhabend. Außer dem Vater und der Mutter Julia Grigorevna sind es 5 Mädchen und ein Junge: Nadine, Anna, Eugenia, Tatjana, Julia und Viktor.

Julia wird 1897 in Genf geboren. Im Jahre 1909 studiert sie an der Musikakademie Santa Cecilia in Rom und macht dort 1915 ihr Diplom als Violinistin. Eugenia besucht die Kunstakademie in Rom. Tatjana studiert Naturwissenschaften und nach dem Abschluß anschließend Medizin.

Zwischen 1913 und 1915, der erste Weltkrieg war ausgebrochen, kehrt die Familie nach Rußland zurück. Als letzte Julia (1915). Sie beginnt als Lehrerin an einer Musikschule in Iwanowo Wossnesensk, einem Industrieort, etwa hundert Kilometer von Moskau entfernt. Hier befindet sie sich mit ihren Eltern 1922, als Gramsci sie von Moskau aus besucht.(1)

Tatjana ist als Einzige in Italien geblieben. Wir wissen nicht, warum, und wir wissen nichts über ihr Leben bis in die Mitte der 20er Jahre, als sie bereits zehn Jahre allein in Rom lebt und an der Privatschule Crandon, in der Via Savoia, naturwissenschaftliche Fächer unterrichtet.

Bei seinem Moskauaufenthalt 1922 lernt Gramsci in der Klinik von Serebrjanyi Bor zuerst Eugenia, dann Julia kennen, die er ein Jahr später heiratet. Im August 1924 wird der erste Sohn Delio geboren. Gramsci ist bereits weit weg. Im Dezember 1923 hat er Moskau verlassen, um nach

Wien überzusiedeln, näher bei Italien, wo die faschistische Partei nach ihrer Machtergreifung den Terror gegen die Arbeiterbewegung organisiert. Auch Gramsci wird gesucht und kann nicht nach Italien zurück, ohne Gefahr zu laufen, verhaftet zu werden. Von Wien aus hält er die Kontakte zur Partei und arbeitet an der Organisation des Widerstands und an der Vorbereitung der politischen Wende, die die Partei in den kommenden Jahren vollziehen wird.

1924, nach seiner Wahl als Abgeordneter ins Parlament, kann er nach Rom zurückkehren und lernt erst hier Tanja kennen. Die Begegnung war nicht leicht zu bewerkstelligen. In seinen Briefen an Julia vom Juni 1924 bis zum Februar 1925 erzählt er, wie er nach verschiedenen Bemühungen endlich Tanja begegnet und liefert das einzige, äußerst lebhafte Bild, das von ihr erhalten geblieben ist[(2)].

Am 22. Juni 1924: "Es ist mir gelungen, die Adresse Deiner Schwester zu erfahren. Sobald ich kann, werde ich sie besuchen." Und am 21. Juli: "Deiner Schwester geht es gut. Es ist mir noch nicht gelungen, sie zu sprechen, denn sie macht irgendwo eine Badekur. Sie war kürzlich krank und in der Bastianelli-Klinik, aber als ich das erfuhr und sie besuchen wollte, war sie schon entlassen und zur Kur gefahren, angeblich nach Pescara oder in die Toskana. Ich gebe ihr sofort Deine Adresse, wenn ich sie erneut aufspüre. Sie ist in der sowjetischen Botschaft bekannt, wo sie, glaube ich, sich als Bürgerin der UDSSR (d.h. der Sozialistischen Sowjetrepubliken) eingetragen hat".

Aber am 18. August hat er sie noch nicht gefunden: "Es ist mir immer noch nicht gelungen, die Adresse Deiner Schwester zu bekommen. Ich glaube, sie ist noch nicht zurück in Rom. Ihre Krankheit war nicht schwer, denn in der Bastianelli-Klinik, wo ich sie aufsuchen wollte, sind keine Schwerkranke, und Deine Schwester war nur kurz dort. Wenn ich etwas weiß, gebe ich ihr Eure Adresse und erkundige mich näher".

Im Oktober ist Gramsci immer noch auf der Suche. "Ich bin weiter auf der Suche nach Deiner Schwester Tatjana. Ich glaube, ich habe sie einmal in der Tram gesehen, so sehr glich Dir eine junge Frau. Das letzte Mal erfuhr ich, daß sie in einer Privatschule in der Via Savoia unterrichtet, aber ich habe die Straße, die neu ist, noch nicht ausfindig gemacht. Nächste Woche kann ich Dir hoffentlich Genaueres schreiben" (6. Oktober 1924).

Doch es vergehen noch einmal vier Monate. Am 16. Januar 1925 schreibt er: "Dem Genossen Stuschewski ist es über eine Freundin gelungen, die Adresse zu erfahren. Auch ich werde sie aufsuchen und hoffe, ihr helfen zu können, eine Arbeit zu finden, die mehr ihrer physischen Arbeitsfähigkeit entspricht und auch mehr einbringt. Ich nehme an, ich habe sie in der ganzen Zeit auch aus dem Grund nicht gefunden, weil sie sich nicht finden lassen wollte, da sie nicht wußte, warum ich so insistierte ...".

Endlich, am 2. Februar 1925, kann Gramsci an Julia schreiben: "Ich habe Deine Schwester Tatjana kennengelernt. Gestern waren wir von 4 Uhr nachmittags bis fast um Mitternacht zusammen. Wir haben von vielen Sachen gesprochen, von Politik, von ihrem Leben in Rom, von Arbeitsmöglichkeiten. Wir waren auch zusammen essen, und ich wundere mich nicht mehr, warum sie so schwach ist. Sie ißt ganz wenig, obgleich sie keine organische Krankheit hat und im Gegenteil als kerngesund gelten kann. Ich denke, wir sind gute Freunde geworden. Vor meiner Abreise [nach Moskau] werden wir noch einmal lange miteinander sprechen (wir wohnen ganz nahe, nur zweihundert Meter voneinander entfernt). Sie versprach, mir alle ihre Lebensumstände zu erzählen, damit ich sie euch mündlich berichten kann. Ich bin überzeugt, ihr könnt über ihre Gesundheit und über ihre Lebensbedingungen insgesamt beruhigt sein. Ich bin sehr froh, sie kennengelernt zu haben, weil sie eine starke Ähnlichkeit besonders mit Dir hat und weil sie uns politisch näher steht, als man mir glauben machte. Bei meinem ersten Besuch, als sie nicht da war, mußte ich eine lange Rede des Herrn Isaak Schreider über mich ergehen lassen, ein S.R. [ein Sozialrevolutionär] und ein düsterer Mann, der sich hinter einer a priori Erkenntnis verschanzt, daß es in Rußland nichts Positives geben könne...Deine Schwester beklagt lediglich, daß den S.R. die Pressefreiheit versagt sei und daß eine gewisse Ismailia (scheint mir) und die Spiridonowa im Gefängnis leiden müßten.(3) Sie würde gerne für die Sowjet arbeiten, aber man machte ihr vor, alle Vertreter des Sowjet in Rom seien korrupte Kanaillen, so daß sie nichts mit ihnen gemein haben und auch nicht den Anschein erwecken wollte, sie suche die Vorteile der Revolution, ohne Opfer für sie gebracht zu haben. Jedenfalls ist Deine Schwester sehr sympathisch und hat nichts mit den Leichenbittern der S.R. vom Typ Isaak Schreider zu tun. In Rußland wäre sie eine hervorragende Arbeiterin und verstünde alle Notwendigkeiten des Kampfes".

Vor der Abfahrt nach Moskau (zum erweiterten Exekutivkomitee der Kommunistischen Internationalen) schreibt Gramsci noch einmal an Julia (7. Februar 1925): "Weißt Du, Deine Schwester Tatjana gibt mir einen Vorgeschmack von Dir. Sie ähnelt Dir in bestimmten Zügen und Bewegungen. Die Musik ihrer Stimme ist ein Echo Deiner Stimme (sie wäre zufrieden, wenn sie wüßte, daß ich "Echo" geschrieben habe, denn einmal war sie fast beleidigt, daß man ihre Stimme mit der Deinen vergleichen könne, die so außerordentlich schön sei). Ich besuche sie oft. Sie ist mit mir oft in die römischen Trattorien gekommen, aber ich habe sie kaum dazu bringen können, ein klein wenig mehr zu essen als üblich. Sie gab mir viele praktische Ratschläge über zugleich nützliche und schöne Sachen: sie hat mir ein Kleidermodell gefunden, das man in einer halben Stunde fertigstellen kann. Ein Schneiderrekord in einem kommunistischen System, scheint mir. Ich weiß nicht, ob Du das Modell kennst. Für mich ist es ein Wunder, und ich glaube, seine Einführung in Rußland wird eine neue Ära der sowjetischen Bekleidungskunst einleiten. Sie wollte für Dich Schuhe mit gewissen neppistischen [von NEP, also im Sinne einer kleinbürgerlichen Gesuchtheit] Absätzen kaufen, die mich entsetzt haben. Ich habe tapfer widerstanden und behauptet, Du würdest niemals einen solchen Horror tragen. Ich weiß nicht, ob ich die sowjetischen Grenzen mit einem so ausgestatteten Gepäck überschreiten kann. Ich habe die vage Befürchtung, daß das schlecht ausgeht und daß weißgott welche Zweifel an meiner sozialen Identität aufkommen werden... Tatjana will auch Schuhe für ihn [Delio] kaufen. Deine Schwester ist wirklich eine furchtbare Frau mit ihrer Manie, alle Welt beschuhen zu wollen".

Aus den Briefen Gramscis an Julia entnehmen wir einige wichtige Informationen über das Leben Tanjas in Rom um die Mitte der 20er Jahre. Schon seit einiger Zeit, wir wissen nicht seit wann, steht sie nicht mehr im Briefverkehr mit der Familie in Rußland. Diese kennt nicht die römische Adresse und Tatjana nicht die russische. Tatjana weiß nichts von der Verbindung Julias mit Gramsci und von der Geburt eines Neffen. Erst Gramsci stellt den Kontakt wieder her. Tatjana hat sich als Bürgerin der UDSSR registrieren lassen, ist aber politisch nicht aktiv. Möglicherweise hat sie einerseits auf die Tiraden des "düsteren" Schreider, ihres Mitmieters gehört. Andrerseits hat ein gewisser ehrlicher Stolz sie daran gehindert, für die Sowjetbotschaft zu arbeiten. Sie will nicht dastehen als jemand, der die Revolution ausnützt. Nach Gramscis Ansicht wäre sie in jenen bekanntlich schwierigen Jahren in der UDSSR eine ausgezeichnete Arbeiterin gewesen.

Fest steht jedenfalls, daß die Beziehung Tanjas zu ihrer Familie in Rußland, sowohl in menschlicher, als auch in politischer und kultureller Hinsicht alles andere ist als einfach (wie wir bei der genaueren Analyse ihrer Briefe noch sehen werden). Sie hat Rußland mit sechs Jahren verlassen und ist politisch und kulturell den Revolutionen von 1917 und der politischen Entwicklung, die die Partei der Bolschewiken zwischen 1917 und 1925 durchmacht, fremd geblieben. Um eine gewisse objektive Distanz zwischen den Schwestern zu verstehen, bedenke man, daß Eugenia und Julia aktive Parteimitglieder sind. Eugenia ist in die Partei eingetreten mit der Bürgschaft Lenins, der ein alter Freund und Genosse Apollons aus der Zeit der

Deportation war. Julia ist 1917 in die Partei gekommen und hat in der Parteiorganisation von Iwanowo Wossnesensk gearbeitet. Diese Unterschiede bekommen dann später ein gewisses Gewicht.

Anzumerken ist noch, daß sich der Vorbehalt Tanjas gegenüber Gramsci, als dieser sie in Rom in der zweiten Hälfte 1924 sucht und sie einer Begegnung ausweicht, sofort bei der ersten Begegnung auflöst (sie reden und diskutieren acht Stunden hintereinander). Sofort stellt sich eine gegenseitige, vertrauensvolle Sympathie ein. Wie Gramsci gleich an Julia schreibt, erinnert ihn Tatjana im Aussehen und in der Stimme ganz an ihre Schwester. Auch dieser Umstand wird dann in den ersten Gefängnisjahren von Bedeutung.

Vom Aufenthalt Gramscis in Moskau, im Februar 1925, erwähne ich nur eine Episode, denn sie wirft ein Licht auf einige Aspekte seiner Beziehung zur Familie Schucht, die dann später, als Gramsci sich schon jahrelang in Haft befindet, auf dramatische Weise bedeutungsvoll werden. Als Gramsci und Julia einer Ärztin, die den kleinen Delio behandelt, die Reproduktion einer Correggio-Zeichnung mit ihrer Widmung überreichen wollen, schreibt auch Eugenia ihren Namen neben den von Julia und fügt hinzu: "Die Mütter". Sie hat zu dem Kleinen ein besonderes Verhältnis und betrachtet sich als eine zweite Mutter. Gramsci ist betroffen, und Vater Apollon mißbilligt offen dieses Verhalten Eugenias.

Auch kurze Zeit später, als Julia mit Delio und Eugenia nach Italien kommt (Julia arbeitet für einige Zeit an der sowjetischen Botschaft), fährt Eugenia fort, sich auf ihre besondere Weise mit dem Kind zu beschäftigen, als wäre sie die Mutter. Gramsci und Tatjana sind davon unangenehm berührt, wie aus ihrem späteren Briefwechsel hervorgeht. Die Reaktion Julias läßt sich nicht mit Sicherheit definieren. Wahrscheinlich zeigt sie gegenüber der Aufdringlichkeit Eugenias eine gewisse Nachgiebigkeit. Als Julia im August 1926 nach Moskau zurückkehrt, um die Geburt Giulianos abzuwarten, bleibt Eugenia, die anscheinend gedrängt hatte, daß das Kind an einem "sicheren Ort zur Welt komme", noch ein paar Wochen in Italien und kommt dann mit Delio nach. Ihre Anhänglichkeit an das Kind ist nicht frei von krankhaften Zügen und ist bereits zu einem beherrschenden Element ihres Gefühlslebens geworden. Es sind mehr als bloße Vermutungen, daß dieser Umstand später das delikate psychophysische Gleichgewicht Julias und auch das Verhältnis zwischen ihr und dem inhaftierten Gramsci beeinflußt hat.

Anmerkungen zum Kapitel 1

1) Die Nachrichten über die Familie Schucht und die Reise Gramscis nach Iwanowo Wossnesensk sind dem Band "Boizow ne oplakiwaiot" ("Helden sind nicht zu beweinen"), von Rafail Kigerowitsch, Moskau 1987 entnommen.
2) A. Gramsci "Forse rimarrai lontana... Lettere a Iulca", herausgegeben von Mimma Paulesu Quercioli, Roma 1987
3) Maria Alexandrowna Spiridonowa gehörte zum linken Flügel der Sozialrevolutionäre und arbeitete bis 1918, bis zum Frieden von Brest-Litowsk, mit den Bolschewiken zusammen.

"Ich bin sehr verschieden von den üblichen Leuten, die, zu ihrem Unglück, der Liebe anderer bedürfen."
Tatjana, 12.4.1927

2. Kapitel:

Gramsci und Tanja.
Die ersten Gefängnisjahre

Gramsci wird am 8. November 1926 verhaftet. Bis zum 25. November bleibt er im Gefängnis von Regina Coeli in Rom, dann wird er "auf die übliche Weise" zu einem Zwangsaufenthalt auf die Insel Ustica überführt, wo er am 7. Dezember eintrifft. Hier bleibt er bis zum 20. Januar 1927 und wird dann unter Polizeibewachung in das Gefängnis nach Mailand verlegt, da das Verfahren gegen ihn beginnt. Er trifft am 7. Februar in Mailand ein. Gramsci erzählt in verschiedenen Briefen die quälenden Umstände dieser (und der folgenden) Überführungen. In Ustica erhält Gramsci mindestens vier (nicht mehr aufgefundene) Briefe von Tatjana, außerdem Pakete mit Lebensmitteln, Arzneimitteln, Wäsche und Büchern. Ein Brief, den Tanja am 17. Januar 1927 nach Ustica schickt (der einzige, den wir kennen), als sie noch nichts von seiner Abreise weiß, wird Gramsci erst im Mailänder Gefängnis ausgehändigt. Tatjana kümmert sich darin um die Organisation des Alltags des verbannten Gramsci und gibt Ratschläge für die Küche und den Garten. Sie macht einen Hinweis auf die unersetzliche Rolle der Frau im Haushalt und bemerkt eine gewisse "Melancholie" im letzten Brief von Gramsci. Von Ustica aus kann Gramsci relativ frei mit Piero Sraffa kommunizieren, der ihm Bücher schickt und finanzielle Hilfe anbietet. Am 3. Januar 1927 schreibt Gramsci an Tatjana: "Ich denke, bei Bedarf wende ich mich an ihn [Sraffa], erstens weil er reich ist und es ihm nichts ausmacht, mir zu helfen, zweitens, weil sein Angebot mehr ist als eine höfliche oder akademische Geste. Er schickte mir spontan für 1000 Lire Bücher. Du kannst also ruhig sein".

Sofort nach seiner Verhaftung gibt es also eine Reihe von Hilfsmaßnahmen. Diese sind möglicherweise noch nicht koordiniert, beruhen aber von Anfang an auf zwei Personen, die bis zum Tode Gramscis die wesentlichen Träger der Hilfe für den Verhafteten geblieben sind: Tatjana und Sraffa. Erst Ende 1928, als die beiden sich zum ersten Mal begegnen, wird die

Aktion gemeinsam organisiert. Auf Grund dessen, was Gramsci an Tatjana schreibt, kann man ruhig annehmen, daß er von Anfang an, seit Ustica, die Gewißheit hat, daß hinter Sraffa die Partei steht. Leider kennen wir die Briefe nicht, die Sraffa seinem Freund nach Ustica geschrieben hat, aber man kann ziemlich sicher sein, daß die Nachrichten und Bemerkungen in den Briefen Gramscis an Sraffa nicht nur für diesen bestimmt sind. Die Beziehung zu Sraffa bedeutet für Gramsci die Möglichkeit, einen direkten Kontakt zur Partei aufrechtzuerhalten. Nach der Anklageerhebung und der Überführung nach Mailand wird dieses Band unterbrochen, aber noch 1927 gelingt es Sraffa, Gramsci im Mailänder Gefängnis zu besuchen. Er gibt sich als alter Schulfreund aus, und wir wissen nicht, wie es kam, daß diese Angabe der Gefängnisdirektion genügte. Doch von nun an bis zur Überführung in eine Klinik im Jahre 1933, in der Sraffa erneut die Möglichkeit hat, ihn zu besuchen, kann Gramsci nur über Tatjana mit der Familie und der Partei in Kontakt bleiben. Spätestens seit Ende 1928 entwickelt sich durch Tatjana zwischen Sraffa und Gramsci eine Korrespondenz, die manchmal explizit auftaucht, manchmal auf Grund der Zensur verschlüsselte Formen annimmt.

Welche Rolle Tatjana im Jahrzehnt der Inhaftierung Gramscis spielt, ergibt sich eindeutig aus den Briefen Gramscis an sie und mehr noch aus den Briefen, die sie selbst an Gramsci richtet. Diese Briefe sind bis heute größtenteils unveröffentlicht geblieben und befinden sich im Archiv des Istituto Gramsci in Rom. Ich habe sie systematisch gelesen und somit erstmals beide Seiten des Briefwechsels analysiert. Ohne eine Kenntnis der Briefe Tanjas bleiben viele Stellen in Gramscis Briefen dunkel und unverständlich. Heute lassen sich viele klären, und einige wichtige Episoden werden erstmals verständlich. Andere bleiben dunkel, auch wenn man den inzwischen veröffentlichten Briefwechsel zwischen Tanja und Sraffa hinzuzieht. Der Briefwechsel zwischen Tanja und der Familie Schucht, den Giuliano Gramsci in Moskau aufbewahrt, könnte weitere Klärungen bringen. Falls die Briefe Tanjas an die Familie Gramscis, an die Mutter, an Carlo, an Teresina gefunden werden, könnten auch sie für die Forschung von großer Bedeutung sein.(1)

Es gibt 652 Briefe und Postkarten Tanjas an Gramsci aus der Zeit zwischen Januar 1927 und August 1935, die als Fotokopien im Istituto Gramsci aufbewahrt werden. Bis zum Dezember 1933 ist die Korrespondenz ganz dicht, wird aber seltener, als Tatjana den in die Cusumano-Klinik in Formia überführten Gramsci wöchentlich besuchen kann. Aber vielleicht gibt es auch andere Gründe dafür, daß die Briefe seltener werden: die Veränderungen in der Beziehung zwischen Tanja und Gramsci und in der zwischen

Gramsci und der Partei im Jahre 1933.

Die Rolle Tanjas ist komplex und in vieler Hinsicht entscheidend. Vor allem hält sie die Verbindung zwischen Gramsci und seiner Familie in Rußland aufrecht. Es ist bekannt, wie selten ihm Julia schreibt. Der Band "Forse rimarrai lontana..." enthält 13 Briefe – aus zehn Jahren – und keinen aus der Zeit nach dem Oktober 1933. Zu diesem Bestand muß man noch zwei Briefe zählen, die ich zwischen den Schreiben Tanjas gefunden habe, und man muß berücksichtigen, daß Tanja für Gramsci manche von Julia an sie gerichtete Briefe abgeschrieben hat(2). Denn Tanja ist unermüdlich, die Lücke, die Julia läßt, zu füllen und hält Gramsci soweit wie möglich auf dem Laufenden über Julia und die Kinder. Julias Schweigen muß jedoch für Gramsci inakzeptabel gewesen sein. Es hat ihn zehn Jahre lang gequält, und es ist vielleicht die hauptsächliche Ursache für seine "Obsessionen", wie er mehr als einmal schreibt. Tatjana unternimmt das Menschenmögliche, um den Kontakt zwischen den Beiden aufrecht zu erhalten, und ich glaube nicht, daß man mehr hätte tun können. In ihren Briefen finden sich neue Elemente, die zumindest teilweise das Schweigen Julias erklären.

Schließlich stellt Tatjana über Sraffa die einzige Verbindung her zwischen Gramsci und der Partei (Togliatti). Ich kenne keine Dokumente von vor Ende 1928, die mit Sicherheit bezeugen, wann und auf welche Weise Tatjana diesen Auftrag angenommen hat. Aber schon vor ihrem Treffen mit Sraffa steht sie in losem Kontakt zur illegalen Organisation der Partei und zur Roten Hilfe. Von Sraffa erhält sie dann den Auftrag, Gramsci auf jede Weise zu unterstützen und die Partei über alle Lebensumstände des Inhaftierten zu informieren. Das ist einer der Gründe, warum sie nicht nach Rußland zurückkehrt, schreibt sie in einem Bericht an die Partei. Dieser Teil ihrer Rolle wird um so wichtiger, als Gramsci bekanntlich immer einen direkten Kontakt zur Partei abgelehnt hat (aus prinzipiellen Gründen), im Gegensatz zu anderen Häftlingen (Terracini).(3)

Tatjana zieht im Mai 1927 nach Mailand, wo sich Gramsci seit Januar in Haft befindet. Dann folgt sie in der Zeit des Prozesses Gramsci nach Rom und begibt sich später mehrere Male nach Turi, einige Male auch für Monate. Schließlich besucht sie Gramsci bis zu seinem Tode regelmäßig in der Klinik in Formia und in der Klinik Quisisana in Rom.

Die doppelte, wertvolle Verbindung, die Tatjana als Einzige zwischen Gramsci und der Familie und zwischen Gramsci und der Partei aufrecht erhält, soll uns jedoch nicht die Bedeutung der direkten, persönlichen Beziehung zwischen ihr und Gramsci in den zehn Jahren der Haft vergessen lassen.

Wir wissen bereits aus den Briefen Gramscis an Julia aus dem Jahre 1925, daß er von der Persönlichkeit Tatjanas beeindruckt war und daß sie ihn an Julia erinnerte, in ihren Gesichtszügen und ihrer Stimme, in der er den Ton und die Melodie von Julias Stimme wiedererkannte, wie er mehr als einmal schreibt. Vor allem in den ersten Jahren seines Gefängnisaufenthalts (1927-1929) gibt es Stellen in Gramscis Briefen, aus denen geradezu eine Identifikation zwischen Tanja und Julia durchschimmert. Gleich nach ihrer ersten Begegnung 1925 und in den ersten Gefängnisjahren entwikkelt sich zwischen den Beiden eine vertrauensvolle und liebevolle Freundschaft. Für Gramsci bedeutet dies in jenen Jahren eine große moralische Stütze.

Tanja schreibt ihm mehrmals in der Woche. Zuweilen sind es lange Briefe, zuweilen auch nur Postkarten, als Zeichen, daß sie für ihn da ist. Sie versucht, Wünsche und Bedürfnisse vorwegzunehmen. Bei jeder erlaubten Gelegenheit schickt sie Kleinigkeiten, von denen sie weiß, daß sie ihm Freude bereiten: Kirschen ("Erdbeeren sind nicht erlaubt"), sardisches Gebäck von der Familie, Kuchen und Schokolade. Außerdem Strümpfe, Hausschuhe, warme Winterkleidung, natürlich Bücher und ständig alle Arten von Arzneimitteln, um die Leiden zu lindern, die Gramsci zunehmend und immer unerbittlicher befallen. In ihrer grenzenlosen Hingabe erfüllt sie gleichzeitig die Rolle einer Mutter und die einer Schwester. Die einzigen Grenzen ihrer Fürsorge und Zuneigung ergeben sich aus ihrer zarten Gesundheit. Die Mutter Gramscis spricht von ihr als einem "heiligen Geschöpf". Gramsci seinerseits nennt sie "Schwester".

Als Tanja im Frühjahr 1927 nach Mailand kommt (Gramsci befindet sich im Gefängnis San Vittore), wird sie erstmals krank und muß für fast zwei Monate ins Krankenhaus. 1928, zur Zeit des Prozesses, ist auch sie in Rom, muß aber leidend das Bett hüten. Sie macht einen Besuch in Turi, wo Gramsci seine Verurteilung zu zwanzig Jahren Gefängnis abzusitzen begonnen hat, und auch hier bekommt sie Fieber und kann sich nicht auf den Füßen halten (sie ißt nur sehr wenig). Die Begegnungen mit Gramsci im Gefängnis verursachen in ihr außerdem emotionale Störungen, die oft andauern und unvergeßliche Spuren in ihren Briefen hinterlassen.

Anfang September 1927 hat sie ein Gespräch mit Gramsci im Gefängnis San Vittore in Mailand. Am 5. September schreibt sie auf einer Postkarte: "... es scheint mir, ich war richtig dumm oder ich wußte Dir nichts zu sagen ... und ich kann nur weinen. Ich hoffe, daß ich, wenn ich Dich noch einmal sehe, weniger bewegt sein werde und daß auch Du mir sagen kannst, was Du brauchst, ... ich fürchte, Du fandst mich noch dümmer, als ich mich empfand..." (siehe Anhang).

Noch am selben Tag schreibt sie ihm einen Brief: "Liebster Antonio, wie kurz war die Zeit unseres Gesprächs, wir hatten nicht einmal die Zeit, zu verstehen, in welchem Zustand wir uns gegenseitig befanden. Dann wollte ich Dich zärtlich umarmen und war enttäuscht, daß ich Dir nicht einmal die Hand geben durfte. Ich hoffe jedoch, daß Deine Enttäuschung nicht allzu groß war, zumindest möchte ich, daß Du dieses Gefühl überwindest. Wir müssen versuchen, die Freude, sich zu sehen, im höchsten Maße auszukosten. Ich muß Dich sehen im Namen Julias und der Kinder, ich möchte Dir auch die Vorstellung lassen, sie zu sehen, während Du mich siehst, und es schmerzt mich sehr, daß ich Dir keine frische Nachrichten von ihnen geben konnte ... Ich habe Dir zwei schöne Pfirsiche mitgebracht ..." (siehe Anhang).

Gramsci antwortet ihr am 12. September: "Es ist wahr, Du hast mich an Julia erinnert. Ich beobachtete, daß Ihr Euch sehr ähnlich seid ... Und außerdem: erinnerst Du Dich, daß ich eines Tages in Rom an Dich das Wort richtete, im Glauben, Du seiest Julia? ... Ich schreibe Dir wie einer Schwester, und Du warst für mich in dieser ganzen Zeit mehr als eine Schwester ... Weißt Du, daß ich lange Zeit daran dachte, Dir eine Blume zu schenken, die in meiner Zelle gewachsen ist? (Siehst Du diese Gefängnisromantik?)".

Tanja ist gelähmt von ihren Gefühlen und sieht sich "so dumm". Aber Gramsci findet sie keineswegs dumm. Für ihn ist Tanja die Erinnerung an Julia, sie weckt in ihm delikate und intime Gefühle und Vorstellungen. Und wächst nicht auch in Tanja, nachdem sie im zweiten Brief das Gefühl der "Dummheit" überwunden hat, aus der Sublimierung der Vorstellung, Julia "zu vertreten", ein Gefühl der Zärtlichkeit?

Die Nicht-Anwesenheit Julias bzw. ihre nur über Tanja vermittelte Anwesenheit wird für Gramsci in den kommenden Jahren eine der wichtigsten Ursache seiner Leiden, die zu einer von Jahr zu Jahr verzweifelteren Bitterkeit führt, Ausdruck seiner Einsamkeit im Gefängnis. Bereits im Spätsommer 1927 wird das Szenario dieses Dramas erkennbar.

Tanjas Besuch vom Anfang September war ein Briefwechsel vorausgegangen, der andeutet, wie viele versteckte, gedämpfte und verdrängte Gefühle, gehemmt durch die Besucherordnung eines Gefängnisses, bei ihren Begegnungen mitspielen.

Einen Brief vom 8. August 1927 beginnt Gramsci mit der Bemerkung, er sei nun etwa einen Monat ohne Nachrichten gewesen, "so daß ich etwas tat, was Dir als eine Dummheit erscheinen wird. Ich will es Dir nicht sagen, aber ich sag es Dir bei Deinem nächsten Besuch". Dann fügt er hinzu: "Ich bin immer in großer Angst, daß es Dir schlechter geht, als Du mir schreibst, und daß Du Dich in irgendwelchen Schwierigkeiten befindest, meinetwegen! Das ist ein Gefühlszustand, an dem sich nichts ändern läßt. Er ist in mir eingewurzelt. Du mußt wissen, daß ich gerade solcher Gefühle wegen früher immer wie ein Bär in seiner Höhle gelebt habe: denn ich wollte niemanden in meine Schwierigkeiten verquickt wissen. Ich versuchte, selbst bei meiner Familie in Vergessenheit zu geraten ..." Und am Ende des Briefes: "Schreibst Du an Julia auch für mich, nicht wahr? Ich dachte auch, ihr selbst zu schreiben, was meinst Du dazu? Es wäre dasselbe, nur, wie mach ich es, Dir und Julia getrennt jede Woche zu schreiben? Das ganze mir zur Verfügung stehende Briefkontingent wäre damit ausgeschöpft. Andrerseits will ich Dir jede Woche schreiben ..."

Die Antwort Tatjanas (eine Postkarte vom 3. September 1927) ist kurz und dunkel: "Warum ich Dir wenig schreibe? Aus dem gleichen Grund, warum Du Julia nicht schreibst". Was bedeutet dieser Satz? Will auch sie vergessen werden? Will auch sie sich in "ihre Höhle" zurückziehen? Sie will, daß Gramsci sie vergißt. Er muß Julia schreiben. Und nach ihrem Besuch bekräftigt sie: "Ich kam im Namen Julias und der Kinder".

Kurz darauf, im Brief vom 26. September, kommt Gramsci auf die Sache zurück. Er schreibt, daß er spüre, wie sich das Leben Julias und der Kinder ändern wird und wie er sich demgegenüber anachronistisch, "als nicht im Takt" und "als Mißklang", empfindet und folgert: "Du meinst wirklich, daß Julia sehr traurig sein wird, wenn sie meine Briefe nicht direkt erhält? (Wohlgemerkt, ich zweifle nicht an ihrer Sensibilität). Ich glaube schon, aber ich kann trotzdem nicht. Man könnte folgendes tun: ihr z.B. diesen Brief schicken. Wenn sie ihn liest, wird sie meinen Gemütszustand sehr gut verstehen und mir verzeihen ..." Diesen Brief beantwortet Tanja nicht. Wahrscheinlich haben sie ihn bei ihrem Besuch in den ersten Oktobertagen besprochen, von dem kein Echo in ihrem Briefwechsel geblieben ist. Am 10. Oktober schreibt ihr Gramsci, was er ihr "mündlich nicht zu sagen wagte. Ich glaube, Du solltest meinetwegen nicht mehr länger in Mailand bleiben. Das Opfer, das Du bringst, ist völlig unverhältnismäßig". Am 27. antwortet Tanja: "Ich verstehe wohl, daß Dein Drängen, ich solle nach Rom zurückkehren, der Tatsache zuzuschreiben ist, daß ich Dir leid tue. Du siehst, daß ich erschöpft bin und daß das Warten im Stehen bei jedem Besuch mich richtig krank macht. Ich würde sofort abreisen, auch weil ich, wie Du weißt, weder eine Jacke noch einen Mantel habe und die Tage spürbar kälter werden. Ich habe auch ziemlich starke Herzanfälle ... seit ich aus der Klinik bin, hat sich mein Gesundheitszustand merklich verschlechtert ... Trotzdem sollst Du nicht glauben, daß es mir wirklich schlecht geht".

Von Julias Krankheit, die als Grund für die Seltenheit ihrer Briefe gilt, erfährt Gramsci erstmals Ende Oktober, als Tanja ihm zwei (nicht mehr aufgefundene) Briefe Julias zuschickt. Am 31. Oktober antwortet er Tanja: "Wußtest Du wirklich nichts davon? Du hattest mir versprochen, mir die Wahrheit zu sagen, immer, und ich möchte an diesem Versprechen in keinem Fall zweifeln. Sei beruhigt, ich werde nicht leiden". Tanja und Gramsci haben sich kurz zuvor beim Besuch vom 19. Oktober gesehen, aber in einem Brief Tanjas vom gleichen Tag findet sich kein Hinweis auf Julia. Es ist nur von der Sorge Gramscis um Tanjas Gesundheit, die sich tatsächlich verchlechtert hat, die Rede. Wahrscheinlich hat Gramsci auch während des Gesprächs darauf bestanden, daß Tanja nach Rom zurückkehre. Nach einem weiteren Besuch schreibt sie ihm am 17. November: "Ich hoffe, Dein Fieber ist vorbei. Ich war wirklich sehr beeindruckt, Dich so eingemummt zu sehen, mit vor Fieber glänzenden Augen." Und sie fügt hinzu:" Ich habe verstanden, daß Du nicht genug Vertrauen in mich hast und glaubst, ich würde Dir schmerzliche Dinge verheimlichen. Es ist absurd, so etwas anzunehmen, denn ich bin der Ansicht, daß Du nur dann ruhig sein kannst, wenn Du weißt, daß Du über alle wichtigen Ereignisse zu Hause auf dem Laufenden gehalten wirst". Insgesamt wird Tanja diese Verpflichtung einhalten. Aber es gibt Ausnahmen, die in Gramsci zu tiefen Verstörungen führen werden.

Am 29. Dezember 1927 besucht Tanja Gramsci erneut. Am folgenden Tag versichert sie ihm, "daß Dein Aussehen sich ziemlich verändert hat oder besser, manchmal nimmst Du einen Ausdruck an, den ich an Dir, vor dem Gefängnis, nicht kannte. Ich dachte mir, Dein Aussehen ähnelt manchmal dem von Kindern, die zu Hause und besonders im Internat mißhandelt wurden. Ich möchte, daß Du moralisch so stark sein kannst, daß Du nie an der Aufrichtigkeit und Wahrheit unserer Mitteilungen über unsere Lebensbedingungen zweifelst .., weil wir uns bewußt sind ..., in welcher Geistesverfassung Du Dich befindest und weil wir uns alle einig sind in der Auffassung unserer Pflicht Dir gegenüber. Du sollst auch wissen, daß unsere Gedanken immer bei Dir sind. Siehst Du, darum scheint es mir manchmal unmöglich, zu unterscheiden, was ich Dir wirklich mitgeteilt habe und was wir zusammen ohne Dein Wissen gedacht haben ..." (siehe Anhang).

Damit berührt Tanja, vielleicht ohne es zu wissen, zwei empfindliche Punkte Gramscis, einen, der weit in die Vergangenheit zurückreicht und einen ganz gegenwärtigen, aktuellen.

Das Bild des mißhandelten Jungen erinnert zwangsläufig an das Elend in Gramscis Kindheit, von dem er mehrmals in seinen Briefen schreibt, es gehöre zu seinen schmerzlichsten Erinnerungen. Und was bedeuten konkret Bemerkungen wie "unsere Pflicht Dir gegenüber" oder "unsere Gedanken sind immer bei Dir"? Sollen sie die Zweifel zerstreuen, die in Gramsci über die "Stimmung" der Partei ihm gegenüber möglicherweise aufgekommen waren nach dem "Zwischenfall" vom Oktober 1926 und bevor sich noch andere Dinge ereigneten?[4]

Kurz darauf, im Februar 1928, muß Tanja erneut ins Hospital (Bronchitis, Lungenentzündung und Venenentzündung). Gramsci ist außerordentlich besorgt und erzürnt, weil sie ihre Gesundheit vernachlässigt habe. Er schreibt ihr am 6. Februar und droht, als Vergeltung seinerseits die Kur, die er macht, zu unterbrechen und "sie nicht mehr zu empfangen, wenn sie nicht klüger werde". Es ist das erste Mal, daß Gramsci Tanja mit einem Abbruch der Beziehungen droht. Einige Jahre später, unter viel dramatischeren Umständen, wird er diese Drohung wiederholen. Jetzt aber handelt es sich um ein liebevolles Geplänkel, das noch nicht verletzt. Er schreibt, "er möchte sie an den Haaren ziehen". "Du Barbar", antwortet Tanja.

Bald darauf erscheint die Beziehung zwischen den beiden in dunkleren Farben, und ihr Dialog stößt in tiefere Regionen. Es gibt neue politische Fakten, die – zu Recht oder Unrecht – Gramsci verstören. Aber es läßt sich nicht mit Sicherheit sagen, daß sich das bereits damals auf ihre Korrespondenz niedergeschlagen hat.

Am 26. März 1928 zeigt sich Gramsci erneut besorgt über Tanjas Gesundheitszustand (mit Recht) und fügt hinzu: "Du darfst nicht an mich denken. Mir geht es absolut gut. Ich brauche nichts. Ich muß nur wissen, daß Du für Dich sorgst und daß es Dir wieder gut geht." Und dann: "Ich glaube, es ist wirklich nötig, daß Du Dich entschließt, Deine Mutter in Rußland zu besuchen". Er wird diesen Rat in Zukunft noch mehrmals geben.

Tanjas Reaktion erscheint übertrieben und läßt an nicht klare psychologische Hintergründe denken. Sie antwortet am 17. April (siehe Anhang): "Ich werde Dir nicht gestatten, Dich böse zu verschließen ..." Das zeugt nicht nur von einer ungerechtfertigten Bitterkeit, sondern verrät auch eine Gefühlswallung, eine tiefe Angst, Gramsci wolle sich "verschließen" (und das ist böse). Verschließen wem gegenüber? Gegenüber der Familie, der Partei, oder gegenüber Tanja? "Mein Temperament würde das nicht ertragen". Das Wort "Temperament" hat hier die Bedeutung von Gefühl und Zuneigung. Gramsci, darauf insistiert Tanja, hat "nicht das Recht", sich in sein Leben "einzuschließen", und er ist im Unrecht, "so viele Gedanken zu wälzen". Über die Art dieser Sorgen wissen wir nichts Genaues. Aber es gibt plausible Hypothesen.

Gramsci hat Tanja geraten, nach Rußland zurückzukehren, was Tanja nicht tun will. Schon 1925 hat sie darüber mit Gramsci diskutiert. Später wird sie ihre Haltung erneut und detailliert begründen und dabei einen Einblick geben in ihre intimen Gefühle gegenüber der Familie. Vielleicht liegt hier der wunde Punkt, der die Heftigkeit ihrer Reaktion erklärt. Dazu kommt noch die Bedeutung ihrer Beziehung zu Gramsci, dem sie nicht das Recht zubilligt, "sich zu verschließen". Und schließlich spielt neben diesen persönlichen Gründen auch noch ihre Funktion als Kontaktperson zwischen Gramsci und der Partei eine Rolle. Weiß sie, was das anbetrifft, am 17. April 1928, als sie ihren Brief schreibt, schon etwas vom "Zwischenfall" des Grieco-Briefes?(5) Wie gesagt gibt es dazu nur Hypothesen.

In einem Brief vom 7. Mai antwortet Gramsci, geht aber auf ihren bitteren Ausbruch über seinen Willen zur "Isolierung" und zum "bösen sich Verschließen" ebensowenig ein wie auf die Vehemenz ihres "ich werde nicht gestatten". Anscheinend zieht er es vor, diese Frage nicht zu vertiefen. Er ist lediglich besorgt, daß ein Blatt von Tanjas letztem Brief verloren gegangen oder beschlagnahmt sein könnte. Die Teilnahmslosigkeit Gramscis gegenüber dem heftigen Ausbruch von Tanja bleibt letztlich unerklärlich. "Wälzt" Gramsci immer noch an Gedanken über den Brief von Grieco, von dem er am 30. April Julia geschrieben hat, er habe ihn "auf die Palme gebracht"? Fragt er sich, ob der Brief Tanjas, ihr Angriff auf sein "sich Verschließen" und ihre beruhigenden Versicherungen etwas mit dem Grieco-Brief zu tun haben? Ganz ist das nicht auszuschließen.

Auf jeden Fall aber ist es wahrscheinlich, daß die Veränderungen im Aussehen Gramscis, die Tanja bei ihrem Besuch festgestellt hat und die sie in einem nicht datierten, aber sicher nach dem 20. April verfaßten Brief beschreibt, mit dem Grieco-Schreiben und den diesbezüglichen Äußerungen des Untersuchungsrichters zu tun haben. Wir wissen nicht, ob Tanja das meint, wenn sie schreibt: "Lieber, Du hast Dich sehr, sehr verändert, nicht nur in Deinen Zügen, sondern vor allem im Ausdruck. Wie ich Dir schon einmal schrieb, sehe ich nicht ganz klar, in welchem Gemütszustand Du Dich befindest. Aber es ist nicht schwer zu merken, daß Du bittere Gefühle hegst, und es tut mir so leid, daß auch ich dazu beigetragen habe, daß es Dir schlecht geht ..."

Tanja schreibt sofort nach einem Besuch. Nach der Bemerkung vom Dezember 1927 ist es das zweite Mal, daß sie sich über Gramscis Aussehen äußert. Dieses Mal aber fügt sie hinzu, daß sie den Grund seines veränderten Gemütszustandes nicht versteht. Hat sich Gramsci mißtrauisch ihr entzogen? Tanja ist irgendwie schuldbewußt und rechtfertigt sich, "auch ich habe dazu beigetragen" und dann unvermittelt ein Bekenntnis: "ich habe es nie fertig gebracht, mich anderen gegenüber zu öffnen ... Als Julia und Genia in Rom waren, bin ich beiden völlig fremd geblieben, habe aber von ihrem Leben gelebt".

Es ist nicht leicht, Tanjas Gedankenreihe nachzuvollziehen. Sie sieht, daß es Gramsci schlecht geht und versteht nicht warum. Sie fühlt sich schuldig und erklärt, sie habe nicht geschrieben, weil sie krank war. Sie gesteht, sie sei fähig, sich um andere zu kümmern, nicht aber, sich anderen zu öffnen. So sei es auch mit Julia und Genia in Rom gewesen (hier gibt es einen logischen Sprung auf Grund einer tieferen, rein gefühlsmäßigen Assoziation). Die Schwestern waren ihr fremd. Sie nahm Teil an ihren Sorgen, ließ aber das Umgekehrte nicht zu.

Was bedeutet der unmittelbare Gedankensprung von der Sorge um Gramsci zur Feststellung über ihr Verhältnis zu Julia und Genia? Ihre Unfähigkeit, in den vergangenen Wochen mit Gramsci zu kommunizieren (weil sie krank war) weckt in ihr die Erinnerung daran, wie fremd sie sich gegenüber ihren Schwestern fühlte, auch wenn sie sich um sie gekümmert hatte. Deren Anwesenheit hatte in ihr Hemmungen erzeugt. Hemmungen in ihrer Beziehung zu Gramsci? Später schreibt Tanja noch mehrmals und viel ausführlicher über ihren Kontrast mit der Familie. Warum erinnert sie aber gerade jetzt Gramsci an jene zurückliegende Episode?

Bereits ein Jahr zuvor, im April 1927, hat Tatjana in einem ausführlichen Brief Gramsci dargelegt, daß sie im Gegensatz zu ihm fähig sei, völlig selbstlos zu lieben, ohne Erwartung auf Gegenliebe. Es ist ihre Antwort auf einen anscheinend nichtigen Anlaß. In einem Brief vom 26. März 1927 hatte Gramsci an die Tage in Ustica erinnert und geschrieben: "Das Leben dort stellst Du Dir sicher völlig anders vor, als es in Wirklichkeit war". Und am 4. April, vielleicht als Antwort auf eine Karte vom 22. März (die nicht aufgefunden wurde): "Ich versichere Dir, daß der Gedanke, Du könntest mich vergessen haben oder mir nicht mehr gut sein, mich nicht einmal gestreift hat. Wenn ich auch nur entfernt so etwas gedacht hätte, hätte ich Dir überhaupt nicht mehr geschrieben. Das war immer mein Charakter, und deshalb habe ich in der Vergangenheit viele alte Freundschaften abgebrochen ..."

Fast gleichzeitig mit diesem Brief hatte Tanja auch einen Brief ihres Vaters aus Rußland erhalten mit der Bemerkung, sie würde das Leben der Familie dort sich nicht vorstellen können. In ihrer Antwort an Gramsci (vom 12. April 1927) akzeptiert Tanja weder die Bemerkung Gramscis, noch die des Vaters: "Ich muß nur einmal mehr bekräftigen, daß weder Papa, noch Du mich im geringsten kennt. Die Schuld (wenn man das Schuld nennen kann) liegt im übrigen völlig bei mir ..." Hier beschreibt

Tanja zum ersten Mal ihr Verhalten gegenüber anderen, nächsten, teuren Personen: " Ich habe mich immer um die gekümmert, die mir lieb waren, habe aber nie jemand die Gelegenheit gegeben, mein intimes Leben kennen zu lernen. Ich war Freundin, Schwester, Gefährtin, aber nie ist das jemand für mich gewesen". Und jetzt unterstreicht sie (etwas überspitzt) den Unterschied, den sie zwischen ihrem und Gramscis Verhalten sieht: "Du schreibst, ... wenn Du gedacht hättest, ich wäre Dir weniger gut, hättest Du aufgehört, mir zu schreiben. Bravo, tut mir leid für Dich, für Euch, für fast Alle, die ihr mit so einer Psychologie ausgestattet sein könnt. Ihr braucht es, daß man Euch immer liebt und umsorgt usw., während ich mich in meinem Verhältnis zu denen, die ich liebe, überhaupt nicht um deren Gefühle mir gegenüber kümmere. Was daran tatsächlich seltsam ist, ist der Umstand, daß deswegen keiner protestiert. Denn im Grunde scheint es mir beleidigender zu sein, sich um die Gefühle der anderen überhaupt nicht zu kümmern, als seine Gefühle zu verändern und jemand weniger oder viel mehr zu lieben. Warum hast Du Freunde aufgegeben, als sie Dich nicht mehr liebten wie zuvor (sagst Du), anstatt Dich um sie zu kümmern? Mit welchem Recht? Vielleicht brauchten sie mehr Liebe, als sie anderen geben konnten. Indes sei versichert, da Du nun mal zu denen zählst, die wirklich Liebe brauchen, daß ich sie Dir nie entziehen könnte, gerade weil ich immer die Notwendigkeit, das Bedürfnis spüre, das zu geben, dessen man bedarf. Aber wäre ich wie Du, hätte ich Dir schon längst nicht mehr schreiben dürfen beim Gedanken, Du könntest glauben, ich hätte Dich vergessen. Ach, Du bist richtig böse ... Ich versichere Dir, ich bin ... in einem gewissen Sinn sehr verschieden von den üblichen Leuten, die, zu ihrem Unglück, der Liebe anderer bedürfen und bei ihrem Fehlen unsäglich leiden" (siehe Anhang).

Es ist das erste Mal, daß Tanja Gramsci, in Polemik gegenüber seinem "Charakter" und seiner Tendenz, "sich zu verschließen", ihre eigene Auffassung über das Verhältnis zum Nächsten erklärt. Sie tut das noch mehrmals, ein Zeichen dafür, welche Bedeutung sie dieser Frage für ihr Gefühlsleben beimißt.

In mehreren Briefen gelingt es Tanja, ihre intimen Gefühle zu zeigen und sich aufrichtig "zu öffnen". Es ist jedoch bemerkenswert, daß Gramsci in seinen Antworten kein einziges Mal darauf eingeht, nicht einmal um Tanja dabei zu helfen, über sich selbst klarer zu werden.

In seiner Antwort vom 25. April 1927 geht Gramsci auf ihren "Ausbruch" keineswegs ein, sondern schreibt: "... ich habe mir ganz kalt und zynisch vorgenommen, Dich zu ärgern. Weißt Du, daß Du ganz schön anmaßend bist?" Und er führt (fragwürdige) Beispiele an, die die

Unmöglichkeit beweisen sollen, daß Tatjana oder Julia sein Leben auf Ustica oder im Gefängnis sich konkret vorstellen könnten. Er geht so weit, zu behaupten, Frauen hätten zwar Vorstellungskraft, aber keine Phantasie, eine "Vorstellungskraft, die nur in eine Richtung wirkt ... vegetarisch, tierlieb, krankenpflegerisch. Frauen sind lyrisch ..., aber nicht dramatisch. Sie stellen sich das Leben der anderen (auch ihrer Kinder) nur unter dem Gesichtspunkt des animalischen Schmerzes vor und sind unfähig, mit ihrer Phantasie das Leben eines anderen Menschen insgesamt zu rekonstruieren".

Hinter der Tendenz, mit einer gewissen Leichtfertigkeit bestimmte "weibliche" Eigenschaften zu verallgemeinern und hinter dem Egozentrismus des Häftlings spürt man so etwas wie eine Weigerung Gramscis, auf die geheimen Gefühle Tanjas einzugehen. Er ermutigt sie nie, "sich zu öffnen".

Tatjana hat ihrerseits in einer Postkarte vom 19. April, die Gramsci noch nicht ausgehändigt war, als er seinen Brief schrieb, sowohl die Bedeutung ihrer Kritik an ihm, als auch die Erklärung ihrer Gefühle abgeschwächt. Sie entschuldigt sich, sie sei wehleidig und in keiner guten Verfassung gewesen, ihre bösen Bemerkungen täten ihr leid, "auch wenn, was ich schrieb, richtig war ..., denn ich nehme die Welt, wie sie ist, und deswegen beklage ich mich auch nicht; ich habe mich lediglich gehen lassen als Antwort auf die Tatsache, daß Du wie so viele andere auch daran leidest, daß Du die Welt, d.h. die Beziehungen zum Nächsten, nicht richtig nimmst" (eine erneute Anspielung auf Gramscis "schwierigen Charakter").

Im April 1927 hatte Tatjana also einen versöhnlichen Ton angeschlagen, noch bevor sie eine schroffe Antwort von Gramsci erhielt, auf die sie nicht reagierte. Ein Jahr später kommt sie auf das Thema zurück und illustriert es am Beispiel ihres heiklen Verhältnisses zu ihren Schwestern in der Zeit ihres Aufenthalts in Rom. Das mußte Gramsci berühren, denn auch er war damals betroffen, wie wir sehen werden. Aber auch jetzt reagiert er nicht. Vielleicht wirkt in ihm eine Selbstzensur, die erste, noch flüchtige Schatten nicht wahrnehmen will. Später verdichten sich diese Schatten dann zu einem harten Schwarz-Weiß. Er antwortet also Tatjana nicht, schreibt aber drei Monate später, nach der Verurteilung, während der Überführung nach Turi, von Caserta aus einen Brief (10. Juli 1928) voll Zuneigung und Zärtlichkeit. Vielleicht ist das die eigentliche Antwort auf ihren Brief vom 17. April. Er schreibt: "wie konntest Du denken, ich habe zuweilen ... Deine große Güte verkennen und aufhören können, Dir unendlich gut zu sein? ... Du mußt verstehen, daß ich, seit ich im Gefängnis bin, eine große Willensanstrengung gemacht habe, um meine Gefühle zu kontrollieren ... das ist eine Form der Selbstverteidigung ... oft erscheine ich in meinen Briefen dürr, trocken, ein bißchen egoistisch. Aber ich schließe völlig aus, daß man daraus die Folgerung ziehen könnte, die Du gezogen hast ...".

Tanja antwortet am 15. August. Man spürt, sie ist glücklich, daß schmerzliche Kontraste zumindest im Augenblick überwunden sind. "Unter den Briefen ist einer, der mich ärgern oder zumindest mir mißfallen sollte. Aber ich glaube, seit Du ihn geschrieben hast, hast Du Deine Art, die Welt zu sehen, sehr verändert. Vielleicht sind auch Deine Gefühle allgemein gegenüber der Familie und insbesondere mir gegenüber anders geworden. Ich möchte sagen, Du hast mich nicht nur besser kennen gelernt und magst mich vielleicht mehr als früher, sondern Du hast auch Deine Auffassung von Frauen und ihrer Psychologie usw. möglicherweise geändert. Ich sage Dir offen, mir scheint, Dein Brief von damals ist überholt. Doch bleibt er interessant, weil er enthüllt, was Du auch jetzt noch manchmal zeigst: mangelndes Vertrauen, etwas zu verlangen ...".

Es ist ziemlich sicher, daß es sich bei dem Brief, der Tanja hätte "ärgern sollen", um den vom 25. April 1927 handelt, der mit den Worten beginnt: "... ich habe mir ganz kalt und zynisch vorgenommen, Dich zu ärgern. Weißt Du, daß Du ganz schön anmaßend bist?". Gramsci bestritt Tanja die Fähigkeit, sich eine realistische Vorstellung von seinen Lebensumständen machen zu können (sowohl in Ustica, als auch im Gefängnis) und seine realen Bedürfnisse zu verstehen bzw. die Möglichkeit einzuschätzen, wie und ob sie unter den Haftbedingungen erfüllt werden könnten. Und er hatte hinzugefügt: "Ich bin böse, richtig böse". Vielleicht ist diese Feststellung die Erklärung für die Anspielung Tanjas an die "bösen Züge". Und Gramsci fährt fort: "Du hattest mir geschrieben, wenn ich weniger Briefe bekomme, solle ich nicht meinen, Du wärst mir weniger gut und hättest mich vergessen. Und ich antwortete Dir, wenn ich das gedacht hätte, hätte ich Dir nicht mehr geschrieben, wie ich es schon in der Vergangenheit in anderen Fällen getan habe, nicht, weil ich es ständig nötig hätte, geliebt und umsorgt zu sein usw.usw. (was für eine Tierschutzvereinspsychologie!), sondern weil ich alles hasse, was konventionell ist und nach Bürokratie riecht. Ich bin kein Leidender, der getröstet werden muß, und werde das nie sein. Schon vor dem Gefängnis wußte ich, was Alleinsein sei und verstand es zu suchen, auch mitten in der Menge ..." Vielleicht erklären diese Sätze vom April 1927 ein Jahr später die Heftigkeit von Tanjas "ich werde Dir nicht gestatten, Dich zu verschließen" (April 1928).

Jetzt, Mitte 1928, auf dem Weg in die Strafanstalt Turi, ist dieser Brief "überholt" und Gramsci "mag sie lieber als zuvor". Aber das Gefühl der Erleichterung wird sofort zerstreut durch den ersten Brief, den Gramsci am 27. August aus Turi schreibt. Er schildert zunächst in großen Zügen die entsetzliche Reise und seine neuen Haftbedingungen. Er fragt nach einigen Büchern und bittet um Medikamente. Und schließlich spricht er von Julia auf eine Weise, die bei Tanja Beunruhigung hervorrufen muß: "... ich fühle mich ihr gegenüber enorm in Schuld, denn ich schreibe ihr seit langer Zeit nicht mehr direkt [seit dem 30. April 1927, als er ihr von seiner Empörung über den "seltsamen" Brief Griecos berichtet und sie nicht geantwortet hatte]. Ich bin sicher, daß sie deshalb nicht meint, ich liebe sie weniger. Aber ich weiß nicht, was ich tun soll. Wenn ich schreibe, komme ich mir vor, als verfasse ich bürokratische Randglossen. Ich möchte ihr in diesem Geisteszustand nicht schreiben. Du siehst, wie gefühlsbetont ich bin! Gut, daß es Dich gibt und daß Du so gut bist und nicht beleidigt sein wirst, denn ich habe keine Hemmung, Dir bürokratische Anweisungen zu schicken. Das ist eine verwickelte Sache! Liebste Tanja, schreib Du an Julia für mich. Und: schickst Du ihr noch diese meine Briefe? Sie sind nicht nur für Dich geschrieben. Und es gelingt mir auch nicht immer, an Dich unabhängig von Julia zu denken ... Siehst Du? Es ist eine Art Pirandellismus in Briefform ...". Und in der Nachschrift: "Weißt Du, es löst in mir eine seltsame Wirkung aus, wenn Du mich Nino nennst, so wie man mich vor langer Zeit zu Hause rief und wie mich noch heute meine Mutter und Carlo nennen. Ich muß auch ein bißchen darüber lachen, denn es handelt sich in meinem Leben um ein uraltes und anachronistisches Szenario".

Hier wird die Identifizierung von Tanja mit Julia, die wir schon bei Tanja beobachtet hatten, nun auch bei Gramsci ganz deutlich. Die Briefe an Julia werden zu "bürokratischen Randglossen". Ist dies nur eine frustrierende Wirkung, die die Zensur und die Unterbindung intimer Äußerungen auf seine Gefühle ausüben, oder ist das mehr? Keimt in Gramsci bereits ein Zweifel, der sich später auf grausame Weise äußern wird, daß nämlich im Umkreis Julias und auf Julia selbst Kräfte wirken, die er, wie er schreibt, "nur zu gut kennt"? Vielleicht ist das der Grund für die Bitte an Tanja, den Kontakt zu Julia zu übernehmen und mehr noch: explizit ist die Rede von der Identifikation und der Substitution Julias mit Tanja, auch wenn Gramsci mit dem Scherz über den "Pirandellismus in Briefform" die Sache abschwächt. Aber auch das zeigt, wie tief dieses Gefühl sich in Gramsci Bahn bricht, wie auch, wenn er gesteht, daß es ihn bewegt, von ihr Nino genannt zu werden. Auch dieses Gefühl verdrängt er sofort als Relikt aus anderen Zeiten.

Zwischen dem 31. August und dem 5. Oktober schreibt Tanja an Gramsci fünf Briefe. In keinem von ihnen geht sie auf den Auftrag ein, für Gramsci an Julia zu schreiben. Und schon gar nicht erwähnt sie den

Identifikations- und Substitutionsprozeß, der sich in Gramscis intimen Gedanken und Gefühlen zwischen ihr und Julia vollzieht. Möglicherweise ist ihr Schweigen Zeichen ihrer Beunruhigung. Bereits nach ihrem ersten Besuch im Mailänder Gefängnis San Vittore hat Tanja ihren Gefühlen Ausdruck gegeben ("wir müssen die Freude möglichst genießen, uns zu sehen"), diesen Ausdruck sofort aber relativiert mit dem Satz: "Ich muß Dich sehen im Namen Julias und der Kinder". Und Gramsci hat ihr geantwortet: "Es ist wahr, Du erinnerst mich an Julia, ich habe beobachtet, daß Ihr Euch ganz ähnlich seid". Und nun?

In jenem September 1928 schreibt Gramsci zwei Briefe an Tanja (am 6. und am 24.). Der erste ist ein einziger Tadel über "die Flut von Initiativen, die Du plötzlich in Gang gesetzt hast". Tanja hat ohne Wissen Gramscis, der soeben nach einer "entsetzlichen" Reise in Turi angekommen ist, ins Auge gefaßt, ihn nach Soriano nel Cimino, in ein Gefängnis für kranke Häftlinge, verlegen zu lassen. Gramsci, der während der Überführung von Rom nach Turi sehr gelitten hat, ist wütend. Tanja soll keine Initiativen ergreifen, die von ihm nicht ausdrücklich gebilligt seien, und er fühle sich "doppelt eingesperrt", weil Tanja nicht im mindesten seinem Willen Rechnung trage. Im zweiten Brief insistiert er: "Ich sehe, daß mein letzter, ein bißchen ... tragischer Brief, Dich nicht sehr beeindruckt hat. Auf jeden Fall mußt Du ihm ganz genau Rechnung tragen".

Tanja antwortet am 5. Oktober: "Dein vorletzter Brief [vom 6. September] hat mir sehr leid getan. Aber ich dachte, es sei nicht nötig, Dich das spüren zu lassen, auch weil es Dir offensichtlich physisch ziemlich schlecht geht ... Sei jedoch sicher, daß ich nichts ohne Deine Billigung zu unternehmen gedenke"

Einen Tag später informiert sie Gramsci, sie habe Piero Sraffa gesehen, der ihn grüßen lasse.(6) Dann schreibt sie drei Wochen nicht mehr. Gramsci beklagt sich am 20. Oktober: "Läßt Du mich wegen meines ziemlich unglückseligen Briefes büßen?" Und er versucht zu erklären, was in ihm vorgeht: "In diesen zwei Jahren habe ich fast meine ganze Sensibilität verloren ... Die Überzeugung, unter den einschränkenden Bedingungen, unter denen ich schreiben muß, nicht verstanden zu werden, treibt mich immer tiefer in einen Zustand passiver und seliger Gleichgültigkeit, aus dem ich mich nicht lösen kann". Es kommt ihm vor, als versinke er in immer tieferes Wasser, "wo selbst die größten Stürme sich nicht mehr bemerkbar machen". Tatsächlich ist es nicht das, was passiert, denn bald darauf erwarten Gramsci entsetzliche Stürme politischer und privater Natur, die sich gegenseitig in einer wachsenden Spirale verstärken, bis sie zur "Obsession" werden, während sich sein Gesundheitszustand gleichzeitig ständig verschlechtert.

Tanja antwortet sofort (am 26. Oktober): "Ich leg Dir ans Herz, schreib, was Du brauchst und erwähne nicht mehr, daß Du einen unglücklichen, nein, unglückseligen Brief, wie Du sagst, geschrieben hast. Es ist wirklich seltsam, daß Du so etwas denken kannst ... Es ist wahr, ich schreibe wenig, ich schäme mich deswegen, aber es strengt mich sehr an [seit September arbeitet sie in der sowjetischen Handelsmission in Mailand], auch psychisch, jetzt z.B. ist es 12 Uhr nachts, ich blieb auf, um Dir zu schreiben und tu das sehr gerne".

In der Zwischenzeit schreibt die Familie an Tanja, um sie zur Rückkehr nach Moskau zu bewegen. Tanja erwähnt dies gegenüber Gramsci (am 4. Dezember): "Meine Familie hat über einen Bekannten, der mich in Rom vor meiner Abreise nach Mailand gesehen hat, Nachrichten von mir erhalten ... Weißt Du, ich möchte Dich an einen Satz von Dir erinnern, als ich Angst davor hatte, Dich im Gefängnis San Vittore zu besuchen, genauso wie ich Angst vor der Ankunft von Julia und Genia in Rom hatte, erinnerst Du Dich? Du schriebst mir: 'Es ist schmerzlich, sich im Gefängnis zu begegnen, aber schlimmer ist es, sich gar nicht zu sehen.' Ich bemerkte immer Deinen Schmerz, wenn ich Dir etwas von den Kindern erzählte, aber ist es nicht besser, davon zu sprechen, als zu schweigen? Manchmal hätte ich gerne eine Antwort auf mein Gerede, ... ich wäre froh, zu wissen, was Du über meine Reise, über meine Abfahrt denkst. Wir sprachen schon andere Male darüber, ich weiß, aber mich interessiert, was Du jetzt davon denkst".

Erneut assoziiert Tanja hier, wie bereits in ihrem Brief vom Ende April, Gefühle, die anscheinend nach Inhalt und Ursache nichts miteinander zu tun haben. Erneut verbindet sie ihre Emotion und deren Hemmung, die sie erfüllen, wenn sie Gramsci im Gefängnis sieht, ohne ihm ihre Gefühle mitteilen, ohne ihn umarmen zu können, mit der "Angst", die sie bei der Ankunft von Julia und Genia in Rom 1925 befallen hat, als ihr direktes Verhältnis zu Gramsci durch diesen Besuch unvermeidlich an den Rand geschoben wurde. Die Analogie zwischen dem hemmenden Effekt der Ankunft der Schwestern (deren eine die Frau Gramscis und die andere eine starke, wie sich noch zeigen wird, die Familie dominierende Figur war) und der beim Gefängnisbesuch erzwungenen Hemmungen, klingt sehr hart. Sie entspricht der "Naivität" Tanjas, würde Gramsci sagen und bezieht sich nicht auf die Ursachen, sondern nur auf die Wirkung, d.h. die Verhinderung einer freien und ausschließlichen Beziehung zu Gramsci. Liebt Tanja Gramsci? Ich glaube ja. Sie selbst hat begonnen (und wird es auch in Zukunft tun), ihre intimen Gefühle zu erklären, sich "zu öffnen", um ihren Ausdruck zu gebrauchen, auf eine ideale, völlig "selbstlose Weise", ohne

Gegenliebe zu erwarten. In diesem Brief vom 4. Dezember 1928 bemerkt Tanja zum ersten Mal, daß Gramsci auf ihr "Gerede" nicht antwortet und bittet um eine Antwort, zumindest "manchmal". Konkret bittet sie um seine Ansicht "jetzt" über eine eventuelle Reise nach Rußland. Vor ein paar Monaten hat Gramsci ihr dringend geraten, dort "ihre Mutter zu besuchen". In der Zwischenzeit, im Oktober, hat Tanja den Auftrag erhalten, Gramsci beizustehen, wie aus ihren Kontakten zu Sraffa mit Sicherheit hervorgeht und es ist unwahrscheinlich, daß Gramsci dies nicht weiß. Vielleicht hofft Tatjana, daß Gramsci "jetzt" (Dezember 1928) jenen Rat nicht wiederholt?

Doch Gramsci schreibt ihr am 17. Dezember: "Ich denke, Du tust gut daran, die Deinen zu besuchen", doch aus "Rücksicht auf deine Gesundheit" nicht im Winter, sondern im Mai. Und was das "Reden" mit Dir betrifft, fühle ich mich psychologisch noch nicht reif dafür ... Du provozierst mich auf sehr liebenswürdige Weise, aber ich lasse mich darauf nicht ein, nicht einmal, wie soll ich sagen, aus väterlicher Eitelkeit ...".

Gramsci übersieht (oder vermeidet) die Aufforderung Tanjas, sich frei von "Furcht" mitzuteilen, zumindest was die beiden Kinder betrifft. Die Umstände sind für ihn im Augenblick sehr schwierig. Er darf nur jeden "zweiten Montag eine halbe Stunde Briefe schreiben", in einem Gemeinschaftsraum, "möglichst schnell". Daher fühlt er sich veranlaßt, nur "ganz konkrete Dinge zu schreiben". Dieses Mal ist er es, der sich "verschließt". Ein paar Tage zuvor, am 3. Dezember, vielleicht auch unter dem Eindruck seines "Zorns" vom September, hat er seinem Bruder Carlo geschrieben: "Tatjana hat mich enttäuscht, ich dachte sie nüchterner in ihren Vorstellungen und praktischer ... sie bildet sich Romane ein wie den, daß es möglich sei, die Haft umzuwandeln ... und sie ist von einer reinen Naivität, die mich manchmal erschreckt, denn ich habe nicht im geringsten vor, mich vor irgendjemand zu beugen oder meine Haltung irgendwie zu ändern ... Tanja muß wissen, daß man von solchen Romanen nicht einmal sprechen sollte, denn das bloße Reden gibt schon Vermutungen Raum, es seien Vorstöße, die ich suggeriert hätte ... Schreib bitte Du das an Tatjana, denn wenn ich es schreibe, fürchte ich, zu weit zu gehen und ihre Sensibilität zu verletzen." Vielleicht liegt hier der Grund für eine gewisse Reserviertheit Gramscis gegenüber Tanja und für seinen erneuten Rat, sie solle nach Moskau zurückkehren. Plagt ihn vielleicht jetzt schon der Verdacht, daß hinter bestimmten, ihm ungewohnten Initiativen Tanjas ein plumper Versuch der Partei stecken könne? Man bedenke, welche unglückliche Wirkung auf ihn der Brief von Grieco ausgeübt hat.

Die Isolierung und die Gefängnisroutine bedrücken ihn. Am 19. November schreibt er an Julia "Du bist mein Japan" als Metapher für eine unbekannte und auch nicht erkennbare Welt. "Auch mein eigenes Leben empfinde ich als erstarrt und gelähmt: Wie könnte es anders sein, wenn mir die Wahrnehmung Deines Lebens und des Lebens der Kinder fehlt?" Und weiter: "Sicher, ich werde widerstehen. Aber ich merke zum Beispiel, daß ich nicht mehr wie früher über mich lachen kann, und das ist schlimm". Am Ende des Briefes eine Nachbemerkung für Tanja: "Ach wie bist Du böse. Seit wie langer Zeit höre ich nichts mehr von Dir?"

Tanja hat ihm am 26 und am 27. Oktober geschrieben, und sie antwortet ihm sofort am 25. und am 28. November. Sie berichtet von der Familie, die Kinder sind "ganz außergewöhnlich", und sie informiert ihn, daß ein Freund (Sraffa) sich um Anträge kümmert, die Gramsci betreffen. Wir wissen nicht, ob Gramsci diese Mitteilung als beruhigend empfunden hat.

So endet das Jahr 1928, das Jahr, in dem Gramsci zu 20 Jahren Haft verurteilt worden war. Und es ist noch lange nicht sein schlimmstes Jahr. Noch im Dezember fährt Tanja nach Turi und macht in der dortigen Strafanstalt ihren ersten Besuch bei Gramsci. Noch vor Jahresende kehrt sie nach Mailand zurück und schreibt am 30. Dezember eine Karte: "Lieber, ich hoffe, es geht Dir besser ... ich möchte wirklich hoffen, daß Du zufrieden warst, mich zu sehen, ich kam im Namen der ganzen Familie ...". Im Vergleich zu ihrem ersten Besuch in San Vittore kontrolliert Tanja jetzt ihre Gefühle völlig und läßt keine Bewegung durchschimmern. Mehr noch: sie will fast nicht in Erscheinung treten, sie reduziert sich ganz auf die Vertretung der Familie. Das ist eine für Tanja sehr typische Haltung. Sie schwankt zwischen ihrer Fülle intimer und persönlicher Gefühle und einer distanzierteren Rolle als Botin und Mittlerin der Familienliebe (siehe Anhang).[7]

Anmerkungen zum Kapitel 2

1) Inzwischen ist ein Teil der Briefe Tatjanas an die Familie erschienen: Tatiana Schucht. Lettere ai familiari, mit einem Vorwort von Giuliano Gramsci und einer Einleitung von Mimma Paulesu Quercioli, die auch die Auswahl und Herausgabe besorgt hat, Roma, 1991. Im Zuge des durch das Werk von A. Natoli erweckten neuen Interesses

an den Figuren Tanjas und Julias wurde im Archiv des Istituto Gramsci ein weiteres Hundert Briefe Tanjas, unter ihnen auch Abschriften bisher unbekannter Briefe Julias an Gramsci gefunden. Der Briefwechsel Gramscis mit Julca Schucht und mit Tanja erscheint in der kritischen Ausgabe der Gefängnisbriefe im Argument-Verlag, Berlin, in Zusammenarbeit mit dem Cooperative Verlag Frankfurt/M. (d. Übers.)

2) Ein Brief von Julia vom 13.9.1934 (s. Anhang), der von der Politischen Polizei nicht an Gramsci weitergeleitet worden war, wurde erstmals von Costanzo Casucci in der Rassegna degli Archivi di Stato veröffentlicht (1965, fasc.III, Sept-Dez., S.434) und von Paolo Spriano kommentiert (im Corriere della Sera vom 8. Mai 1986).

3) In einem Brief an Julia vom 30. April 1928 schreibt Gramsci: "Ich möchte nicht nach draußen schreiben. Vielleicht würde man es mir erlauben, aber aus Prinzip will ich es nicht". Vielleicht ist es kein Zufall, daß Gramsci im gleichen Schreiben unmittelbar anschließend seiner Frau von "einem seltsamen Brief mit der Unterschrift Ruggero" berichtet, der ihn "auf die Palme gebracht hat" (vgl. unten, Note 5).
Gramsci lehnt eine von der Gefängniszensur kontrollierte und daher unfreie Korrespondenz mit der Parteiführung ab. Im Gegensatz zu anderen Häftlingen sieht er offenbar keine Möglichkeit, die Zensur zu umgehen. Terracini z.B. war es gelungen, ohne entdeckt zu werden, eine geheime Verbindung aufrecht zu erhalten.

4) Im Oktober 1926 hat Gramsci im Namen des Politbüros der Kommunistischen Partei Italiens an das ZK der russischen Partei einen Brief geschickt, in dem er lebhafte Vorbehalte gegen die Methoden erhebt, die die Mehrheit (Stalin und Bucharin) gegen die Minderheit (Trotzki und Sinowjew) anwendet. Dieser Protestbrief führte zu einem berühmt gewordenen Briefwechsel zwischen Gramsci (in Italien) und Togliatti (in Moskau). Seit diesem Vorfall steht Gramsci in den führenden Kreisen der Kommunistischen Internationalen im Verdacht des "Trotzkismus". Vgl. dazu die Dokumente in A. Gramsci, La costruzione del Partito Comunista 1923-1926, Torino 1971, S. 114-137

5) Im Februar 1928 erhält Gramsci im Gefängnis San Vittore in Mailand einen von Ruggero Grieco unterzeichneten Brief (ähnliche Briefe erhielten auch Scoccimarro und Terracini, die ebenfalls in San Vittore saßen). Aus dem Brief geht die Zugehörigkeit Gramscis zur führenden Gruppe innerhalb der Partei hervor. Der Untersuchungsrichter Macis äußerte deswegen gegenüber Gramsci den Verdacht, "Freunde" wollten ihn damit indirekt im Prozeß belasten. ("Sie haben wohl Freunde, die sie für längere Zeit hinter Gittern sehen wollen"). Gramsci war über diesen Brief sehr betroffen, und der von Macis geäußerte Verdacht quälte ihn bis zum Ende seines Lebens. Der Text des Briefes wurde erst 1968 aufgefunden und veröffentlicht. Er findet sich in P. Spriano, Gramsci in carcere e il partito, Roma 1988, S. 135 f.

6) Tatiana begegnet Piero Sraffa zum ersten Mal in Mailand im Oktober 1928. Die beiden sehen sich nochmals kurz vor Weihnachten und im Januar 1929, als Tanja von einem Besuch in Turi zurück gekehrt war. Zwischen Tanja und Sraffa gab es in der Zeit 1929-1931 mit großer Wahrscheinlichkeit einen Briefwechsel, von dem jedoch nur ein kurzes Billett Sraffas vom 29.12.1929 erhalten blieb. Nach der Begegnung mit Tatjana vom 26. Dezember 1928 schreibt Sraffa an Togliatti: "Man muß dringend eine regelmäßig funktionierende Hilfe für Antonio organisieren". Aus dieser Äußerung läßt sich schließen, daß es bis zu diesem Datum keine "regelmäßig funktionierende Hilfe" für Gramsci gab. Der Brief Sraffas an Togliatti findet sich in P. Spriano, Gramsci in carcere e il partito, op.cit., S. 148 f.

7) In den ersten Tagen des Jahres 1929 schreibt Tatjana einen Bericht für die Partei über die Lage Gramscis in Turi. Darin schreibt sie: "Es ist offensichtlich, daß ich nur in Italien geblieben bin, um mit Antonio in Kontakt zu bleiben". Einen weiteren Bericht schreibt sie über ihre Besuche März/April 1929. Er wurde erstmals von P. Spriano in Rinascita vom 23. Januar 1970 veröffentlicht.

3. Kapitel:

Das Jahr 1929: Obsessionen und stoischer Mut

Am 8. Februar 1929 schreibt Tanja Gramsci einen Brief, in dem ihre Rolle als Botin nicht mehr so distanziert erscheint, sondern in der Erinnerung an ihren letzten Besuch von zarten, lyrischen Tönen gefärbt ist. Sie schreibt: "Julia hat völlig recht, zu sagen, es scheine ihr, als ob sie Dir nun näher wäre, weil ich Dir nahe gewesen bin: ich möchte ihr das Gefühl, das ich jetzt habe, übermitteln können, daß ich auf gewisse Weise Deine Existenz materiell nachfühlen kann. Ich fühle den Ort, wo Du bist, das Haus, in dem Du Dich befindest, ich kenne die Physiognomie der verschiedenen Personen, die um Dich sind, ich kenne den Himmel und die Landschaft, und ich versichere Dir, daß ich auch Dich besser fühle. Was bedeutet es schon, daß ich Dich in Sträflingskleidung gesehen habe, zumindest kann ich mir Deine Person nun so vorstellen, wie sie jetzt ist, und das tut meiner Ansicht nach dem Geiste gut. Mir scheint, daß man sich geistig viel näher sein kann, seit ich mich, wenn auch nur ganz wenig, versichern konnte, daß die geliebte Person materiell existiert. Nun ist auch für Julia mein Gespräch mit Dir zu einem wirklich materiellen Kontakt geworden, und ich bin glücklich, daß ich ihr diese große Genugtuung verschaffen konnte" (siehe Anhang).

Tanja vollzieht hier, ich glaube völlig unbewußt, eine ganz außerordentliche Transposition vom materiellen Begreifen zur geistigen Erkenntnis und Anteilnahme, mehr noch, ihr erscheint letztere ohne die erstere unmöglich zu sein. Die Begegnung mit Gramsci ("in Sträflingskleidung") ist für sie dieses Mal Quell der Freude, ohne jede Spur von "Angst", und diese Freude bricht sich in den Dingen und verwandelt sie im Erinnern. Das Gefängnis wird "das Haus, in dem Du Dich befindest", die Wärter werden zu "verschiedenen Personen, die um Dich sind", als ob von Gramsci eine Kraft ausginge, die allem seine menschliche Qualität wiedergäbe. Und das Ganze wird beherrscht von jenem "Himmel" und jener "Landschaft", die auch sie nun kennt, eine Kenntnis, die es ihr ermöglicht, Gramsci "besser zu fühlen". Hier gibt Tanja ihrer Identifikation mit Julia und ihrer Funktion für Julia freien Lauf. Sie kann eine Botin der Liebe sein, weil sie selbst von diesem Gefühl erfüllt ist. Ich kenne keinen vergleichbaren Brief, außer jenem, ebenfalls unvergeßlichen, den Rosa Luxemburg im Dezember 1917 aus dem Gefängnis schrieb (an Sophie Liebknecht): "Und ich lächle im Dunkeln dem Leben ... Die tiefe, nächtliche Finsternis ist so schön und weich wie Sammet, wenn man nur richtig schaut; und in dem Knirschen des feuchten Sandes unter den langsamen, schweren Schritten der Schildwache singt auch ein kleines schönes Lied vom Leben ...".

Am 9. Februar spricht Gramsci in einem Brief an Julia von Tanja in einem ziemlich anderen Ton als dem, den er Carlo gegenüber im bereits zitierten Brief vom 3. Dezember (1928) gebraucht hatte. Er schreibt: "Ich müßte Dir jetzt eine Lobeshymne auf Tatjana und ihre große Güte schreiben. Aber ich tu es nicht, denn ab und zu übertreibt sie auch und tut dann so, als ob sie mich für völlig ohne praktischen Sinn hielte, absolut unfähig, ohne einen Erzieher oder ein Kindermädchen zu leben. Manchmal hat sie mich sogar in Wut, doch viel öfters zum Lachen gebracht ... Kurz, ich bin zu dem Schluß gekommen, daß Tatjana das beste Exemplar der ganzen Familie Schucht ist ..., die einzige, die wirklich Deiner Mutter gleicht...".

Am 21. Februar schreibt Tanja aus Mailand und gibt Gramsci Nachrichten von der Familie: "... Die Kinder ähneln Dir sehr, besonders Delio, es ist wirklich wahr. Aber ich finde, daß Giuliano ganz Deine Nase hat ...". Gramsci hat endlich die Erlaubnis erhalten, in seiner Zelle schreiben zu dürfen. Tanja beglückwünscht ihn dazu und schreibt am 13. März, sie hoffe, ihn in Turi noch vor Ostern besuchen zu können, doch sei sie nicht ganz sicher. Am 20. März ist sie jedoch schon in Turi und sieht Gramsci mehrere Male. Sie bringt ihm Samen und Blumenzwiebeln. Sie bleibt einen ganzen Monat. Zu Beginn ihres Aufenthalts schreibt sie am 20. März: "Ich bin so froh, einige Tage in dem Ort zu sein, in dem auch Du bist ...". Über Julia schreibt sie: "Julia ist zu sensibel. Wenn sie schreibt, spricht nur ihr Herz. Du müßtest vielleicht, ganz ganz langsam, ihr die Art beibringen, wie sie auch die Themen ansprechen könnte, die sie doch so stark interessieren. Sie beschreibt sie nicht, sondern läßt sie nur erahnen, während Du sie ganz glücklich machst, wenn Du ein Thema wirklichkeitsnah berührst. Schon eine bloße Andeutung von Dir erlebt sie mit großer Intensität". Diese Harmonie läßt sich in den folgenden Jahren nicht mehr herstellen.

Tanja reist am 11. oder 12. April von Turi ab und ist am 14. in Mailand, nach einer äußerst beschwerlichen Reise. Aber sie schreibt: "Ich bin ein bißchen froher weggefahren bei dem Gedanken, Dir zum Abschied die Rose gebracht zu haben, die Du Dir wünschtest". Von dieser Rose schreibt ihr Gramsci am 22. April: "Die Rose hat einen furchtbaren Sonnenstich bekommen: Alle Blätter und die zarten Teile sind verbrannt und verkohlt; sie sieht trostlos und traurig aus, treibt aber neue Knospen. Zumindest bisher ist sie noch nicht tot. Die Katastrophe mit der Sonne war unvermeidlich, denn ich konnte die Rose nur mit Papier zudecken, das der Wind davontrug. Man hätte ein hübsches Bündel Stroh haben müssen, das ein schlechter Wärmeleiter ist und zugleich vor den direkten Strahlen schützt. Auf jeden Fall ist die Prognose günstig ...".

Aber im gleichen Brief macht Gramsci auch einige Bemerkungen über sich selbst, die Tanja beunruhigen müssen. "Ich glaube, daß auch Dir in den wenigen Momenten, in denen wir uns gesehen haben, aufgefallen ist, wie geduldig ich geworden bin. Ich war das auch schon vorher, aber nur dank einer großen Anstrengung mir selbst gegenüber. Es war eine gewisse diplomatische Qualität, die notwendig war, um mit Dummköpfen und Langeweilern, ohne die man manchmal leider nicht auskommt, verkehren zu können. Jetzt aber kostet mich Geduld keine Mühe mehr, sie wurde zur Gewohnheit und ist eine notwendige Erfahrung des Gefängnisalltags, Teil auch eines instinktiven Selbstschutzes. Zuweilen wird jedoch diese 'Geduld' zu einer Art von Apathie und Gleichgültigkeit, die ich nicht abschütteln kann. Ich glaube, Du hast auch das gemerkt und es hat Dich ein wenig geschmerzt."

Am 30. April antwortet Tanja: "Dein Brief vom 22. hat mir alles andere als gefallen." Dann übermittelt sie die Grüße Bordigas: "Ich erhielt einen Brief von Amadeo ... er grüßt Dich sehr herzlich".(1)

Während des ganzen Monats Mai schreibt Tanja ihm regelmäßig jede Woche und berichtet ihm von den Kindern: "Genia schrieb, daß Delio fein sei, sehr elegant, einen Meter acht groß und 18 Kilo schwer, immer sehr schnell in seinen Bewegungen, ein bißchen nervös, wie er es schon als kleines Kind war". Sie beschreibt minutiös alle Sachen, die sie als Geschenke an die Verwandten in Moskau schicken konnte und schließlich, am 3. Juni, berichtet sie, "Delio hat Mumps bekommen".

Am 3. Juni schreibt ihr Gramsci, er habe ausnahmsweise das Paket erhalten, das sie ihm geschickt hat. "Ich glaubte, es sei die Wolle für die Strümpfe darin, usw., wurde aber enttäuscht und bin besorgt. Wirklich. Ich empfehle Dir dringend, Dich nicht von der Phantasie und von einer abstrakten Vorstellung des 'Nützlichen', des 'Nötigen' leiten zu lassen. Halte Dich bitte an die konkrete Gegebenheit des 'Gefängnisinsassen', d.h. an das, um was ich Dich gebeten habe. Deine Postkarten sind in dieser Hinsicht ganz romanhaft, mit guten Vorsätzen, Anfällen von Reue, herzzerreißenden Entscheidungsqualen, Anwandlungen, Wünschen usw. Wäre es nicht besser, nüchterner und entschlossener zu sein? ... Gewiß, Deine Art zu handeln amüsiert mich, aber das ist keine Rechtfertigung (zumindest nicht für Dich). Mich amüsiert die Überzeugung, daß Du die denkbar unpraktischste Person bist ... Ich bin immer der praktischste Mensch von der Welt gewesen ... Und man hat das nicht verstanden!"

Am 8. Juni antwortet Tanja: "Ich bin sehr froh, daß die Erdbeeren gut angekommen sind", doch: "Ich bin überhaupt nicht einverstanden mit dem, was Du zu meinen praktischen Fähigkeiten sagst. Auch ich werde nicht verstanden".

Am 18. Juni äußert sich Tanja sehr bekümmert, weil ein Bekannter aus Mailand ihrer Familie in Rußland erzählt hatte, sie wolle nicht nach Moskau, "weil das Leben dort schwierig und die Lebensbedingungen für mich ungeeignet seien ... Ich schrieb zurück, das seien reine Märchen ... Du hast sicher ab und zu von mir gehört, daß ich Italien nicht verlassen möchte, aber gewiß nicht, weil das Leben der Meinen weniger leicht sei, als mein Leben hier in Italien. Du weißt, daß ich nur ungern Orte wechsle ... auch das mag es sein, was mich hier hält, ich kann mich nicht entschließen, es zu tun".

Das Problem einer eventuellen Rückkehr nach Rußland hat Tanja besonders auf Grund des häufigen Drängens der Familie immer gequält (und wir sahen, daß auch Gramsci ihr zur Rückkehr geraten hatte). Mehrmals versucht sie, ihre Haltung zu erklären. Aber erst später, als sie rückhaltlos das Problem ihrer Familienbeziehungen insgesamt angeht, erscheint ihr Zögern gerechtfertigt und überzeugend. Natürlich kann man mit Sicherheit davon ausgehen, daß die ihr von Sraffa im Namen der Partei anvertraute Mission eine Rolle spielte, und letztlich mag entscheidend gewesen sein, daß sich zwischen ihr und Gramsci ein Verhältnis entwickelt hat, das über eine brüderliche, moralische und intellektuelle Solidarität hinausgeht, trotz aller Stürme, durch die es später auf eine harte Probe gestellt wird.

Am 2. August informiert Tanja Gramsci, daß ihr Bruder Viktor eventuell nach Italien kommen würde, um hier zu arbeiten. In diesem Fall würde sie, Tanja, nach Rußland zurückkehren, um ihrem Bruder ihren Arbeitsplatz weiterzugeben. Wenige Tage zuvor, am 30. Juli, hatte Gramsci Tanja geraten, ihren Bruder Viktor nicht zur Reise nach Italien zu ermutigen, sowohl wegen der bürokratischen Schwierigkeiten, die seine Arbeitsmöglichkeiten in Italien prekär machten, als auch wegen seines "zu jungenhaften und träumerischen Charakters". "Er hat zu unstete Instinkte ... Italien ist das letzte Land, das für einen solchen Typus ratsam wäre, es sei denn, er verfügte, um zu leben, über Vermögen". Die Angelegenheit bleibt ohne Folgen, und man kommt nicht mehr auf sie zurück.

Am 14. Juli hatte Gramsci Tanja den Auftrag gegeben, an Piero (Sraffa) Bücherwünsche zu übermitteln. Tanja versichert am 17. August: "Ich habe Piero gesehen, der zu seiner Mutter nach Rapallo fuhr. Er wird alle Aufträge erledigen, die Du ihm gegeben hast". Der Kontakt funktioniert also. Am 22. August schreibt Tanja, daß alle zu Hause ihren Besuch erwarteten, so, als ob sie von einem Tag zum andern abreisen würde.

Im September schickt Tanja an Gramsci regelmäßig Briefe mit den Nachrichten von der Familie. Ende September kommt sie nach Rom mit der Absicht, nach Turi weiterzufahren. Doch sie wird krank. Der Arzt, der sie untersucht, ein Prof. Arcangeli (der ein paar Jahre später dann auch Gramsci in Turi untersuchen wird) diagnostiziert Störungen der Schilddrüsenfunktion und verfügt eine Kontrolluntersuchung über ihren Grundumsatz. Er verschreibt absolute Ruhe (Brief vom 30. Oktober). Tanja bleibt, immer leidend, bis Dezember in Rom. Wegen ihrer Abwesenheit wird sie von der sowjetischen Handelsmission in Mailand entlassen. Zwischen dem 26. August und dem 4. November hat Gramsci ihr kein einziges Mal geschrieben (oder die Briefe sind nicht erhalten). Erst am 4. November schreibt er ihr einen langen Brief. Es ist das zweite Mal, daß Gramsci mit einem Abbruch jeder Beziehung droht. Was ist passiert in diesen Monaten (September, Oktober), was die außergewöhnliche Härte, fast Brutalität dieses Briefes wenn nicht rechtfertigen, so doch zumindest erklären könnte?

Aus der Korrespondenz Tanjas in jenen Monaten erfahren wir wenig. Am 24. Oktober informiert sie Gramsci über einige Gesetzesbestimmungen, die ihn betreffen. Am 15. Oktober hat sie den Rechtsanwalt Niccolai getroffen, der mit den Akten Gramscis befaßt ist. Am 25. Oktober gesteht sie: "... vielleicht hast Du recht, ich bin keine praktische Person". Am 28. November schickt sie Gramsci einen Brief Julias und fügt hinzu: "... ich bitte Dich, schreib ihr oft, viele Kleinigkeiten, Einzelheiten aus Deinem Leben, damit sie konkret Deine Existenz nachfühlen kann ... Es fehlt euch beiden an gegenseitigen Detailkenntnissen über eure Existenz".

Da Tanja immer noch krank ist, fährt Gramscis Bruder Carlo Mitte November zu Besuch nach Turi. Wir wissen nicht, was bei jenem Gespräch passiert ist. Auf jeden Fall reagiert Tanja in ihren Briefen vom November überhaupt nicht auf die Briefe Gramscis vom 4. und 18. November. Der vom 4. ist äußerst hart gegen Tanja und wiederholt mehrmals die Drohung "jede Beziehung abzubrechen". "Warum willst Du nicht verstehen, daß Du unfähig bist, absolut unfähig, meiner Ehre und Würde in diesen Fragen Rechnung zu tragen, weil Du nichts von allem verstehen kannst?" "Die Sache die mich bis zum Wahnsinn irritiert hat (ja, bis zum Wahnsinn), ist der Antrag, den Du zusammen mit dem Rechtsanwalt Niccolai auf eine Revision des Urteils gestellt hast. Warum fragt man mich sowas nicht vorher?" In einer Postkarte vom 15. Oktober aus Rom hatte Tanja Gramsci lediglich informiert, daß sie den Rechtsanwalt Niccolai getroffen hat.

Ist diese Härte Gramscis nötig, "um einen pädagogischen Effekt" zu erzielen, wie er argumentiert? Man kann das bezweifeln. Doch muß man sich vergegenwärtigen, daß dies das zweite Mal ist, daß sich Gramsci durch die unbesonnene Handlungsweise Tanjas (allerdings wissen wir nichts Genaues über ihr Gespräch mit dem Anwalt) bis "zum Wahnsinn" irritiert fühlt.

Gramscis zweiter Brief vom 18. November versucht einige Schärfen des ersten zu korrigieren ("... ich wollte Dir nicht wehe tun, aber vielleicht war es unmöglich, bei Dir zu einem Ergebnis zu kommen, ohne diese andere Wirkung"), enthält nun aber Härten gegenüber Julia: "Mir hat sie seit etwa vier Monaten nicht geschrieben, und in der Zwischenzeit habe ich ihr zwei Mal geschrieben, ohne eine Antwort zu bekommen ... Ich bin unfähig, ihr noch einmal zu schreiben, ohne vorher etwas direkt von ihr erhalten zu haben ... Manchmal denke ich, wenn sie mir nicht schreibt, kann das auch damit zusammenhängen, daß man Briefe und Nachrichten von mir nicht mehr empfangen will."

Man vergegenwärtige sich die Zeit, in der diese Briefe geschrieben sind: Herbst 1929. Die X. Sitzung der erweiterten Exekutive der Kommunistischen Internationalen hat Togliatti, Grieco und Di Vittorio gezwungen, die Politik des Kongresses von Lyon (Januar 1926), also die Politik Gramscis, aufzugeben. Das verändert die Strategie nach außen und die Beziehungen innerhalb der kommunistischen Partei grundlegend, was dann in der "Wende" zu Beginn der 30er Jahre zum Ausdruck kommt.(2) Was hat von dieser Entwicklung Gramsci im November 1929 wissen oder ahnen können? Mitte des Monats hat er ein Gespräch mit seinem Bruder Carlo gehabt. Aber es ist zweifelhaft, daß dieser in der Lage war, ihm von jenen Ereignissen zu berichten (er hätte jedoch eine Botschaft des anderen Bruders, Gennaro, übermitteln können, zu dem Gramsci eine ausgeprägtere persönliche und politische Beziehung hatte). Hat Gramsci etwas von dem veränderten politischen Klima mitbekommen und befürchtet er in dem ungeschickten Schritt Tanjas eine Initiative der Partei? Vermutet er schon damals angesichts des Schweigens von Julia einen Druck der Partei auf sie? Das ist ein Verdacht, den er später offen und unverhüllt äußern wird. Wie auch immer. In diesen Monaten kristallisieren sich die Motive einer "Obsession", die ihn in Augenblicken der Krise in den kommenden Jahre immer quälender beschäftigen wird.

Tanja, die noch krank in Rom liegt, schreibt am 11. und 18. November und schweigt zu den Vorwürfen. Am 29. schreibt sie eine Postkarte: "Es hat mir sehr leid getan, daß ich Julia Deinen vorletzten Brief (vom 4. November) nicht geschickt habe, es schien mir nicht opportun zu sein. Doch jetzt will ich ihn schicken, während ich offen gestanden nicht weiß, ob ich Deinen Brief vom 18. November Julia schicken soll. Ich fürchte, er könnte ihr weh tun. Wenn sie, wie sie selbst sagt, Fähigkeiten verloren hat, so doch nur, weil sie zu sehr im Schmerz lebt." Gerade am Tag zuvor, am 28., hat sie Gramsci einen Brief Julias geschickt (der nicht mehr aufgefunden wurde), dessen Inhalt wir nicht kennen, der aber dem viermonatigen, von Gramsci beklagten Schweigen ein Ende macht und sozusagen die Bedingung erfüllt, die Gramsci für eine Weiterführung der Korrespondenz gestellt hatte.

Gramsci antwortet Tanja am 16. Dezember 1929: Julias Brief, der ihm von Tanja übermittelt worden war, hat die schmerzliche Bitterkeit, die ihn ergriffen hat, nicht gemildert. "Wie denkst Du soll man ihren Brief interpretieren, in dem sie schreibt, daß sie sich nach meinem Brief vom 30. Juli mir näher gefühlt hat, während sie gerade nach diesem Brief mir vier Monate nicht mehr geschrieben hat". Wie läßt sich dieser Widerspruch erklären? "Soll ich an Julia denken und mit ihr nach den banalen Regeln der Psychologie verkehren, die man gewöhnlich der weiblichen Welt zuschreibt ... Ich schätze Julia zu sehr, um sie als eine sentimentale Bürgerseele zu betrachten, was weiß ich, von der Art der Heldin des Eugen Onegin zum Beispiel ..." Er könne Julia nicht "viele Kleinigkeiten" schreiben, wie ihm Tanja in ihrem Brief vom 28. November empfohlen hat. "In meinem Leben [im Gefängnis] gibt es weder Kleinigkeiten noch Details." "Schicke diesen Brief an Julia, jeder Brief ist an sie gerichtet, wenn auch indirekt."

Hier enthüllt Gramsci eine persönliche Krise, die tiefer geht als die Irritation über Tanjas unklugen Schritt. Und er wird auch nicht nur gequält durch das Schweigen Julias und die Ärmlichkeit ihrer seltenen Briefe. Er ist es, dem es schlecht geht. "Ich weiß nicht mehr, was ich schreiben soll." Er spürt eine Regression in die Zeiten der Universität, "als ich mich auf ein Problem, das mich in Anspruch nahm, so konzentrierte, daß ich auf nichts mehr achtete und zuweilen Gefahr lief, von der Trambahn überfahren zu werden". In einem solchen Zustand der "Obsession" "interessiert mich gegenwärtig die Sprache der Niam Niam", eines Volkes im östlichen Sudan, und das Problem, ob "die Klassifizierung der Sprachen besser nach den Kriterien der geographischen Verteilung oder nach denen des historischen Abstammungsprozesses vorzunehmen sei, usw. usw. Das ist auch der Grund, warum ich auch dieses Mal Julia nicht schreibe."

Wie soll Tanja dieses Rätsel lösen? Handelt es sich nur um eine durch Einsamkeit verursachte streitsüchtige Grille oder steckt etwas anderes dahinter? Handelt es sich um eine Botschaft, die man vereinfachend so interpretieren könnte: die Gründe, deretwegen ich Julia nicht schreibe, sind "historisch" und "geographisch" als Anspielung auf die politischen Vorgänge innerhalb der Kommunistischen Internationalen zu verstehen, von denen gerade in jenen Monaten auch die italienische Partei hart betroffen war? Die Willkür einer solchen Interpretation ist offensichtlich. Aber ist die Annahme, die dramatische Krise Gramscis in jenen Tagen sei lediglich Folge der Einsamkeit, nicht ebenfalls dürftig? Vielleicht sollten wir uns darauf beschränken festzustellen, daß Gramscis Gefühlswelt im Herbst 1929 einer starken Belastung ausgesetzt ist, während gleichzeitig auch seine politische Welt bedroht ist. Um mehr zu sagen, müßten wir wissen, ob Gramsci Ende 1929 informiert ist über das, was in Moskau und in der Partei sich abspielt. Es gibt dafür einige Indizien, von denen folgendes von Bedeutung sein könnte. In einem Brief an seinen Bruder Carlo vom 19. Dezember 1929 geht es Gramsci unter anderem darum, dem im politischem Exil in Frankreich lebenden Bruder Nannaro (Gennaro) Mut zuzusprechen angesichts eines Ereignisses von großer Bedeutung, das die beiden Brüder tief betroffen hat. Gramsci zieht einen Vergleich zur Lage während des ersten Weltkriegs, als Gennaro und Carlo beide an der Front waren. Er appelliert an die moralische Kraft, derer es bedarf, um unter allen möglichen widrigen Umständen widerstehen zu können. "Mir scheint, daß ein Mensch, der das jahrelang durchgemacht [den Krieg] und die entsprechenden psychologischen Erfahrungen gesammelt hat, den höchsten Grad stoischer Ruhe erreicht haben müßte. Die Überzeugung, der Mensch habe in sich selbst die Quelle seiner moralischen Kraft, daß alles nur von ihm abhänge, von seiner Energie, von seinem Willen, von der ehernen Kohärenz der Ziele, die er sich setzt und der Mittel, die er zu ihrer Erreichung anwendet, müßte in ihm so tief geworden sein, daß er nie mehr verzweifelt und nie mehr in jenen banalen und vulgären Geisteszustand verfällt, den man Optimismus und Pessimismus nennt. Mein Geisteszustand faßt beide Gefühle zusammen und überwindet sie: ich bin Pessimist auf Grund der Einsicht, aber Optimist auf Grund des Willens ... immer gewappnet mit einer grenzenlosen Geduld, die nie passiv oder untätig bleibt ... Sicher befinden wir uns heute in einer tiefen moralischen Krise. Aber in der Vergangenheit gab es viel schlimmere, und es besteht ein Unterschied zwischen dem Heute und der Vergangenheit". Die diesen Sätzen folgenden sechs Zeilen des Briefes sind von der Zensur unleserlich gemacht. Dieser Umstand könnte die These stützen, daß sich Gramsci mit seinen Worten an Carlo, die insbesondere für Nannaro bestimmt sind, auf konkrete politische Inhalte bezieht.

Was an diesem Brief beeindruckt, vor allem im Vergleich zu den letzten drei Briefen, die Gramsci an Tanja geschickt hat, in denen er sich als Opfer einer "Obsession" und einer Regression bezeichnete, ist die starke und klarsichtige Argumentation, die nicht auf verschlüsselte (äsopische) Metaphern zurückgreift, sondern ausgewogen ist, mit einem zentralen Bezug auf den Menschen als den Schöpfer seiner eigenen Geschichte und mit einem Bekenntnis zur stoischen Ruhe, die allein es gestattet, "nie mehr zu verzweifeln".

Es ist möglich, daß Gramsci über die politischen Ereignisse unterrichtet war. In diesem Fall wäre verständlich, daß er mit Tanja in einem anderen Ton darüber spricht als mit seinem Bruder. Denn hinter Tanja weiß er die Partei, d.h. die Leute, die in Moskau zur Kapitulation und zur Aufgabe seiner politischen Linie gezwungen wurden. Andrerseits ist auch verständlich, daß in seiner Beziehung zu Tanja und zu Julia Gefühle eine Rolle spielen, die durch die Entfernung, die schwierige Kommunikation und die Isolierung leicht überreizt sein können. Das hat auch mit seinem "schwierigen Charakter" zu tun, auf den er selbst manchmal hinweist. Eng verquickt mit alldem wächst in ihm der Verdacht, der dann zur "Obsession" wird, von den Seinen verraten zu sein, "verurteilt", wie er es bald in seinen Briefen nennen wird. Das macht es ihm unmöglich, mit den Seinen in "stoischer Ruhe" zu verkehren, in einem Gespräch "für ewig" [Gramsci zitiert dieses Goethesche Wort auf deutsch], wie in jenem großartigen Brief, der für Nannaro bestimmt war, mit dem ihn sein Leben lang mehr als nur ein treues, brüderliches Verhältnis verbunden hat.

Am 30. Dezember antwortet Gramsci auf einen Brief Julias, den er über Tanja erhalten hat, mit Nachrichten über die Entwicklung Delios. Seine Antwort ist ohne bittere Bemerkungen, doch im Geist der beiden vorigen Briefe. Was beeindruckt, ist eine Art von Fremdheit, eine Abwesenheit oder Represssion jeder Gefühlsregung. Er geht auf die intellektuelle Entwicklung von Delio ein und kritisiert scharf einige Erziehungsmethoden Julias und der Familie, insbesondere eine "metaphysische Auffassung", die meine, "im Kind sei potentiell schon der ganze Mensch enthalten", sodaß "man dem nur zur Entwicklung verhelfen müsse, was latent bereits vorhanden sei", indem man "die spontanen Kräfte der Natur walten lasse". Gramsci ist damit nicht einverstanden. Seiner Ansicht nach ist "der Mensch ganz und gar ein historisches Gebilde und durch Zwang geformt (wohlverstanden nicht nur im Sinn der brutalen, äußeren Gewalt)". "Der Verzicht auf Formung des Kindes bedeutet nur die Zustimmung dazu, daß die Persönlichkeit bei ihrer Entwicklung die Impulse des Lebens chaotisch aus dem allgemeinen Milieu empfängt".

Dieser Brief ist wichtig, weil der Konflikt mit Julia wegen ihres Schweigens, dessen dunklen Grund Gramsci nicht versteht, das ihn aber peinigt, von den Gefühlen auf eine theoretische Ebene geschoben wird. Dies schwächt den Konflikt jedoch nicht ab, sondern verallgemeinert ihn. Im Gespräch, das Tanja mit Gramsci am 1. Januar 1930 hat, kommt er dann unverhüllt zum Ausbruch.

Anmerkungen zum Kapitel 3

1) Amadeo Bordiga war nach der Spaltung der Sozialisten im Januar 1921 der erste Sekretär der neu gegründeten Kommunistischen Partei Italiens (PCd'I). Er war Exponent des linken Flügels, dessen politische Linie auf dem Kongreß von Lyon (1926) unterlag.

2) Unter dem starken Druck der Komintern schwenkten auch Togliatti und die Führungsgruppe der italienischen Partei im Herbst 1929 auf die vom 6. Kongreß der Internationalen (1928) beschlossene neue Linie der "politischen Offensive" ein. Angesichts eines angeblich bevorstehenden Zusammenbruchs des Kapitalismus und einer Radikalisierung der Massen sollte die Strategie einer unmittelbaren Konfrontation "Klasse gegen Klasse" zum raschen Sieg der Revolution führen. Diese "Wende" annullierte die von Gramsci erarbeitete und vom Parteitag in Lyon (1926) gebilligte Linie eines breiten Bündnisses. Die "Wende" führte zum Parteiausschluß von drei führenden Mitgliedern des PCd`I (Leonetti, Ravazzoli und Tresso).

"Das Unglück bringt gewöhnlich zwei Wirkungen hervor: Häufig löscht es die Liebe zu den Unglücklichen aus, und nicht weniger häufig löscht es in den Unglücklichen selbst auch die Liebe zu allen anderen".
Antonio, 13.1.1930

4. Kapitel:

Tanja in Turi. Das Schweigen Julias

Was in dem Gespräch vom 1. Januar 1930 passiert ist, wissen wir nicht. Für Tanja war es sicher ein Trauma. Sie schreibt noch am gleichen Tag von Turi aus eine Postkarte (datiert vom 2. Januar) und beginnt auf die übliche Weise: "Ich war sehr froh, Dich zu sehen und daß es Dir gut geht". Dann bricht sie ab. Am Tag darauf fährt sie fort: "Ich nehme die Karte, die ich am Tag unserer Unterredung schrieb, noch einmal zur Hand. Ich bin von diesem Besuch so betäubt weggegangen, daß ich weder Gedanken noch Gefühle hatte, die ich spontan und ruhig hätte mitteilen können. Heute, Lieber, schicke ich Dir schleunigst die besten Wünsche fürs neue Jahr. Ich hatte versprochen, sie Dir mündlich zu überbringen, nun sende ich sie Dir mit der größten Zuneigung. Ich bleibe in Turi und warte auf ein neues Gespräch. Inzwischen gewöhnst Du Dich an die Idee, daß ich Dir nah bin, daß wir die gleiche Luft atmen, die zweifelsohne sehr gesund sein muß, denn in Turi begegnet man sehr vielen Personen von hohem Alter. Ich möchte hoffen, daß mein Zustand Dich in diesen Tagen nicht bekümmert hat. Denn es ist die Wahrheit: ich konnte Dir nicht schreiben in Erwartung, Dich noch einmal zu sehen und mit Dir in größerem Einklang zu sprechen, als das erste Mal, als sich die Gedanken nicht einstellten und das Herz so bewegt war".

Dieser Text bezeugt die Betäubung und den Schock, den Tanja abzuschwächen versucht, nachdem sie ihn nicht verschweigen kann. Sie schreibt ein paar konventionelle Sätze und hofft auf das nächste Mal, auf den "größeren Einklang", so, als ob es sich nur um ein Mißverständnis gehandelt hätte. In Wirklichkeit war der Schock so stark, daß sie noch nicht schreiben konnte, denn ihr Herz hatte die Gedanken blockiert.

Tanja bleibt in Turi und kränkelt. Sie schreibt zwei Briefe am 4. und 5. Januar mit ausführlichen Nachrichten über die Familie ("Papa schreibt, Delio sei ein sehr nervöses Kind und brauche Pflege") und, ganz ungewöhnlich, eine Bemerkung über die Lage in Rußland, die in der ganzen Korrespondenz isoliert bleibt (es ist das Jahr des ersten Fünfjahresplans und "die Industrie hat die Planziele übererfüllt").

Am 6. Januar schreibt sie eine Postkarte und teilt Gramsci mit, daß es ihr schlecht gehe, "Schmerzen an der Schulter". Am 13. schreibt sie, sie habe sich von einer starken Erkältung erholt und fügt hinzu: "... ich bitte Dich, sprich beim nächsten Besuch von Dir und nicht von mir". Ist das eine Anspielung auf den Besuch zuvor?

Am gleichen Tag, am 13. Januar, schreibt Gramsci ihr einen liebevollen Brief. Er ist besorgt über ihren Gesundheitszustand, aber insgesamt auch darüber, wie sie ihr Leben organisiert: "Auch Du hättest es nötig, an den Haaren gezogen zu werden, wenn auch liebevoll. Mir scheint, Du lebst nur für andere und hast den Geschmack am eigenen Leben verloren". Doch der ganze erste Teil des Briefes klingt wie eine Rechtfertigung. Er erzählt die Erfahrung, die Silvio Spaventa in den Gefängnissen der Bourbonen gemacht hat und zitiert ihn: "Das Unglück bringt gewöhnlich zwei Wirkungen hervor: Häufig löscht es die Liebe zu den Unglücklichen aus, und nicht weniger häufig löscht es in den Unglücklichen selbst auch die Liebe zu allen anderen. Ich fürchte nicht die erste Wirkung in euch, sondern die zweite in mir". Diese Anspielung Gramscis stimmt mit anderen Bemerkungen über seinen Gemütszustand überein, die seine Briefe an Tanja und auch an Julia durchziehen ("Ich werde ein richtiger Fakir" am 4. November; "mir scheint, daß sich alle Bindungen an die Außenwelt eine nach der andern auflösen" am 16. Dezember 1929). Vielleicht soll die Erwähnung der Erfahrung Spaventas Tanja verstehen lassen, was sie bei jenem Gespräch, als sie sich "betäubt" fühlte, nicht verstehen wollte.

Tanjas Antwort vom 18. Januar 1930 (s. Anhang) scheint diese Hypothese zu bestätigen. Tanja schreibt: "Lieber, Du mußt nicht glauben, daß ich Deinen Gemütszustand nicht verstanden hätte. Aber da es sich um eine wirkliche Ungeheuerlichkeit gegenüber Julia handelte, glaubte ich, es sei angemessener, auf diesen krankhaften Zug in Dir überhaupt nicht einzugehen. Dein Zustand ist, folgt man dem Anschein, völlig verständlich. Aber in Wirklichkeit liegen die Dinge nicht so ...". Und jetzt greift Tanja zu einem neuen und unerwarteten Argument, das Gramsci nicht akzeptiert, das er aber später, als er über andere Informationen verfügte, eher für bedenkenswert hielt. "Du bist zwar tatsächlich von der Welt abgeschnitten worden, aber Julia ist gewaltsam und unerbittlich völlig von Dir getrennt worden. Im Vergleich zu Deiner Lage ist die ihre, was ihre Beziehungen betrifft, unvergleichlich schlimmer. Du hast hier Deine Mutter und Deinen Bruder, aber sie hat überhaupt niemand, niemand, der ihr das reale Gefühl Deiner Existenz und eurer innersten Bindung vermittelt. Doch bereits eine Bemerkung von Dir über eure Kinder genügte, um ihr ein tiefes Trostgefühl zu geben, um sie die Wirklichkeit eurer Verbindung und eurer Liebe spüren zu lassen. Siehst Du, es ist im schlimmsten Fall tatsächlich nicht auszuschließen, daß sie das denkt, was Spaventa vom Absterben der Gefühle in den Herzen der Unglücklichen berichtet. Und doch, dessen bin ich sicher, ist sie selbst viel zu sensibel, um so etwas glauben zu können. Möglicherweise ist Dir noch nie der Gedanke gekommen, daß Julia zweifelsohne geistig von Dir stärker getrennt ist, als Du von ihr, allein schon aus dem Grund, daß wir mit Dir kommunizieren können, Du aber in Deinen Mitteilungen großen Beschränkungen unterliegst. Es ist richtig, daß Du es bist, dem das Recht, mit seinen Lieben zu verkehren, verwehrt wird. Das mag für Dich eine riesige Pein bedeuten, doch letztendlich sind wir es, bzw. die Familie, die auf die grausamste Weise dadurch bestraft ist .., und wenn Du willst, daß ich es Dir gestehe: Ich habe Deinen letzten, an mich geschriebenen, aber indirekt für Julia bestimmten Brief noch nicht abgeschickt ... Du hast das Problem auf eine Weise angegangen, die es nicht gestattet, Julia das darin enthaltene Gift in solcher Dosis weiterzugeben" (es handelt sich um den Brief vom 16. Dezember 1929, in dem Gramsci Julia mit der Tatjana im 'Eugen Onegin' vergleicht).

Tanjas Argumentation scheint wenig annehmbar, und es überrascht nicht, daß Gramsci sie zurückweist. Sie wird plausibler, wenn man annimmt, Tanja mache versteckte Anspielungen auf die Lage, in der sich Julia gegenüber der Partei befindet (deren aktives Mitglied sie ist und für die sie arbeitet) oder gegenüber Familienmitgliedern, die direkt unter dem Einfluß der Partei stehen und deren Linie aktiv mit tragen (Genia?). Diese Annahme findet später eine Bestätigung, und Gramsci ändert dann auch seine Meinung. Aber selbst unter Berücksichtigung der äußerst undankbaren Lage, in der sich Julia befinden mußte, bleibt Tanjas Argumentation letztlich inakzeptabel. Eine "Ungeheuerlichkeit", schreibt Gramsci am 27. Januar 1930: "... Ich habe Deinen langen Brief immer wieder gelesen. Ich wollte mich überreden, ich sei im Unrecht. Aber es ist mir nicht gelungen ... Und da es das letzte Mal ist, daß ich mit Dir darüber sprechen möchte, möchte ich mir die Bemerkung erlauben, daß auch Du sehr ungerecht mir gegenüber warst. Du hast die ganze Sache auf eine für mich wirklich grausame und ungerechtfertigte Art dargestellt. Ich dachte nicht im geringsten daran, einen Vergleich zu ziehen zwischen dem Schmerz dessen, der auf dem glühenden Rost liegt und dem der Angehörigen, die gezwungen sind zuzuschauen, wie er sich windet. Doch selbst wenn man den Vergleich so ziehen will, scheint es mir unmenschlich, zu behaupten, der Schmerz der Angehörigen sei größer, und es sei verständlich, daß sie, betäubt von diesem Schmerz, nicht daran denken, dem Gerösteten einen Wassertropfen zu geben. Das, liebe Tatjana, ist reiner, moralischer Ästhetizismus, und ich glaube, nur in der Eile des Schreibens konnte Deiner Feder eine solche Ungeheuerlichkeit entfließen".

Offensichtlich ist Gramsci wieder in vollem Besitz seiner Klarheit und Selbstkontrolle. In diesem Brief an Tanja findet sich keine Spur einer "Obsession", und er enthält Ausdrücke zärtlicher Zuneigung.

Tanja ist, weil unpäßlich, in Turi geblieben und antwortet sofort am 29. Januar. Im Grunde bleibt sie bei ihrer These: Julia geht es schlechter als Gramsci, und er müsse ihr schreiben und sie moralisch stützen. Tanja nimmt keine ihrer Behauptungen zurück, im Gegenteil, sie bestätigt sie erneut. Ganz außerordentlich ist dabei die Menschlichkeit, die Zartheit, die Überzeugungskraft und die Seelenstärke, die ihren vierseitigen Brief durchziehen: "... Ich habe nicht in Eile geschrieben, sondern erst nach einer langen Zeit fast absoluten Schweigens, in einem Augenblick, in dem ich mein Herz am unbefangensten und voll Güte sprechen ließ, in wirklicher Hingabe, weil nur vom Wunsch bewegt, die Lage in all ihren Aspekten zu betrachten und ohne die Schlacken der eigenen Gefühle." Und tatsächlich, in diesem Brief verschwindet Tanja völlig, geht gewissermaßen in Julia auf, in deren Verteidigung auf der ganzen Linie, wenn sie z.B. die Anspielung Gramscis an die Tatjana des Eugen Onegin endgültig als falsch erledigt. Außerdem liefert sie Gramsci neue Elemente, um sich in seinem Urteil zu orientieren. Zum Beispiel ist die Konsequenz (fast hätte ich gesagt: methodische Schärfe) bemerkenswert für eine Persönlichkeit, die auf den ersten Blick so empfindsam und Emotionen zugänglich ist. Sie schreibt: "Du schreibst, Du hast meinen langen Brief mehrere Male gelesen, Du hättest jedoch alle Briefe noch einmal lesen müssen, denn sie bilden eine organische Einheit. Auch wenn die einzelnen Bestandteile, die Du in ihnen findest, ganz zufällig zu sein scheinen, ist doch in Wirklichkeit das Gegenteil der Fall ...". In ihren Briefen, sagt Tanja, finden sich die Steinchen eines Mosaiks, und nur die Rekonstruktion des Gesamtbilds erlaubt sein volles Verständnis. In diesem Brief tauchen mehrmals die Worte "anscheinend" oder "Schein" auf, als ob Tanja Gramsci auffordern wolle, in tieferen Zonen zu suchen, was direkt nicht gesagt werden kann.

Im übrigen beschränkt sich Tanja nicht nur darauf, zu insistieren: "Julia hat niemanden" (eine Bemerkung, deren tiefere Bedeutung Gramsci entziffern soll), sondern sie liefert auch neue Anhaltspunkte. So wird z.B. die Begründung für Julias "Verstummen", ihre "Krankheit", ganz klar abgeschwächt. Ein Bekannter, der Julia vor kurzem gesehen hatte, berichtete, Julia gehe es sicher besser als Tanja. Indirekt versucht also Tanja Gramsci zu verstehen zu geben, daß Julia nicht schreibt, nicht weil sie nicht will, sondern weil sie nicht kann. Später wird dies der Vater, Apollon, in seinen Briefen bestätigen. Ob Gramsci diese versteckte Botschaft, die ihm hier übermittelt wird, tatsächlich versteht, ist nicht sicher. Tanja beschließt ihren Brief mit einem leidenschaftlichen Plädoyer für Julia: "Ich blieb in Italien, damit Du nicht jeden Kontakt zu Julia verlierst, und ich kann nicht glauben, daß Du behaupten möchtest, Du habest diese Bedeutung meines Tuns nicht begriffen ... Du sollst nicht mir, sondern nur Julia schreiben ... Du weißt genau, wie leicht sich das moralische Gleichgewicht unserer Familie verändern kann ..." (siehe Anhang). Wahrscheinlich spielt hier Tanja an gewisse "krankhafte Züge" an, von denen sie schon einmal gesprochen hatte und auch in Zukunft sprechen wird. Doch steckt in diesen Anspielungen nicht auch ein Doppelsinn, über den nachzudenken notwendig gewesen wäre?

Gramsci antwortet am 10. Februar. In der Zwischenzeit hat er zwei Postkarten von Tanja erhalten mit Nachrichten von der Familie und vom Gesundheitszustand Tanjas ("es geht mir besser, und ich hoffe, bald abreisen zu können"). In seinem Brief äußert sich Gramsci vor allem besorgt über Tanjas Gesundheit und rät ihr, von Turi abzureisen (nach einem bereits sechswöchigen Aufenthalt). Er fordert sie auf, sich aus ihrer "tiefen Apathie und Unentschlossenheit" aufzuraffen: "Energie, Energie, Entschlossenheit, Entscheidungskraft".

Diese Ermutigung verwundert als Antwort auf den Brief vom 29. Januar, auf dessen Inhalt Gramsci nicht im geringsten eingeht. Vielleicht braucht er Zeit, um ihn zu bedenken. Die Wahrheiten, die in ihm enthalten sind, brauchen tatsächlich Zeit, um deutlicher hervorzutreten. Auf jeden Fall vollzieht Gramsci am Ende seines Briefes eine versöhnliche Geste und spielt die Bedeutung seines Vergleichs des Verhaltens Julias mit dem Tatjanas im Eugen Onegin, gegen den Tanja so lebhaft protestiert hat, völlig herunter. Damit ist zumindest dieser Teil der Polemik erledigt.

Wenn man den Brief liest, den Gramsci am gleichen Tag (am 10. Februar) an Julia richtet, muß man bezweifeln, daß er die Botschaft, die Tanja ihm zu vermitteln suchte, wirklich verstanden hat. Es ist ein relativ langer Brief, in dem Gramsci nach der Prämisse "es widerstrebt mir, das übliche, nichtssagende Zeug zu schreiben" sich ausschließlich über einige, soeben in Italien erschienene historische Werke ausläßt. Sie seien Ausdruck "der verschiedenen Strömungen des geistigen Lebens in Italien". "Jedenfalls gaben sie mir die Anregung, Dir über etwas anderes als das schöne Wetter und den Zustand meines Nervensystems zu schreiben". Sicherlich war es nicht das, um was Tanja ihn gebeten hatte, als sie ihn aufforderte, Julia zu schreiben "und ihr die Kraft zu geben, die ihr fehlt, um ihrerseits ihm näher zu sein". Es war nicht das, was sie wollte, als sie ihm sagte, nicht ihr, Tanja, sondern Julia müsse er schreiben. Oder war diese Reaktion Gramscis vielleicht das typische "reden wir von etwas anderem" einer Neurose?

Tanja, immer noch in Turi, schreibt weiterhin regelmäßig. Am 13. Februar berichtet sie Gramsci von der Übersetzung von Gladkows "Zement", ein Klassiker aus der epischen Zeit des ersten Fünfjahresplans. Am 16. Februar schreibt sie von ihrer Hoffnung auf Genesung und baldigen Abreise (nicht jedoch ohne ihn vorher nochmals gesehen zu haben). Sie wolle nach Bari fahren zu einem Augenarzt und trage sich mit Gedanken, von Mailand nach Tarent oder Bari umzuziehen, um Gramsci nahe zu sein. Sie schickt ihm auch ein Foto von Giuliano, der nun dreieinhalb Jahre alt ist.

Auf diesen Brief antwortet Gramsci am 24. Februar nicht sehr ermutigend: "Mir scheint, Du hast einen Rückfall in die Phantastereien vom vorigen Jahr, als Du eine Reise nach der andern rauf und runter durch Italien plantest. Ich glaube, Du solltest Dich ein für alle Mal entschließen, nach Mailand zurückzukehren und Dich nicht mehr so anzustrengen, damit Du bald in der bestmöglichen Form bist, um die Deinen in Rußland zu besuchen ... Verzeih, wenn ich ein wenig grob bin, aber Dein Brief machte mir den Eindruck, als ob Du Dich in einem geistigen Auflösungszustand befändest". Dann ganz brüsk am Schluß: "Ich denke, das sollte Deine letzte Reise nach Turi gewesen sein".

Gramsci ist aufrichtig besorgt um Tanjas Gesundheitszustand, doch seine Diagnose eines "geistigen Auflösungszustands" scheint mir auf Grund dessen, was Tanja ihm am 16. Februar geschrieben hat, völlig unzutreffend zu sein. Man weiß, daß Gramsci nichts verschönte. Doch dieses Mal verfehlt seine "pädagogisch motivierte" Härte ihren Zweck. Tanja antwortet postwendend am 26. Februar: "Warum mußt Du alles, was mich betrifft, in einem so ungünstigen Licht sehen? Und ich hoffe, Du übertreibst, wenn Du von geistiger Auflösung sprichst. Dein Urteil soll jedenfalls sicherlich nicht ermutigend sein, während ich ohnehin genau daran leide, daß ich mich selbst immer herabsetze. Wie Du einmal richtig bemerkt hast, hege ich überhaupt keine Liebe für mein Leben, woraus sich alle Ungereimtheiten meiner Existenz ergeben". In diesen Worten steckt sicher ein Vorwurf. Aber er ist voller Sanftmut und liebevoller Resignation. Es geht ihr weiterhin gesundheitlich schlecht: "... heute bin ich vielleicht gezwungen, im Bett zu bleiben. Ich habe seit heute Nacht intensive Darmbeschwerden" (siehe Anhang).

Gramsci antwortet ihr am 10. März. Ohne ihn zurückzunehmen, versucht er doch, den Ausdruck "geistige Auflösung" abzuschwächen. "Auch mir tut es leid, Dir ab und zu solche Sachen schreiben und so energische Ausdrücke gebrauchen zu müssen. Aber ich halte es für nötig und will immer aufrichtig sein ... Glaub mir, es ist meine Zuneigung, die mich dazu bringt, Dich wie ein Kind zu tadeln ... Man sollte nie zu viel Eifer an den Tag legen ... in vielen Dingen bist Du von einer transzendentalen Naivität".

Am 7. März hat Tanja ihm mitgeteilt, daß es ihr besser gehe und daß sie die "Fioretti" des hl. Franziskus lese. Am 10. kündigt sie für den folgenden Tag ihren Besuch an, doch muß sie ihn (und damit auch ihre Abreise) verschieben. Sie fühlt sich zu schwach (12. März): "... Jetzt bin ich noch im Bett und sehe den grauen Himmel, höre die Vögel, es regnet nicht, sodaß der Tag ziemlich geeignet wäre, um einen Besuch zu machen. Doch ist es so, daß ich mich schon gestern dazu nicht in der Lage sah. So groß war das Gefühl der Erschöpfung ... Ich hatte Fieber auch in der Nacht. Darum ist es besser, daß ich noch heute und vielleicht auch morgen abwarte, bevor ich Dich besuche." Dann nimmt sie die unterbrochene Diskussion wieder auf und versichert, "daß Du Dich ... was mich betrifft, völlig mit Deinen Einschätzungern täuschst. Du irrst immer, wenn Du über irgendeine meiner Handlungen urteilst, und ich bin sicher, daß man meinen psychischen Zustand nicht als Willensschwäche bezeichnen kann. Es ist etwas anderes. Was das Leben betrifft und die Einschätzung seiner Werte, sind wir sicher völlig verschieden. Unsere jeweilige besondere Art, auf die existentiellen Anreize zu reagieren, wird zweifelsohne immer verschieden bleiben. Doch das bedeutet nicht, daß die Überlegungen, die Du dazu anstellen kannst, völlig falsch wären. Ich schreibe Dir das nicht, weil ich Dir zeigen will, worin ich recht habe; auch nicht, weil ich über das, was Du mir schreibst, beleidigt oder einfach betrübt bin. Nein, ich stelle nur eine Tatsache fest. Du befindest Dich immer im Irrtum; nicht nur, weil Du die Umstände nicht genügend kennst, um ein Urteil zu bilden, sondern auch, weil wir eine völlig verschiedene Einstellung zum Leben und zu seinen Werten haben, sodaß Dir als Luxus vorkommen mag, was meiner Ansicht nach eine Naturnotwendigkeit ist. Ich glaube, damit bin ich sehr viel realistischer als Du. Nicht die Überlegung, sondern das Gefühl bestimmt im Grund unsere Handlungen. Ich sage 'unsere', denn keiner kann dieser Gesetzmäßigkeit entgehen. Er kann höchstens nachträglich irrtümliche Überlegungen anstellen. Sei jedoch versichert, daß ich eine große Charakterstärke besitze" (siehe Anhang).

Das ist sicherlich wahr, und Gramsci hat das auch nicht in Zweifel gezogen. Was ihn an Tanja beunruhigt oder zuweilen auch irritiert, ist das Mißverhältnis oder fehlende Gleichgewicht zwischen ihrer Charakterstärke und dem Drang zu handeln (ihr "Eifer"), der sie die Übersicht über die gesamte Situation, die Berücksichtigung all ihrer Aspekte nicht reflektieren läßt. Ihre Theoretisierung des Primats der Gefühle gegenüber dem Primat der Reflexion, worin sie ihre "Verschiedenheit" sah, ist für Gramsci nicht akzeptabel. Und dies nicht, weil es ihm an Gefühlswallungen gefehlt hätte (wie sein "schwieriger Charakter" beweist).

Am 21. März kann ihn Tanja besuchen. Noch am gleichen Tag schreibt sie: "... ich war sehr glücklich, Dich heute zu sehen", und Gramsci beginnt seinen Antwortbrief vom 24. März ebenso: "Auch ich war sehr glücklich, Dich zu sehen". Und gleich darauf: "Ein relatives Glück, denn ich möchte etwas tun können, um Dich dazu zu bewegen, Dich wirksam zu kurieren ...". Dann kommt er auf das zentrale Thema ihrer Spannungen der vergangenen Wochen und weist mit Entschiedenheit die Aufforderung Tanjas zurück, sich zu bemühen, Julia zu helfen, indem er ihr schreibt und sie moralisch unterstützt: "Wie Du siehst, schreibe ich nur Dir. Mehr noch, ich bitte Dich, von mir auch nicht zu verlangen, Julia zu schreiben, denn dann würde ich nicht einmal mehr Dir schreiben. Glaub nicht, ich sei erzürnt ... jetzt bin ich ganz gleichgültig geworden ... Ich durchlebte mehr als ein Jahr lang eine Krise ... jetzt bin ich unempfindlich ... Liebe Tatjana, Du hast mir in diesem Jahr ungeheuer geholfen, das Gefängnis zu ertragen, Du hast mir geholfen, mich an das Leben, das ich hier lebe, zu gewöhnen, und ich bin Dir sehr dankbar. Aber ich möchte nicht, daß Du Dich in diese Angelegenheiten einmischst ... jede Anspielung von Dir tut mir sehr weh ... laß die Dinge laufen, schüre nicht weiter. Ich denke, Du wirst mir immer über die Kinder berichten ..., das genügt mir ...".

Es sieht so aus, als bekräftige Gramsci seine Haltung vom Dezember: Tanja hatte ihn gebeten, nicht ihr, sondern Julia zu schreiben. Gramsci hingegen schreibt ihr und nicht Julia. Mehr noch, er bittet sie, sich nicht einzumischen und behauptet gleichzeitig, die "Krise" sei vorbei, er sei nun "gleichgültig" geworden. Lassen wir den Dingen ihren Lauf, sagt er zu sich und zu Tanja.

Es sieht so aus, als sei das Drama abgeschlossen, als habe Tanjas "Einmischung" nichts gebracht als eine Verhärtung Gramscis. Aber in Wirklichkeit liegen die Dinge nicht ganz so. Gramsci ist dieses Mal eher gelassen als "gleichgültig". Außerdem ist die Gleichgültigkeit, von der er schon in der Vergangenheit gesprochen hat und von der er auch in Zukunft immer wieder sprechen wird, jedes Mal nur ein flüchtiger, illusorischer

Zustand, der seine Qualen nie wirklich lindert.

Tanjas Antwort vom 28. März läßt durchblicken, daß trotz der schneidenden Bemerkungen Gramscis sich etwas verändert hat: der Dialog ist nicht abgebrochen. Sie vermeidet es, die Probleme erneut frontal anzugehen. Fast der ganze Brief ist eine Antwort auf die Urteile, die Gramsci über sie geäußert hat und die ihr die Gelegenheit geben, einen Teil ihrer intimsten Gefühle zu offenbaren. Dieser Brief ist ein kostbares Zeugnis ihrer Menschlichkeit und zugleich auch eine Bestätigung ihrer Reife, die von Gramsci immer wieder unterschätzt wird, wenn er sie wie ein Kind behandelt, das unfähig ist, für sich selbst einzustehen: "Im Gegensatz zu anderen Kindern hatte ich schon als Kind niemand nötig, der mich führt und mich stützt. Ich habe immer allein gelebt und erinnere mich nicht, jemals ein hilfloses Geschöpf gewesen zu sein ... Von mir aus hatte ich nie die Gelegenheit, jemand um Hilfe zu bitten, um ein Heilmittel für meine Übel, und ich bin darüber glücklich. Ich empfand die Wohltat, mich objektiv zu wissen und vor allem, was mein Verhältnis zum Nächsten betrifft, liebte ich ihn um seinetwillen ... Doch, um stark zu sein, bedarf es einer Sympathie, die unabhängig von den Umständen, in denen wir uns befinden, sozusagen selbstlos wirkt. Diese Art meiner Beziehungen zum Nächsten konnte Dich verleiten, sogar zu glauben, ich hätte den Geschmack an meinem eigenen Leben verloren. So ist es nicht, auch wenn ich sehr wohl die Entfaltung meines Eigenlebens auf unbestimmte Zeit aufschieben kann. Das hast Du selbst feststellen können, als Du sahst, wie ich mich andern völlig hingeben kann, unter Ausschluß meiner eigenen Angelegenheiten. Ich schreibe Dir das alles als Antwort auf den Wunsch, den Du geäußert hast, mich in gewisser Hinsicht leiten zu wollen, und sei es nur, damit ich mich pflege, denn Du glaubst, dies sei nötig und ich allein sei nicht fähig, es richtig zu machen. Lieber, zweifelsohne bräuchte ich manchmal eine Ermutigung zum Handeln, ... aber ich finde es ganz entsetzlich, mit dem andern zu feilschen, um irgend etwas zu erreichen."

Tanja hat sich also "geöffnet", wie sie es nennt, und sie vertraut Gramsci zum ersten Mal in dieser Deutlichkeit, scheint mir, ihr ethisches Credo und ihre Prinzipien im Umgang mit dem "Nächsten" an. Ihre moralische Haltung scheint eher das Ergebnis einer gelebten Leidenschaft, als das einer theoretischen Überzeugung zu sein und ist tief in ihrem Sein verwurzelt ("ich erinnere mich nicht, jemals hilfloses Geschöpf gewesen zu sein"). Sie erhebt indirekt einen zarten Vorwurf gegen Gramsci ("zweifelsohne bräuchte ich manchmal eine Ermutigung") und bewertet als "großen Fortschritt die Ruhe, wenn sie auch relativ ist", eine Ruhe, die möglicherweise auch Ergebnis ihres Gesprachs ist, über das beide glücklich waren. Erst jetzt, nach all diesen Äußerungen und Erklärungen, geht ihr Brief auf die Fragen ein, in die "einzumischen" Gramsci ihr verboten hat. Sie wagt es trotzdem und tut es mit nüchterner Entschiedenheit: "Deshalb ist es absurd, daß ich diese Dinge nicht einmal erwähnen soll ... Was kann es sein, was ich nicht besprechen kann, besprechen muß, nachdem Du selbst mir Deine Gefühle dazu mitgeteilt hast. Es gibt genug Gelegenheiten, in denen Du mir Deine Herzensgüte zeigen kannst, durch Aufrichtigkeit und das Erreichen jener vollkommenen Ruhe, die es Dir erlaubt, hellsichtig und gerecht zu sein, anstatt daß Du Dich zerfleischst und deshalb die Wirklichkeit verkennst. Das darfst Du jetzt auch nicht als 'Predigt' nehmen, ich hüte mich da sehr wohl davor. Mich treibt nur die Sorge um Dein Wohl und das von Julia in erster Linie, denn sie weiß nichts von Deinem Gefühlszustand und Deinen Leiden" (siehe Anhang).

Dieser Brief zeigt wohl am deutlichsten, wie tief die menschliche Beziehung ist, die Tanja, unabhängig von ihrem Auftrag und unabhängig auch von ihrer Rolle als Stellvertreterin Julias, die sie nie vergißt, mit Gramsci eingegangen ist. Sie erfüllt nicht nur die beschränkte, "weibliche" Funktion des Helfens und des Tröstens, sondern versteht es auch, auf seine Gefühle einzuwirken und Hoffnung zu geben. Wenn sie schreibt, Gramsci müsse "die vollkommene Ruhe" erreichen, die es erlaubt, "hellsichtig und gerecht zu sein", anstatt sich zu zerfleischen und deshalb die Wirklichkeit zu verkennen, gebraucht sie eine (philosophische) Sprache, die Gramscis innerste und vitalste Seite anspricht, seine Rationalität und seinen Stoizismus. Im Bestehen auf dem einfachen "hellsichtig und gerecht sein" ist ein Appell, aber auch eine besorgte Warnung nicht zu überhören. Wer sich im Schmerz bis zum Äußersten gehen läßt, verliert primäre menschliche Eigenschaften: Die Fähigkeit, zu erkennen und zu urteilen.

Gramsci antwortet am 7. April in einem ruhigen und freundlichen Ton, in dem er ungezwungen einige kulturelle Themen anschneidet. Er geht mit keinem Wort, weder direkt noch indirekt, (so scheint mir) auf den vorherigen Brief ein. Sind die wiedergefundene "Ruhe" und die völlige Abwesenheit von "zerfleischenden" Gedanken ein Ergebnis von Tanjas Brief? Gramsci findet jetzt auch mühelos wieder zu einem scherzenden Ton zurück. Tanja hat ihm einen Sack geschickt. "Um die Wahrheit zu sagen, es gelingt mir nicht, mir vorzustellen, zu was er alles nützlich sein könne. Soll ich mit ihm vielleicht auf Igeljagd gehen? Wer weiß, an was Du dachtest, als Du ihn machen ließest. Doch sicherlich wolltest Du mir etwas Nützliches und Bequemes geben, und darum danke ich Dir auch für diesen Sack und besonders natürlich für die anderen Sachen, die mir äußerst nützlich sind".

Und am Ende des Briefes mahnt er: "Du mußt mindestens zehn Kilo zunehmen".

Tanja fühlt sich immer noch nicht wohl und bleibt auch den ganzen April in Turi. Sie schreibt Gramsci regelmäßig und gibt ihm Nachrichten von der Familie. Gramsci schreibt ihr am 21. April einen kurzen und liebevollen Brief, um ihr für das Gebäck zu danken, das sie ihm Ostern geschickt hat ("Ein Kringel aus Eierteig, ich weiß nicht, wie er in Turi heißt") und berichtet von der "Aufregung, die mich immer ergreift, wenn ich etwas von Außen bekomme, eine angenehme, tröstliche Aufregung, die dem Menschen als 'soziales Wesen' eigen ist, wenn er fühlt, daß er konkret zu einer 'freiwilligen' Gemeinschaft gehört und nicht nur zu der, der er sich aus Zwang unterordnen muß, als Nummer einer Reihe". Am 27. April schreibt ihm Tanja, sie fühle sich besser und hoffe, ihn bald besuchen zu können. Der Besuch findet am 30. April statt, und unmittelbar danach schreibt Tanja: "... ich hatte gestern ein gutes Gefühl, weil Du Dich hast gehen lassen, und Du darfst nicht glauben, mir damit weh zu tun". Wir erfahren nicht, von was die Rede war, aber die folgenden Briefe erlauben uns, über jenes Gespräch einige Schlüsse zu ziehen.

Am 4. Mai schreibt Tanja einen Brief, den man vollständig lesen muß (siehe Anhang). Hier nur das Wesentliche: "... ich bin froh, daß Du Dich davon überzeugt hast, daß es für uns notwendig ist, an Deinem Leben teilzunehmen. Und nicht nur das. Wir brauchen auch den spürbaren Beweis Deiner Zuneigung, Deine Hilfe, um gegen unsere Müdigkeit, Traurigkeit und Not anzukämpfen. Du bist so außerordentlich stark, daß Du uns etwas von Deiner Kraft und Deinem Widerstand einflößen mußt". Es folgt eine rasche und unerwartete Bemerkung zu einem Thema, das bald auf dramatische Weise wiederkehren sollte. Du kennst "... auch die krankhafte Empfindsamkeit Julias, als sie an Heimweh nach Delio litt, als dieser in Trafoi war [mit seiner Tante Genia]. Sie litt auch daran, daß das Kind auf besondere Weise an Genia hing und umgekehrt."

Offensichtlich meint Tanja, Gramsci habe seine "Krise" überstanden, er sei von neuem "hellsichtig und gerecht". Nicht er, der im Gefängnis Eingeschlossene, benötigt die Hilfe der Andern, sondern gerade die Andern, die draußen sind, die ganze Familie, braucht etwas von der Kraft Gramscis, um gegen "Müdigkeit, Traurigkeit und Not" anzukämpfen. Das Gegenteil der Lage vom Dezember und Januar. Ich meine, es ist nicht übertrieben zu sagen, daß die Hilfe Tanjas während dieser Krise entscheidend gewesen ist (zumindest für eine gewisse Zeit). Außerdem fährt Tanja fort, von Julia zu reden. Nicht von ihrer Krankheit, aber von ihrer "krankhaften Empfindsamkeit". Damit berührt sie einen schmerzhaften Punkt, den Gramsci zumindest seit seiner Reise nach Moskau im Jahre 1925 gut kennt (die Episode der beiden "Mütter"), nämlich das besondere Verhältnis zwischen Genia und Delio, ihre gegenseitige Anhänglichkeit, unter der Julia leidet. Dieses Problem ist immer noch aktuell und gegenwärtig. Und könnte es nicht sein, daß Genia, die auf das Verhältnis Julia – Gramsci einen negativen Einfluß ausübt, was Gramsci bald tief verletzen wird, auch eine "vorgeschobene" Figur ist, deren Rolle man betont, um eine andere, sehr viel härtere Wirklichkeit zu verbergen? Auf diese Frage, auf die wir immer wieder stoßen, gibt es wahrscheinlich keine eindeutige Antwort.

Gramsci schreibt Tanja am 5. Mai einen kurzen Brief, ohne auf ihren Besuch vom 30. April einzugehen. Der liebevolle und positive Ton bestätigt, daß der Einklang zwischen ihnen wieder gefunden ist. "Zunächst muß ich Dir mein Kompliment machen. Mir scheint, Deine Gesundheit ist wieder ziemlich hergestellt, vor allem im Vergleich zu den vorigen Malen ... Zumindest für einige Monate solltest Du täglich neben den ordentlichen Mahlzeiten drei Eier essen und dafür sorgen, daß Du wieder ganz zu Kräften kommst...". Am Ende des Briefes versichert er: "Ich habe nach Deinem Besuch Deine beiden Briefe bekommen [von denen wir einen ausführlich zitierten]. Du wirst sehen, daß ich mich richtig verhalten werde. Ich habe genau verstanden, was ich zu tun habe. Es wird mir nicht schwer fallen ...".

Am gleichen Tag schreibt er einen Brief an Julia. Noch vor wenigen Wochen hat er brüsk erklärt, er werde ihr nicht mehr schreiben. Dieser Brief ist insgesamt liebevoll und ermutigend, ohne Bitternis und neurotische Abschweifungen. Er bittet sie in eindringlichen Worten um Nachrichten "über Deine Gesundheit und die Entwicklung der Kinder". Man möge ihm nichts verbergen, sondern "frei und rückhaltlos" alles sagen.

Ein Anfang und genau das, um was Tanja ihn gebeten hat. "Es wird mir nicht schwer fallen", hat er geantwortet, und in der Tat verrät dieser kurze Brief an Julia keine Anstrengung.

Tanja reist aus Turi nicht ab. Am 16. Mai schreibt sie Gramsci: "... Du wirst sagen, ich habe nicht den Mut abzureisen, und das ist wahr ..." und am 18. Mai: "... Papa machte Andeutungen über Deinen vorletzten Brief an Julia [vom 10. Februar]. Julia sagte, das sei kein Brief, und Papa fügte hinzu, 'in der Tat, es ist eine Abhandlung, ein Artikel, aber kein Brief; anders kann man anscheinend nicht schreiben, wie schade' ".

War diese Postkarte, die am 18. abgeschickt worden war, am 19. Mai bereits in den Händen Gramscis? Es ist unwahrscheinlich, aber nicht unmöglich. Stark dafür spricht ein Satz in Gramscis Brief vom 19. an Tanja: "... ich schreibe nicht weiter, sonst wird es eine Abhandlung, und wie es scheint, soll man lieber gar nicht schreiben als Abhandlungen". Eine Anspielung auf Apollons und Julias Ansicht, Gramscis Brief sei kein Brief, sondern eine "Abhandlung"? Es könnte also durchaus sein, daß Gramscis Brief an Tanja vom 19. ausgelöst wurde durch das Urteil Julias und Apollons über seinen Brief vom 10. Februar (ein völlig plausibles Urteil, wie wir oben schon bemerkt haben). Die Frage ist nicht unwichtig, denn der Brief Gramscis vom 19. Mai ist fundamental, um die Richtung seiner Gedanken in diesen Monaten und die politischen Sorgen, die ihn am meisten quälen, zu verstehen. Wir befinden uns in einer Zeit, in der die Partei sich gezwungen sieht, die von Gramsci (und Togliatti) vor und nach dem Kongreß von Lyon erarbeitete politische Linie aufzugeben. Gramscis Stimmung hat sich sicherlich im April und Anfang Mai verbessert, wozu Tanja entscheidend beigetragen hat, zumindest was das Verhältnis zu Julia betrifft. Doch angesichts der Nachrichten über die politischen Veränderungen in der kommunistischen Welt muß seine Stimmung – falls ihn diese Nachrichten erreichen – im Grunde tief pessimistisch sein (auch wenn sein Pessimismus von jener Art war, die er im Brief an seine Brüder Carlo und Nannaro vom 19. Dezember 1929 beschrieben hat).

Der Brief vom 19. Mai an Tanja läßt sich in zwei Teile teilen. Der erste betrifft Tanja persönlich und beeindruckt erneut durch die Härte der Kritik und der Urteile. Übrigens findet sich in dem, was Tanja seit ihrem letzten Besuch vom 19. April bis zum 18. Mai an Gramsci geschrieben hat nichts, was den heftigen Angriff Gramscis rechtfertigen könnte, der in dem Satz gipfelt: "Ich werde weiterhin die Probleme beiseite lassen, die zu lösen mir die notwendigen Voraussetzungen fehlen. Das ist meine Stärke, meine einzige Stärke, und gerade die möchtest Du mir nehmen".

Im zweiten Teil spricht er zum ersten Mal vom "andere(n) Gefängnis, das zum ersten hinzugekommen ist und darin besteht, nicht nur vom gesellschaftlichen Leben, sondern auch vom Leben der Familie abgeschnitten zu sein usw. usw. Die Schläge der Gegner, die ich bekämpfte, konnte ich vorausberechnen. Ich konnte nicht vorausberechnen, daß mich von anderer Seite, wo ich es am wenigsten vermutete, Schläge treffen würden (metaphorische Schläge, versteht sich, aber auch das Gesetzbuch teilt die Vergehen in Handlungen und Unterlassungen; d.h. auch die Unterlassungen sind Schlag oder Schuld). Das ist alles ...".

An was denkt Gramsci, wenn er von Schlägen, Schuld und Unterlassungen spricht? Wir wissen es nicht. Man kann jedoch zwei Hypothesen aufstellen. Die erste: es ist möglich, daß Gramsci an die Verhandlungen denkt, die in Berlin mit dem apostolischen Nuntius im Oktober 1927 aufgenommen worden waren, die dann bis zum Ende des Jahres jedoch geruht hatten, weil das faschistische Regime vor dem Prozeß nicht bereit war, zu verhandeln, und die nach dem Prozeß (Juni 1928) nicht wieder aufgenommen worden waren.[1] Also eine "Unterlassung". Nach dem Prozeß hat der 6. Kongreß der Kommunistischen Internationalen den strategischen Ansatz der kommunistischen Parteien radikal verändert, insbesondere den der kommunistischen Partei Italiens. Diese hat im Sommer 1929 ohne weitere Diskussion die Linie der Internationalen akzeptiert. Auch in dieser Hinsicht könnte Gramsci an eine schuldhafte Unterlassung denken. Nach dieser zweiten Hypothese hätte Gramsci mit seinen Anspielungen sagen wollen, daß die führenden Köpfe der kommunistischen Partei Italiens sich mit ihm hätten beraten oder zumindest ihn hätten informieren sollen, bevor sie dem Druck der K.I. und der russischen Partei nachgaben. War nicht er der Parteisekretär bis zum Augenblick seiner Verhaftung? Auch in diesem Fall also eine schuldhafte Unterlassung. Andrerseits ist aber auch richtig und spricht gegen diese Hypothese, daß Gramsci aus prinzipiellen Gründen seit seiner Verhaftung den direkten Kontakt mit der Partei ablehnt.

Auf diesen Brief antwortet Tanja nicht direkt. Am 22. Mai schickt sie Unterhemden, Zucker, eine Thermosflasche. Aber am 24. (wir können nachfühlen, wie sehr sie durch den Brief Gramscis betroffen ist) faßt sie unvermittelt einen Entschluß. Da sie sich immer noch in Turi befindet, ist schwerlich anzunehmen, daß sie mit irgend jemand die Zeit oder die Möglichkeit gehabt hätte, sich zu beraten: sie schreibt einen Brief des Vaters vollständig ab und schickt ihn Gramsci. Dieser Brief Apollons mußte notwendigerweise zweideutig sein, denn er mußte durch eine, wahrscheinlich auch zwei Zensuren hindurchgehen. Die erste Zensur (die stalinistische) hatte ein Interesse daran, bestimmte Nachrichten zu unterdrücken, die zweite (die faschistische), solche Nachrichten abzufangen. Apollon mußte sich dessen bewußt sein, daß aus seinem Brief zwei Wahrheiten resultieren würden, die miteinander verquickt waren und sich gegenseitig relativierten. Die erste Wahrheit ist, daß Julia nicht schreibt oder wenig schreibt, weil sie krank ist. Aber gleich darauf fügt er hinzu: "... wenn Julia nicht schreibt heißt das, daß sie Schwierigkeiten hat, es zu tun, das heißt, daß sie nicht schreiben kann". Und weiter, nach Beschreibung der Schwierigkeiten, in denen sich die Familie befindet: "Du mußt wissen, daß man von Julia nicht verlangen kann, was man von einem gesunden Menschen verlangt, man muß sich immer vergegenwärtigen, daß es sich um eine kranke Person handelt." Und weiter: "Und dann ist es auch generell schwierig zu sagen, warum eine Person eine bestimmte Sache nicht getan hat. Wollte sie nicht, konnte sie nicht, war es Nachlässigkeit oder Mangel an Kraft" (siehe Anhang).

Diesen Brief mußte man sehr sorgfältig analysieren, um seine Botschaft herauszulesen. Wenn Apollon zwei Mal betont, daß Julia nicht schreibt, weil sie krank ist, warum muß er dann noch zwei Mal hinzufügen, daß Julia nicht schreiben kann? Konnte man diese Botschaft verstehen? Versteht sie Tanja, weiß sie, wie die Dinge stehen? Schwer zu sagen. In der kurzen Anmerkung zum Brief ihres Vaters schreibt sie Gramsci: "Du mußt Mitleid mit mir haben, weil ich mich entschlossen habe, nichts zu verbergen". Im folgenden beschränkt sie sich in ihrer Antwort auf Gramscis Brief vom 19. auf den ersten Teil, der sie persönlich betrifft: "Ich insistiere nicht auf Deiner irrtümlichen Auffassung von meiner Art, Deine Lage zu sehen. Aber wenn Dein Urteil auch nicht zutreffend ist, so ist das doch vollkommen gerechtfertigt durch die Bedeutung der Angelegenheit". Tanja ist in diesem Fall versöhnlich, doch für uns bleibt dieser Satz dunkel.

Gramsci antwortet am 2. Juni und wiederholt mit Härte: "Du irrst sehr, wenn Du glaubst, ich müsse Dich bedauern, weil Du Dich entschlossen hast, mir nichts zu verbergen oder wenn Du schreibst, Deine Aufrichtigkeit zwinge Dich, grausam zu sein in der Offenlegung der Wahrheit. Mir scheint hingegen, daß Du viel grausamer gewesen bist, indem Du drei Jahre gewartet hast, ohne mir bestimmte Nachrichten zu schreiben. Doch ich tadle Dich nicht. Ich habe es aufgegeben, etwas zu verstehen, denn ich bin zur Überzeugung gekommen, daß es mir, aus diesem oder jenem Grund, nie gelingen wird, genug zu erfahren, um etwas zu verstehen. Die Postkarten Deines Vaters, die Du für mich abgeschrieben hast, haben mich davon überzeugt".

Seltsam, diese "Überzeugung" Gramscis, darauf verzichten zu müssen, etwas zu verstehen! Tanja bemerkt dies auf einer Karte, die sie ihm am 6. Juni schickt: "... ich verstehe Dich nicht ..., wenn Du für die Vergangenheit auf Nachrichten anspielst, die ich Dir zu lange vorenthalten habe. Wirklich, ich kann das nicht verstehen. Erneut gibt es ein Wort meines Vaters zur Sache, während Du sagst, gerade dieses habe Dich davon überzeugt, auf ein Verstehen verzichten zu müssen ... Ich kann Dir auch sagen, ... daß er nach Erhalt Deines Briefes an Julia [vom 5. Mai] und im Glauben, Dein Brief sei eine Antwort auf den seinen an mich, schreibt: 'Man sieht, daß weder Du noch Antonio mich verstanden hat. Ich habe nicht gesagt, Julia schreibe nicht, weil sie krank sei. Ich sagte, sie schreibe nur selten, weil es ihr schwer fällt unter den Umständen, unter denen sie zu schreiben gezwungen ist". Und zur Bitte, Julia möge ihre Gedanken mitteilen und nichts verbergen, was ihr passiert, bemerkt Apollon: "Wie ist das möglich!" (Anhang)

Unter den Bedingungen, unter denen er schreibt, kann Apollon nicht deutlicher sein: Julia schweigt, nicht weil sie krank ist, sondern wegen der Umstände, unter denen zu schreiben sie gezwungen ist, und es ist ihr absolut unmöglich, ihre Gedanken, so wie Gramsci es will, offen mitzuteilen.

Nun hat Gramsci die Bestätigung, daß sein schlimmster Verdacht begründet ist, daß es noch ein "anderes Gefängnis" gibt, das ihn isoliert, auch im Verhältnis zu seiner Familie, wie er im Brief vom 19. Mai geschrieben hatte. Und man versteht, daß Tanja, in dem Augenblick, da Gramsci von selbst die ganze Wahrheit intuitiv erfaßt, nicht mehr zögert, ihm eine Bestätigung zu geben, indem sie ihm die Nachricht ihres Vaters abschreibt.

Es gibt keine Antwort Gramscis auf die zweite Mitteilung Apollons (oder sie wurde nicht gefunden). Jetzt, da er an der Wahrheit, die er geahnt hat, nicht mehr zweifeln kann, spürt er vielleicht das Bedürfnis nachzudenken. Doch nun kommt ein weiteres, außerordentliches Ereignis hinzu, das die furchtbare Entdeckung zunächst in den Hintergrund treten läßt: der Besuch seines Bruders Gennaro.

Man hat viel geschrieben über diese Begegnung zwischen Gramsci und Gennaro im Gefängnis von Turi. Sicher ist, daß Gennaro "von der sich im Ausland befindenden Parteiführung aufgefordert worden war, seinen Bruder Antonio in Turi zu besuchen, mit dem Ziel, direkte Nachrichten über seine Gesundheit zu erhalten und ihn über den politischen Kampf in der Partei, wenn auch nur in groben Zügen, zu informieren ..., um im Rahmen des Möglichen seine Meinung einzuholen". Luigi Longo, dem wir diese Aussage verdanken, schreibt weiter: "Wir erwarteten uns von Gennaros Begegnung mit Gramsci keine großen, politischen Mitteilungen, ... außerdem wußten wir, daß Gramsci keine besonders hohe Meinung von der politischen Fähigkeit seines Bruders hatte, zu dem er, das kommt hinzu, keine Beziehungen unterhielt".(2) Diese Bemerkung Longos wird durch Tatsachen, z.B. durch den Brief Gramscis an Carlo, von dem wir bereits gesprochen haben, nicht bestätigt. Dieser Brief zeigt eher, daß zwischen den Brüdern, abgesehen von den späteren Auseinandersetzungen mit Carlo, ein starkes Gefühl politischer Solidarität bestand und daß Gramsci sich bemühte, seinen Brüdern zu helfen in einem Augenblick "tiefer moralischer Krise", die in Wirklichkeit eine politische Krise war.

Laut Longo teilt Gennaro nach seiner Rückkehr mit, Gramsci "habe keine Meinung über die ihm berichteten Dinge äußern wollen". Das würde die bekannte Version von G. Fiori dementieren, dem Gennaro viele Jahre später gesagt hat, er habe nach seiner Rückkehr aus Turi der Partei mitgeteilt, "Gramsci sei mit der politischen Linie einverstanden". Er, Gennaro, habe das entgegen der Wahrheit behauptet, um zu vermeiden, daß sein Bruder einem politischen Druck ausgesetzt werden würde.[3] Auf jeden Fall ist es nach dem Brief Gramscis an seine Brüder (19. Dezember 1929) sehr wahrscheinlich, daß zwischen ihnen eine politische Diskussion stattgefunden hat über das große Drama, das die italienischen Kommunisten damals durchlebten. Und es ist ebenso wahrscheinlich, daß Gennaro den Inhalt dieser Diskussion der Partei nicht genau wiedergegeben hat. Warum hätte Gennaro 20 Jahre später die Unwahrheit sagen sollen, als er Fiori erzählte, Gramsci habe deutlich seinen Dissens erklärt?

In seinem Brief an Tanja vom 16. Juni 1930 schreibt Gramsci: "Ich hatte vor kurzem ein Gespräch mit meinem Bruder, und das hat in meinen Gedanken einen Zickzack-Kurs hervorgerufen. Es war wirklich eine außerordentliche Neuigkeit, auf die ich nicht im mindesten vorbereitet war. Ich hätte nicht geglaubt, daß es möglich sei, meinen Bruder in Turi zu sehen. Ich war sehr froh darum, auch weil ich zu Gennaro ein viel freundschaftlicheres Verhältnis habe als zur übrigen Familie". Sonst schreibt er verständlicherweise nichts, außer daß Gennaro bemerkt habe, sie, Tanja, esse zu wenig. Man kann also annehmen, daß Gramsci sowohl durch die zweideutigen Anspielungen Apollons, als auch durch das direkte Gespräch mit Gennaro in der Mitte des Jahres 1930 ziemlich vollständig informiert ist über die Lage Julias und über die Linie, die in der italienischen Partei die Oberhand gewonnen hat. Er hat also keinen Grund zum Optimismus.[4]

Tanja reist in den ersten Julitagen von Turi ab. Sie war hier mehr als sechs Monate geblieben. Man könnte sich fragen: war sie wirklich so krank, daß sie nicht reisen konnte, oder hatte sie, wie sie einmal Gramsci schrieb, "Angst, Turi zu verlassen"? Das heißt, wollte sie in der Krise, die Gramsci im Winter durchgemacht hatte und die sich erneut im Mai zuspitzte, ihn nicht verlassen und ihm für jeden Fall nahe sein? Meiner Ansicht nach war das der Fall.

Tanja hat einen Tag Aufenthalt in Bari, wo sie sich von einem Augenarzt untersuchen läßt. Während der Reise hat sie Koliken und Fieber. Am 6. Juli ist sie in Rom, wo sie einen Brief von Julia vorfindet mit ein paar Zeilen für Gramsci. Sie nimmt wieder die regelmäßige Korrespondenz auf: am 17., so berichtet sie Gramsci, war sie mit Carlo in Sankt Peter und in der Galleria Borghese. Am 23. schreibt sie eine Postkarte: "Ich habe Deinen Rat beherzigt und frühstücke geschlagenes Eigelb und Kaffee". In einem Brief vom 14. Juli hatte ihr Gramsci dies vorgeschrieben mit der Drohung, sie andernfalls "an den Haaren zu ziehen", "in einer wohl abgewogenen Mischung von kalter Herzlosigkeit und zärtlicher Überzeugungskraft". Bekanntlich hat Tanja mit beidem bereits ihre Erfahrung gemacht.

Am gleichen 14. Juli schreibt Gramsci auch an Julia einen zärtlichen Brief voller Verständnis für ihre "Schwäche- und Schwermutskrisen". Er bittet sie, ihm "öfters und mit mehr Wagemut" zu schreiben. "Es ist wahr, vielleicht würde wenig genügen, um alles zu verändern, doch dieses 'wenig' ist unglaublich schwierig und sehr viel: eine Liebkosung über die Stirne würde genügen". Seit langer Zeit hat Gramsci an Julia keinen solchen Brief mehr geschrieben. Vielleicht hat er die Botschaft Apollons wirklich verstanden und weiß, daß Julia nicht mehr tun kann und daß es an ihm sei, ihr zu helfen, da es Julia, die "niemand hat", am schlechtesten von Allen gehe, wie Tanja ihm seit langem sagte. Doch diese Wahrheit widerstandslos anzunehmen sollte sich für lange Zeit als sehr schwierig erweisen.

Der Sommer vergeht relativ ruhig. Tanja schreibt regelmäßig und schickt Nachrichten von der Familie und Fotografien, die sie aus Moskau erhält. Ende Juli fährt Sraffa nach Moskau, und Tanja berät sich mit Gramsci über die Geschenke, die sie der Familie mitgeben will (ein Fahrrad für Delio?).

Gramsci schreibt Tanja am 28. Juli. Er sorgt sich um ihre Ernährung und fordert sie auf, die Gelegenheit zu nutzen und Sraffa zu begleiten. Doch trotz aller Aufforderungen auch von seiten der Familie fährt Tanja nicht mit. Gramsci schreibt erneut einen kurzen Brief an Julia (11.8.1930), einfach und frei von Ängsten. Er bittet um genauere Mitteilungen über die Entwicklung und das Leben der Kinder.

Am 24. August informiert Tanja Gramsci auf einer Postkarte: "...ich schrieb Carlo, was Du Gennaro mitteilen wolltest". Wir wissen nicht, um was es sich handelt, aber es ist interessant, daß Gramsci den Kontakt mit seinem Bruder, der nach Frankreich oder Belgien zurückgekehrt war, aufrecht erhalten will.

Am 2. September schreibt Tanja von den dringenden Aufforderungen ihrer Familie, sie möge nach Moskau zurückkehren. Ihr Vater besteht darauf, sie möge sich entschließen. "Das ist der richtige Augenblick". Die Familie sucht für sie bereits eine Arbeit.

Doch Tanja fühlt sich nicht in der Lage abzureisen und will es auch nicht: "... ich möchte keineswegs bestimmten Ängsten ausweichen, nur fällt mir der Entschluß zur Abreise schwer wegen einer Unzahl realer Gründe und auch ohne Gründe. Aber es ist vielleicht auch deshalb schwer abzureisen, weil es sich um mein eigenes Leben handelt, und es mag richtig sein, daß ich überhaupt nicht für mich selbst lebe. Man könnte mir entgegnen, daß es sich in diesem Fall um den legitimen Wunsch meiner Mutter handelt, an der ich zweifelsohne sehr hänge. Und doch kann ich mich zu nichts entschließen, da ich nicht spüre, was meine eigene Person will. Es ist schon wahr, daß ich nur das Leben der andern leben kann, doch bedarf es dazu immer, daß ich mich vom anderen Räderwerk ergriffen fühle. Dann folge ich allen Phasen des anderen Lebens, als wäre es das meine." In diesem Brief sind die Äußerungen Tanjas völlig klar. Läßt es sich deutlicher sagen, daß sie längst vom "Räderwerk" Gramscis, das zu dem ihren geworden war, ergriffen ist? Doch was meint sie, wenn sie schreibt, sie könne sich nicht entschließen, obgleich sie sehr an der Mutter hänge, da sie nicht wisse, was die eigene Person will? Heißt das, daß ihre ganze Persönlichkeit völlig uneigennützig schon längst Gramsci gewidmet ist? Sie kann sich nicht entschließen wegen "einer Unzahl realer Gründe" (welche?), aber auch ohne angebbaren Grund. Die Wahrheit liegt im "ich lebe nicht für mich selbst". Das ist der eigentliche Grund, warum sie nicht abfährt. Zu den anderen Gründen, die sie hier nicht erwähnt, zählt sicher auch der einer gewissen Fremdheit, von der sie einmal sprach, die sie nach fünfzehnjähriger Trennung gegenüber der Familie spürte, insbesondere gegenüber Genia, aber auch gegenüber Julia (siehe Anhang).

Auf diesen Brief antwortet Gramsci nicht. Er schreibt Tanja erst am 22. September (in der Zwischenzeit hat ihm Tanja sieben Briefe bzw. Postkarten geschickt), und er bleibt im Bedeutungslosen: die Überstrümpfe müssen weiß sein, sonst werden sie nicht zugelassen; er nimmt Uroclasio und Benzofosfan. Er findet eine Fotografie von Tanjas Vater, der sich den Bart abgenommen hat, nicht gelungen. Und er schließt: "... Du sollst Dich nicht sorgen, und insbesondere sollst Du nicht glauben, ich sei mit Dir unzufrieden. Um das anzunehmen, müßtest Du auch glauben, ich sei nicht nur ein ganz erbärmlicher Egoist, sondern geradezu ein Rohling. Mir geht es ziemlich gut. Das nächste Mal sehe ich, ob ich nicht den ganzen Brief an Julia schreiben kann".

Im folgenden Brief vom 6. Oktober spricht Gramsci humorvoll und ruhig von Büchern. Er scheint heiter zu sein, ohne Angstzustände. Nur am Ende bemerkt er: "Um Dir die Wahrheit zu sagen, ich habe nicht viel Lust zu schreiben, mein Hirn ist ausgetrocknet." Am gleichen Tag schreibt er, wie versprochen, auch an Julia. Es ist ein kurzer Brief, aus dem man die Suche nach einem tieferen Kontakt, ohne Bitternisse, spürt. Es hat ihn berührt, daß Julia ihm schrieb, sie habe beim Wiederlesen seiner Briefe aus den letzten zwei Jahren "die Übereinstimmung unserer Gedanken" festgestellt. Er bemerkt seinerseits, daß in ihrer Korrespondenz gerade das "Korrespondieren" fehle: in Wirklichkeit sind es Monologe. Um das ohne Schärfe zu verdeutlichen, erzählt er ihr das köstliche Märchen von den drei skandinavischen Riesen, die alle dreihundert Jahre ein Wort wechseln. Er sagt das ganz ohne Bitterkeit.

Ende September kehrt Sraffa aus Moskau zurück, wo er mehrmals die Familie Schucht besucht hat. Zwischen Ende September und den ersten Oktobertragen trifft er Tanja und übermittelt ihr direkte Nachrichten. In einem Brief vom 12. Oktober teilt sie diese Gramsci mit. Wie aus einem Antwortbrief Gramscis hervorgeht, beruhigen ihn die Nachrichten über Julias Gesundheitszustand etwas. Es ist die Rede von psychasthenisch oder hysterisch begründeten Amnesien. Andrerseits nimmt sie Luminal (ein Medikament gegen Epilepsie), aber man weiß nicht auf Grund welcher Diagnose. Er erfährt auch, daß man den Kindern bisher verschwiegen hat, daß er sich im Gefängnis befindet. Sie haben es in der Schule erfahren, aber die Familie streitet ab. Sicher ist Gramsci von dieser unerwarteten Nachricht ziemlich betroffen, aber erst am 15. Dezember spricht er darüber ausführlich in einem Brief an Tanja.

Sraffa hat auch zahlreiche Familienfotos mitgebracht, die Tanja Gramsci mit einem Brief am 13. Oktober schickt. Gramsci antwortet am 20. Oktober. Er ist nicht einverstanden mit der Meinung, die sich Tanja über Julias Krankheit gebildet hat. Seiner Ansicht nach "leidet Julia an einer Erschöpfung der Nerven und Blutarmut des Gehirns, die chronisch zu werden drohen, da Julia weder willens noch fähig ist, sich zu kurieren ... Sie will sich nicht davon überzeugen, daß ein bestimmter Arbeitsrhythmus nur möglich ist bei einer bestimmten Lebensführung und wenn der Organismus einen zusätzlichen Ausgleich erhält ... Ich werde Julia einen langen Brief schreiben." Und am Ende des Briefes versucht er, Julias Krankheit, so wie er sie verstanden zu haben glaubt, in einen größeren Zusammenhang einzuordnen, als ein "verbreitetes Phänomen, das zu immer weiterer Verbreitung tendiert ... Interessant sind die Gegenmaßnahmen, die amerikanische Industrielle wie Ford ergriffen haben." Im folgenden erinnert er unter anderem an die Kontrolle des Verhältnisses von Arbeit und Privatleben (Ernährung, Schlaf, Freizeit, auch das Intimleben). Man kann füglich daran zweifeln, daß diese Ausführungen Gramscis zur Diagnose und Therapie der Krankheit Julias angemessen sind. Interessant ist jedoch die Feststellung, daß er 1929/1930 bereits einen großen Teil jener Bemerkungen notiert, die er dann später, 1934, im Aufsatz "Amerikanismus und Fordismus" zusammenfaßt, insbesondere den Paragraphen 158 des ersten Heftes mit dem Titel " 'Tiernatur' und Industrialismus ".(5)

Es ist sonderbar, daß Gramsci seine Beobachtungen über die Veränderungen, die die Arbeitsorganisation und das Leben in einer industriellen Umwelt zwischen den Kriegen durchgemacht haben, etwas vereinfachend auf Julia und ihre Krankheit überträgt. Andrerseits darf man nicht vergessen, daß wir uns Ende 1930 befinden, dem dritten Jahr des ersten

Fünfjahresplanes in der Sowjetunion, in einer Phase beschleunigter Industrialisierung, während derer ganze Fabriken und Produktionstechniken aus den USA importiert wurden.

Am 28. Oktober schreibt Tanja, daß sich Julia nun, da Piero Sraffa die reale Dimension ihrer Krankheit wissen ließ, "verraten fühle"; sie meint aber auch, daß sie sich jetzt im Schreiben freier fühlen müsse. Gramsci antwortet am 4. November: "Ich bin froh, aus Deinem letzten Brief zu entnehmen, daß Du mit mir übereinstimmst über den Gesundheitszustand Julias". Abgesehen von den komplizierten soziologischen Analysen Gramscis bezieht sich die Übereinstimmung, die aus dem Briefe Tanjas hervorgeht, möglicherweise auf den einfachen Gesichtspunkt, demzufolge Julia unter dem leide, was man heute mit "Stress" auf Grund eines Mißverhältnisses zwischen Lebensführung und Arbeitsbelastung bezeichnen würde.

Interessanter ist, daß Tanja in ihrem Brief an die Verhältnisse erinnert, unter denen Julia zwischen 1925 und 1926 an der sowjetischen Botschaft in Rom gearbeitet hatte und daß sie Gramsci daran erinnert, daß es schon damals darüber Diskussionen gab. Gramsci gibt jetzt zu, daß er damals mehr hätte tun sollen, um "Julia zu einer materiell weniger belastenden Lebensführung zu bringen". Er knüpft an diese Beobachtungen einige Bemerkungen über seinen eigenen Gesundheitszustand. Er strenge sich an, "zumindest den gegenwärtigen Zustand stabil zu erhalten". Was ihn jetzt besonders plagt ist die Schlaflosigkeit.

Am gleichen Tag schreibt Gramsci Julia einen kurzen Brief, in dem er sich das Argument Tanjas zu eigen macht, nun, da alles offen liege, könne Julia freier schreiben.

Es überrascht, daß Gramsci jetzt, wahrscheinlich im Vertrauen auf Sraffa, eine so einfache Sicht der Dinge akzeptiert und sowohl die eigenen Ahnungen, als auch die noch viel mehr Besorgnis erregenden Hinweise zurückstellt, die er vor kurzem durch die nicht einmal allzu sehr chiffrierten Botschaften Apollons erhalten hat. Er durchlebt in diesen Monaten bei relativ verbessertem Gesundheitszustand eine intensive schöpferische Phase. Am 17. November schreibt er Tanja, daß er sich auf die Behandlung "von drei oder vier Hauptthemen festgelegt (hat); eines davon ist die kosmopolitische Funktion, die bis zum 18. Jahrhundert von den italienischen Intellektuellen wahrgenommen worden war und die sich in viele verschiedene Richtungen teilt: Renaissance, Macchiavelli usw.". Außerdem wissen wir mit Sicherheit, daß Gramsci am Ende des Jahres 1930 den anderen politischen Häftlingen einen Vortragszyklus zum Thema einer "Verfassungsgebenden Versammlung" gehalten hat. Er äußert dabei einen vollständigen, auch scharfen Widerspruch zur politischen Linie der kommunistischen

Partei Italiens (PCd'I) und ihrer "Wende" und damit auch zur Politik des 6. Kongresses der K.I., die diese Wende eingeleitet hat. Es ist bekannt, daß es deshalb zwischen Gramsci und anderen politischen Häftlingen zu Auseinandersetzungen kam und daß sich Gramsci entschloß, die Vortragsreihe abzubrechen.(6)

Am 1. Dezember schreibt Gramsci Tanja nicht nur, um "sie zur Fertigstellung der Überstrümpfe zu beglückwünschen", sondern auch um ihr einige Bemerkungen mitzuteilen, die bestätigen, wie sehr diese Periode für ihn eine Zeit intensiver intellektueller Kreativität ist, die keineswegs von der Politik abgehoben ist. In ihnen kritisiert er die neueste Theorie von Benedetto Croce, derzufolge "der historische Materialismus eine Rückkehr zum alten, mittelalterlichen ... Theologismus bedeute". Gramsci bestreitet diese "erstaunliche" These und vermutet, daß Croce "trotz seiner olympischen Erhabenheit allzu häufig einschlummert, häufiger noch als Homer".

Am 15. Dezember, zwei Monate nachdem er es erfahren hatte, schreibt Gramsci an Tanja: "Ich kann mir nicht erklären, warum man Delio verschwiegen hat, daß ich im Gefängnis bin, noch dazu ohne daran zu denken, daß er es indirekt erfahren könnte, d.h. auf eine Weise, die für ein Kind die unangenehmste ist, weil es an der Wahrhaftigeit seiner Erzieher zu zweifeln beginnt und anfängt, für sich selbst zu denken und zu leben. Zumindest ist es mir als Kind so gegangen, ich erinnere mich genau. Dieser Umstand im Leben Delios drängt mich nicht dazu, ihm direkt zu schreiben: ich glaube, daß jede Erziehungsmethode, auch die schlechteste, immer noch besser ist als die Vermischung zweier gegensätzlicher Methoden ..., man muß Julia davon überzeugen, daß es letztlich weder richtig noch nützlich ist, vor den Kindern zu verbergen, daß ich im Gefängnis bin. Kann sein, daß die erste Mitteilung in ihnen unangenehme Gefühle weckt, darum muß die Art, wie sie informiert werden, mit Bedacht ausgewählt werden. Ich glaube, es ist gut, wenn man Kinder als bereits vernünftige Wesen behandelt."

Anmerkungen zum Kapitel 4

1) Es gibt keine Anzeichen dafür, daß die sowjetische Diplomatie nach der Verurteilung Gramscis (Juni 1928) den Versuch wieder aufgenommen hätte, durch Vermittlung des Heiligen Stuhls zu einem Austausch von Gefangenen zu kommen. Am 31. Juli 1928, am Vorabend des 6. Kongresses der K.I. in Moskau, schickte Togliatti ein Schreiben an Bucharin mit dem Vorschlag, die Matrosen des Schiffes "Krassin", die einen Teil der italienischen Nordpolexpidition unter Nobile gerettet hatten, sollten um die Freiheit Gramscis bitten. Das Schreiben blieb folgenlos. Togliattis Brief findet sich in P. Spriano, Gramsci in carcere e il partito, op.cit. S. 147

2) Luigi Longo in: Gramsci vivo, Mailand 1977, S. 76

3) Giuseppe Fiori, Das Leben des Antonio Gramsci, Berlin 1979, S. 231 f.

4) Von der Begegnung zwischen Gramsci und Gennaro gibt es eine sehr detaillierte Version von R. Kigerowitsch, op.cit., die Gramscis Dissens zur "Wende" und die infolgedessen verschlechterte Beziehung zu anderen politischen Häftlingen bestätigen würde. Aber es handelt sich um eine Erzählung, die keine Quellen angibt.

5) Quaderni del carcere, vol. I, 158; deutsch: Gefängnishefte, Band I, Berlin 1991, S. 193

6) Aus einem Brief Terracinis aus dem Gefängnis (vom 2. März 1931) geht hervor, daß über Gramsci Gerüchte umgingen, er sei zur sozialdemokratischen "Concentrazione antifascista" übergelaufen, da er die Möglichkeit eines direkten Übergangs vom Faschismus zur kommunistischen Machtergreifung leugne, bzw. eine Zwischenphase und Bündnisse für nötig halte. Es kam zu Auseinandersetzungen mit den Mithäftlingen und anscheinend auch zu versuchten Tätlichkeiten gegen den "Abtrünnigen" während des Hofgangs. Vgl. dazu auch den Bericht von Athos Lisa an die Partei aus dem Jahre 1933 (wiederabgedruckt in Rinascita, 12. Dezember 1964) und dessen Memorie, Milano 1973.

"Jetzt habe ich die Befürchtung, daß meine Briefe bei Dir nicht ankommen und daß auch die Deinen fehlgeleitet werden".
Antonio, 13.1.1931

"...täglich reißt ein neuer Faden meiner Bindungen zur Welt"
Antonio, 13.7.1931

5. Kapitel:

Schwierige Beziehungen nach Moskau. Intellektuelle Arbeit. Erster Blutsturz und Krise (1931)

Insgesamt ist die Reaktion Gramscis auf die Nachricht, man habe seinen Kindern verheimlicht, daß er im Gefängnis sitze, sehr ausgeglichen. Es mag sogar überraschen, daß dies anscheinend kein Anlaß zu neuen Zweifeln wird. Seinen Briefen nach zu schließen interessieren ihn ausschließlich die Erziehungsmethoden für seine Kinder. Das war schon andere Male so und wird ihn auch in Zukunft immer wieder beschäftigen.

Am 28. Dezember entschließt sich Tanja, wahrscheinlich auf Grund neuer Nachrichten, die Carlo über die wirklichen Lebensumstände der Familie Schucht erfahren hat (von Sraffa?), Gramsci einen Brief zu schreiben, in dem sie rückhaltlos einige für Gramsci schmerzliche Hintergründe des Moskauer Familienlebens enthüllt. Der Brief ist acht Seiten lang (siehe Anhang). Im Mittelpunkt steht die Rolle, die die Schwester Genia spielt. Abgesehen von der Erwähnung einiger Episoden aus den Jahren 1925/26, die in Gramscis Gemüt tiefe Spuren hinterlassen haben, geht es um folgendes:

1) Die dominierende Figur in der Familie ist Genia, sie erzieht die Kinder (es ist also Genia, die ihnen verschweigt, daß ihr Vater sich im Gefängnis befindet). Großvater Apollon ist mit ihr nicht einverstanden. Deshalb sind die Beziehungen Delios zum Großvater kühl und "anormal".

2) Genia "hegt das Vorurteil, daß Du für Deine Söhne ohne jede Liebe sein mußt und Dich auch schon früher nie um sie gekümmert hast." "Die

Briefe, die Julia erhält, ... drücken zu wenig Gefühl aus." "Unsere Briefe seien egozentrisch, voll nur von Eigenliebe."
3) Julia hat niemand, "der sie stärkt, ihre Lage muß schrecklich sein, niemand kann und will sie in ihrem Verhältnis zu Dir, als dem Vater ihrer Kinder und als ihrem Mann, milde stimmen".
4) Man muß Julia doppelt helfen, "weil sie krank ist und weil sie in dem Sinne leidet, wie Du nun weißt". Julia muß "vor allem Deine Zuneigung spüren, Deine Kraft, ... sie (muß) wissen, daß sie sich auf Dich stützen kann".

Wie man sieht, hat sich Tanja entschlossen, ein realistisches Bild von den Familienverhältnissen zu übermitteln. Das hat sicher etwas mit der Reise Sraffas nach Moskau und den von ihm mitgebrachten Informationen zu tun. Jetzt versteht man besser, was Tanja vor etwa einem Jahre schon Gramsci sagen wollte, als sie ihn davon zu überzeugen suchte, daß es Julia schlechter ginge als ihm, daß sie niemand habe usw. Genia führt in der Familie eine Kampagne gegen den "Egoisten" Gramsci, und Julia ist völlig isoliert, weil Gramsci ihr Mann und der Vater ihrer Kinder ist. In Genias Augen ist Gramsci die Ursache des ganzen Unglücks und auch der Krankheit von Julia. Tanja sagt nicht, warum Genia sich so verhält. Aber bedarf es einer Erklärung, wenn man weiß, daß Ende 1930 Gramsci einem doppelten politischen Vorwurf ausgesetzt ist: war er nicht 1926 "trotzkistischer Sympathien" verdächtig und 1930 erneut ein Dissident gegenüber der politischen Linie der Kommunistischen Internationalen? Wir haben bereits im vorigen Kapitel die Hypothese geäußert, das Insistieren auf der Rolle Genias und auf "krankhaften" Familienverhältnissen könne ein Mittel gewesen sein, um vor Gramsci (oder vor der Zensur) eine andere, nämlich eine politische Wirklichkeit zu verschleiern. Ist Sraffa der Urheber dieser Version? In diesem Fall müßte man auch berücksichtigen, daß Sraffa auf der Rückreise aus Moskau wahrscheinlich über Paris gekommen ist, wo sich damals Togliatti aufhält.

Wie reagiert Gramsci auf die Enthüllungen Tanjas? Er antwortet ihr am 13. Januar 1931: "...was Du mir am 28. Dezember schriebst, hat mich eher bestürzt als verletzt. Ich danke Dir, daß Du mir so offen geschrieben hast, vielleicht hast Du es zu spät getan ... Ich habe große Angst, daß das eigentliche Opfer ... nicht so sehr ich bin, als vielmehr Julia ... Ich hatte von seiten Genias lediglich eine große Kühle und ihre naiven Bemühungen bemerkt, zu verhindern, daß Delio mich lieb gewinnt." Er kommt auf die Episode zurück, bei der Genia zusammen mit Julia als "die Mütter" unterzeichnete (Moskau 1925) und fügt hinzu: "Dein Vater war darüber sehr unzufrieden und wollte nicht, daß Delio auch Genia Mamma nannte

... Für mich ist das ein Fall von moralischem Mißklang und Verantwortungslosigkeit. Es gehört zu den allgemein anerkannten ethischen Prinzipien, daß man einem Gefallenen keine verbotenen Schläge mehr verabreicht, will man nicht disqualifiziert werden ... Versuchen wir, zusammen alles Mögliche zu unternehmen, um in die Unordnung der Moral und der Gefühle etwas Ordnung zu bringen und um Julia zu helfen, aus dieser Lage herauszukommen ...".(1)

Am Ende des Jahres 1930 ist Gramsci der Wahrheit also sehr nahe gekommen, einer Wahrheit, die er bereits geahnt hat, wie aus jenem Brief an Tanja vom 19. Mai 1930 hervorgeht, in dem er zum ersten Mal vom "anderen Gefängnis" spricht, in dem er sich eingeschlossen fühlt. Am 13. Januar 1931 schreibt er einen Brief an Julia, der bewundernswert ist wegen seiner maßvollen Ausgeglichenheit und Liebe, ganz vom Wunsch beseelt, Julia zu helfen ("auch Du mußt Dich isoliert fühlen") und die Lage nicht zu verschlimmern. Der Brief geht auf die Enthüllungen Tanjas nicht ein und enthält nur eine versteckte Anspielung auf das Verhalten Genias. Gramsci nimmt einige soeben erhaltene Fotografien Delios zum Anlaß, das Bild des Jungen liebevoll zu beschreiben und zu analysieren und gemeinsame Erinnerungen zu wecken ("Erinnerst Du Dich, was Du in Rom sagtest, als Delio badete? Wir haben einen richtig schönen Sohn"). Nach dieser keineswegs konventionellen, sondern ausgesprochen liebevollen Einleitung kommt Gramsci direkt auf die Sache zu sprechen: "Jetzt habe ich die Befürchtung, daß meine Briefe bei Dir nicht ankommen und daß auch die Deinen fehlgeleitet werden." Denkt er an Genia oder an die Zensur? Er bemerkt, daß "Zäune aus Stacheldraht" "die gegenseitigen Beziehungen gereizt und krankhaft" machen und fordert Julia ganz direkt auf: "Warum brechen wir nicht völlig mit diesen Verhaltensformen, die nach einem feudalen Lebensstil, nach Domostroi schmecken?" Im Brief an Tanja vom gleichen Tag führt Gramsci den Vorwurf des "Domostroi", der alten russischen Familienordnung, genauer aus: "In den wechselseitigen Beziehungen der Familienmitglieder maßt jedes sich das Recht an, die anderen zu zensieren. Jedes glaubt, selbst der starke Kopf zu sein, der entscheiden muß, was der andere wissen darf und was nicht." Gramsci fährt im Brief an Julia nach den Anspielungen auf die "Domostroi" (d.h. auf das Verhalten Genias) fort: "... mir scheint, daß auch Du isoliert und etwas vom Leben abgeschnitten sein mußt und daß Du diese innere Einsamkeit weniger spürst, wenn Du mir schreibst." Es ist bemerkenswert, daß sich in diesem Brief keine Spur von einem Ressentiment findet, das durchaus verständlich wäre, wenn man die harten Vorwürfe bedenkt, von denen er soeben erfahren hat. In diesem Augenblick ist Gramsci frei von "Obsessionen", seine

Selbstkontrolle ist perfekt. Was in ihm die Oberhand behält ist der Drang, Julia zu helfen. Daher ist dieser Brief voller Liebe und Hoffnung, ganz im Unterschied zu jenen, die er noch wenige Monate zuvor an Julia geschrieben hat.

Tanja antwortet am 16. Januar: "... als ich Deinen Brief an Julia las, verspürte ich das Gefühl einer ungeheueren Erleichterung. Mir scheint, ich könne ausrufen 'das Schlimmste ist vorbei' [Tanja hatte also das Schlimmste befürchtet]. So ist es richtig, und ich glaube, daß es Dir sehr gut und rasch gelingen kann, daß Julia sich stärker fühlt, stärker dank Deiner Liebe und Deiner Anteilnahme an den Kindern ... Ich bin buchstäblich glücklich, trotz allem, denn jetzt spüre ich, daß Du wirklich Julias Stütze sein kannst."

Am 20. Januar leitet Tanja einen (nicht mehr aufgefundenen) Brief Julias an Gramsci weiter, von dessen Inhalt wir nur das wissen, was Tanja als eigenen Eindruck Gramsci mitteilt: "Insgesamt scheint mir, daß sich auch mit Julia die Lage jetzt gebessert hat, so sehr sie leidet und erschrickt bei dem Gedanken, daß ihr Zustand für Dich ein neues Moment sein muß in Deiner so besonderen Lage." Dieser Bemerkung folgt ein sehr schwer interpretierbarer Passus: "Papa ... will nicht zugeben, daß Du gelitten haben könntest unter dem Gedanken, ... vergessen worden zu sein, denn Du bist Kommunist und Deine Frau ist eine Genossin von Dir. Piero sagte mir, er habe mit Papa über dieses Thema nicht diskutieren wollen, aber er habe mit anderen lange darüber gesprochen. Und zu mir sagte er 'was hat der Kommunismus damit zu tun?'" Vater Apollon weiß wahrscheinlich weder vom "Fall" des Briefes Gramscis aus dem Jahre 1926 (eine Episode, die nur im engeren Führungskreis der K.I. und des PCd'I bekannt war), noch von der abweichenden Haltung Gramscis gegenüber der Politik der K.I. seit Ende 1929. Daher rührt vielleicht sein Unverständnis dafür, daß Gramsci, Kommunist, und mit ihm auch Julia, leiden könnten unter der Aktion anderer Kommunisten. Wie weit Genia von den politischen Vorwürfen unterrichtet ist, wissen wir nicht. Ihre Vorwürfe an Gramsci sind eher persönlicher Art: "Egoist", "ohne Liebe zu den Kindern" usw. Interessant ist, daß Piero Sraffa mit Apollon über dieses Thema nicht diskutieren will, es aber ausführlich mit anderen tut, was beweist, daß das Thema zwar diskret gehandhabt, aber in engem Kreis in Moskau besprochen wird. Leider wissen wir nicht, mit wem Sraffa gesprochen hat und was bei dieser Gelegenheit gesagt wurde.

Tanja beginnt ihren Brief mit der Mitteilung, sie habe Gramscis Brief an Julia vom 13. Januar weitergeschickt, sei aber noch unschlüssig, ob sie auch den an sie gerichteten Brief Gramscis vom gleichen Tag weiterleiten solle. Darin spricht Gramsci von seiner Bestürzung über die Vorwürfe Genias. Am 26. Januar antwortet er Tanja: “Falls Du meinen letzten Brief an Dich noch nicht weitergeleitet hast, wäre es meiner Ansicht nach besser, er würde Julia nicht mitgeteilt. Du mußt ein bißchen Deine Urteilsfähigkeit und Dein freies Ermessen spielen lassen und nicht von einem Extrem ins andere fallen. Dieser Brief betrifft nicht meine Beziehung zu Julia, und es würde sie zu sehr schmerzen, wenn sie Dinge erfährt (fragmentarisch und aus Anspielungen), von denen sie höchstwahrscheinlich nichts weiß: man müßte dann einen ganzen Band schreiben, um sie ihr zu erklären, und außerdem! Bestimmte Dinge, glaube ich, kann man schriftlich nie erklären, während ein Gespräch von zehn Minuten die Sache erledigen würde.” Wieder bemüht sich Gramsci, Julia zu helfen, ohne ihr erneut Anlaß zu Aufregungen zu geben. Schließlich verbietet er Tanja kategorisch, bei ihrem Gesundheitszustand nach Turi zu kommen: “Ein Gewicht von 50 Kilo ist zu wenig ... Du müßtest mindestens 70 Kg. wiegen und von Deinen Leberbeschwerden geheilt sein”.

Am 9. Februar schreibt Gramsci erneut einen langen, außerordentlich schönen Brief an Julia. Er antwortet auf ihren Brief vom 9. Januar (der nicht erhalten ist) und nimmt den Satz Julias auf, mit dem sie ihren Brief beginnt und der folgendermaßen lautet: “Wenn ich – jeden Tag – ans Schreiben denke, dann denke ich an das, was mich schweigen läßt, dann denke ich, daß meine Schwäche neu für Dich ist ...”. Dieser Satz ist kein Rätsel mehr, wenn man sich an den Brief Apollons vom Juni 1930 erinnert (Julia schreibt nicht, weil sie nicht will, sondern weil sie nicht kann), an die Enthüllungen Tanjas über die dominierende Rolle Genias in der Familie und ihre Feindseligkeit gegenüber Gramsci; wenn man schließlich auch die Aussage Togliattis berücksichtigt, daß Julia ihre Briefe an Gramsci einem nicht weiter identifizierten, doch leicht ausmachbaren “Büro” aushändigen mußte(2), wird Julias Satz eindeutig: sie schreibt nicht oder nur selten, weil sie nicht frei schreiben kann. Und ihre Schwäche ist “neu für Gramsci”. In diesem “neu” steckt eine Botschaft, die Gramsci wahrscheinlich nicht entschlüsselt. Er denkt an die Schwäche Julias, wie sie sich in der Geschichte ihrer Beziehung immer wieder geäußert hat und die er unterschätzte, indem er ihr das Bild einer “starken Frau” unterschob. Und jetzt, meint Gramsci weiter, will sie in ihrer Schwäche nicht schreiben, “um das Bild nicht zu stören, das ich Deiner Ansicht nach mir von Deiner Stärke gemacht habe”. Und er gibt zu: “Ich habe viele Dummheiten begangen”, “aus übergroßer Zärtlichkeit für Dich, was von mir aus Leichtsinn war”. Indem er meint, so die Dinge geklärt zu haben, fährt er fort: “Wichtiger scheint mir, nun normale Beziehungen zwischen uns herzustellen”, und gleich darauf schlägt er vor, daß Tanja zu Julia fährt und mit ihr zusammen lebt. "Deshalb dränge ich bei Tatjana darauf, daß sie sich zur Abreise entschließt" und "Ich fühle meine Ohnmacht, irgend etwas Reales und Wirksames zu tun, um Dir beizustehen; ich schwanke zwischen dem Gefühl einer unendlichen Zärtlichkeit für Dich, die mir als eine Schwäche erscheint und unmittelbar des Trostes einer physischen Liebkosung bedarf, und dem Gefühl, daß eine große Willensanstrengung meinerseits notwendig ist, um Dich aus der Ferne mit kühlen und verwaschenen Worten [die alles andere als kühl und verwaschen sind] davon zu überzeugen, daß Du doch auch stark bist und die Krise überwinden kannst und mußt."

Falls Gramsci die versteckte Botschaft in Julias Satz und im Worte "neu" verstanden hat, ist seine Antwort von tragischer Größe. Er gebraucht eine Sprache dichter Anspielungen, die nur Julia zugänglich sind, die aber auch neue, schwer lösbare Mißverständnisse hervorrufen können.

Tanja schreibt am 19. Januar, ohne ihre Meinung zu diesem Brief zu äußern, ein Umstand, der vielleicht von Bedeutung ist, und teilt Gramsci mit, daß sein Bruder Carlo durch Sraffa eine Arbeit in Mailand gefunden hat und Ghilarza verläßt. Am 24. unternimmt sie mit der Familie Maltzeff einen Spaziergang auf der Passeggiata Archeologica in Rom, während in Moskau, schreibt sie, eine Kälte von minus 30 Grad herrscht. Am Tag zuvor, am 23., hat Gramsci ihr eine lange Bücher- und Zeitschriftenliste geschickt. Er bittet um Nachrichten von Professor Cosmo, dessen Schüler er in Turin gewesen war und mit dem ihn eine gewisse Freundschaft und Wertschätzung verbindet. Um etwas zu erfahren, möge sich Tanja eventuell an Piero Sraffa wenden, denn es war Cosmo gewesen, der Gramsci und Sraffa miteinander bekannt gemacht hatte.

Im März leidet Tanja an einem Zahnabszeß. Es kommt zu einer Infektion der Kieferhöhlen, sodaß sie sich einer Operation unterziehen muß. Deshalb kann sie Carlo, der zu einem Besuch nach Turi fährt, nicht begleiten und klagt darüber (Brief vom 28. März), daß Carlo ihr von seiner Begegnung mit Gramsci nichts berichtet hat. Sie liest gleichzeitig Machiavellis "Il Principe" und Gides "L'immoraliste". Am 2. April schickt sie Gramsci ein Paket mit Ostergebäck zusammen mit einem seltsamen Brief voll von Halbsätzen und unzusammenhängenden Bemerkungen, die schwer zu interpretieren sind. Müdigkeit, Unlust, Unruhe?

Gramsci antwortet am 7. April: "Dein Brief hat mich sehr interessiert und gefreut. Du hast sehr gut daran getan, ihn nicht neu zu schreiben. Warum auch? Wenn Du Dich begeisterst, bedeutet es, daß eine große Vitalität und viel Feuer in Dir stecken. Einige Deiner Bemerkungen habe ich in der Tat nicht richtig verstanden, wie z.B. diese: 'müßte man nicht vielleicht immer außerhalb des eigenen Ich leben, um das Leben mit der größtmöglichen Intensität genießen zu können?' Ich kann mir nicht vorstellen, wie man außerhalb des eigenen Ich leben kann, da es ein ein für alle Mal identifizierbares Ich gibt und es sich bei der eigenen Persönlichkeit nicht um etwas handelt, das in ständiger Bewegung ist, sodaß man fortwährend außerhalb des eigenen Ich und fortwährend innerhalb wäre. Für mich hat sich die Frage sehr vereinfacht, und in meiner höchsten Weisheit bin ich sehr nachsichtig geworden. Scherz beiseite, ich habe viel über die Fragen nachgedacht, auf die Du anspielst und die Dich leidenschaftlich bewegen, und bin schließlich zu der Schlußfolgerung gelangt, daß die Schuld an vielen Dingen bei mir liegt. Ich sage Schuld, weil ich kein anderes Wort zu finden weiß. Vielleicht gibt es wirklich eine Form des Egoismus, der man unbewußt verfällt ... ich glaube in meinem ganzen Leben mindestens soviel gegeben zu haben, wie ich nahm. Aber da ist eine Frage: Das Geben und Nehmen sind bei der Generalrechnung im Gleichgewicht, aber sind sie auch als einzelne, individuelle Posten im Gleichgewicht? Wenn man das eigene Leben an ein Ziel geknüpft hat und darauf seine ganzen Energien und den ganzen Willen konzentriert, ist es dann nicht unvermeidlich, daß einige oder viele oder auch nur ein einziger der individuellen Posten ungedeckt bleiben? ... Und man entdeckt als Ursprung des Fehlers die Schwäche, die Schwäche, nicht den Mut aufgebracht zu haben, allein zu bleiben, ohne Bindungen, Zuneigungen, Beziehungen usw. An diesem Punkt angelangt, kann nur die Nachsicht zur Ruhe verhelfen, oder doch zu einer gewissen Ruhe, die etwas anderes ist als vollkommene Apathie und Gleichgültigkeit und einen Spalt für die Zukunft offen läßt...".

Indem er auf einen Satz Tanjas eingeht, der eine ganz andere Bedeutung hat oder zumindest anders gedacht ist, legt Gramsci hier seine Lebensphilosophie von stoischem Zuschnitt dar. In seinen Briefen kommt er oft auf diese Lebensregeln zurück als auf Normen, die er seit frühester Jugend zu praktizieren versucht, doch nie wirklich angewandt hat, sodaß sie ein Ideal geblieben sind, an dem er sich inspiriert, auch im Gefängnis, soweit es ihm Krankheit und "Obsessionen" gestatten.

Unter den Briefen Tanjas findet sich keine Antwort auf diese Äußerungen Gramscis. Zu diesem Thema kommt kein Dialog zustande. Am 8. April schreibt Tanja für Gramsci Teile eines Briefes von Julia ab, in dem es heißt: "In meinem Leben haben sich viele Veränderungen ergeben in dem Sinne, daß meine Kur einen sicheren Weg eingeschlagen zu haben scheint. Das innerste Gefühl, das ich jetzt habe ist so, daß mir scheint, ich würde mit meinen Händen meine eigene Existenz anpacken." Tanja fügt hinzu, daß "Julia jetzt auf psychoanalytischer Basis behandelt wird".

Ihren Brief beschließt Tanja mit einer Information, die sehr aufschlußreich sein könnte, wenn man wüßte, ob Gramsci seinem Bruder Gennaro bei dessen Besuch in Turi (Juni/Juli 1930) einen besonderen Auftrag gegeben hat: "Nannaro bittet, Dir auszurichten, er habe keinen Freund von Dir getroffen". Bei seiner Rückkehr nach Frankreich traf Gennaro sicherlich einige Parteiführer, möglicherweise auch Togliatti. Wir zitierten bereits Luigi Longo, an dessen Aussage zu zweifeln kein Grund besteht. Auch dem späteren Biographen Gramscis, Giuseppe Fiori, bestätigte Gennaro, daß er sich nach seinem Besuch bei Gramsci mit Führern des PCd'I getroffen habe. Darunter kein "Freund" des Verhafteten? Was der Satz möglicherweise bedeuten soll, läßt sich mit Sicherheit leider nicht mehr feststellen.

Am 15. April teilt Tanja Gramsci mit, daß Piero (Sraffa) die Psychoanalyse Julias befürwortet. Gramsci gibt im Brief vom 20. April zu, darüber wenig zu wissen ("Ich habe ein paar Sachen über Psychoanalyse gelesen, besonders Artikel in Zeitschriften") und äußert eine gewisse Skepsis. Am 2. Mai übermittelt ihm Tanja einen (nicht mehr aufgefundenen) Brief Julias, den Gramsci am 4. Mai "voller Anmut" findet. "Die Anekdote der Delio-Sprache hat mir sehr gefallen, nur müßte man alle 14 Tage so einen Brief bekommen. ... Wirklich, mir gefällt, wie Julia schreibt und wie Du manchmal schreibst, vielleicht weil es genau das Gegenteil ist von meiner Art zu schreiben ... Seit ich im Gefängnis bin, schlägt sich auch in meinen Briefen an Euch die Gewohnheit nieder, jedes Wort zu kontrollieren ... und ein Widerwille wegen der Offenlegung dieser Briefe; das ist ein unüberwindbares Gefühl, das oft den Ton all dessen, was ich schreibe, verfälscht."

Am 18. Mai diskutiert Gramsci mit Tanja erneut den Gesundheitszustand Julias. Hat er sich tatsächlich gebessert oder nicht? Gramsci hat seine Zweifel. Fraglos gibt es Veränderungen zum Besseren, aber er fürchtet, sie seien oberflächlich, vorübergehend, rein "intellektuellen" Ursprungs, d.h. "wenig tiefgehend". Noch einmal äußert er, jedoch mit Vorsicht, seine Skepsis über die Psychoanalyse, auch wenn er den Versuch richtig findet, Julia anzuhalten, "sich zu entwirren", d.h. "in sich selbst ihre Lebenskraft und ihren Lebenssinn zu suchen". Am gleichen Tag antwortet er Julia auf einen Brief vom 8. Mai. "Dein letzter Brief hat mich sehr glücklich gemacht. Sicher, man versteht sofort beim Lesen, daß Du sehr verändert bist ... Mir scheint, mit diesem Brief beginnt eine neue Phase unserer Beziehung, und darüber bin ich sehr glücklich, denn ich muß Dir gestehen, daß ich bereits angefangen habe, mich für mein Teil 'einzuigeln' und im Begriffe stand, dabei borstiger zu werden als ein Igel. Jetzt bist Du es, die mir helfen muß, ein bißchen wieder aufzutauchen." Leider kennen wir den Brief Julias nicht. Aus dem wenigen, das Gramsci wiedergibt, erfahren wir, daß

Julia ihm über ihre Krankheit mitgeteilt hat, daß "man sogar von Epilepsie sprach" (Julia nimmt Luminal, was damals häufig bei Epilepsie verabreicht wurde). Für Gramsci ist das "überraschend und beweist nur ... eine gewisse medizinische Spitzfindigkeit". Vielleicht ist Gramsci zu optimistisch, denn Julia leidet nicht nur ab und zu an Gedächtnisverlust, sondern auch an unvermittelt auftretender Geistesabwesenheit, was sehr wohl zum Syndrom einer leichten Epilepsie gehören kann.

Am 28. Mai schreibt ihm Tanja, um ihm ihre Freude über einen anderen schönen Brief Julias mitzuteilen. Aber nun ist es Tanja, der es nicht gut geht. Im Juni werden ihre Mitteilungen spärlich. Bereits am 1. Juni beklagt sich Gramsci: "... seit einiger Zeit schreibst Du mir weniger als früher; wenn Du Dich entschlössest, vier oder fünf Mal zu schreiben, als Antwort auf jeden Brief, den ich schreiben kann, wäre das für mich eine schöne Sache." Im gleichen Schreiben berichtet er, er habe ein Briefchen von Delio erhalten, das er sehr genau analysiert habe und über das er sehr zufrieden sei: "... dieses Mal hat der Brief von Delio etwas wirklich Reifes." Daß die Locken Delios, die man ihm geschickt hat, eher blond sind, beweist ihm, daß "der Einfluß Julias die Entwicklung sehr originell geprägt und das mittelmeerische Rötlichbraun verdrängt hat". Am gleichen Tag schreibt er Julia einen kurzen Brief, der fast völlig Delio gewidmet ist, für den er eine wunderschöne sardische Geschichte aufschreibt.

Am 29. Juni schreibt er Tanja, um "sehr energisch" zu protestieren, daß sie ihm so wenig schreibt: in 14 Tagen nur ein Kärtchen. "Als Vergeltung werde ich Dir noch weniger schreiben, leider die einzige Vergeltung, über die ich verfüge".

Insgesamt ist das erste Halbjahr 1931 für Gramsci eine Zeit relativer Ruhe, trotz der Nachrichten, die er im Dezember 1930 von Sraffa erhalten hat und trotz der Verschlechterung seiner Beziehungen zu einem Teil der kommunistischen, politischen Häftlinge in Turi. Wie aus seiner Korrespondenz mit Tanja und aus den Briefen an Julia hervorgeht, ist es für ihn eine Zeit schöpferischer intellektueller Tätigkeit. Mit ziemlicher Sicherheit ist diese Verbesserung seines Zustands der zeitweisen Wiederherstellung der kommunikativen Beziehung mit Julia zu verdanken. Seit Januar schreibt ihr Gramsci häufig und sehr liebevoll. Er hat verstanden, daß Julia seine Hilfe braucht und ist auch froh über die Antworten, die ihn erreichen. Zu unserem Unglück sind diese Briefe Julias verloren gegangen, es sei denn, sie befinden sich noch in Moskau.

Doch am 13. Juli schreibt Gramsci an Tanja: "Mir scheint, täglich reißt ein neuer Faden meiner Bindungen zur Welt, die hinter mir liegt, und es wird immer schwieriger, so viele gerissene Fäden wieder zu knüpfen. Ich glaube, daß mein Charakter ... sich sehr verändert hat, so sehr, daß ich mir, da ich diesem Prozeß langsam unterlag, keine Rechenschaft über das genaue Ausmaß geben kann."

Am 20. Juli schreibt er nur wenige Zeilen. Die Hitze in Turi "ist entsetzlich ... und ich kreise in der Zelle wie eine Fliege, die nicht weiß, wo sie sterben soll, – wie man in Sardinien sagt". Und am 27.: "... ein Zustand, in dem das Hirn verdampft, durchgehende Müdigkeit, Betäubung, Unfähigkeit, die Aufmerksamkeit zu konzentrieren, Nachlassen des Gedächtnisses usw."

Tanja hat derweil ihren Klinikaufenthalt verlängern müssen. Der Eingriff war komplizierter als ursprünglich angenommen. Ende des Monats ist sie wieder hergestellt und ist besorgt (Brief vom 31. Juli) sowohl über das, was ihr Gramsci schreibt, als auch über die Nachrichten aus Moskau, insbesondere was Julia betrifft.(3)

Am 3. August schreibt ihr Gramsci einen langen Brief: "Mir scheint, Du hast meinen Ausdruck 'zerrissene Fäden' zu dramatisch genommen". Und er nimmt erneut die Bemerkung Spaventas auf (ohne ihn dieses Mal zu zitieren), wonach die Gefühlsbeziehungen zwischen einem Häftling und den Angehörigen draußen durch "Gewöhnung" abgenutzt werden und auf beiden Seiten schwinden. Doch kommt jetzt – schreibt er – etwas Neues hinzu: "während ich früher ... fast stolz darauf war, mich einsam zu wissen, fühle ich jetzt die Armseligkeit, die Dürre, die Enge eines Lebens, das sich ausschließlich auf den Willen gründet." Denn "ich fühle mich gerade in jenem Bereich vereinsamt, aus dem die Gefühlsbeziehungen eigentlich hervorgehen müßten". Die Bedeutung dieser auch formal wohl gewollt umständlichen Sätze könnte folgende sein: früher konnte ich auf meine Einsamkeit stolz sein, da ich "niemals ein Bedürfnis nach einem Beistand durch außenstehende moralische Kräfte" spürte (politische, ideale Kräfte?), denn ich war in einer politischen und idealen Unternehmung engagiert, deren integraler Bestandteil ich war. Jetzt hingegen bezieht sich die Isolierung gerade auf diesen Bereich des Engagements, aus dem die gemeinsamen Gefühle sich nähren. So bleibt man allein mit dem eigenen Willen. Ich glaube, dies ist erneut eine Umschreibung für das "andere Gefängnis", in dem er sich eingeschlossen fühlt, eine Vorstellung, die ihn bis zu seinem Tod beherrscht, auch wenn er sie selten dramatisch zum Ausdruck bringt. In diesem Brief wird sie ganz rational formuliert. Wenn sie in ihm nicht zur "Obsession" wird und wenn die Gesundheit es zuläßt, ist Gramsci zu dieser objektiven Sicht auf sich selbst und seine Lage fähig.

Am 13. August antwortet ihm Tanja: "Ich glaube, daß Dein Gefühl, es gäbe eine 'Gewöhnung' an den Gedanken, Du seist Deiner Freiheit beraubt und Deine Lieben hätten sich diese Gewöhnung zu eigen gemacht, völlig absurd ist. Du hast nicht das Recht, dies von Deiner Mutter zu denken, und es wäre eine Ungeheuerlichkeit, wenn Du es auch nur entfernt von Julia glauben würdest. Wenn es ihr schlecht geht, hat das seinen Grund genau darin, daß es Julia nicht nur nicht gelingt, sich an die Lage zu gewöhnen, sondern daß sie sich nicht einmal ganz einfach beruhigen kann, um ihr Gleichgewicht wiederzufinden." Im gleichen Brief schreibt sie einen schönen Brief von Professor Cosmo ab, nach dem sich Gramsci kürzlich erkundigt hatte (siehe Anhang).

Gramscis Gesundheit verschlechtert sich rasch. Er schläft sehr wenig und hat in der Nacht vom 3. August einen Blutsturz. "Ich fühlte beim Atmen ein Brodeln, wie man es beim Katarrh hat ... und der Mund füllte sich mit Blut" (Brief vom 17. August). Er hat ein unregelmäßiges Fieber und einen Hautausschlag. "Der linke Arm war vollständig mit roten Pünktchen bedeckt ... Ich muß hinzufügen, daß ich nicht besonders geschwächt bin und keinen psychischen Rückschlag hatte." Der Brief, einer der längsten, die Gramsci Tanja je geschrieben hat, fährt in ruhigem Ton fort. Gramsci hat sich über den Brief von Prof. Cosmo gefreut und ihn mit "großem Interesse" gelesen. Er erinnert an die alte Gemeinsamkeit: "Wir nahmen ganz oder teilweise an der moralischen und geistigen Reformbewegung teil, die in Italien durch Benedetto Croce hervorgerufen worden war und deren erster Punkt war, daß der moderne Mensch ohne offenbarte oder positive Religion leben kann und muß ...". Es folgen Bemerkungen über die wenigen Dinge, die man in der Gefängniskantine kaufen kann und über die Wahl der politischen Tageszeitung, deren Abonnement erneuert werden müsse. Also ein ganz "normaler" Brief.

Am 25. antwortet Tanja und ist über Gramscis Gesundheitszustand beunruhigt. Am 27. schickt sie ihm einen Fieberthermometer, ein "deutsches Erzeugnis". Ihr Brief vom 28. läßt erstmals die Vermutung aufkommen, er sei zumindest teilweise von Sraffa diktiert (siehe Anhang).(4) Zunächst bemerkt Tanja, daß der Blutsturz Gramscis in jener Nacht passiert war, in der er den Brief mit dem Satz von den "zerrissenen Fäden" geschrieben hatte. Sie stellt also einen Zusammenhang zwischen seinem physischen und moralischen Zustand her, und zwar, wie mir scheint, auf eine eher oberflächliche und mechanische Weise. Bis hierher erkennt man Tanjas Schwung und auch ihre gelegentlich ungenaue Art. Der weitere Brief bezieht sich auf das Studienprogramm, das sich Gramsci gegeben hat, auf methodologische Fragen, auf die notwendigerweise lückenhafte Art des Vorgehens und darauf, wie man sich die nötigen Bücher verschaffen könne. Schließlich folgt ein ziemlich hellsichtiges Urteil über die Ignoranz der italienischen

Kultur, eines Croce z.B., was die Naturwissenschaften betrifft. "Die Philosophen glauben, ihre Aufgabe sei erfüllt, wenn sie nachgewiesen hätten, daß die Naturwissenschaftler in Philosophie kläglich durchfallen müßten. So bleiben die Naturwissenschaften der Kur der Positivisten anvertraut, mit den Ergebnissen, die wir kennen". Es ist nicht kleinlich gegenüber Tanja, in diesem Teil des Briefes die Hand Sraffas zu erkennen.

Gramsci antwortet am 31. August. Einige der von Tanja aufgeworfenen Fragen will er später beantworten. Was er aber sofort zurückweist, ist der von Tanja all zu eilig hergestellte Zusammenhang zwischen seinem physischen und moralischen Zustand. "Du schreibst, ich hätte die Feststellung, daß 'die Welt meiner nächsten Beziehungen sich nun daran gewöhnt habe, daß ich im Gefängnis bin', am 3. August gemacht, also unmittelbar nach meinem Unwohlsein. Mir tut sehr leid, daß es aussieht, als ob die beiden Dinge miteinander zusammenhingen. Tatsächlich aber habe ich mindestens schon 14 Tage zuvor diese Bemerkung gemacht und sie am 3. August nur noch einmal aufgenommen anläßlich Deiner Antwort auf diese Feststellung. Die beiden Ereignisse standen also nicht im Zusammenhang. Das bedeutet, daß Du die Sache ein bißchen allzuleicht genommen hast, während sie für mich von größter Bedeutung ist. Es tut mir leid, daß Du zu so einem Advokatentrick gegriffen hast, und das könnte mich dazu verleiten, Dir gewisse Gemütszustände nicht mehr anzudeuten ...". Abgesehen vom Vorwurf des "Advokatentricks", der sicher nicht zutrifft, hat Gramsci völlig recht. Er spricht in seinem Brief vom 13. Juli von den "zerrissenen Fäden", und sein Brief vom 3. August, nach dem Blutsturz in der Nacht, ist eher beeindruckend wegen der völligen Klarheit, mit der er rational seinen Gemütszustand darlegt, in einem Ton, der wahrscheinlich komplexe Anspielungen auf seine tiefste Überzeugung durchschimmern läßt. Er schreibt tatsächlich im klaren Bewußtsein, "keinen psychischen Rückschlag" erlitten zu haben.

Am gleichen 31. August schreibt Gramsci Julia einen Brief, der zeigt, daß in ihm weiterhin eine heitere, offene und liebevolle Stimmung vorherrscht, ohne Ressentiment oder Bitterkeit. Liebevoll scherzt er darüber, daß Delio und Giuliano sich damit vergnügen, Frösche zu fangen, und vorsichtig macht er einige Bemerkungen über Julias Psychoanalyse. Kein Mißklang, nur ein nachsichtiger Ton und eine vage Melancholie.

Am 7. September schreibt er Tanja, daß es ihm leid getan habe, von Carlo zu erfahren, sie sei wegen seines Gesundheitszustandes "sehr beunruhigt". Er fühlt sich "einigermaßen wiederhergestellt". Er erzählt ihr eine Geschichte, wie er als Kind einmal "starb und wieder auferstand". Dann geht er auf die Fragen vom 28. August ein, die seine Arbeit über die "italienischen Intellektuellen" betreffen. "Man sieht, daß Du mit Piero gesprochen hast, denn nur er kann Dir bestimmte Sachen gesagt haben". Er versichert, daß er diese Arbeit nicht aufgeben wolle, im Gegenteil, er dehnt sein Untersuchungsfeld aus und deutet eine Erweiterung gewisser Bestimmungen des Staatsbegriffs an, "der gewöhnlich als politische Gesellschaft verstanden wird ... und nicht als ein Gleichgewicht von politischer Gesellschaft und Zivilgesellschaft ... und gerade in letzterer fungieren die Intellektuellen". Er macht einige scharfsinnige Bemerkungen über die Auffassung von der Funktion der Intellektuellen zur Zeit der mittelalterlichen Kommunen und bei Machiavelli und meint: "wenn ich Lust habe und es mir die vorgesetzte Behörde erlaubt, werde ich Dir einen Überblick von mindestens 50 Seiten über die Materie schreiben und schicken." Außerdem kündigt er "eine Abhandlung zum zehnten Gesang der Dante'schen 'Hölle'" an, der Professor Cosmo übermittelt werden soll.

Man sieht, Gramsci ist völlig "in Form", und es klingt zu bescheiden, wenn er schreibt: "Ich habe eine gewisse schöpferische Fähigkeit noch nicht verloren, in dem Sinn, daß jede bedeutende Sache, die ich lese, mich zum Denken anreizt". Und er ist durchaus fähig, sich am Ende des Briefes, mit einem Heine-Zitat, über sich selbst lustig zu machen.

Am 23. September teilt Tanja mit, daß die Familie auf ihre Rückkehr nach Rußland drängt: "... sie möchten absolut nicht, daß ich meine Abreise aufschiebe. Nun, wenn Du wüßtest, wie ich mich wirklich unfähig fühle zum Entschluß, Italien zu verlassen, nicht weil ich nicht anderswo leben wollte, sondern weil ich etwas wie ein Gefühl der Angst, einen Widerwillen spüre gegen einen Schritt, den ich freiwillig machen müßte, während ich in mir dazu keinen Ansporn fühle." Und weiter: "... es ist ganz sicher, daß bei aller Liebe, die ich für jeden der Meinen insbesondere und für alle im allgemeinen fühle, mein Gemüt ihnen immer verschlossen bleibt; das war immer so und kann sich nicht ändern. Wenn Papa und Mamma mir schreiben, sie sehnen sich danach, mich bei sich zu haben, um mich zu pflegen, damit ich nicht allein sei auf der Welt, scheint es mir die schönste Sache zu sein, die beweist, daß meine Lieben sich meinem Gemüt nahe fühlen wollen. Doch mir ist es absolut unmöglich, Augenblicke gefühlvoller Hingabe zu haben, während ich wohl sehe, daß im allgemeinen derjenige, der sich geliebt weiß, sein Herz öffnet und beim Nächsten Sympathie und den Trost zärtlicher Gefühle sucht .... Für mich ist das absolut unmöglich. Ich sehe nur, was ich tun kann für die, die ich liebe, aber ich spüre überhaupt nicht, was ich für sie bedeuten kann, und ich glaube auch, daß es mir ganz unmöglich ist, das Bedürfnis nach einem anderen zu spüren, da ich mich in keiner Weise öffnen kann. Und doch bin ich zweifelsohne äußerst empfindsam auch für die geringste Gefühlsbezeugung und Aufmerksamkeit, die mir entgegengebracht wird. Doch verwirren mich diese Gefühle, sie bewegen mich sehr stark, aber sie versetzen mich in eine Lage äußerster Zurückhaltung, vielleicht böse, ja sicherlich grausam, weil ich mich trotz allem niemals werde öffnen können. Ich muß mich zwingen, den Meinen kein ärgerliches Gesicht zu zeigen, wenn ich spüre, daß sie mich liebkosen wollen. Andererseits habe ich beobachten können, daß der Nächste völlig damit zufrieden ist, wenn einer sich mit ihm beschäftigt, er will nicht mehr, er meint, die aufgenommene Beziehung sei völlig normal, wenn er spürt, daß er einen wahren Freund hat, ohne weiter zu fragen, was er dem anderen bedeutet. Es ist wirklich eine schwierige Situation. Aber ich weiß gar nicht, warum ich dazu gekommen bin, Dir das alles zu schreiben?!" (siehe Anhang)

Vielleicht liegt der Schlüssel zu diesem ziemlich verschachtelten Gedankengang in der Bemerkung: "Ich sehe nur, was ich tun kann für die, die ich liebe ... und ich glaube auch, daß es mir ganz unmöglich ist, das Bedürfnis nach einem anderen zu spüren, da ich mich in keiner Weise öffnen kann". Vereinfachend kann man sagen, Tanja ist im Stande, sich für andere einzusetzen, sie selbst aber kann sich nicht "öffnen", braucht also niemand. Ist das eine Variante ihrer schon einmal eingestandenen "Uneigennützigkeit"? Doch wie verhält sich diese zu den Eltern, zur Familie? Gehören auch sie zum nicht näher definierten "anderen"? Man muß berücksichtigen, daß Tanja von der Familie seit über 15 Jahren getrennt ist, daß sie und die Familie in verschiedenen Welten leben und völlig verschiedene Erfahrungen gemacht haben und schließlich, daß sie Genia nicht liebt. Außerdem sind es nun vier Jahre her, seit sie zu Gramsci ein Verhältnis eingegangen ist, das weiter geht, als die ursprünglich gesetzte Aufgabe es verlangt: sie ist nicht nur Mittlerin der Liebe Julias, sondern auch ihrer eigenen, äußerst sublimierten Liebe. Deswegen verspürt sie "kein Bedürfnis nach einem anderen". Und gegenüber Gramsci kann sie sich "öffnen", ihre ganze Korrespondenz und die zahllosen bescheidenen, praktischen Zeugnisse ihrer Hingabe beweisen es.

In den Briefen Gramscis findet sich kein Hinweis auf eine Antwort. Warum? In der Vergangenheit hat er mehrmals Tanja aufgefordert, nach Rußland zurückzukehren, zu ihrer Mutter, und um Julia beizustehen. Dieses Mal schweigt er. Und ebenso wenig will er sich auf die komplizierten Probleme einlassen, die Tanjas Herz bedrängen. Und doch hat sie sich nur ihm gegenüber "geöffnet" und Dinge ausgesprochen, die sie sorgsam in ihrem Inneren hütet und keinem anderen gegenüber zeigt, nicht der Familie in Moskau, aber auch nicht einmal ihren Eltern, die sie doch zärtlich liebt. Tanja, die mehrmals geäußert hat, sie sei unfähig, Gegenleistungen zu erwarten für das, was sie tut und sie sei daher aus Prinzip "uneigennützig", zeigt in diesem Brief, vielleicht ohne sich darüber klar zu sein, daß sie auch fähig ist zur Gegenseitigkeit. Sonst würde ihre Unfähigkeit "sich zu öffnen" letztlich auch ihr uneigennütziges "Geben" beeinträchtigen. Das ist der Widerspruch, den sie in sich trägt, und soweit wir wissen, hat sie ihn nur in ihrem Verhältnis zu Gramsci überwinden können.

Auch Gramsci ist auf seine Art, auf Grund seines "Charakters", karg in seinen Erwiderungen, abgesehen vielleicht von den ersten beiden Gefängnisjahren, als Tanja für ihn das Bild und die Aura Julias darstellte, was in ihm zärtliche Gefühlsregungen hervorrief. Sonst liebt er Tanja "wie eine Schwester", und gegenüber einer Schwester öffnet man sich nicht rückhaltlos Man kann jedoch, wenn auch mit Schmerzen, die Beziehung abbrechen. Und genau das ist später mit Tanja passiert.

Im Herbst gibt es zwischen den Beiden eine lange und manchmal gereizte Diskussion über den Rassismus in Theorie und Praxis. Tanja hat zu diesem Thema einen Film ('I due mondi', 'Die zwei Welten') gesehen und Gramsci davon geschrieben. Gramsci leugnet auf Grund seiner historisch-kritischen Methode (durch seine Argumente schimmert bisweilen die Lekture der Schrift "Zur Judenfrage" von Marx) jeden wissenschaftlichen Wert einer Rassentheorie. In diesem Briefwechsel bleibt ungeklärt, ob nur allgemein von den Rassen oder speziell vom Antisemitismus die Rede ist, ebenso, ob es sich um die Theorie oder um konkrete (antisemitische) Begebenheiten handelt. Der briefliche Austausch findet keine gemeinsame Ebene, und von Gramsci vernehmen wir einen gewissen doktrinären Ton, aber auch Tanja reagiert zuweilen spitz, wofür sie sich in einer Postkarte vom 19. Oktober entschuldigt. Gramscis Gesundheit beginnt sich langsam zu verschlechtern, auch wenn er in diesen Monaten noch intensiv arbeiten kann (unter anderem an einer gründlichen Analyse des Zehnten Gesangs der "Hölle"). Fieber, Kopfschmerzen und Schlaflosigkeit werden zur ständigen Qual. Die übertriebene Besorgnis und ständige Aufforderung Tanjas, sich besser zu pflegen, irritieren ihn zusätzlich. Am 28. September schreibt er ihr: "Es tut mir leid, daß ich manchmal mit Dir streiten muß. Aber ich muß sagen, daß Du, obgleich ich nun schon fast 5 Jahre im Gefängnis bin, immer noch von einer überraschenden Naivität bist". Kurz zuvor hat er ihr geschrieben: "Du meinst immer, das Gefängnis sei eine Art Pensionat für Waisenmädchen ...". In diesen Briefen betont er auch, daß er absolut kein Vertrauen zu den Gefängnisärzten habe.

Zwischen den beiden herrscht eine gewisse Spannung, nicht nur bei der Diskussion über 'I due mondi'. Am 26. Oktober schließt Gramsci seinen

Brief ganz brüsk: "... Was soll heißen, Du könntest Deine Gefühle gegenüber einer Sache nicht ändern, egal was ich Dir schreibe, wenn nicht das, daß es nichts mehr zu schreiben gibt und daß es deshalb besser wäre, jede Korrespondenz abzubrechen?"

Gramsci fühlt sich nicht wohl und hat die schlimme Vorahnung, daß seine Leiden von Dauer sein werden. Am 9. November schreibt er: "Das Unwohlsein, das ich seit drei Monaten spüre, ist gewiß der Beginn einer Zeit, in der das Gefängnisleben härter spürbar wird, wie etwas stets Gegenwärtiges, das ständig am Werk ist, um die Kräfte zu vernichten". Es ist der fünfte Jahrestag seiner Verhaftung. "... Ich kann meine Aufmerksamkeit nicht auf ein Thema konzentrieren; ich fühle mich geistig ebenso zermalmt, wie ich es körperlich bin. Ich glaube, es wird den ganzen Winter so weitergehen." Man versteht, daß Tanja sehr beunruhigt ist. Andrerseits ist ihr untersagt, irgendeine Initiative zu ergreifen. Vielleicht ist zwischen ihnen auch ein unguter Rest der Diskussion über 'I due mondi' geblieben, die sie ohne Einigung abgebrochen haben. Es ist das einzige Mal, daß Tanja fast aggressiv auf Gramscis Argumente reagiert, während er sogar mit dem Abbruch der Korrespondenz droht.

Am 14. November schreibt Tanja: "... Du fragst mich, ob ich Julia von Deinem Gesundheitszustand informiert habe. Nein, ich tat es nicht. Außerdem schreibe ich schon seit einiger Zeit nur sehr wenig nach Hause. Natürlich habe ich auch Deine Briefe an mich nicht weitergeschickt. Wenn eure Briefe häufiger wären, würden auch die meinen [die T. von Gramsci erhält] wirklich interessant sein, um es Julia zu ermöglichen, Dein Leben zu verfolgen und nachzufühlen. Sonst, scheint mir, könnten sie als die Briefe eines Außenstehenden genommen werden. Nicht mehr und nicht weniger. Wenn Du anderer Ansicht bist, schicke ich ihr die ganzen Briefe in einem Pack. Doch Julia weiß von Dir nur, was Du ihr geschrieben hast. Du könntest hingegen jedes Mal ihr schreiben."

Man spürt eine gewisse Gereiztheit. Seit einiger Zeit hat Tanja die Briefe, die sie von Gramsci erhält, nicht an Julia weitergeleitet. Sie sagt ihm nun brüsk, er möge statt ihr lieber Julia direkt schreiben. Diese Aufforderung klingt ganz anders, als wir sie bisher kennen. Vielleicht liegt in ihr ein Ressentiment wegen der Drohung Gramscis, den Briefwechsel abzubrechen. In der Tat ist schwer zu unterscheiden, ob in Tanja die Vertretung der Gefühle Julias, deren Primat sie bestätigt, vorherrscht oder der Wille, zu zeigen, daß ein Abbruch der direkten Beziehung zu Gramsci für sie auch nicht so wichtig sei. Wenn sie früher Gramsci ermahnte, Julia direkt zu schreiben, konnte ein solcher Zweifel nie entstehen. Jetzt ist er Anzeichen einer latenten Spannung zwischen den beiden.

Da das Unwohlsein Gramscis anhält, spricht Tanja in einem Brief vom 16. November von der Möglichkeit, ihn in ein milderes Klima verlegen zu lassen, etwa nach Soriano nel Cimino. Gramsci reagiert sofort am 23. November völlig ablehnend: "Ich danke Dir für Dein Interesse, ein mir zuträglicheres 'Klima' zu finden. Aber ich bitte Dich, in dieser Sache nichts einzuleiten, denn das würde mich völlig ruinieren ... überall würde es mir schlechter gehen als in Turi." Er erklärt ihr die Vergünstigungen, die er in Turi hat: in der Zelle allein zu sein als "Bedingung, um schreiben und mit Methode studieren zu können" ("das Leben in Gemeinschaft bringt mich um"). Ein paar Tage später (am 30. November) informiert er sie über erneutes "Blut in den Atemwegen". Doch gibt er der Sache eine "beruhigende" Erklärung, denn gleichzeitig ist das Fieber verschwunden.

Am gleichen Tag schreibt er an Julia einen Brief, dessen Ton weit entfernt ist von jenem liebevollen Vertrauen, der seine Briefe während des Jahres ausgezeichnet hat. "... es fällt mir immer schwerer, Dir zu schreiben, es wird schwerer und auch immer schmerzlicher ... In den langen Abständen Deines Schweigens [der letzte Brief von Julia datiert vom 13. August, es waren also dreieinhalb Monate vergangen] denke ich über diese Lage nach ... Ich hatte geglaubt, eine bestimmte Gemeinsamkeit in unserem Leben wäre noch möglich gewesen ... Doch es scheint mir, und ich sage es, auch wenn ich Dir damit einen großen Schmerz zufügen muß, daß Du dazu beigetragen hast, meine Isolierung zu verschärfen, indem Du sie mich bitterer spüren ließest ... (es gibt) etwas, was sich zwischen uns stellt und Dich hindert, mit mir in Verbindung zu treten ... Sicher, ich habe die Iulca von damals nicht vergessen, aber es gelingt mir nicht, sie in der Julia von heute wieder aufleben zu lassen ...".

War ein so bitterer Brief gerechtfertigt durch ein dreieinhalb-monatiges Schweigen? Sicherlich muß man die Bedingungen berücksichtigen, unter denen Gramsci das sechste Jahr seiner Haft beginnt: seine physische Widerstandsfähigkeit ist erschöpft (er hat in jenen Monaten zwei Blutstürze gehabt), seine Überreiztheit (seine "Obsession") wächst, und wir dürfen auch nicht die politischen Nachrichten vergessen, die ihn erreichen. Die neue Linie des PCd'I hat dazu geführt, daß eine besonders hohe Zahl von Kadern und politisch engagierten Kommunisten in die Hände der faschistischen Polizei fiel, etwas, was man im Gefängnis sofort erfährt. Sicherlich muß man das alles berücksichtigen. Trotzdem: wenn Gramsci ruhig und ausgeglichen die Nachrichten über Julia, die ihn am Ende des Vorjahres erreicht hatten, hätte reflektieren können, hätte er nicht so schnell seinen Vorsatz vom Januar aufgegeben, Julia auf jeden Fall zu helfen, zumal er bis zum Sommer mit diesem Willen bei Julia gute Resultate erzielt hat.

Andererseits ist auch richtig, daß der Akzent des soeben zitierten Briefes darauf liegt: daß es "etwas" gibt, "was sich zwischen uns stellt und Dich hindert, mit mir in Verbindung zu treten". Er fordert Julia auf, gegen dieses "etwas", das er nicht genauer angeben kann, anzukämpfen.

Aus der Antwort Tanjas geht nicht hervor, daß sie etwas gegen diesen Brief vorgebracht oder ihn aufgehalten hätte, wie sie es mehr als einmal schon getan hat. In der ersten Dezemberdekade schreibt sie Gramsci mehrere Male. Am 3. teilt sie ihm mit, sie habe Weihnachtsgeschenke aus Moskau erhalten, am 21., daß sie Weihnachten nach Turi kommen würde. Indessen schreibt Gramsci erneut am 7. Dezember an Julia, nachdem ihm Tanja die Übersetzung eines Briefes von Julia, der an sie gerichtet war, geschickt hat. Der Brief Gramscis ist wichtig wegen seiner Bemerkungen zur Solidarität. Gramsci beschuldigt nicht so sehr Julia einer mangelnden Solidarität, als viel mehr andere Stellen, die "laizistisch und realistisch par ecxellence" sind.

Unser Verhältnis, schreibt er Julia, besteht nicht nur aus gefühlsmäßigen Bindungen, sondern auch aus Solidarität. "Zuneigung ist ein spontanes Gefühl, das keine Pflichten erzeugt, denn es steht außerhalb der moralischen Sphäre." "Es gibt also Bindungen solidarischer Art, auf die man sich stützen kann und muß, und heute scheint mir, ich hätte nie aufhören dürfen, Dich in diesem Sinn zu quälen." Gramscis Argumentation ist so abgefaßt, daß sie der Zensur entgeht, aber ihre Bedeutung ist klar: ich hätte auf Dich Druck ausüben müssen, um Dich an die *politischen* Pflichten zu erinnern, die Du mir gegenüber hast. Gramsci greift zum Beispiel der Kirche und der Religion. Die Kirche begnügt sich nicht damit, Gott als Quelle des Trostes und der Moral anzusehen. Sie vertraut nicht allzusehr auf die Stärke und Unerschütterlichkeit dieser Tugenden. Sie drängt die Gläubigen dazu, Institutionen zu schaffen, die mit menschlichen Mitteln die heiligen Gefühle unterstützen. "Und wenn die Kirche, ein spiritueller Organismus par excellence, auf menschliche Mittel zurückgreift, um den Glauben ... wach zu halten, sollte man ... (das) nicht auch von Stellen erwarten, die laizistisch und realistisch par excellence sind? Aber genau das geschieht nicht. Es geschieht, daß einzelne Mitglieder dieser Stellen ihre diesbezügliche Pflicht vernachlässigen, manchmal sogar, obgleich sie ausdrücklich Institutionen angehören, die speziell zur Hilfe der Bedrückten geschaffen sind. Ihr pharisäischer Vorwand ist der Gedanke, daß der Bedrückte so stark zu sein hat, daß er mit eigenen Mitteln seine moralische Kraft bewahrt. Aber selbst wenn das der Fall ist, und sicher ist es der Fall, erfüllt nur ein Teil die Pflicht, und der andere muß dazu gemahnt werden."

Auch zu diesem Brief äußert sich Tanja nicht. Er wurde anscheinend von ihr nicht zurückgehalten, doch wir wissen nicht, ob er Julia erreicht hat. Die Anklage Gramscis ist hart, doch in erster Linie ist sie nicht gegen Julia gerichtet, eher gegen das "etwas", was sich zwischen sie gestellt hat: dieses "etwas" hat ihn politisch im Stich gelassen, das ist der Sinn des Ganzen. Und noch härter ist der Tadel gegenüber den kommunistischen Organisationen, der Internationalen und der italienischen Partei über die Unterlassung solidarischer Hilfe. Ich spreche von "Unterlassung", denn ich glaube, Gramsci bezieht sich hier auch auf das, was er Tanja im Mai 1930 schon geschrieben hatte, als er sagte, auch Unterlassungen sind ein Schlag oder eine Schuld. Ich habe bereits einige Hypothesen vorgebracht, welche "Unterlassungen" Gramsci wohl gemeint haben könnte. Auf jeden Fall hat sich in ihm die Idee unterlassener Hilfe quälend festgesetzt, trotz eines monatelangen Anscheins einer ruhigen intellektuellen Arbeit. Im Brief an Julia taucht sie wieder auf, fast unverhüllt, abgesehen von Umformulierungen, die notwendig sind, um die Zensur oder die Zensuren zu unterlaufen.

Anmerkungen zum Kapitel 5

1) Dieser Brief Gramscis an Tanja war in der Ausgabe der: Lettere dal carcere, herausgegeben von S. Caprioglio und E. Fubini, Turin 1965, nicht enthalten und wurde erstmals veröffentlicht in der zweibändigen Ausgabe: Lettere dal carcere, (L'Unità, 1988), herausgegeben von A.A. Santucci mit einem Vorwort von P. Spriano und V. Gerratana.
2) Brief Togliattis an G. Berti vom 27. August 1930, in: P. Spriano, Gramsci in carcere e il partito, op.cit. S. 44
3) Die Veränderung von Gramscis Gemütszustand in jenen Wochen schlägt sich auch in den Briefen an Julia nieder, wie Sraffa in einem Brief an Tanja am 11. Juli 1931 bemerkt: "Ich hoffe, daß Eure Schwester Genia, die sich absolut weigert, ihm Nachrichten von den Kindern zu schicken, indem sie behauptet, das würde ihn nicht interessieren, ihre Ansicht ändert, wenn sie seine Briefe liest. Ich hoffe, daß sie das veranlaßt, ihm Nachrichten zu schicken." Diese Zeilen bestätigen Genias Absicht und Versuche, Gramsci von der Familie zu trennen. Der Brief befindet sich in: Piero Sraffa, Lettere a Tania per Gramsci, eingeleitet und herausgegeben von V. Gerratana, Rom 1991, S. 13
4) vgl. dazu Piero Sraffa, Lettere a Tania..., a cura di V. Gerratana, op.cit., insbesondere den Brief Sraffas vom 23.8.1931, dessen zentrale Bemerkungen von Tanja in ihrem Brief an Gramsci vom 28.8. wörtlich wiedergegeben werden. In der Tat war die Zusammenarbeit zwischen Tanja und Sraffa im Sommer 1931, auch unter dem Eindruck der Verschlechterung von Gramscis Gesundheitszustand, sehr intensiv und vielseitig. Sraffa übermittelt Tanja Ideen und Anregungen für die intellektuelle Arbeit Gramscis (die Tania manchmal wörtlich in ihre Briefe an Gramsci übernimmt) und versucht, im Einverständnis mit Tanja, Julia nach Italien kommen zu lassen. Der Versuch blieb ohne Ergebnis, wegen der Hindernisse, die ihm innerhalb (vom Vater, von Genia) und vielleicht auch außerhalb der Familie in den Weg gelegt wurden.

"Doch ist dieser Gedanke aus so falschen Überlegungen entstanden, daß diese sicherlich ihrerseits Anlaß zu vielen anderen Überlegungen geben, die nicht minder schmerzlich und bitter sind."
Tatjana, 23.2.1932

6. Kapitel:

Julias Psychoanalyse – Dialog mit Sraffa (mittels Tanja) – Am Rande des Zusammenbruchs (Sommer 1932)

Am 14. Dezember 1931 schreibt Gramsci an Tanja: "Vielleicht haben Dir meine Briefe an Julia nicht gefallen; sie gefielen auch mir nicht. Aber mir scheint, daß es nötig wurde, ihr zu schreiben, was ich schrieb und was vollständig der Wahrheit entspricht (der Wahrheit meiner Gefühle und meines Gemütszustandes)." Am gleichen Tag schreibt er auch Julia, von der er inzwischen ein Kärtchen vom 21. November erhalten hat. Er schlägt ihr vor, eine Untersuchung zu machen über die sowjetische Grundschule, die Delio und Giuliano besuchen: "... Warum könntest Du nicht gerade solche Sachen studieren, die auch mich interessieren und so meine Korrespondentin werden zu einigen Themen, die uns beide angehen, weil sie die gegenwärtige geistige Entwicklung von Delio und Giuliano widerspiegeln ... Zum Beispiel interessiert mich sehr, zu erfahren, wie in der Grundschule das Prinzip der Angriffsbrigaden und der 'kleinen Ecken für Spezialisten' verwirklicht wird und welches pädagogische Ziel man erreichen will Man kann im Zweifel darüber sein, ob das nicht künstlich die Berufsorientierung beschleunigt und die Neigungen der Kinder fehl lenkt, da der Zweck der Einheitsschule aus dem Auge verloren wird, die Kinder zu einer harmonischen Entwicklung aller Kräfte anzuleiten, bis die ausgebildete Persönlichkeit diejenigen Neigungen hervortreten läßt, die am tiefsten und beständigsten sind ...".

Dieser Vorschlag Gramscis will sicherlich nur konstruktiv sein. Er ist ein Versuch, einen realen Austausch herzustellen und gleichzeitig Informationen über die geistige Entwicklung der Kinder zu erhalten. Bei näherem Hinsehen mag er manchem in dieser Zeit 1931/1932 ebenso verdächtig vorgekommen sein, wie die Äußerung im letzten Brief über die unterlassene Solidarität. Denn hier wird ein Zweifel laut an der Fähigkeit der sowjetischen Grundschule, eine allgemeine Bildung zu vermitteln, in einem Augenblick, da auf dem Höhepunkt des ersten Fünfjahresplans, in einer Phase beschleunigter Industrialisierung, den Schulen auf allen Ebenen die spezielle Aufgabe zugewiesen worden ist, möglichst schnell eine möglichst große Zahl von Spezialisten und Technikern, oder zumindest von Facharbeitern auszubilden.

Auch auf diesen Brief hat Tanja anscheinend nicht reagiert. Am 21. Dezember schreibt ihr Gramsci erneut und richtet den Dank seiner Mutter aus für Tanjas Beitrag zum Weihnachtspaket: "Weißt Du, jedes Mal, wenn Mamma mir von Dir schreibt, nennt sie Dich ein "heiliges Geschöpf".

Weihnachten und Neujahr will Tanja zu Besuch nach Turi kommen. Aber es gibt Schwierigkeiten, weil sie sich mit Gramscis Bruder Carlo nicht über eine gemeinsame Reise einigen kann. Auch hat ihr Gramsci mehrmals abgeraten, bei dem äußerst schlechten Wetter zu fahren. Tanja fährt nicht, ist aber wegen Gramscis Gesundheit in Sorge (Brief vom 14. Januar 1932). Am 18. antwortet Gramsci: "In all dieser Zeit habe ich keinen heftigen oder ernsteren Anfall gehabt. Ich finde im Gegenteil, daß es mir den Umständen entsprechend ziemlich gut geht. Zwar bin ich immer noch unlustig, mal sehr nervös, dann wieder mal völlig abgespannt und apathisch. Aber ich halte diesen halb stumpfsinnigen Zustand für eine Form der Verteidigung des psychophysischen Organismus gegen die dauernde Abnützung, der man im Gefängnis durch viele kleine Dinge und Verdrießlichkeiten ausgesetzt ist. Schließlich wird man zum Kleinigkeitsfanatiker (und vielleicht bin ich es schon mehr geworden, als ich denke), wenn einem ständig so viele Kleinigkeiten und kleine Gedanken und kleine Sorgen an den Nerven zerren ...".

Unterschwellig spürt man zwischen Gramsci und Tanja eine gewisse Spannung, deren sicherlich komplexer Ursprung sich unserer Kenntnis entzieht. Es handelt sich nicht nur um einen Rest der gereizten Diskussion anläßlich des Films "I due mondi" über den Rassismus. Auf Seiten Tanjas spielt vielleicht eine gewisse Mißbilligung der Briefe mit, die Gramsci im Dezember Julia geschrieben hat, auch wenn sie dies, zumindest ihren Briefen nach zu schließen, Gramsci gegenüber nicht äußert. Doch dieser versteht, auch ohne daß sie es ihm zu schreiben braucht. Vielleicht insistiert er auch aus diesem Grund darauf, daß Tanja nicht nach Turi käme. Er schreibt, er denke mehr an den bitteren Nachgeschmack, der bleibt, als an das rasch vorübergehende Glück der Begegnung. Im Brief vom 25. Januar tritt diese Spannung verhalten, aber doch deutlich hervor: "Manchmal gibst

Du in Deinen Briefen einem Gedankenfluß nach, der in Deinem Bewußtsein noch nicht gefestigt ist ... und das verleiht Deinen Briefen eine gewisse Nebelhaftigkeit. Es wäre gut, Dinge zu schreiben, die sicher sind ... und sie (in jedem Fall), wenn sie mich direkt betreffen, erst mit mir zu diskutieren ... Du hast noch nicht richtig verstanden, wie die Psychologie eines Häftlings wirklich ist. Was am meisten leiden macht, ist die Unsicherheit, die Unbestimmtheit dessen, was man von denen zu gewärtigen hat, die nicht zum Bewachungspersonal gehören ... Unter dem Zwang vieler Verbote gewöhnt man sich daran, ein willenloses und unpersönliches Objekt der Verwaltungsmaschinerie zu sein ... Wenn zu dieser Maschine und ihren irrationalen Erschütterungen noch die irrationale und chaotische Tätigkeit der eigenen Angehörigen hinzukommt, fühlt sich der Gefangene einfach zerdrückt und zermalmt. Du darfst niemals nebelhafte Pläne und Versprechungen machen, Du darfst nicht an den Nerven zerren ... sonst passiert es auch mir ..., daß ich mich auf die Durchsetzung meines 'eigenen Willens' versteife ... nur um mir selbst zu beweisen, daß ich noch am Leben bin."

Es ist nicht das erste Mal, daß Gramsci Tanja auf diese Probleme hinweist, und bald wird gerade darüber zwischen den beiden eine schwere Krise ausbrechen. Auch dieses Mal antwortet Tanja nicht. Die Lektüre ihrer Briefe vermittelt den Eindruck, als ob sie seit einigen Monaten (vielleicht seit September, als Gramsci ihr "Geständnis" über die Schwierigkeiten einer Rückkehr nach Rußland unbeantwortet ließ; anschließend kam es dann zum Streit über "I due mondi") es aufgegeben habe, mit Gramsci zu diskutieren. Andrerseits ist gewiß, daß sie über die Verschlechterung des Gesundheitszustandes von Gramsci außerordentlich beunruhigt ist. Das geht eindeutig aus ihrem Briefwechsel mit Sraffa hervor. Sraffa rät nicht nur von jedem Gedanken an einen operativen Eingriff ab, sondern empfiehlt auch, "ja nicht den geringsten Druck auf Nino auszuüben". Er schlägt vor, eher einen Antrag auf eine Untersuchung durch einen übergeordneten Arzt zu stellen. In einem Brief an Sraffa vom 1. Januar 1932 hatte Tanja geschrieben, sie habe Prof. Arcangeli konsultiert, der die Vermutung einer tuberkulösen Peritonitis mit bronchialen und pleuritischen Nebenerscheinungen geäußert habe. Die Operation würde in einer einfachen Laprotomie bestehen, "aufschneiden, um Luft zu machen ..., eine Methode, die oft zu einer radikalen Heilung geführt habe". Am 12. Februar schreibt sie Gramsci, sie sei erneut unpäßlich. Am 16. benachrichtigt sie ihn vom Erhalt seiner Arbeit zum 10. Gesang der "Hölle" und mahnt die Arbeit über die Intellektuellen an, "nicht weniger als 50 Seiten". Am 15. Februar hat Gramsci ihr einen langen Brief geschrieben, im wesentlichen über Julia und die psychoanalytische Behandlung, "in die sie großes Vertrauen setzt". Wir sahen bereits, daß Gramsci schon mehrmals, wenn auch mit Vorsicht, sich dazu skeptisch geäußert hat. In diesem Brief versucht er eine grundlegende Kritik. Deren Kern ist, daß gerade die vertrauensvolle Bereitschaft Julias, sich dieser Kur zu unterziehen, ein starkes Symptom ihrer psychischen Labilität darstellt. Gramscis These ist, daß "die psychoanalytische Behandlung nur Menschen aus jener sozialen Sphäre nützlich sein kann, die in der romantischen Literatur als die 'Erniedrigten und Beleidigten' bezeichnet werden", das heißt "jene Personen, die in den ehernen Widersprüchen des modernen Lebens ... nicht aus eigener Kraft einen Ausweg finden zu einem neuen moralischen Gleichgewicht und Ruhezustand ...". Die Lage wird dramatisch, "... wenn dieses Milieu bis zur äußersten Spannung unter Druck gesetzt wird, wenn gigantische kollektive Kräfte entfesselt werden, die die einzelnen Individuen bis zum Äußersten bedrücken, um die größte schöpferische Willensäußerung zu erzielen" (die Anspielung auf die Lage des revolutionären und postrevolutionären Rußlands zu Beginn der dreißiger Jahre scheint mir evident). Julia, die nicht frei ist von einem "gewissen romantischen Fanatismus", stellt sich in dieser Lage unlösbare Probleme: "sie leidet an unwirklichen Problemen, kämpft gegen Ausgeburten ihrer verwirrten und fieberhaften Phantasie" und bedarf, gerade weil es sich um falsch gestellte und daher unlösbare Fragen handelt, "einer äußeren Autorität, auf die sie sich stützen kann, eines Zauberers oder eines Psychoanalytikers. Ich glaube also, daß ein Kulturmensch (im deutschen Sinn des Wortes), ein aktives Glied der Gesellschaft, wie es Julia gewiß und nicht nur äußerlich ist, nicht nur, weil sie in ihrer Tasche einen Parteiausweis hat, der sie als gesellschaftlich aktiv voraussetzt, der beste psychoanalytische Arzt seiner selbst sein muß und ist." Am Schluß autorisiert er Tanja, diesen Brief, falls es ihr opportun erscheine, Julia weiter zu geben.

Gramscis Interpretation der psychoanalytischen Therapie ist hier ausgesprochen "sozial" orientiert und, wie mir scheint, von der Freudschen Auffassung weit entfernt. Wir können hier dieses interessante Problem nicht weiter erörtern, sondern beschränken uns auf folgende Frage: Entspricht die Analyse Gramscis den tatsächlichen psychophysischen und familiären Verhältnissen sowie der sozialen Umwelt, innerhalb derer Julias Krankheit sich äußert? Aufgrund der Informationen, die 1931 im Briefwechsel Tanja – Gramsci auftauchen und aufgrund der von Gramsci selbst geäußerten politischen Urteile (z.B. im Brief, in dem er Julia der "Unterlassung politischer Solidarität" beschuldigt), die später noch drastischer ausfallen werden, kann man meiner Ansicht nach auf diese Frage nicht mit einem einfachen "ja" oder "nein" antworten. Anfang 1932 ist Gramsci sicherlich davon überzeugt, daß seine abweichende Haltung gegenüber der Politik der

K.I. und des PCd'I zwar zu keiner Aufkündigung der materiellen Hilfe, aber zu einem Bruch der "politischen Solidarität" geführt habe. Er weiß auch, daß seine Haltung schwerwiegende Folgen innerhalb der Familie Schucht gezeitigt hat (die Feindseligkeit Genias, die Isolierung Julias, die "niemand hat" und nicht frei schreiben kann). Dies alles und die Krankheit Julias ergeben ein völlig anderes Bild als das, welches er in seinem Brief entwirft. Das schwerste Symptom von Julias Krankheit ist *nicht* die Bereitschaft zur psychoanalytischen Therapie, und Julia stellt sich keineswegs "unlösbare Probleme" als Folge eines "romantischen Fanatismus" in einer an sozialen Traumata reichen Epoche. Gramsci hat seine Diagnose vielleicht unbewußt in der Hoffnung gestellt, daß die Wirklichkeit trotz allem weniger hart und feindlich sei, oder daß sie zumindest anders werden könne, als er es sich aufgrund der manchmal auch widersprüchlichen Mosaiksteinchen Tanjas vorstellen mußte. Letztlich leben in ihm gleichzeitig und in wechselnder Stärke sowohl eine rationale Überzeugung von der Hoffnungslosigkeit der Lage, als auch eine unzerstörbare Hoffnung auf die Möglichkeit einer Rettung. Vielleicht steht hinter diesem Brief ein Augenblick der Hoffnung, und vielleicht ist er ein Zeichen dafür, daß auch in ihm der "romantische Fanatismus", oder genauer, das Vertrauen in die Revolution, keineswegs erloschen sind.

Auf diesen Brief reagiert Tanja ganz negativ. Zwischen dem 22. und 25. Februar macht sie drei Ansätze, Gramsci zu schreiben, denn unter ihren Papieren befinden sich drei verschiedene Entwürfe, was zeigt, wie unentschieden sie ist. Die drei Fassungen sind verschieden, stimmen aber im wesentlichen überein. Sie hat den Brief an Julia nicht weitergeleitet und hofft, daß Gramsci sich davon überzeugen läßt, dies "aufs entschiedenste" zu billigen. Im Grunde bestreitet sie seine gesamte Argumentation, ohne daß es ihr jedoch gelänge, auf die einzelnen Punkte einzugehen. Sie wirkt in der Tat wenig überzeugend. Sie bezeichnet die Vorstellung, die sich Gramsci von Julias Krankheit gebildet hat, als "unwahrscheinlich", "völlig abwegig", "Du machst Dir einen falschen Begriff". Julia gehört nicht zur Kategorie der "Erniedrigten und Beleidigten", sie stellt sich weder "unlösbare Probleme", noch hat sie eine "verwirrte und fieberhafte Phantasie", es wäre schön, wenn sie ihr eigener Arzt sein könnte, aber was tun, "wenn sie es allein nicht schafft"? Tanja glaubt, damit Gramsci überzeugen zu können: "Ich denke, Du bist nun mit mir darin einig, daß die Überlegungen, die Dich zum Schluß von der Eigentherapie brachten, alle falsch sind ..." (siehe Anhang).

Inzwischen hat Gramsci am 22. Februar an Delio den Brief mit der köstlichen Geschichte von der Igelfamilie, die Äpfel sammelt, geschrieben und antwortet Tanja am 29. Februar. Sein Ton ist versöhnlich, so daß man nicht sagen kann, er sei durch einige brüske Äußerungen Tanjas verletzt: "Ich habe Deinen langen Brief aufmerksam gelesen und bin bereit, zuzugeben, daß Du recht haben kannst. Ich merke wohl, daß die zu einer Beurteilung mir zur Verfügung stehenden Elemente derart wenig sind, daß die Wahrscheinlichkeit sehr groß ist, Phantasiegebäude zu errichten. Im übrigen ließ ich Dir freie Hand, ob Du den Brief weiter leiten wolltest oder nicht ... Ich möchte Dir auch sagen, daß sich seit einigen Monaten in meinem Gemüt radikale Änderungen vollzogen haben; eine Reihe von Dingen vermögen es nicht mehr, mich in Angst und Nervosität zu halten: meine Empfindsamkeit ist abgestumpft, oder ich bin geduldiger, nachsichtiger, gleichgültiger geworden ... Mein Gesundheitszustand ist im Grunde gut. Ich leide immer an Darmbeschwerden, glaube aber, daß es sich um nichts schlimmes handelt."

Am 3. März schreibt Tanja, daß ihr der Brief an Delio sehr gut gefallen habe. Am 7. März gibt ihr Gramsci weitere und ausführliche Erklärungen über die Vorstellungen, die er sich von der Psychoanalyse und der auf ihr basierenden Therapie gemacht hat: "Ich glaube, daß alles, was sich an Realem und Konkretem von dem psychoanalytischen Gerüst [Gramsci gebraucht das französische Wort "échafaudage"] retten läßt, auf folgendes beschränkt werden kann und muß: auf die Beobachtung der Verheerungen, die in vielen Gemütern durch den Widerspruch verursacht werden zwischen dem, was in kategorischer Weise als Pflicht erscheint, und den wirklichen Neigungen, die sich auf eingewurzelte, alte Gewohnheiten und alte Denkweisen gründen ... Dieser Riß prägt sich in Momenten der Krise, wie in der Nachkriegszeit, deutlicher aus ... der staatliche Druck auf das Individuum nimmt zu, es vermehren sich Zwang und Kontrolle ... Viele lösen die Frage leicht; sie überwinden den Widerspruch mit vulgärem Skeptizismus. Andere halten sich äußerlich an die Gesetze. Aber für viele wird die Frage zu einer Katastrophe, da sie zur krankhaften Entfesselung unterdrückter Leidenschaften führt. .. Ich glaube ... man kann inmitten der Entfesselung absurdester Widersprüche und unter dem Druck der bittersten Notwendigkeit seine Seelenruhe behalten, wenn man es fertig bringt, 'historisch' und dialektisch zu denken ... In diesem Sinne ... kann und muß man Arzt seiner selbst sein." Bei dieser Erörterung fällt an keiner Stelle der Name Julia, Gramsci schreibt, als ob es sich um ein wissenschaftlich-philosophisches Problem handle. Das bedeutet jedoch keine Gleichgültigkeit, denn in diesen Sätzen ist die verhaltene Leidenschaft deutlich spürbar

Am 9. März übermittelt ihm Tanja die Ansicht von Prof. Cosmo über seine Interpretation des zehnten Gesanges der "Hölle". Sraffa hat sie ihr

Anfang des Monats geschickt zusammen mit dem Rat, Gramsci an Ostern in Turi zu besuchen und sich sonst mit Initiativen zurückzuhalten, um ihn nicht zu irritieren. Cosmo hat Sraffa unter anderem geschrieben: "Bitte sagen Sie Ihrem Freund, daß kein Tag vergeht, ohne daß ich nicht an ihn denke." Am 15. März antwortet Tanja auf Gramscis Brief vom 29. Februar. Es ist bemerkenswert, daß sie sich kaum damit aufhält, daß er bereit ist, zuzugeben, daß sie recht haben mag, sondern sich mit der Bemerkung über "die radikalen Änderungen in meinem Gemüt" beschäftigt. Sie scheint sagen zu wollen, daß auch Gramsci daran Schuld trägt, auch wenn die Nachrichten von der Familie zugegebenerweise lückenhaft und selten sind. Offensichtlich auf Anregung von Sraffa nimmt Tanja in einem Brief vom 18. März erneut das Thema der "I due mondi" auf und liefert eine Reihe von Informationen über den Status der Juden in Italien. Gramsci nimmt das am 21. ohne Polemik zur Kenntnis.

Am 12. April berichtet sie Gramsci: "Du wirst bald ein Buch Croces bekommen, seine 'Geschichte Europas'. Du solltest es für mich besprechen, denn es interessiert mich sehr." Auch hier erkennt man die Anregung Sraffas, der sich darum bemüht, der geistigen Tätigkeit Gramscis Anregungen zu geben. Am 17. April berichtet Tanja, sie habe Sraffa getroffen.

Am 28. März hat Gramsci einen hochinteressanten Brief an Julia geschrieben, in dem man einige selbstkritische Bemerkungen ausmachen kann, die vielleicht indirekt mit der Weigerung Tanjas zu tun haben, seine Erklärung der Motive für Julias Bereitschaft zur Therapie anzuerkennen. Um Julia eine "gewisse Hemmung", ihr zu schreiben, zu erklären, zählt Gramsci auf: "1) Die Furcht, Dir mit einem ungeschickten Eingreifen in Deine Behandlungsmethode zu schaden; 2) das Bewußtsein, daß ich in diesen Jahren immer mehr zum 'Büchermenschen' geworden bin und manchmal den Ton eines Predigers oder Volksschullehrers annehme, der mich über mich selbst lachen macht ...". Weiter unten richtet er an Julia, wenn auch verschlüsselt, eine grundlegende kritische Bemerkung, wenn er schreibt: "Einen Umstand hast Du sicher übersehen, und zwar, daß ich immer wieder versuchte, Dich dazu zu bringen, einen Teil Deiner Zeit der Musik zu widmen ... Ich habe immer geglaubt, daß sich Deine Persönlichkeit zum großen Teil im Umkreis künstlerischer Tätigkeiten entwickelt und daß sie etwas wie eine Amputation erlitten hat durch die rein praktische Richtung und die unmittelbaren Interessen, die Du Deinem Leben gegeben hast." Mit letzterem meint Gramsci wohl die Arbeit Julias als Angestellte in der Sozialarbeit der kommunistischen Partei, deren Mitglied Julia ist. Und Gramsci schließt mit seinem Eindruck, daß Julia ihr Leben auf Interessen hin orientiert habe, die in einem gewissen Sinn zu nieder und zu wenig seien. Hinzu kommt, daß diese Orientierung "ohne innere Überzeugung" erfolgt sei. Er zitiert dazu aus den Marxschen Thesen zu Feuerbach.(1)

Zu Beginn des Briefes befürchtet Gramsci seinen ungeschickten Eingriff bzw. seinen Predigerton, doch am Ende äußert er sich genau so, wie er es befürchtet hat: äußerst hart gegenüber Julia und mit politischen Anspielungen, die im Umkreis des Empfängers sehr negativ aufgenommen werden konnten.

Aus den Schreiben Tanjas geht nicht hervor, daß sie auf diesen Brief reagiert hätte, der für Julia nicht minder hart ist, als der von Mitte Februar. In seinem nächsten Brief vom 11. April spürt man das Bedürfnis Gramscis, sein Urteil zu klären und vielleicht auch abzuschwächen. "Wenn Du Dich und Deinen Beitrag zum Leben bewertest, übersiehst Du, daß Du an einem bestimmten Punkt Deiner Persönlichkeit eine neue Richtung gegeben hast, indem Du die künstlerische Tätigkeit zugunsten einer mehr unmittelbar praktischen aufgabst. Außerdem scheint mir, daß Du dem Begriff und der Tatsache des 'Nützlichen' und 'Praktischen' einen zu engen und kleinlichen Inhalt gegeben hast ..., und daraus ergibt sich die bedrückende Konsequenz für Dich, zu wenig 'nützlich' und 'unfähig' zu sein, so 'nützlich' zu wirken, wie Du irrtümlich glaubst, daß man es müsse. Ich bin zu der Auffassung gekommen, daß da der Kern Deiner Krankheit liegt, ein 'Minderwertigkeitskomplex', der Deine Empfindsamkeit aufreibt ... Im übrigen glaube ich nun, daß auch ich, zumindest teilweise, für Deinen Zustand verantwortlich bin ... 1922, kurz nachdem wir uns kennen gelernt hatten, habe ich Dich auf solch dumme Weise zum Weinen gebracht, daß ich erst jetzt die Gewissensbisse richtig spüre ... Und ich hatte nicht den Mut, Dir die Tränen zu trocknen, obgleich ich den Drang dazu fühlte, weil ich Dich gern hatte und es ist wahr, daß man gewisse Bosheiten dem antut, den man liebt."

In diesen beiden Briefen beeindruckt, wie Gramsci aus Liebe zu Julia versucht, ihr zu helfen, und sich selbst mitverantwortlich fühlt, dann aber unmittelbar die ganze Bitterkeit seiner kritischen Vernunft spüren läßt, auch wenn das neue Schmerzen bereitet, und wie er nicht darauf verzichten kann, von Julia eine entscheidende und anstrengende Selbsterkenntnis zu verlangen um schließlich in den Schlußsätzen, in Erinnerung an ihre gemeinsame Vergangenheit, an den Doppelsinn von Liebe und Schmerz zu appellieren. Es ist gut möglich, daß dieser Brief Julia erneut zum Weinen gebracht hat.

Auch auf diesen Brief kennen wir keine Reaktion von seiten Tanjas. Sie schreibt Gramsci am 23. April und kopiert ihm einen Brief ihres Vaters: Apollon meint, Tanja müsse nicht alle Nachrichten, die er ihr von der Familie übermittle, an Gramsci weitergeben (was Tanja regelmäßig tut). Aus dem Brief Apollons geht hervor, daß der Gesundheitszustand Julias alles andere als gut ist. Sie nimmt zweimal am Tag Luminal. Auch Delios Gesundheit gibt Anlaß zu Sorgen. Julia hat eine Beschäftigung, eine "Arbeit im sozialen Bereich", die sie von der häuslichen Tätigkeit und deren Mühen, Kleinigkeiten und Ängsten ablenken soll. Der Arzt wünscht, daß ihre Gedanken und Gefühle neue Bahnen finden. In Tanjas Augen ist das "ein riesiger Fehler".

Auf die Aufforderung Tanjas (und Sraffas) hin, sich kritisch mit der "Geschichte Europas" von Croce auseinanderzusetzen, hat Gramsci am 18. April positiv geantwortet. In seinem Brief schreibt er eine Art Prämisse für einen größeren Aufsatz, ein Zeichen, daß seine intellektuelle Schaffenskraft trotz seiner Klagen über "Apathie" und "Gleichgültigkeit" völlig intakt ist. Im anschließenden Brief vom 25. April fährt er fort mit Bemerkungen über Croces Stil, der von der wissenschaftlichen Prosa, insbesondere von Galilei, geprägt sei.

Am 26. April versucht Tanja noch einmal, mit Gramsci eine persönliche Frage, die sie seit einiger Zeit quält, zu besprechen. Sie berichtet ihm anhand eines Briefes ihrer Mutter von den Seltsamkeiten des Familienlebens und schreibt: "Ich stelle mir vor, wieviel Ärger ich haben würde, lebte ich in der Familie. Du kannst Dir kein Bild davon machen. Andrerseits war ich immer ein Rebell, und eine Unmenge von Dingen haben mir nie gefallen. Ich war immer in der Lage derer, die sich auflehnt oder möglichst vermittelnd eingreift in die Sympathien oder Antipathien der Familienmitglieder und der ihr am nächsten Stehenden. So war es anläßlich der Verlobung und der Hochzeit von Nadine ..., und es handelte sich immer um eine äußerst schmerzliche Lage, in der gerade das Leben, vielleicht die ganze Existenz der Person, die man zu lieben glaubt, geopfert wird. Der Irrtum, scheint mir, liegt darin, daß man es nicht fertig bringt, die Menschen um ihrer selbst willen zu lieben, man liebt sie für sich ...". Über Julia schreibt Tanja: "Man könnte sagen, daß sie außerhalb ihrer gewohnten Umwelt ein normales Leben führen und fühlen könnte, aber es ist klar, daß die Familie und ihre einzelnen Mitglieder eine Umgebung bilden, die auf sie sicherlich zerstörend wirkt ...". Und schließlich: "Es ist ein wahres Irrenhaus."

Dieser Brief zeigt einerseits Tanjas kritisches, sogar antagonistisches Verhältnis zur Familie, steht andrerseits aber auch im Widerspruch zum Brief vom 23. Februar, in dem sie Gramsci über Julias Lage optimistische Versicherungen abgegeben hat. Beim Lesen dieses letzten Briefes kann Gramsci sich keine Illusionen machen.

Einen Tag später, am 27. April, teilt sie mit, daß Piero (Sraffa) ihr geschrieben habe. Er wisse nichts über das ökonomische Denken Machiavellis (Gramsci hat am 14. März danach gefragt). Und am 30. schreibt sie: "Papa berichtet, daß Julia beim Sowjet arbeitet und sich mit allen Fragen befaßt, die Kinder betreffen."

Am 2. Mai antwortet Gramsci auf den Brief mit dem Bericht Tanjas über die Familie. Es ist bemerkenswert, daß er auch dieses Mal kein Wort verliert über die persönlichen Probleme, die Tanja ihm so lebhaft vor Augen geführt hat. Er hält die Schilderung Tanjas für "zutreffend". Doch bei der Erklärung der Ursachen erweitert er ihren Ansatz: "Es gibt sicherlich andere Seiten der Angelegenheit, die Dir notwendigerweise entgehen und die vielleicht vorherrschend und entscheidend sind für diesen Zustand der Verwirrung und schmerzlichen Machtlosigkeit, in dem sich alle mehr oder weniger befinden. Doch die größte Schwierigkeit besteht darin, daß man nicht weiß, wo man beginnen soll, um energisch auf die Lage einzugehen und um sie zu verändern." Wir wissen nicht, welche Aspekte Gramsci als "vorherrschend und entscheidend" ansieht. Es ist nur eine Hypothese, daß er das politische Umfeld der Familie meint und dessen Reaktion auf Gramscis Dissidenz gegenüber der Politik der Internationalen.

Gramsci ist dankbar "für das, was Du mir geschrieben hast. So kann ich mich wenigstens konkret orientieren. Zumindest werfe ich jetzt keine Steine mehr ins Dunkel, was vielleicht in diesen letzten Zeiten passiert ist." Eine Anspielung auf seine letzten Briefe an Julia?

Obgleich Gramsci schon mehrmals Gelegenheit hatte, sich mit bedeutungsvollen Anzeichen der familiären Krankhaftigkeiten auseinanderzusetzen (ich erinnere z.B. an den Brief Tanjas vom 26. Dezember 1930, der ihn damals "bestürzt" hat), bedeuten für ihn der letzte Brief Apollons und Tanjas Kommentar doch eine Enthüllung. Indes räumt er der Sache nicht zu viel Platz ein und schreibt in diesem Brief eine dritte Bemerkung zu Croce, die offensichtlich für Sraffa bestimmt ist. Bemerkenswert an diesen Zeilen ist, daß die Kritik an Croce auf der Ebene der neuen Ergebnisse erfolgt, zu denen die Philosophie der Praxis (und Lenin, der natürlich nicht genannt werden darf) in der Frage der Theorie und Praxis der "Hegemonie" gekommen ist.

Tanja, offensichtlich in engem Kontakt mit Sraffa, dankt ihm am 5. Mai für die "Anregungen zu Croce". Außerdem will sie wissen, "wie weit das Schema für eine Geschichte der italienischen Intellektuellen (50 Seiten)" gediehen sei. Und schließlich: "Ein Freund von Croce, der ihn kürzlich sah, hat Piero berichtet, daß Croce ihm gesagt habe, er sei nunmehr überzeugt, daß der historische Materialismus keinerlei Wert habe, auch nicht als praktischer Kanon der Interpretation" (vgl. Anhang).

Am 12. Mai schreibt sie erneut. Nach Gramscis Reaktion auf die Enthüllungen ihres Vaters über den Zustand der Familie versucht sie nun, ihn zu beruhigen. In Wirklichkeit berichtet sie einen neuen, beunruhigenden Vorfall. Der Tod Nadines ist einer anderen Schwester, Anna, verheimlicht worden. Als diese die Wahrheit erfährt, erleidet sie einen Schock. Das sind Mitteilungen, die sicherlich nicht dazu beitrugen, Gramsci zu beruhigen.

Am 9. Mai hat Gramsci eine vierte Bemerkung zu Croce geschickt. In ihr geht es um die Geschichtsschreibung Croces. Tanja schreibt ihm dazu am 30. Mai: "Ich muß Dir sagen, daß deine Bemerkungen zu Croce immer mehr von äußerstem Interesse werden. Du mußt so gut sein und mir den Gefallen tun, sie weiterführen zu wollen. Unter anderem wäre ich dankbar, wenn Du sehr genau die Entwicklung von Croces Haltung zur materialistischen Geschichtsauffassung nachzeichnen könntest, wenn Du mir die Gründe erklären könntest für seine neueste Phase einer absoluten und vollständigen Ablehnung, wie sie in der 'Geschichte Europas' zum Ausdruck kommt. In welcher Beziehung steht diese letzte Veränderung mit der allgemeinen Veränderung, die Croce nach seinem Bruch mit Gentile durchgemacht hat? Ist es richtig, zu sagen, daß er sich in die "Religion der Freiheit" und ähnliche Phantasien flüchten mußte, um zu verbergen, daß ihm und seinen Freunden der Boden unter den Füßen abhanden gekommen ist ohne Hoffnung, ihn wieder zu gewinnen? Und falls das richtig ist, wie läßt sich das konkret ausdrücken?"

Es ist sicher, daß hinter diesem Text Sraffa steht. Gramsci, der daran nicht zweifeln kann, erwidert am 30. Mai dem Freund mit einer Reihe problematischer Fragen zur politischen Ökonomie Ricardos (über die Sraffa arbeitete): "... kann man sagen, daß Ricardo dazu beitrug, den ersten Theoretikern der Philosophie der Praxis die Richtung zu weisen bei ihrer Aufhebung der Hegelschen Philosophie und beim Aufbau ihres neuen, von jeder Spur spekulativer Logik gereinigten Historismus? Mir scheint, man könne versuchen, diese Annahme zu beweisen und daß es die Mühe lohne, es zu tun." Und Gramsci beschreibt kurz, in welche Richtung eine solche Studie gehen müsse.

Am 2. Juni übermittelt Tanja einen Brief von Delio, der für seinen Vater ein kleines Fruhlingsgedicht abgeschrieben hat, und einen dramatischen Brief Julias. "Ich ging mit Genia in die Oper, um ein bißchen Musik zu hören. Hier hatte ich einen Anfall, ich verlor das Bewußtsein. Wenn man auf eine vollständigere Weise zu leben versucht, mit dem ganzen Sein, dann spürt man den Schmerz ...". Julia fügt dem noch einige wichtige Mitteilungen über das Leben der Kinder hinzu und kommt dann auf die Beziehung

Genia-Delio zu sprechen: "Es ist wahr, ich habe noch keine Ahnung, wie die Sache gehen wird, wenn Delio und Genia getrennt sein werden, in zwei verschiedenen Sanatorien, denn Delio hoffte, im Sanatorium Genias aufgenommen zu werden. Das beunruhigt mich nicht nur für ihn, sondern auch für Genia, denn auch sie wird mehr an Delio denken als an die eigene Ruhe und Kur, die sie so nötig hat."

In einem langen Brief vom 6. Juni antwortet Gramsci auf Fragen, die Tanja ihm am 30. Mai gestellt hat (insbesondere zum Verhältnis Croce – Gentile). Mit großer Klarheit geht er darauf ein, was "die Religion der Freiheit" bedeutet. "Ich glaube, Du legst die Formulierung 'Religion der Freiheit' unzutreffend aus, da Du ihr einen mystischen Inhalt beilegst ... Nichts von alledem. Religion der Freiheit bedeutet einfach Glauben an die moderne Kultur, die keiner Transzendenz und Offenbarung bedarf, sondern ihre eigene Vernünftigkeit und ihren Ursprung in sich selbst hat ... Jede Auffassung von der Welt, jede Philosophie, insofern sie zu einer Lebensnorm, zu einer Moral wird, ist 'Religion' für Croce ... Die Ursprünge einer solchen Lehre finden sich bereits bei Hegel und bei Vico ...".

Noch bemerkenswerter ist dann das folgende. Nach dem Bruch mit Gentile blieb Croce keineswegs isoliert: "Einen guten Teil seiner jetzigen Anschauungen hat Croce in der von Coppola und dem Minister Rocco geleiteten Zeitschrift 'Politica' vorgestellt, und ich glaube, nicht nur Coppola, sondern auch viele andere sind von der Nützlichkeit der von Croce vertretenen Position überzeugt, die eine Lage schafft, in der für die in der Nachkriegszeit hoch gekommene politische Führungsschicht eine wirkliche Erziehung zum staatlichen Leben möglich ist. Wenn Du die ganze italienische Geschichte von 1815 an studierst, siehst Du, daß es einer kleinen, führenden Gruppe gelang, methodisch alle politischen Persönlichkeiten, die die ursprünglich subversiven Massenbewegungen verkörperten, in ihrem Kreis aufzusaugen ... Das Phänomen wurde 'Transformismus' genannt, ... ein organischer Prozeß, der bei der Bildung der Führungsschicht das ersetzte, was in Frankreich durch die französische Revolution und durch Napoleon geschehen war und in England durch Cromwell ... Historisch gesehen – in der italienischen Perspektive natürlich – erscheint die Betriebsamkeit Croces als die mächtigste Maschinerie, um die neuen Kräfte an die vitalen Interessen 'anzugleichen', die die herrschende Gruppe heute hat ...".

Die Anregung Sraffas, die Tanja weiter gegeben hat, hat zu einem Ergebnis geführt, das über die ursprünglich gestellte Frage hinausgeht. Die historisch-kritische Analyse des Verhältnisses Croce – Gentile hat Gramsci dazu gebracht, ein lapidares historisch-politisches Urteil abzugeben über die Bedeutung von Croces Werk für die besonderen Prozesse der Formierung der italienischen Führungsschicht, vom Risorgimento bis zum ersten Weltkrieg und zum Faschismus.

Am 16. Juni erhält Gramsci einen Brief von Julia: "Wenn ich daran denke, Dir zu schreiben, von mir zu schreiben, spüre ich die Lust zu sprechen, aber es gelingt mir nicht ...". Zum zweiten Mal, fast in den gleichen Ausdrücken, bestätigt Julia ihre "Unfähigkeit". Man versteht, welch verzweifelte Gefühle das in Gramsci auslösen muß, nachdem er wenige Tage zuvor von Tanja jenen Absatz des Briefes erhalten hatte, in dem ihr Julia vom Ohnmachtsanfall in der Oper erzählt. In ihrem Begleitbrief hatte Tanja wieder einmal ein Gramsci seit den Jahren 1925/26 alt vertrautes Problem aufgeworfen, das des besonderen Verhältnisses von Delio und Genia. Die Familie sieht das Verhältnis als normal an, und man kennt von Seiten Julias auch kein Zeichen des Widerstands oder der Mißbilligung. Tanja hat Gramsci in einem Brief auf die Krankhaftigkeit des Verhältnisses hingewiesen, und der einzige, der es innerhalb der Familie kritisiert, ist Vater Apollon, dessen Beziehung zu Delio aus diesem Grund auch sehr schwierig ist.

Am 5. Juli schreibt Tanja, daß Piero Sraffa über die ihm gestellten Fragen zu Ricardo nachdenken müsse. Nach Pieros Ansicht besaß Ricardo keine philosophische Bildung und war für die Philosophie der Praxis auch unbedeutend: "Er war und blieb immer ein Börsenmakler von mittlerer Bildung ... das einzige kulturelle Element, das sich bei ihm findet, ist den Naturwissenschaften entlehnt."

Zu den Bemerkungen über Croce vermittelt Tanja weitere Anregungen von Sraffa, insbesondere über den Einfluß Croces auf Bernstein und über die Beziehungen zwischen Croce und Sorel. Am gleichen Tag kopiert Tanja einen an sie gerichteten Brief Julias für Gramsci. Wir wissen nicht, ob Gramsci auf diesen oder auf Julias Brief vom 16. Juni sich bezieht, wenn er am 27. Juni schreibt: "Ich habe den Eindruck, daß Julia etwas nicht sagen will (oder kann, eben wegen ihrer Krankheit) und daß in ihr eine ganze Reihe von Urteilen und Gefühlen stecken, die zu analysieren und mitzuteilen sie sich gehemmt fühlt; während eben gerade die Kenntnis dieser Meinungen und Gefühle helfen könnte, ihren Zustand zu verstehen und einzugreifen, um ihn zu überwinden. Es scheint, daß Julia Schuldgefühle hat, weil sie in der Vergangenheit auf eine bestimmte Weise gedacht hat. Das ist nun eine Quelle von Gewissensbissen, durch die sie sich niedergeschlagen und kraftlos fühlt. Sie schreibt in Anspielungen, aber allgemein ...".

Gramsci nennt nur in Klammern die Krankheit Julias als möglichen Grund dafür, daß sie "etwas" nicht sagen kann oder will, doch das wesentliche für ihn ist die Hemmung Julias, "eine Reihe von Meinungen und

Gefühlen zu analysieren und mitzuteilen". Er spricht von Schuldgefühlen. Wir wissen nicht, ob er beim Schreiben dieser Zeilen genauere Vorstellungen hatte. Im Brief, den er am gleichen Tag an Julia schreibt, meint er, ihre Briefe erinnerten ihn an die Geschichte vom Mann, der in den Graben gefallen ist. Die Vorbeigehenden nehmen, jeder auf seine Weise, daran Anteil, regen sich auf, doch ohne einen Finger zu rühren, um ihm zu helfen. Erst als der Gestürzte genauer seine Lage analysiert und die Initiative ergreift, gelingt es ihm, sich zu befreien. Beschreibt in dieser Metapher Gramsci neben der Julias auch die eigene Lage? "Man muß die ganze Vergangenheit verbrennen ... und die Kröte wegscheuchen", die "auf dem Herzen sitzt". Was für eine Vergangenheit? Sicher nicht die ihrer kurzen, persönlichen Beziehung, die einzige glückliche Zeit ihres Lebens. Dann also "die große und schreckliche Welt", die sie getrennt hat und immer noch einschließt?

Am 4. Juli schreibt Gramsci wieder an Tanja. Er hat erneut einen Brief von Julia erhalten (der leider verloren gegangen ist): "Dieser Brief von Julia hat mir einen sehr guten Eindruck gemacht ... Mir scheint, sie befindet sich in einer viel besseren psychischen Lage, als aus den vorigen Briefen zu ersehen war." Am 8. Juli antwortet Tanja: "In Julias Lage muß sich eine radikale Änderung vollzogen haben. Auch sie selbst läßt das durchblicken und erklärt, sie wolle ihr Verhalten gegenüber anderen verändern." Am 15. Juli äußert sich Tanja erneut optimistisch über Julias Zustand und fordert Gramsci auf, ihr zu helfen mit seinen Briefen. Dieser schreibt am 18. an Julia: "Es ging mir in der letzten Zeit nicht sehr gut ... und ich fühle mich nicht in der Lage, Dir ein wenig ausführlicher zu schreiben. Ich will Dir aber sagen, daß Deine letzten Briefe mir etwas wie ein Glücksgefühl gegeben haben; es will mir ganz so scheinen, als seiest Du endgültig stärker und selbstsicherer geworden. Ich bin auch froh, daß Du nicht mehr auf die psychoanalytische Behandlung fixiert bist; nach dem wenigen, was ich beim Stand meiner Kenntnisse darüber sagen kann, scheint sie mir zu sehr von Scharlatanerie durchdrungen ...".

Insgesamt löst sich in diesem ersten Halbjahr 1932 die Spannung zwischen Gramsci und Julia. Bisher geht es Gramsci, wie er Tanja mehrmals schreibt, gesundheitlich besser, und auch Julias Zustand scheint sich zu bessern, was Gramsci genau verfolgt. Ihr Briefwechsel wird häufiger und zärtlicher. Es ist ein großer Verlust, daß uns die Briefe Julias aus dieser Zeit fehlen.

Doch Tanja geht es nicht gut. Sie leidet erneut unter ihrer Sinusitis und fährt nicht nach Turi, obgleich Sraffa mehrmals darauf gedrängt hat (sie macht lediglich einen kleinen Ausflug am 13. August nach Nettuno). Im

Sommer geht es auch Gramsci schlechter. Er hat Darmbeschwerden und muß mehrere Tage "absolute Diät" halten. Er kann nur Zitronensaft trinken, selbst Milch verursacht ihm Brechreiz. Am 1. August schreibt er, daß die Verdauung besser geworden sei, doch leide er unter der Hitze und Schlaflosigkeit. Am gleichen Tag schreibt er Julia: "Dein letzter Brief brachte mir auch den Beweis, daß Dein Gesundheitszustand besser geworden ist. Ich habe ihn noch einmal lesen wollen, als wäre er ein ... medizinischer 'Befund', und ich habe festgestellt, daß Du nicht einen orthografischen oder sonstigen sprachlichen Fehler gemacht hast."

Am 9. August an Tanja: "Jetzt scheint es mir, als könne man positiv feststellen, daß Julia 'sich herausgezogen / schwer atmend an das Ufer aus den Riffen' [Inferno, 1. Gesang; d.Ü.] und daß für sie ein neues Leben beginnt." Am Ende des Briefes fügt er hinzu: "Mir scheint, die Anspielung Julias auf Dein Gefühl der 'Einsamkeit' ist nicht schwer zu erklären ... Julia glaubt, Du bleibst in Rom und entschließt Dich nicht, zu den Eltern zu kommen, weil Du Dich nicht dazu entschließen kannst, die relative Nähe zu mir aufzugeben. Ich weiß nicht, ob sie recht hat und ob das der einzige oder der hauptsächliche Grund ist, der Dich zurückhält. Wenn dem so wäre, solltest Du einen Entschluß fassen und ohne weiteres fahren. Nichts macht mir mehr Kummer als die Überzeugung, Dein Leben könne auf irgendeine Weise meinetwegen behindert werden."

Tanja antwortet auf diese Empfehlungen nicht. Es war nicht das erste mal, daß Gramsci sich so äußert, und es gibt keinen Grund, an der Aufrichtigkeit seiner Worte zu zweifeln. Er wußte sicherlich, was es ihn kosten würde – und nicht nur an materieller Entbehrung – wenn Tanja abreisen würde. Hat er ihr nicht geschrieben, sie sei für ihn mehr als eine Schwester?

Am gleichen Tag (9. August) schreibt Gramsci auch an Julia: "Ich gratuliere Dir lebhaft für die Leichtigkeit und Lebendigkeit Deiner letzten Briefe, insbesondere des kürzlich am 27. Juli geschriebenen. Man merkt, Du machst riesige Fortschritte, von Woche zu Woche, in Richtung eines allgemeinen, physisch und psychisch guten Gesundheitszustandes und eines höheren Gleichgewichts." Leider kennen wir diese Briefe nicht, aber weder früher noch später findet sich in den Briefen Gramscis ein so günstiges und optimistisches Urteil. Im Vergleich zu ihr fühlt sich Gramsci "entsetzlich gealtert". "Seit vier Jahren schaue ich nicht in den Spiegel ... Ich muß halb zerstört sein. Darum zähle nicht auf mich, erwarte weder viel noch wenig. Vielleicht bin ich mehr gealtert, als ich mir selbst vorstellen kann, ... und ich kann nicht wissen, wie weit sich der reizbare Jähzorn, die überkritische Einstellung, die Unzufriedenheit mit allem und jedem, meiner

Ansicht nach die typischen Anzeichen eines verfrühten Alterns, in mir entwickelt haben." Im Brief an Tanja vom 15. August macht er eine weitere düstere Bemerkung: "Es ist sicher tröstlich, daß Julia mit solcher Häufigkeit schreibt. Viele Dinge haben sich in letzter Zeit verändert, und ich weiß wirklich nicht, ob es mir noch gelingen wird, der Korrespondent zu sein, den sie sich wünscht oder zu wünschen scheint." "Das Ganze erzeugt in mir einen Zustand tiefer Interesselosigkeit für alles, was mich früher anzog und verführte." Er ist irritiert, weil er meint, auch Julia mache sich eine falsche, "idyllische, archaische" Vorstellung von seinem Gefängnisleben, für die Tanja als Quelle verantwortlich sein muß, mit ihrem "unerschöpflichen und unbesiegbaren Optimismus, der so ist, daß Du mir manchmal richtig Angst machst, denn ich weiß nie, welche Katastrophen aus Deinem Eifer entstehen. Doch ich glaube, es gibt auch noch eine andere Quelle, die oberflächlicher und vielleicht mit Absicht optimistisch ist. Geduld. Du sollst Dich darum nicht kümmern. Wirklich, ich möchte, daß Du Dich überhaupt nicht darum kümmerst und Dir nie in den Kopf setzst, das oder jenes zu tun. Ich habe Dir schon viele Male gesagt, Du mögest keine Initiativen in meiner Sache ergreifen, ohne mit mir vorher darüber gesprochen und meine Einwilligung eingeholt zu haben." In diesem Brief ist eine gewisse Härte offensichtlich, man könnte sagen eine Vorahnung, ein Vorzeichen künftiger, noch härterer Äußerungen. Mit der Anspielung auf die "andere Quelle", die absichtlich einen oberflächlichen Optimismus verbreitet, kann nur die Partei gemeint sein. Wenige Jahre zuvor mußte sich Gramsci über den Katastrophenton der Kampagnen beklagen, die für ihn unternommen worden waren, jetzt, 1932, hat sich das politische Schweigen über ihn gelegt, das erst wieder gegen Ende 1933 gebrochen wurde, als sich innerhalb der K.I. mühsam die 'Wende' einer neuen politischen Strategie durchsetzt. Sieht Gramsci in der Tatsache des Schweigens oder, einfacher, in den Informationen, die der Familie und Julia gegeben werden, das Werk eines oberflächlichen Zweckoptimismus?

Tanja antwortet am 24. August und versichert, daß sie ohne sein Wissen nie eine Initiative unternommen habe und unternehmen wird. Sie bittet ihn bei dieser Gelegenheit um seine Zustimmung für einen Antrag auf eine ärztliche Untersuchung durch eine übergeordnete Stelle. Schon seit Juni rät Sraffa, eine solche Untersuchung zu verlangen, "möglichst im Einverständnis mit Nino, wenn es sein muß aber auch ohne seine Erlaubnis". Tanja fühlt sich also zu einer jener Initiativen ermächtigt, die Gramsci so sehr irritieren. Außerdem hat Sraffa im Juni erneut Tanja gedrängt, nach Turi zu fahren: "... In Zukunft wird es gut sein, keine langen Perioden ohne Besuche verstreichen zu lassen, wie diese letzte (8 Monate, scheint mir): nach einer solchen Zeit ist der Schock für die Nerven, die ein Besuch für ihn bedeutet, offensichtlich viel stärker."[2] Es sind dies die Monate eines durch Tanja vermittelten Dialogs zwischen Gramsci und Sraffa über Croce, Gentile, den Transformismus und Ricardo, ein Dialog, der sich bis zum Sommer weiterspinnt, bis eine Verschärfung der Gefängnisordnung die Aushändigung der Korrespondenz erschwert.

Am 15. August schreibt Gramsci auch an Julia. Er nimmt den Faden seines vorigen Briefes wieder auf: "Ich habe Dir schon früher erklärt, daß ich Dir bei der Tätigkeit, die Du Dir ... vorgenommen hast von keinerlei Hilfe sein kann ...". Noch vor einem Jahr hingegen hatte er ihr vorgeschlagen, für ihn eine Untersuchung über die sowjetische Grundschule, ihre Lage und pädagogischen Ziele zu unternehmen. "Außerdem geht, wie auch schon Tanja schrieb, aus Deinem Brief und aus den vorigen Briefen hervor, daß Du Dir infolge ungenauer Informationen einen zu idyllischen und konventionellen Begriff von meinem Leben gebildet hast oder daß er sich in Dir gebildet hat; mein Leben ist leer, entsetzlich und erbärmlich leer, ohne einen interessanten Inhalt, ohne geistige Anregung ... Ich lebe recht und schlecht ein animalisches und vegetatives Dasein." Wir wissen mit Sicherheit, daß dem nicht so ist. Gerade sein Gedankenaustausch mit Sraffa bezeugt das hohe Niveau, dessen sein Intellekt zu dieser Zeit fähig ist. Andrerseits kann man gut verstehen, daß er Grund zur Depression hat. Er ist nun schon fast sechs Jahre im Gefängnis, und seine Gesundheit befindet sich in einer langsamen, doch ständigen Auflösung.

Am 29. August antwortet Gramsci auf Tanjas Vorschlag einer ärztlichen Untersuchung "von seiten übergeordneter Stellen". Er spricht sich nicht dagegen aus: "Mir scheint, daß Deine Überlegungen im allgemeinen richtig sind und daß der Plan in Betracht gezogen werden muß." Er spürt, daß seine Widerstandskraft zusammenbricht. "In diesen Tagen fühle ich mich so schlecht wie noch nie." Die erzwungene Schlaflosigkeit verstärkt alle Übel, "die gesamte Existenz wird unerträglich". Aber er will erst noch einen Versuch unternehmen, um eine Verbesserung der Haftbedingungen zu erreichen, "die am jetzigen Stand der Dinge schuld sind". Er sorgt sich um die Ausgaben, aber er spürt, daß etwas getan werden muß, "wenn ich nicht verrückt werden will". Auf jeden Fall: "Dein Vorschlag ... ist zu beachten: Du kannst ihn ausarbeiten ... und sehen, was es kostet und welchen Arzt man wählen soll." Am 6. September schickt ihm Tanja eine Postkarte: "Sei unbesorgt, es wird getan, was Du wünschst. Du darfst nicht mutlos werden ... Du brauchst Dich wegen der Kosten einer ärztlichen Visite nicht zu sorgen."

Gleichzeitig stellt Sraffa fest, daß sich Gramscis Gesundheitszustand verschlimmert hat und daß "Gramsci einverstanden ist, etwas zu unternehmen". Aber er warnt Tanja: "Er ist weit davon entfernt, uns freie Hand zu lassen, wie Sie sagen." Sraffa will nach Rom kommen "mit einem fertigen Antrag an den Regierungschef, den Sie sofort ausfüllen können". Er fügt hinzu, man müsse Gramsci um "eine ausdrückliche Zustimmung" bitten. Der Antrag sei zu stellen im Namen Tanjas und Julias. Als Vertrauensarzt nennt er den Namen von Prof. Arcangeli.

Am 5. September schreibt Gramsci an Julia. Er berichtigt ein Mißverständnis, das auf Grund seines Briefes vom 1. August in Julia entstanden war (es geht um ein Urteil über Leonardo Da Vinci und den Unterschied von "Liebe und Achtung" gegenüber der Kunst) und schlägt ihr vor: "eine immer qualifiziertere Übersetzerin aus dem Italienischen zu werden". "Ein qualifizierter Übersetzer müßte nicht nur im Stande sein, wörtlich zu übersetzen, er müßte auch die Ausdrücke und Begriffe aus einer bestimmten Nationalkultur in die einer anderen übersetzen können, das heißt, ein solcher Übersetzer müßte kritisch zwei Kulturen kennen und in der Lage sein, die eine der anderen zu vermitteln, indem er sich der historisch definierten Sprache jener Kultur bedient, der er das Informationsmaterial liefert." Auf diese Weise dementiert Gramsci seine Briefe vom Anfang August, in denen er Julia geschrieben hat, er sei "entsetzlich gealtert", "halb zerstört" und nicht in der Lage, ihr zu helfen.

Zwischen dem 8. und 10. September benachrichtigt Tanja Gramsci über die Möglichkeiten, wie man die ärztliche Untersuchung organisieren könne und bittet um seine Zustimmung für den Antrag. Sie läßt auch durchblicken, er könne anschließend an einen für seine Pflege geeigneteren Ort verlegt werden. Am 12. antwortet Gramsci "sehr verärgert". "Sobald es sich um Ärzte und Arzneien handelt, ergehst Du Dich in Plänen und Phantastereien, während ich Dir doch so oft empfohlen habe, nüchtern zu sein und den Eifer nicht zu übertreiben ... Ich bin genötigt, Dir zu sagen, Du solltest weniger beflissen sein. Das ist die beste Art, mir Deine Zuneigung zu zeigen, an der mir sehr liegt. Kurz, Du darfst buchstäblich nur das tun, was ich Dir schreibe und nichts mit von Dir erfundenen Leckerbissen garnieren ... Ansonsten geht es mir ein wenig besser."

Sicherlich ist es Tanjas Plan einer etwaigen Verlegung an einen "geeigneteren Ort", der Gramsci verärgert hat. Er hat mehrmals seine Erfahrung mit den Überführungen von Häftlingen gemacht und hat die Umstände, unter denen sie vor sich gehen, sehr eindringlich beschrieben. Er will diese Erfahrung nicht noch einmal machen. Außerdem hat er geschrieben, die Sache müsse "ausgearbeitet" werden und er wolle den Namen des Arztes diskutieren. Sein Einverständnis ist prinzipieller Art und bezieht sich noch nicht auf die Antragstellung.

Gerade in diesen Tagen wird Tanja von Sraffa mehrmals lebhaft aufgefordert, sofort nach Turi zu fahren und Gramsci um sein Einverständnis für die Antragstellung und eventuell auch für die Überführung in ein Krankenhaus zu bitten. Sraffa drängt, aber Tanja fährt nicht, und die beiden beschließen daher gemeinsam, den Antrag zu stellen. Am 16. schickt Tanja Gramsci eine Postkarte und teilt ihm mit, sie habe auch im Namen Julias den Antrag auf eine Untersuchung durch einen Vertrauensarzt gestellt.

Gramsci ist wütend und schreibt postwendend (am 19.). "Kaum las ich Deine Karte vom 16., trat ich einen wütenden Zustand, in dem die Galle hochkam." Es brauchte drei Tage "bis ich endlich in ein Lachen ausbrach", "ich dachte an all die Geschichten, die beweisen sollen, daß Frauen nie ihr Wort halten". Er beschuldigt sie eines "unverantwortlichen Dilettantismus". Er zitiert aus ihren Briefen, in denen Tanja wiederholt versichert hatte, sie werde nichts tun ohne seine Zustimmung. So zuletzt noch am 10. September. "Am 16. September, brüsk und fast nebenbei, schreibst Du mir dann von Deinem Antrag ... Es ist geradezu bestürzend ... Ich habe endlich verstanden, daß Du tatsächlich gefährlich bist in Deinem Eifer und daß ich mich bei jedem Wort kontrollieren muß. Die Vorstellung, daß ich wie ein Fußball bin, den anonyme Beine von einem Ende Italiens zum anderen schießen können, wie es in der Vergangenheit passiert ist, und daß ich seit vier Jahren und vier Monaten die Nummer 7047 bin, die keinen eigenen Willen haben darf und keine bürgerlichen Rechte genießt (so gering sie auch sind), ist Dir noch nicht in den Sinn gekommen, und deshalb hast Du keine Hemmung, bei Gelegenheit dem Ball auch Deinen Tritt zu geben und mich daran zu erinnern, daß ich für Dich auch nur eine Nummer bin. Natürlich bin ich gezwungen, meine Vorkehrungen zu treffen ...". In einem kurzen Postskriptum fragt er, ob man den Antrag nicht auf schickliche Weise zurückziehen könne und erkundigt sich nach der Adresse des Arztes "für den Fall, daß ich es für günstig halte, meinerseits einen Antrag zu stellen".

Der Brief kreuzt eine Karte Tanjas vom 21. September, als sie noch nichts wußte von dieser Reaktion.

Anmerkungen zu Kapitel 6

1) Die "Thesen über Feuerbach" gehörten zur gewohnten Lektüre Gramscis. Er hat sie auch ins Italienische übersetzt (Quaderni del carcere, op.cit., Bd.III). Gramsci sieht in ihnen einen grundlegenden Text der Marxschen Philosophie. Das Zitat im Brief an Julia stammt aus der ersten These: "Der Hauptmangel alles bisherigen Materialismus – den Feuerbachschen mit eingerechnet – ist, daß der Gegenstand, die Wirklichkeit, Sinnlichkeit, nur unter der Form des Objekts oder der Anschauung gefaßt wird: nicht aber als menschliche sinnliche Tätigkeit, Praxis, nicht subjektiv. ... Feuerbach ... betrachtet daher im 'Wesen des Christhentums' nur das theoretische Verhalten als das echt menschliche, während die Praxis nur in ihrer schmutzig-jüdischen Erscheinungsform gefaßt und fixiert wird. Er begreift daher nicht die Bedeutung der 'revolutionären', der 'praktisch-kritischen' Tätigkeit". Es ist unwahrscheinlich, daß Gramsci einen solchen Text in einem Brief an Julia zitiert, ohne ihm eine weitere politische Bedeutung zu geben.
   In einer Nachschrift des Briefes an Julia bemerkt er:" Ich hoffe, Du mißverstehst nicht den Ausdruck 'schmutzig-jüdisch', den ich verwendet habe. Ich sage das, weil ich neulich eine briefliche Diskussion mit Tanja über den Zionismus hatte und wegen dieses Zitats nicht für 'antisemitisch' gehalten werden möchte. Und war sein Autor nicht Jude?".
2) in: Piero Sraffa, Lettere a Tania per Gramsci, a cura di Valentino Gerratana, Roma 1991, S. 69 f.

"Warum sollte ein lebendiges Wesen an einen Menschen gebunden bleiben, der tot oder so gut wie tot ist?"
Antonio, 14.11.1932

"Ich möchte Dich gerne neu gekleidet sehen, mit neuem Pullover und Weste, ich habe einen weichen, leichten ausgesucht..."
Tatjana, 22.12.1932

7. Kapitel:

Warten auf die Amnestie. Der Schatten des Grieco-Briefes. Initiativen für eine Hafterleichterung

Am 29. September 1932 schickt Tanja an Gramsci erneut eine Postkarte, um ihn zu beruhigen: für die ärztliche Untersuchung sei es nicht nötig, daß er sich von Turi entferne. Gramsci antwortet am 3. Oktober. In diesem Brief taucht etwas Neues auf, ein Verdacht, den Gramsci bisher nie, auch nicht indirekt ausgedrückt hatte, den er aber vielleicht schon seit längerer Zeit mit sich herumträgt und nun zum ersten Mal äußert. Er sei zu der "Überzeugung" gekommen, daß "wenn Julia mir zwei, drei Briefe im Jahre schrieb, immer gleich, geradezu stereotyp, ... dies sicherlich einem Vorschlag zuzuschreiben (war), den Du ihr in Bezug auf mich gemacht hast, der unehrenhaft für mich war und von dem sie glauben mußte, er entspränge meiner Initiative. Wie ließen sich sonst ihre jüngsten sibyllinischen Äußerungen erklären, in denen sie zugibt, in ihrer Meinung mir gegenüber ungerecht gewesen zu sein?". Nicht nur dieser Verdacht, sondern auch die übertriebene Härte gegenüber Tanja und die Drohung, jede Beziehung abzubrechen, machen den Leser betroffen. Julias Brief, von dem Gramsci spricht, wurde leider nicht aufgefunden. Um was für einen "Vorschlag" konnte es sich handeln? Denkt Gramsci an eine Bitte um mildere Behandlung oder gar einen Antrag auf Begnadigung ("unehrenhaft")? Ohne Kenntnis der Briefe Julias läßt sich die Frage nicht beantworten. Gramsci weiß, daß hinter Tanja Sraffa und somit auch die Partei steht. Gehört vielleicht auch der Gedanke, daß die Partei, um sein Leben zu retten, seine politische Ehre aufs Spiel setzen könnte, zu den "Obsessionen", von denen er zuweilen spricht? Diese Frage bleibt offen und wird auch durch die Kenntnis des Briefwechsels Tanja-Sraffa nicht erhellt.[1]

Tanja antwortet am 12. Oktober und weist die Vorwürfe mit Entschiedenheit zurück: "... wisse, daß ich Julia nie einen Vorschlag gemacht habe. Sie kann also nie besondere Ansichten über Deine Initiative oder Dein Mitwissen gehabt haben, so daß Deine Unterstellungen absurd sind". Tanja schließt also jeden Verdacht über Julia aus. Es folgt jedoch ein Satz, der Gramsci beunruhigen muß. "Es schien, daß man auch mich nichts wissen lassen wollte, und ich hörte die Rede davon einige Zeit, nachdem man Julia geschrieben hatte, wie ich sagte, ohne mein Wissen. Dies, um die Sache richtig zu stellen. Im vorliegenden Fall aber gebe ich zu, daß ich vor der Entscheidung, den Antrag abzuschicken, tatsächlich einen Brief von Dir hätte abwarten müssen. Ich denke, daß der ganze Komplex unserer schriftlichen und mündlichen Beziehungen keine andere Grundlage hatte und haben konnte als die meiner Liebe zu Dir als meinem Schwager. Ich habe deshalb Dir gegenüber nie eine andere Anteilnahme an den Tag gelegt und werde auch keine andere äußern als die gegenüber einem Angehörigen, und es ist sicher, daß immer Du es warst, mich um das zu bitten, was Du brauchtest, und ich hoffe, daß Du dies immer tun wirst, ohne zu befürchten, Du könntest mich damit irgendwie stören oder belästigen, im Gegenteil, ich möchte wissen, ob Du nicht Geld brauchst. Tanja" (siehe Anhang).

Dieser Brief Tanjas ist wichtig. 1) Tanja entlastet sich und Julia. Sie hat Julia nie einen "Vorschlag" gemacht; 2) Aber sie räumt ein, daß jemand dies tat, ohne sie es wissen zu lassen; 3) Sie hörte davon, nachdem man Julia bereits geschrieben hatte; 4) Sie räumt ein, sie hätte die Erlaubnis Gramscis abwarten müssen, bevor sie den Antrag stellte; 5) Sie unterstreicht die Tatsache der Autonomie und Unabhängigkeit ihrer Beziehung zu Gramsci (Liebe zu einem Angehörigen, nichts sonst); 6) Das heißt weiter und vor allem: ihre Anteilnahme an Gramsci unterliegt weder bisher, noch in Zukunft politischen Einflüssen. Tanja bekräftigt ihre Autonomie und Unabhängigkeit auch von der Partei (Sraffa).

Aus den Zeilen Tanjas geht hervor, daß von "jemand", der nicht genannt wird, aber wahrscheinlich in Sraffa (die Partei) identifiziert werden kann, in den Monaten September, Oktober 1932 (oder auch schon viel früher, wie Gramsci in seinem Brief vom 3. Oktober vermutete) eine Initiative ausgegangen war, vielleicht sogar, um die Freilassung Gramscis zu erwirken, auf jeden Fall aber, um seine Haftbedingungen zu erleichtern. Sie erfolgte möglicherweise in Erwartung einer Amnestie, die für Ende

Oktober, Anfang November anläßlich des zehnten Jahrestags der faschistischen Machtergreifung vorgesehen war. Von dieser Initiative war Julia, ohne Wissen Tanjas, informiert worden (wenn man dieser glauben darf, was ich annehmen möchte). Es ist außerordentlich, daß Gramsci diesen Plan und die Tatsache, daß Julia darüber auf dem Laufenden ist, intuitiv erfaßt hat. Daß die Briefe Julias gerade aus dieser Zeit verloren (oder verschwunden) sind, ist ein unersetzlicher Verlust. Tanja hält darauf, zu unterstreichen, daß sie mit der Angelegenheit nichts zu tun und erst beiläufig von der Initiative erfahren hat.

Man muß sich fragen, ob der Vorschlag einer "ärztlichen Untersuchung durch eine übergeordnete Stelle" nicht Teil der "Initiative" ist. In diesem wahrscheinlichen Fall muß man annehmen, daß Tanja nur in diesen Teil des Unternehmens eingeweiht war. Doch um was für eine "Initiative" mag es sich gehandelt haben? Ich glaube nicht, daß der Verdacht Gramscis zutrifft, man habe Julia dazu bewegen wollen, für ihn die Begnadigung zu beantragen. Eher ist denkbar, daß die Partei (Togliatti und Sraffa) im Hinblick auf die zu erwartenden Gnadenerlasse des faschistischen Regimes, eine ärztliche Untersuchung und deren wahrscheinliche Ergebnisse als günstige Voraussetzungen ansahen, um Gramsci leichter in den Genuß von Hafterleichterungen oder einer Strafminderung im Rahmen der erwarteten Amnestie zu bringen.

Es ist möglich, daß Gramsci diese Unterschiede nicht sieht und "sich auflehnt" gegen den Verdacht, man wolle eine für ihn "unehrenhafte" Begnadigung beantragen. Wir wissen nicht, wie er reagiert hätte, hätte man ihm die von uns angenommene beschränktere (und qualitativ anders geartete) "Initiative" unterbreitet. Sicher ist nur, daß er jetzt, nach dem Briefe Tanjas vom 12. Oktober, die Gewißheit hat, daß "jemand", mit Wissen Julias und vielleicht auch Tanjas, tätig geworden war, um seine Haftbedingungen auf irgend eine Weise zu verändern, ohne dazu seine Zustimmung zu erbitten.

Sicher ist aber auch, daß er am 17. Oktober (inzwischen hat er den Brief Tanjas vom 12. erhalten), nachdem er am 3. Oktober Tanja gedroht hatte, er würde die Beziehung abbrechen und keine Post mehr annehmen, schreibt: "Doch vielleicht bist Du es, die im Grund Recht hat. Sicher ist, daß ich einige Wochen in neurasthenischer Hast verbracht habe, in einer ständigen und krampfhaften Besessenheit, die mir keinen Augenblick Ruhe ließ.... Ich entschuldige mich für die Dummheiten, die ich Dir schrieb. Ich hoffe, daß mir eine Sache dieser Art nicht mehr passiert".

Leider wird sie wieder passieren. Indes kann man füglich schließen, daß die Zeilen Gramscis implizit eine Zustimmung zu den Versuchen darstellen, seine Haft zu erleichtern. Vielleicht ist in ihm auch die Hoffnung entstanden, eine "ärztliche Untersuchung" könne dazu führen, ihm den Weg in die Freiheit zu ebnen.

Vielleicht ist es ein Zufall, vielleicht ist es Teil der "Initiative": Noch im September gab es den Versuch von Monsignor Pizzardo, Stellvertreter im Staatssekretariat des Heiligen Stuhls, Gramsci im Gefängnis von Turi zu besuchen. Da ihm eine Begegnung mit Gramsci verweigert worden war, hatte er Gramsci seine Visitenkarte hinterlassen mit dem handschriftlichen Vermerk "Hochachtungsvoll". Kurz darauf erhielt Gramsci den Besuch seines Bruders Carlo, und Giuseppe Fiori berichtet: "... Antonio erzählte von der Aktion des Vatikans und vom Besuch des Monsignore. Er war wütend auf Tatjana, die ihn nicht über das Geschehen auf dem laufenden gehalten hatte".(2)

Weiß Tanja etwas, oder weiß sie nichts, wie sie Gramsci geschrieben hat? Fiori berichtet, sie habe Carlo mitgeteilt, aus dem Umkreis der sowjetischen Botschaft habe sie erfahren, Mussolini persönlich habe sich einer Freilassung Gramscis widersetzt. Die Initiative sei von Litwinow ausgegangen, der über den russischen Botschafter in Rom einen Austausch von Gefangenen vorschlug. In zwei Briefen Sraffas an Tanja finden sich Hinweise: Im ersten (vom 9.9. 1932) der Rat an Tanja, die sowjetische Botschaft zu bitten, den Antrag auf eine "ärztliche Untersuchung" zu unterstützen; im zweiten (vom 17.9) wird der Botschafter kritisiert, "er wasche sich unter einem bürokratischen Vorwand die Hände". In den Briefen findet sich kein Hinweis auf einen eventuellen Schritt der Botschaft in Verbindung mit der Reise von Mons. Pizzardo nach Turi.

Zum Zustandekommen dieser Reise gibt es eine Aussage von Ambrogio Donini: "Im Spätherbst 1932 [diese Datierung steht im Gegensatz zu der Fioris, derzufolge Gramsci seinem Bruder Carlo bereits im September vom Besuch des Mons. Pizzardo berichtet hatte] wurde ich von Togliatti mit einem delikaten Auftrag betraut. Die sowjetischen Behörden hatten ihm ihre Bereitschaft signalisiert, drei in Rußland inhaftierte katholische Priester gegen unseren Antonio Gramsci, der in Turi einsaß, auszutauschen. Es ging darum zu erfahren, wie dazu der Vatikan stehen würde. Ich kannte damals einen Kurienprälat, Mons. Mariano Rampolla del Tindaro ... und bat ihn über eine dritte Person, die Haltung des Heiligen Stuhls zu erkunden. Die Antwort war positiv. Die Verantwortlichen im Vatikan waren bereit, den Austausch zu akzeptieren und informierten das Präsidium des faschistischen Großrats, d.h. Mussolini. Monsignor Pizzardo ... wurde von Rom nach Turi geschickt ... wo man ihm jedoch eine Begegnung mit Gramsci im Gefängnis strikt verweigerte. Nach der Befreiung ... begab ich mich nach Turi, um die Zelle Gramscis zu besuchen. Der Direktor ... bestätigte mir die Episode; mehr noch, er zeigte mir ein Fonogramm mit der Unterschrift Mussolinis, in dem man "dem Abgesandten des Vatikan verbot, den Häftling Antonio Gramsci zu besuchen".(3)

Möglicherweise hat Gramsci, wie die anderen Häftlinge auch, auf eine Amnestie gewartet, doch wird dieses Warten zunehmend beschwert von der Unruhe, die die Familien in ihren Briefen durchblicken lassen und einer Aufgeregtheit, die sich im Gefängnis verbreitet. Am 31. Oktober schreibt er Tanja: "In diesen Tagen laufen viele, manchmal wunderliche Gerüchte um über bevorstehende Regierungsmaßnahmen bezüglich Strafminderung und Amnestie für die politischen Häftlinge. Manche sagen sogar, daß für die Verurteilten, deren Vergehen vor der Einrichtung des Sondergerichts liegt, eine vollständige Amnestie vorgesehen sei, so daß ich daran denken könnte, binnen höchstens einiger Wochen die Freiheit (oder eher die Verbannung) erhalten zu können. Aber wenn ich Dir die Wahrheit sagen soll, so stehe ich diesen Nachrichten eher skeptisch und gleichgültig gegenüber ... ich will Dir das schreiben, damit Du Dir Deinerseits nicht zu viele Illusionen machst. Ich habe beobachtet, daß es die Verwandten sind, die den Häftlingen den Kopf heiß machen, indem sie ihnen einreden, sie hätten todsichere und hundertprozentig authentische Informationen. Ich muß Dir dafür danken, daß Du Dich nie an diesem Irrsinn beteiligt hast".

Dieser Brief Gramscis kreuzt eine Postkarte von Tanja vom 2. November, in der sie schreibt: "Grazietta hat mich benachrichtigt vom schlechten Gesundheitszustand Deiner Mutter ... Vorgestern erhielt ich zwei Zeilen von Carlo. Er schreibt, er sei nervös in Erwartung der kommenden Dinge. Er bittet mich, ihm zu telegrafieren, wenn der Fall eintritt. Offensichtlich erwartet er freudige Neuigkeiten". Auch in dieser noch sehr vorsichtigen Form mußten diese Zeilen in Gramsci eine gewisse Hoffnung wecken.

Kurz vor dem 9. November erhält Gramsci ein Telegramm seines Bruders Carlo, das ihn an eine unmittelbar bevorstehende Freilassung glauben lassen muß und den Text des Amnestieerlasses, der in der Zwischenzeit veröffentlicht worden war. "All das hat mich 7 oder 8 Stunden lang glauben lassen, ich würde entlassen", schreibt er am 9. November an Tanja. Doch er versteht sofort, daß die Begeisterung seines Bruders unangebracht ist. Trotz dieser widerstreitenden Gefühle ist seine Reaktion außerordentlich kontrolliert, auch wenn er seinen tiefsten Pessimismus bestätigt sieht. "Es scheint mir, daß meine Zukunftsperspektive sich kaum verändert hat. Ich habe Carlo nicht geantwortet ... und werde es auch nicht tun. Ich bitte Dich, ihm zu schreiben und ihn zu tadeln. Ich glaube, bei dem Telegramm handelt es sich um ein Beispiel seiner äußerst seltsamen Verhaltensweisen, eines ständigen Hin und Her, das am wenigsten geeignet ist für einen Häftling von schwacher Gesundheit und mit offen liegenden Nerven ...".

Aber auch Tanja muß Hoffnungen gehegt haben. Jetzt ist sie niedergeschlagen. Am 13. November schreibt sie Gramsci eine farblose Postkarte, dann aber am 14.: "Ich habe keine Worte, um Dir zu sagen, wie sehr mir leid tut, daß die Liebe Carlos zu Dir ihn so getäuscht und verwirrt hat, daß er die Dummheit beging, Dir ein solches Telegramm zu schicken". Dann, mit Bezug auf Gramscis Brief vom 9. des Monats ("der Streit mit Dir hat mich sehr getroffen"): "ich möchte von Streit oder Ressentiment zwischen uns nichts mehr hören. Was mich betrifft, habe ich nicht einen Augenblick ein Gefühl der Reibung zwischen uns gehabt, wie Du es nennst. Die Wirkung, die die Nachricht meines Antrags auf eine ärztliche Untersuchung auf Dich gehabt hat, hat mich tief geschmerzt. Der Rest interessiert mich überhaupt nicht, d.h. ich war nie verärgert, in keinem Augenblick, über keine Deiner Äußerungen, mit denen Du auf etwas reagiertest, was seine Berechtigung hatte, weil Du es so fühltest. Im Gegenteil, ich danke Dir dafür, daß Du aufrichtig warst".

Der Sturm ist anscheinend vorbei, doch am 14. November schreibt Gramsci an Tanja einen Brief, der völlig unerwartet ein neues, explosives Problem stellt. Gramsci macht die Vorbemerkung, er habe von Frauen gehört, die zu hohen Gefängnisstrafen verurteilte Männer hatten und sich deshalb einseitig von jeder moralischen Verpflichtung befreit fühlten und versuchten, ein neues Leben aufzubauen. "Ich persönlich habe es nach einigem Nachdenken erklärlich gefunden und auch gerechtfertigt ... Wäre so etwas im Falle eines beiderseitigen Einverständnisses nicht noch mehr gerechtfertigt? ... Warum sollte ein lebendiges Wesen an einen Menschen gebunden bleiben, der tot oder so gut wie tot ist? ... Ich unterbreite Dir die Frage, glaube es mir, in der festen Überzeugung, daß Du sie Julia mitteilen oder mir raten solltest, ob ich sie ihr direkt mitteilen soll. Es ist eine sehr, sehr ernste Angelegenheit, über die ich seit langer Zeit nachgedacht habe, vielleicht vom ersten Tag meiner Haft an ... Ich habe auch gedacht, es könne als romantische Geste erscheinen. Auch habe ich gedacht, es könne als eine Schlauheit erscheinen, als eine Art moralischer Erpressung ... Es ist notwendig, daß die Initiative von mir ausgeht ... Ich denke, Julia ist ... noch im Stande, sich frei eine neue Phase ihres Lebens zu gestalten, ihrem Leben eine neue Richtung zu geben ... Ich würde mich in meine 'sardische' Schale zurückziehen. Ich will nicht behaupten, daß ich nicht leiden würde ... Ich würde es ertragen, mich daran gewöhnen ... Nach einem Jahr bin ich vielleicht völlig verändert und habe nicht einmal mehr die Fähigkeit zu fühlen, was ich heute noch fühle ... Du mußt in diesem Fall von großer Herzensstärke und absolut unparteiisch sein ... Ich mache Dich darauf aufmerksam, daß ich Julia nicht schreibe, bevor ich nicht eine Antwort von Dir habe. Ich weiß, daß ich Dir eine schwere Verantwortung aufbürde, aber ich bin sicher, daß Du ihr gewachsen bist".[(4)]

Man versteht, daß bei diesem Entschluß die enttäuschte Hoffnung auf eine spürbare Reduzierung der Haftstrafe mitgespielt hat. Die Bestätigung der langen Haft verringert für Gramsci die Wahrscheinlichkeit, lebend das Gefängnis zu überstehen. Wir sahen, daß gerade im letzten Jahr sein Verhältnis zu Julia sich eindeutig verbessert hatte. Die Briefe Julias sind häufiger geworden. Mehr als einmal hat er ihr geschrieben, welche Freude sie ihm bereiteten. Er hat versucht, ihr zu helfen und hat Ratschläge für ihre Tätigkeit geschickt. Er hat begonnen, seinem Sohn Delio zu schreiben. Der Grund seiner überraschenden Entscheidung liegt also nicht in der Entwicklung des Verhältnisses zu Julia. Zweifelsohne soll diese Entscheidung Julia helfen, freier und leichter ihr Leben aufzubauen. Ob auch ein politisches Motiv mitspielt, läßt sich schwer sagen. Auf das Problem, Julia von ihrer Verbindung mit einem Kommunisten, der von der herrschenden Richtung als Dissident gesehen wird, zu befreien, werden wir noch zurückkommen.

Tanja ist sicherlich völlig überrascht. Am 19. November schreibt sie ihm eine Postkarte: "Heute möchte ich Dir nur sagen, daß ich beim Gedanken an Deine moralische Qual einen unendlichen Schmerz empfinde ... Glaube nicht, ich habe Dein Schreiben auf die leichte Schulter genommen ... Aus ganzem Herzen bitte ich Dich, bleib gut, bleib ruhig ... Du tatest gut daran, aufrichtig Deine Gedanken mitzuteilen ... Doch bleibe ruhig ...".

Sie schickt ihm einen Tabakbeutel und die von ihm verlangten wollenen Überstrümpfe, aber nicht die geforderte Antwort. Am 21. November kopiert sie ihm einen Brief Julias mit Nachrichten von den Kindern: "... was sagst Du zur Neigung Giulianos, sich im Spiegel anzuschauen? Wenn er sich im Spiegel sieht, hat er vielleicht auch das Bedürfnis, das Aussehen seines Vaters zu kennen, eben deshalb wird er den Wunsch geäußert haben, ein Foto von Dir zu bekommen".

Am gleichen Tag (21. November) schreibt Gramsci an Tanja, ihre Andeutungen hätten ihn keineswegs zufrieden gestellt. Und am 28. hakt er nach: "Vielleicht tust Du gut daran, die Sache mit großer Ausgewogenheit zu bedenken, denn ich zähle sehr auf Deine Hilfe, Julia zu überzeugen, meinen Gesichtspunkt zu akzeptieren". Am 30. schreibt Tanja eine Postkarte: "Ich fühle mich überhaupt nicht gut. Die Krankheit, die sich an meinen Fingern äußert, ist eine Nervenstörung ... Du schriebst, Du habest viel über die Angelegenheit nachgedacht. Ich möchte es Dir gegenüber weder an Respekt fehlen lassen, noch möchte ich mich völlig unsensibel zeigen gegenüber Deiner Art, die Dinge darzustellen, aber ich muß Dir sagen, daß es sich für mich weder um ein 'Fühlen', noch um ein 'Nachdenken' handelt, ich kann Dir sofort und ohne weiteres antworten, ohne deshalb für leichtsinnig oder Deines Vertrauens unwürdig gelten zu müssen, aber, Du verstehst, ich bin so müde".

Während Tanja zögert, auf die ihr von Gramsci gestellte Frage zu antworten (und man versteht, daß sie es für nötig hält, den Rat Sraffas einzuholen), schreibt Gramsci am 28. November einen Brief an Julia, nicht ohne Andeutungen über ein "Beginnen" oder "Neubeginnen", "denn mir schien, Du befindest Dich in diesem Augenblick Deiner Existenz zögernd und desorientiert. Aber mit diesem Thema werde ich mich später beschäftigen müssen, wenn ich mit Tanja einig geworden bin, die ein bißchen blockiert und mich in der Luft hängen läßt". Julia muß die eigentliche Bedeutung dieser Sätze entgehen. Was Gramsci im Sinne hat und was Julia nicht erkennen kann, wird in den äußerst kritischen Bemerkungen deutlich, die den ersten Sätzen folgen. Sie betreffen Julias Interpretation der Tatsache, daß sich Julik oft im Spiegel betrachtet. Julias Art, die Sache zu sehen, scheint ihm "naiv und auf treuherzige Art 'weiblich' ... Denn im Spiegel nur ein Instrument des Narzißmus zu sehen ist nur den Frauen eigen ... Deine Bemerkungen sind falsch von Kopf bis Fuß und verraten eine rückständige, anachronistische und sehr gefährliche Denkweise ... Da ist immer ein "Genfer" Bodensatz in Deiner Seele, und dieser Bodensatz ist zu einem beträchtlichen Teil Ursache deines psychischen Unbehagens". Dieser Anspielung auf Rousseau folgt eine unerwartete Selbstkritik, die wie ein Echo der Kritik Genias klingt: "Vielleicht stimmt es, daß ich zu 'egoistisch' war und mehr nach ästhetischen Empfindungen gelebt habe als nach moralischen Verpflichtungen".

Indes fährt Tanja fort zu schweigen, zu "blockieren" (wie Gramsci es nennt). Am 2. Dezember beschränkt sie sich darauf, ihn von dem Blutfluß an ihren Fingern und von der Krankheit der Mutter zu benachrichtigen (die am 30. Dezember stirbt, was Gramsci jahrelang verschwiegen wird). Sie schreibt, daß sie "sich nicht danach fühle", auf das Problem, das er aufgeworfen hat, zu antworten. Am 4. Dezember kopiert sie ihm einen Brief von Genia, in dem es unter anderem heißt: "Die Neuropathologen finden, daß Delio zu 'geistig', zu fein und zu entwickelt ist... und halten das für schädlich". Aus dem Brief geht auch hervor, daß Delio Genia weiterhin "Mamma" nennt. Julia befindet sich in einem "nicht allzu guten

Zustand". "Anstrengungen und jede Gefühlserregung führen zu einem zeitweisen Sprachverlust... Ich glaube, man muß wirklich von einer emotionalen Epilepsie sprechen". In einem kurzen Zusatz schreibt Tanja, sie habe drei Monate diesen Brief Gramsci vorenthalten, weil "viele Sachen darin mich irritiert haben".

Gramsci schreibt ihr am 5. Dezember und fordert von ihr endlich "ohne Diskussion" ein "Ja" oder "Nein": "Bist Du bereit, Dich bei Julia zu verwenden im Sinne dessen, was ich Dir geschrieben habe, oder hältst Du es für unmöglich? ... Es handelt sich um eine chirurgische Operation, in gewissem Sinn um eine Enthauptung ..., die zur chinesischen Marter wird, wenn sie nicht mit einem glatten, entschiedenen Schlag erfolgt".

Er fordert Aufrichtigkeit und schreibt: "Oft ist, wer trösten und liebevoll usw. sein will, in Wirklichkeit der grausamste Folterknecht. Auch in der 'Zuneigung' muß man vor allem 'intelligent' sein ... Da ich Deine Zuneigung in keiner Hinsicht bezweifle ... und da ich inzwischen annehme, daß mein Brief vom 14. November vorläufig ohne entscheidende Folgen bleibt, möchte ich Dir sagen, daß gerade Deine Haltung mir gegenüber in einigen Punkten sich ändern muß". Und Gramsci erinnert an die Episode vom Februar 1928, an den bekannten, freundschaftlichen Brief, den Ruggero Grieco ihm (anscheinend) zum Trost geschickt hat, während andere den Brief "kriminell" fanden.(5) Der Untersuchungsrichter in Mailand hatte damals zu Gramsci geäußert, der Brief könne für ihn "katastrophale" Folgen haben: "Handelte es sich um einen kriminellen Akt oder um unbegreiflichen Leichtsinn? Schwer zu sagen ... Mag sein, daß der Schreiber des Briefes lediglich unverantwortlich dumm war und daß jemand weniger dummes die Anregung gegeben hatte".(6)

Offensichtlich verliert Gramsci das Maß, wenn er, um Tanja zu zeigen, zu welch katastrophalen Folgen liebevoller Eifer führen kann, als Beispiel den "berüchtigten" Brief Griecos heranzieht. In Wahrheit drängt es ihn, in diesem Augenblick erneut von dieser Episode zu sprechen. Und die Periodisierung der sechs Gefängnisjahre, die er anschließend unternimmt, beweist es. "... es hat eine dritte Phase meines Lebens als Häftling begonnen. Die erste Phase reicht von meiner Verhaftung bis zum Erhalt jenes berüchtigten Briefes: bis dahin gab es Wahrscheinlichkeiten (sicherlich, nur Wahrscheinlichkeiten, doch was kann man mehr verlangen) für eine andere Wende, als die, die das Leben dann nahm; diese Wahrscheinlichkeiten wurden vernichtet, und es hätte auch noch schlimmer kommen können. Die zweite Phase reicht von damals bis zum Anfang des vergangenen November. Es gab noch Möglichkeiten (keine Wahrscheinlichkeiten mehr, nur Möglichkeiten, aber sind nicht auch sie wertvoll und müssen nicht auch sie gepackt werden?), und auch sie wurden vertan, ich versichere Dir, nicht durch meine Schuld, sondern weil den Anweisungen, die ich rechtzeitig gegeben hatte, kein Gehör geschenkt wurde. Das verdanke ich Carlo und seiner albernen Torheit (ich beziehe mich nicht auf sein Telegramm, das von sekundärer Dummheit war)". Für die dritte Periode soll das als Lehre dienen, "damit sich nicht die Fehler und Versäumnisse der Vergangenheit wiederholen". Und noch einmal wiederholt Gramsci, was er Tanja schon mehrmals eingeschärft hat: "Ich bitte Dich deshalb, mache nichts ohne mein Einverständnis, hör auf keinen Rat in meiner Angelegenheit, folge nur und 'buchstäblich' den Anweisungen, die ich Dir geben kann".

In diesen Zeilen gibt es offensichtlich einige dunkle, nur schwer interpretierbare Stellen. Mit den "Möglichkeiten", die es in der zweiten Periode gegeben habe, bezieht sich Gramsci vielleicht auf den (gescheiterten) Gefangenenaustausch und auf den nicht zustande gekommenen Besuch von Mons. Pizzardo. Aber warum gibt er Carlo die Verantwortung für dieses Scheitern? Und bezieht sich das Verbot, in seinen Angelegenheiten auf irgend einen Rat zu hören, auf jedwede Einmischung der Partei in die bürokratischen Angelegenheiten, die ihn betreffen? Bald wird man klarer sehen.

Tanja antwortet am 11. Dezember. Jetzt, nachdem er ihr geschrieben hat, er nehme an, daß sein "Brief vom 14. November vorläufig ohne entscheidende Folgen bleibt", fällt ihr die Antwort leichter auf die Frage, die er ihr vor etwa einem Monat gestellt hat. Ihre Verantwortung ist weniger schwer, und sie stellt dies auch fest, bevor sie ihr "entschiedenstes Nein" mitteilt. Sie fügt hinzu, daß bei einer Frage, die im anderen Leid hervorrufen würde, die vorherige Zustimmung der anderen Seite unerläßlich sei. Indem sie die Argumentation Gramscis aufnimmt schreibt sie: "gute und liebevolle Absichten genügen nicht".

Trotz der großen Bedeutung, die Gramsci der Geschichte des Briefes von Grieco zumißt, schweigt sich Tanja darüber aus, als ob es ihn nicht gegeben hätte. Daß es einen Rat Sraffas zu diesem Punkt und nicht nur zu diesem gibt, scheint mir sehr glaubhaft. Es ist verständlich, daß die Partei kein Interesse daran hat, daß über den Fall geredet wird. Interessant ist, daß es womöglich Sraffa war, der Tanja sagte, daß jener Brief "kriminell" sei. Doch ist das nicht sicher und nach dem Tode Gramscis, als Tanja die Frage klären und ihr auf den Grund gehen will, nimmt Sraffa eine ganz andere Haltung ein. Schließlich kündigt Tanja für Weihnachten ihren Besuch in Turi an.

Gramsci antwortet am 19. Dezember. Es überrascht, daß er vom "entschiedenen Nein" Tanjas, das er sicherlich erwartet hat, nicht einmal Notiz nimmt. Es ist, als ob das Problem nie existiert hätte und als ob er nie auf eine Antwort, mit der Tanja zögerte, gedrängt hätte. Fast der gesamte Brief ist der Tatsache gewidmet, daß Tanja 1932 nicht nach Turi gekommen war, obgleich sie es versprochen hatte, und weiterhin der Bitte um die Angabe eines wirksamen Schlafmittels. Bereits im Brief vom 5. Dezember hatte er sich über den ausgebliebenen Besuch beklagt: "Und Du, warum bist Du nicht 1932 nach Turi gekommen, wie Du es Anfang Januar versprochen hattest? Hättest Du es nicht versprochen und hätte ich nicht damit gerechnet, hätte ich geschrieben, Du solltest kommen". Tanja hat am 11. Dezember (als sie ihr "entschiedenes Nein" vorbringt) auf diesen Vorwurf geantwortet: "... ich muß Dir sagen, daß es völlig absurd ist, daß Du davon abgesehen hast, mich um einen Besuch in Turi zu bitten, als er nötig war, und das anscheinend nur, weil ich Dir seinerzeit versprochen hatte, ich käme. Das ist keineswegs ein guter Grund, im Gegenteil, Du solltest verstehen, daß es mich beleidigen und auch tief schmerzen muß, wenn Du so handelst oder auch nur so fühlst".

Der Vorwurf Gramscis hat fast sicher mit den Versuchen zu tun, die 1932 unternommen worden waren, über die sowjetische Botschaft oder den Vatikan (vielleicht unabhängig voneinander) Gramscis Freiheit zu erwirken. Wir wissen bereits, daß Gramsci im September darüber mit seinem Bruder Carlo gesprochen hat. Gibt es eine Beziehung zwischen diesen gescheiterten Versuchen und den Verhandlungen, von denen Gramsci wenige Monate später absolut nicht wollte, daß die Partei von ihnen unterrichtet werden würde? Bereits am 28. November, als noch unklar ist, unter welchen Bedingungen die Amnestie auf ihn angewendet werden würde, hat Gramsci Tanja geschrieben: "Falls meine Annahmen richtig sind, möchte ich Dich bitten, eine Reise nach Turi zu machen, damit ich Dir mein Projekt unterbreiten kann". Und er versäumt nicht, hinzuzufügen: "Bestimmt teile ich es Dir nicht schriftlich mit, denn wenn ich Dir etwas in einem Brief schreibe, unternimmst Du auf eigene Faust Schritte, die, anstatt mir zu helfen mir schaden und meine Lage verschlechtern (gegen Deine Absicht, sicherlich, aber das hat praktisch wenig Bedeutung ...)".

Gramsci läßt die Frage einer Trennung von Julia fallen (er kommt darauf im Brief vom 18.6.1933 zurück und spricht darüber mit Tanja vielleicht bei ihrem Besuch Anfang Januar 1933). Das bestätigt meiner Ansicht nach die Hypothese, wonach die Idee einer Trennung (um Julia die Freiheit für ein neues Leben zu geben) die vielleicht auch gefühlsbedingte Folge eines Scheiterns seiner Hoffnung war, kurzfristig durch eine Amnestie oder andere, zusätzliche Bemühungen die Freiheit zu erlangen.

Am 17. Dezember informiert Tanja mit einer Postkarte Gramsci, daß seine Annahmen über die Amnestie völlig zutreffend waren: die Haftstrafe wird von 20 Jahren auf 12 Jahre und 4 Monate reduziert, und von einer baldigen Freilassung kann keine Rede sein. Am 22. gibt sie ihm weitere Hinweise und schreibt, im Hinblick auf ihren Besuch: "Ich möchte Dich gerne neu gekleidet sehen, mit neuem Pullover und Weste, ich habe einen weichen, leichten ausgesucht ...".

Am 19. schreibt Gramsci an Julia einen Brief, in dem die ganzen Spannungen der letzten Monate offen zu Tage treten, jetzt aber in einem bitteren Rückfall: "... wenn ich einige Briefe geschrieben habe, ärgere ich mich selbst darüber, so sehr fällt mir mein pedantischer Ton auf ... Dies hängt ... zusammen ... mit der Tatsache, daß auch in Deinen Briefen sich wenig findet, was nach einer Antwort verlangt. Du bist zu abstrakt und allgemein ... Ich habe viel von meinem Vorstellungsvermögen verloren ... Ich kann in allem nur anachronistisch sein; und dann flüchte ich mich ... in die Pedanterie ... Deshalb glaube ich, daß auch in Dir etwas Anachronistisches ist ..., freilich in ganz anderer Form als bei mir. Auch Dir ist es passiert, daß Du einige Jahre am Rande des strömenden Lebens geblieben bist ... Ich riet Dir einmal, die Musik wieder aufzunehmen, so wie ich meine philologischen Studien wieder aufnehmen würde". Das war keine Einladung zur Flucht aus der Realität (d.h. aus der Politik), sondern nach Ansicht Gramscis eine Möglichkeit, durch "einen besseren Gebrauch der eigenen Fähigkeiten" ... "einen größeren Beitrag zur Entwicklung der historischen Lebenskräfte" zu leisten.

Hier versucht Gramsci an Bemerkungen anzuknüpfen, die er Julia bereits in den Briefen vom 28. März und 11. April 1932 gemacht hatte, als er seinen Rat, die künstlerische Tätigkeit wieder aufzunehmen, verbunden hatte mit der Kritik an jener allzu engen Auffassung von Praxis, die Marx in den Thesen zu Feuerbach "schmutzig-jüdisch" genannt hat.

Es ist sehr wahrscheinlich, daß Gramscis Kritik nicht so sehr Julia, als vielmehr ihrer Umwelt und deren Einfluß gilt. Er fordert zu einer Tätigkeit voll ideeller Kraft auf, und die Analogie zwischen der eigenen Gefängnissituation und derjenigen Julias stellt die befreiende Kraft der Musik und der Philologie auf die gleiche Ebene.

Am 26. Dezember – inzwischen hat er das Weihnachtspaket erhalten, für das er sich nicht ohne Pedanterie bedankt – schreibt er Tanja im Hinblick auf ihre bevorstehende Ankunft sehr drastisch, sie möge sich hüten, zusammen mit Prof. Arcangeli zu erscheinen, der die inzwischen beschlossene ärztliche Untersuchung vornehmen soll. "Ich wünsche absolut nicht, daß Prof. Arcangeli in diesen Tagen kommt. Zuerst möchte ich mit Dir reden. Ich hoffe, daß Du nichts mit Prof. Arcangeli ausgemacht hast, ohne mich davon zu benachrichtigen. Ich bitte Dich, in keiner Weise zu versuchen, meinen Willen mit Hilfe vollendeter Tatsachen zu nötigen. Merk Dir, ich bin zu allem entschlossen, auch dazu, die ärztliche Visite zu verweigern und auch Dich nicht zu sehen, wenn Du glauben solltest, mich nachgiebig machen zu können. Ich bin nicht mehr in der Lage, eine Krise wie die vom vergangenen September auszuhalten. Liebe Tatjana, ich bin Dir sehr dankbar für alles, was Du getan hast und noch für mich tust. Aber es gibt Situationen, in denen ich alles zerbrechen würde, auch um den Preis meiner endgültigen Zerstörung. Ich bitte Dich, ganz vorsichtig zu sein in diesen Dingen ... Nachdem ich mit Dir gesprochen habe – es hat keine Eile, da nicht eingetreten ist, was ich abstrakt angenommen hatte – kann man auch an eine ärztliche Untersuchung denken, die ich jedenfalls für nützlich halte, aber zu seiner Zeit ... und Du darfst mir keine vagen Vorsätze ankündigen, die mich in einem gereizten und nervösen Zustand halten, sondern nur präzise Daten. Ich bitte Dich, nicht zu wiederholen, was schon 1932 das ganze Jahr über passiert ist. Ich hoffe, Du überzeugst Dich davon, daß es sich um für mich sehr ernste Sachen handelt. Wenn Du mir – wie ich überzeugt bin – wirklich nützlich sein willst und nicht die 'Wohltäterin', die consolatrix afflictorum spielen willst, mußt Du nur das tun, was ich Dir sage, nichts mehr, aus welchem Grund auch immer ...".

In diesem Brief sind die Spuren der Spannungen erkennbar, die Gramsci seit September und bis zum Jahresende belasten, aber es ist auch offensichtlich, daß der Zweifel, Tanja halte sich nicht "buchstäblich" an seine Anweisungen und verzichte nicht darauf, seinen Willen lenken zu wollen, in ihm zum Dauerzustand zu werden droht. Und er ist bereit, alles zu "zerbrechen". Eine so schwere, wiederholt ausgesprochene Drohung kann nicht nur Tanja meinen, sondern muß auch an die gerichtet sein, die hinter ihr stehen. Vermutlich hält Gramsci diese Kräfte (die Partei, wen sonst?) für verantwortlich dafür, daß Tanja das ganze Jahr 1932 nicht nach Turi gekommen ist. In diesem Punkt irrt er, denn wir wissen, daß Sraffa Tanja mehrmals aufgefordert hat, nach Turi zu fahren. Doch Gramsci sieht eine Beziehung zwischen dem Fernbleiben Tanjas und dem Scheitern der Bemühungen, seine Freiheit zu erwirken.

Am 2. Januar 1933, noch kurz vor dem Gespräch mit Tanja, schreibt er ihr einen Brief, in dem er die Härte des Vorigen mildert: "Das alte Jahr ist nicht gerade mit angenehmen Erinnerungen gefüllt, es war das schlimmste Jahr, das ich im Gefängnis verbracht habe ... Und wenn das Jahr 1932 schlimm war, so scheint mir, wird 1933 noch schlimmer. Ich bin zermürbt, während die Last zunimmt. Das Verhältnis zwischen den Kräften, über die ich verfüge und der Anstrengung, derer es bedarf, hat sich noch verschlechtert. Trotzdem bin ich nicht demoralisiert, im Gegenteil, mein Wille nährt sich gerade vom Realismus, mit dem ich die Komponenten meiner Existenz und meines Widerstands analysiere."

Wille und Intelligenz scheinen hier nicht entgegengesetzt, wie in der berühmten Formel vom "Optimismus des Willens und dem Pessimismus der Intelligenz". Beide tragen zur Stärkung des Widerstands gegen die Entmutigung bei.

Tanja schreibt am 7. Januar. In der ersten Hälfte ihres Briefes spürt man den Schmerz über die schneidenden Sätze der letzten beiden Briefe Gramscis. Doch nirgends zeigt sie Ressentiment. Sanft versucht sie, die "Fehler", die man ihr vorwirft, nicht zu rechtfertigen, sondern zu erklären. Die einzige Rechtfertigung betrifft die Tatsache, noch nicht das Datum ihres Besuchs genau angegeben zu haben, um das Gefühl des Wartens sowohl in Gramsci, als auch in ihr selbst nicht zuzuspitzen. "Ich möchte, daß mein Besuch Dir nicht nur angenehm wird, sondern auch und vor allem, daß er Dich nicht noch nervöser macht, als Du wahrscheinlich schon bist. Ich habe Dir bereits meinen gegenwärtigen Zustand leichter Erregbarkeit mitgeteilt, und Du weißt auch, daß es der nervlichen Erschütterung, die so ein Besuch mit sich bringt, zuzuschreiben wäre, wenn ich in diesen Tagen krank werden würde. Deshalb muß ich den günstigsten Augenblick für meine Reise herausfinden. Vielleicht sollte ich sie antreten, ohne mich besonders vorzubereiten. Das wäre das beste und würde meine Nerven nicht schon im voraus verbrauchen. Es kann auch passieren, daß mich mein Leiden an der Reise hindert und womöglich ans Bett fesselt, wie es voriges Jahr im Januar der Fall war, oder daß sich etwas an Deiner Lage ändert, sei es, daß Deine Gesundheit sich verschlechtert, was mich dann aufregt, sei es, daß Du, wie öfters schon, etwas schreibst, das mir die Kraft oder den Mut nimmt, abzufahren, während es gerade das wäre, was ich tun sollte. Doch ich verstehe das und leide an meiner beschämenden und dummen Schwäche" (siehe Anhang).

Auch Tanja ist "zermürbt", was man versteht nach dem unerwarteten Vorschlag Gramscis, sich von Julia zu trennen, wozu er auch noch ihren Rat verlangt hat; nach dem Scheitern der wahrscheinlich zur Befreiung Gramscis eingeleiteten Schritte; nach allen Krankheiten, die sie durchmachte und an denen sie immer noch leidet. Und jetzt scheut sie sich sogar, einen Termin für ihre Reise nach Turi festzusetzen aus Angst vor den Gefühlen, die über sie hereinbrechen würden und vor der nervösen Erregung, die ihre Reise auch in Gramsci hervorrufen könnte. Und sie schämt sich "dieser dummen Schwäche".

Auch was ihr Sraffa am 5. Januar geschrieben hat, muß ihr Schuldgefühl erhöht haben. "Leider wird jetzt offenbar, welches Unglück es war, daß Sie

1932 keinen Besuch machten".[7] Der Vorwurf ist begründet, auch Gramsci hat ihn ihr mehr als einmal gemacht. Doch Sraffa vereinfacht, denn das Unglück hat verschiedene Seiten: die Weigerung der sowjetischen Botschaft, den Antrag auf eine unabhängige ärztliche Untersuchung Gramscis zu unterstützen; den fehl geschlagenen Versuch von Mons. Pizzardo, Gramsci zu besuchen (wovon Tanja anscheinend nichts wußte); den ungünstigen Ausgang der Amnestie. Andrerseits verfügen wir über keine Erklärung, abgesehen vom schlechten Gesundheitszustand Tanjas, um zu verstehen, warum sie 1932 nicht nach Turi gefahren war. Sicher ist nur, daß Gramsci darunter sehr gelitten hat.

Vor ihrer Abreise läßt sich Tanja von Prof. Bastianelli untersuchen, der ihren Zustand besser findet und die Reise genehmigt. Am 9. Januar teilt sie dies Gramsci mit, der ihr am gleichen Tag ebenfalls einen Brief geschrieben hat mit detaillierten Angaben über seine Ausgaben (Medikamente, Post, Lebensmittel, Streichhölzer, Tabak) und seine Gesundheit (besser, aber "häufig ein Gefühl, als hinge ich ohne physisches Gleichgewicht in der Luft", "ich leide mehr unter der Kälte und habe ... Frost in den Ohren gehabt"). Tanja fährt am 13., muß wegen einer Verspätung des Zugs in Bari übernachten und erreicht erst am folgenden Tag Turi. Wann der Besuch stattfand, ist ungewiß, vielleicht schon am Tag ihrer Ankunft. Gramsci schreibt am 16. an Julia: "Vorgestern hatte ich ein Gespräch mit Tanja". Tanja hingegen schreibt an Gramsci von Turi aus sowohl am 16. ("Ich habe Dir Mandarinen gebracht"), als auch am 17., ohne ein Gespräch zu erwähnen. Sie berichtet von ihrer Übersetzung eines Artikels von Prof. Belugin, ein Arzt, der auch Julia behandelt hat. Am 20. schickt sie eine Postkarte: "Es war eine große Freude für mich, Dich zu sehen ...". Hat sie ihn jetzt erst oder vielleicht schon ein zweites Mal gesehen? Auffallend ist, daß die Begegnung dieses Mal kein Echo hinterläßt, daß das Gefühl des Wiedersehens außer in der kurzen, konventionellen Bemerkung keinen schriftlichen Niederschlag findet. Und doch ist sicher, daß in diesem Gespräch von einer ganz wichtigen Sache die Rede war, denn Tanja schreibt am 19. Januar an Sraffa: "Nino wünscht, daß ich Ihnen etwas mündlich mitteile, er meint, man solle absolut nicht schreiben ...". Sraffa antwortet ihr am 23., er könne sie im Augenblick nicht treffen und gibt Anweisung, wie man schreiben könne, "ohne Namen zu nennen". Am 21. kopiert Tanja für Gramsci einen Brief Julias, der an sie gerichtet ist und ihr nach Turi nachgeschickt wurde. Julia schreibt unter anderem: "Du sprichst von meiner möglichen Genesung! Ich bin mir dessen kaum bewußt ... wie ich auch vorher nicht spürte, krank zu sein. Wann wird es mir gelingen, ein gesunder Mensch zu sein? Wann werde ich fähig sein, die Sonne zu spüren? Den

Schnee zu sehen? Den Eindruck der schönen Winterabende zu empfinden? Schnee und Sonne? Und die Abende des Südens? Es scheint, daß die Nerven dies alles nicht aufnehmen können oder es nur als einen Schmerz wahrnehmen. Tanicka, siehst Du, so kommt mir ein Murren gegen das Leben, das doch so gut ist ... Gäbe es nur weniger Ärzte und weniger Diagnosen auf der Welt" (siehe Anhang).

Dieser Brief klingt nicht nach jemand, der unter psychischen Störungen leidet, sondern viel mehr nach jemand, dem es verwehrt ist, in Natürlichkeit das Leben zu leben, das "so gut ist", so daß sich die schönen Eindrücke in Schmerz verwandeln. Schon ein anderes Mal hat Julia etwas Ähnliches geschrieben, als sie berichtete, wie sie in der Oper ohnmächtig wurde: "Wenn man auf eine vollständigere Weise zu leben versucht, mit dem ganzen Sein, dann spürt man den Schmerz ...".

Am 22. verschiebt Tanja ihren Besuch "wegen schlechten Wetters" auf den folgenden Tag. Am 24. ist sie noch in Turi. Sie hat einen Zug versäumt. Auf der Karte, die sie Gramsci schreibt, finden wir erneut kein Echo des Gesprächs, sondern: "Die Vorstellung, daß auch Du den gleichen Ton der Glocken hörst, gab mir ein Gefühl der Freude".

Am 25. fährt sie von Bari ab. Während sie auf den Zug nach Rom wartet, schreibt sie einen Kartengruß, nimmt dann den falschen Zug, den nach Neapel, und schickt von dort erneut Grüße. Am 27. erreicht sie endlich Rom. Am 30. schreibt sie: "Ich bin sehr glücklich, Dich besucht zu haben" und kündigt ein Paket mit einer Bauchbinde und Medikamenten an.

Inzwischen drängt Sraffa, um zu erfahren, was Gramsci ihr im Gespräch mitgeteilt und wovon sie geschrieben hatte, sie könne es nur mündlich wiedergeben. Am 7. Februar schreibt er: "Und immer noch lassen Sie kein Wort von diesem Gespräch verlauten. Es ist ein Unglück, verstehen Sie, buchstäblich ein Unglück, was Sie mit Ihrem unerklärlichen Schweigen anrichten. Sie sind sich der Schwere der Verantwortung, die Sie übernehmen, nicht bewußt ... Ist es denn möglich, daß Sie nicht verstehen, daß es Ihre Pflicht ist, einen Auftrag, den Ihnen ein Mann in dieser Lage erteilt, ohne Zeit zu verlieren auszuführen? ... Nehmen Sie Ihre Kraft zusammen, nehmen Sie eine Feder und schreiben Sie mir den langen Brief, auf den ich warte ... Schreiben Sie sofort".(8)

Doch Tanja hat von Gramsci die Anweisung bekommen, nicht zu schreiben, und sie hat dies Sraffa am 23. Januar mitgeteilt: "Was nach dem Wunsch Ninos nicht schriftlich mitgeteilt werden soll, bezieht sich speziell darauf, was man für ihn tun, zu tun versuchen sollte ... Ich habe ihm Ihr Versprechen angedeutet, Sie würden eventuell den Antrag auf eine vorläufige Haftverschonung stellen. Er war sehr zufrieden, daß Sie schon daran gedacht hatten; er meint, es sei die einzige Art, etwas zu erreichen". Am 13. Februar spricht Gramsci in einem Brief an Tanja Sraffa seinen Dank aus und ermächtigt den Anwalt, die nötigen Schritte einzuleiten.

Wie aus den Äußerungen hervorgeht, die Gramsci im Frühjahr in seinen Briefen an Tanja macht, hat er in jenen Gesprächen im Januar damit begonnen, den äußersten Versuch ("den großen Versuch") in die Wege zu leiten, um dem langsamen Tod zu entgehen, zu dem ihn die Haft verdammt. Die sichere Quelle über das, was damals passierte, ist Tanja selbst. Ihr Bericht befindet sich in einem langen Brief, den sie am 11. Februar, nach mehreren energischen Aufforderungen, an Sraffa schreibt. Tanja hat lange gezögert. Gramscis Anweisungen, die Angelegenheit nur mündlich zu behandeln, beruhten auf der Furcht, ein schriftliches Dokument könne seine Hoffnungen in falsche Hände gelangen lassen. Immer wieder erinnert er an den Brief Griecos vom Februar 1928. In Gramsci hat sich die (fixe?) Idee gebildet, dieser Brief sei nicht Frucht einer "Dummheit" gewesen, sondern Ergebnis eines Willens, ihm zu schaden. Im Brief an Tanja vom 5. Dezember 1932 hatte er geschrieben, das "berüchtigte" Schreiben habe die "Wahrscheinlichkeiten", die damals noch bestanden, zerstört und beigetragen zum harten Urteil des Prozesses. Jetzt geht es darum (im "großen Versuch"), eine Verhandlung auf Regierungsebene zustande zu bringen, zwischen Moskau und Rom, um auf Initiative der sowjetischen Regierung (Tanja schreibt "unserer Regierung"), eventuell über einen Austausch, seine Freiheit zu erwirken. Deshalb äußerte Gramsci beim Besuch Tanjas in Turi den Wunsch, Sraffa möge ihm die Adresse der beiden Sowjetdiplomaten Kerzentschew und Makar(9) besorgen, "um sie die nötigen Schritte machen zu lassen".

Und Gramsci insistiert, wie Tanja an Sraffa schreibt: "Auf keinen Fall dürfen die italienischen Freunde von diesem Versuch erfahren, der sonst das Ende des ersten Versuchs nimmt, der in diesem Sinn unternommen worden war ...". Und: "Vor allem große Klugheit, es nicht die Italiener wissen lassen, ihre Einmischung soll absolut vermieden werden, und deswegen dürfen sie nichts erfahren".(10)

Immer der Schatten des Grieco-Briefes. Wie man sieht, haben sich das Mißtrauen und der Verdacht Gramscis gegenüber der Partei mit den Jahren bis zum Paroxysmus verstärkt, anstatt schwächer zu werden. Aber liegt nicht ein Widerspruch darin, Sraffa einen, wenn auch nur untergeordneten Teil der Operation anzuvertrauen? Gramsci wußte doch von der engen Verbindung Sraffas zu Togliatti!(11) Und hat Tanja nicht die schwerste Übertretung der Anweisungen Gramscis begangen, indem sie Sraffa detaillierte Angaben macht und auch noch schriftlich?(12) Auch unabhängig von den Befürchtungen Gramscis bedeutet dieser Brief von Seiten Tanjas eine große Unvorsichtigkeit. Doch Tanja geht noch weiter und schreibt auch einen Brief an Julia, um in Moskau eine Initiative anzuregen.

Anmerkungen zum Kapitel 7

1) Der Briefwechsel Tanja-Sraffa ist Gegenstand des Werkes von V. Gerratana, Piero Sraffa. Lettere a Tania per Gramsci, op. cit; Die Briefe Tanjas an Sraffa befinden sich in der Fondazione Gramsci in Rom
2) Giuseppe Fiori, Das Leben des Antonio Gramsci, op. cit. S. 247
3) Erklärung von A. Donini vom 13. März 1988, wiedergegeben in: Michele Pistillo, Gramsci come Moro?, Manduria, 1989, S.88 ff. In den Archiven des Vatikans findet sich keine Spur dieser Vorgänge, wie Giulio Andreotti, den Aldo Natoli für die Angelegenheit interessierte, festgestellt hat: "In beiden Abteilungen des Staatssekretariats hat man nach sorgfältiger Untersuchung nichts über den Besuch von Mons. Pizzardo in Turi gefunden. Es gibt auch kein persönliches Archiv des Genannten...", Brief Andreottis an Natoli vom 30.3.1990
4) Interessant ist die Reaktion Sraffas auf diesen Brief: "Sein letzter Brief ist beeindrukkend in seiner Absurdität... Du solltest ihn an Julia schicken (ohne Wissen Ninos) als Dokument einer Krankheit... vielleicht bringt sie das dazu, zu erkennen, wie dringend und notwendig ein möglichst baldiger Besuch von ihr bei Nino wäre", in: V. Gerratana, Piero Sraffa. Lettere a Tania, op.cit., S.98. Mehrmals hat Sraffa die Familie gedrängt, Julia nach Italien reisen zu lassen. An der Wirkung des obigen Arguments läßt sich zweifeln.
5) Es ist nicht bekannt, wer es war, der den Brief Griecos als "kriminell" bezeichnet hat. Tanja berichtet Gramsci von diesem Urteil und von diesem Adjektiv. Es ist also möglich, daß es von Sraffa stammt. Möglich, aber nicht sicher, denn es könnte auch von Gramscis Bruder Gennaro sein. So viel wir wissen, sah Sraffa diesen Brief immer als einen "Leichtsinn" an, auch wenn er 1969 (siehe Anhang), viele Jahre nach Gramscis Tod zugesteht, daß die Folgen "unglücklich" waren, was er nach dem Tode Gramscis Tanja gegenüber nicht zugab.
6) An wen Gramsci dachte, läßt sich nicht mehr ermitteln. Der Brief Griecos enthält auch einen Gruß von Fanny Jezierska, die Gramsci gut kennt und die damals im Sekretariat der Internationalen arbeitete. Es läßt sich nicht ausschließen, daß Gramsci an jemand, auch ihm Unbekannten, aus dem Kreis der Komintern dachte.
7) Brief an Tanja vom 5. Januar 1933, in V. Gerratana, Piero Sraffa..., op.cit. S. 105
8) ebda S. 108
9) Zwei Sowjetdiplomaten, die Gramsci gut kannte
10) Gramscis Überzeugung, auf Grund des Grieco-Briefes seien die Gespräche über seine Freilassung zwischen der sowjetischen Diplomatie und dem apostolischen Nuntius in Berlin im Jahre 1927 gescheitert (vgl. dazu: L'ultima ricerca di Paolo Spriano, Unità, 1988, S. 19-25), ist unbegründet. Die faschistische Regierung hatte bereits im Oktober zu erkennen geben, daß sie diesen Versuch nicht akzeptiert, und Griecos Brief datiert vom Februar 1928. Es bleibt aber unklar, warum diese Verhandlungen nach der Verurteilung nie wieder aufgenommen wurden. Wir kennen nur den Brief Togliattis

an Bucharin, um eine Initiative der Matrosen der "Krassin" anzuregen. Der Brief blieb ohne Folgen, was daran liegen mag, daß Bucharin nach dem VI. Kongreß der Internationalen bereits in Ungnade gefallen war und daß sich auch die politische Position Togliattis radikal veränderte.

11) Wir wissen das auf Grund eines Entwurfs für einen Bericht Tanjas an die Partei vom April 1933 (siehe Anhang). Tanja schreibt über ein Gespräch mit Gramsci: "Ich sagte ihm schon dieses Mal, daß Sie mir auf meinen Bericht von den Überlegungen Ninos zu dem berühmten Brief und zur eventuellen Existenz von jemand, der ihn veranlaßt hatte, zur Antwort gaben, sie würden die Person möglicherweise kennen, auf die Nino anspielen mochte, worüber er wie befriedigt war".

12) Brief an Sraffa vom 11. Februar 1933, siehe Anhang

"Es tut mir weh, zu lesen, daß Du 'vergessen' willst, vergessen, daß ich zu allem unfähig bin"
Tatjana, 21.5.1933

"Ich habe Dir und niemand etwas zu sagen. Ich bin leer."
Antonio, 2.7.1933

8. Kapitel:

Verlassen und "verurteilt"? Der letzte "große Versuch". Zusammenbruch und Überführung nach Formia (1933)

Im Brief Gramscis an Tanja vom 30. Januar 1933 findet sich eine Anspielung auf zumindest eines der Gespräche, die die beiden vor kurzem in Turi gehabt hatten. Der Ton ist ein bißchen ironisch, ein bißchen bitter, doch von einer düsteren Bitternis. Gramsci leidet, scheint es, in jenen Tagen an einer Darmkolik. Am 24. hat ihn Tanja ermahnt, "guten Muts zu sein". Gramsci vergleicht dies ironisch mit dem Optimismus von Candide und erzählt ihr eine grausame Episode aus seiner Kindheit, denn: "Es kommt nur darauf an, das eigene Leben mit noch schlechteren Umständen zu vergleichen und sich mit der Relativität der menschlichen Geschicke zu trösten", eben "nach der Art des Candide"! Tanja antwortet am 5. Februar: "Dein Brief scheint mir in die falsche Richtung zu gehen als Bemerkung zu dem, was ich Dir empfohlen habe, damit es Dir besser gehe ... Mir scheint, Du läßt Dich selten ganz gehen, wenn Du Deinen Gefühlen Luft machst ..., während es nötig wäre, ein von jeder Vorsicht freies Herz zu haben, um sich dem, dem man wohl will, wohlmeinend zu nähern".

Am 6. Februar schickt ihr Gramsci einen langen Brief, in dessen erstem Teil er mitteilt, er habe die Erklärung des Sondergerichts über die Anwendung der Amnestie erhalten; um weitere Fragen zu klären rät er, sich an einen Richter des Kassationsgerichtes zu wenden. Es geht darum, unter den verschiedenen Interpretationen des Straferlasses die günstigste geltend zu machen. In den restlichen Zeilen bemängelt er einige Versäumnisse

Tanjas (Briefe von Julia und Medikamente, die nicht übermittelt worden waren), er unterstreicht ihre Meinungsverschiedenheiten über den Einfluß psychischer Faktoren auf den Verlauf bestimmter Krankheiten, er beschuldigt sie, wichtige Dinge zu vernachlässigen und sekundären Fragen Aufmerksamkeit angedeihen zu lassen. All das "wird geradezu obsessiv ... ich brauche keine wollenen Bauchbinden ... ich bitte Dich, schreib mir nicht mehr all diese unnützen Dinge ... sie irritieren mich" und weiter in einer wütenden Steigerung bis zu einem letzten Versuch, diese Irritation zu erklären: "Vielleicht hast Du nie eine psychologische Erfahrung gemacht wie diese: man, leidet z.B. 100, wovon 99 durch höhere Gewalt verursacht ist (höhere Gewalt, weil sie nicht von uns und unseren Angehörigen abhängt) und 1 durch Angehörige. Gut, gerade dieses 1 vom 100 wird schließlich, ganz allein, zur Obsession und steht da als die einzige und größte Ursache unseres Leidens ... Wie Du siehst, kann ich mich noch vernünftig beurteilen und mir über die Dinge Rechenschaft ablegen. Das verhindert jedoch nicht, daß ich in bestimmten Augenblicken in Wut gerate und diese kritischen Überlegungen vergesse".

Wenn in der Sprache Gramscis das Wort "Obsession" auftaucht, das für Angstzustand, Zwangsvorstellung, Besessenheit steht, befindet er sich bereits in oder kurz vor einer Nervenkrise. Was er alles in diesem Brief aufzählt und wofür er Tanja tadelt, berechtigt für sich allein genommen weder diesen Ausbruch noch seine "Obsession".

Zwischen dem 10. und 22. Februar teilt Tanja Gramsci die Ansicht Sraffas zur Auslegung der Amnestiebestimmungen mit. Unmittelbar danach entschließt sich Tanja, nach Turi zu fahren, wahrscheinlich auch auf Anraten Sraffas. Am 25. schreibt sie eine Postkarte aus Bari: "Ich bin sehr froh, Dich bald zu sehen". Am folgenden Tag, am 26., kauft sie Obst, fährt nach Turi, sieht Gramsci und schreibt ihm erneut (vielleicht war ihr ein Zweifel gekommen): "Es ist völlig normal, daß man nachdenkt und sich fragt, ob der Besuch, den man gemacht hat, wirklich so viel Freude bereitet hat, wie man sich gewünscht hätte". Sie ist sehr besorgt über den Gesundheitszustand Gramscis. Dieser hat ihr ja schon am 13. Februar geschrieben: "Es ist wahr, seit einiger Zeit, etwa seit anderthalb Jahren, befinde ich mich in einer Lebensphase, die ich ohne Übertreibung katastrophal nennen kann. Ich bin nicht mehr in der Lage, auf meine körperlichen Leiden zu reagieren und spüre, wie meine Kräfte immer mehr schwinden. Andrerseits will ich mich nicht treiben lassen, das heißt, ich will nichts versäumen, was mir irgendeine, wenn auch abstrakte Möglichkeit bieten könnte, diesem Leiden ein Ende zu setzen. Ich meine, es käme einem Selbstmord gleich, wenn ich irgendetwas versäumen würde". Und weiter unten:

"Liebe Tanja, zuweilen werde ich gerade wie ein Kind; ich fühle mich so am Ende, daß mir die Tränen kommen und ich fürchte, ich werde wahnsinnig. Ich hätte nie geglaubt, daß der physische Zustand auf diese Weise über die moralischen Kräfte die Oberhand gewinnen könnte, oder ich hatte meinen Kräften zu viel zugetraut. Das soll Dich im übrigen nicht über die Maßen beunruhigen, aber ich kann diesen Zustand nicht länger verbergen. Ich versichere Dir, was mir noch ein wenig Kraft gibt, ist der Gedanke, daß ich noch Verantwortung habe für Julia und die Kinder: sonst würde ich nicht mehr kämpfen, so schwer und hassenswert ist mir das Leben geworden".

Sicher war es dieser Brief, der Tanja von der Notwendigkeit überzeugte, nach Turi zu fahren (im Einverständnis mit Sraffa, der in jenen Wochen in Italien weilte), um sich vom Gesundheitszustand Gramscis zu überzeugen und um ihm auf jeden Fall nahe zu sein.

Wir wissen nicht, was (im Verhalten Gramscis?) in ihr den Zweifel aufkommen läßt, ihr Besuch habe nicht jene Freude bereitet, die er hätte bereiten sollen. Gramscis Stimmung ihr gegenüber muß etwas von der Schärfe der Januarbriefe verloren haben. Zweimal hat er sie im Februar gebeten, gegenüber seinen "Belästigungen" Nachsicht zu üben. Der Besuch findet am 26. Februar statt, und noch am gleichen Tag teilt Tanja Gramsci ihren Zweifel mit. Am 27. schreibt ihr Gramsci einen langen Brief, der sicherlich zumindest einen Teil des Gesprächs widerspiegelt und den Zweifel Tanjas alles andere als grundlos erscheinen läßt.

Gramsci beginnt mit einer Einleitung, die auf das Gespräch ein bezeichnendes Licht wirft und sich sicherlich nicht nur auf die materiellen Bedingungen, unter denen es im Gefängnis stattfand, bezieht. "Ich glaube, daß unter den Bedingungen, unter denen unser Gespräch stattfindet, jedes weitere Wort [zu meiner physischen Lage, d.Ü.] anstatt zu klären, nur Verwirrung stiftet. Hingegen möchte ich mit Dir ein wenig von meiner moralischen Lage sprechen". Bei Gramsci bezieht sich "moralisch" auf das gesamte komplexe Feld der Gefühle und des praktischen und politischen Verhaltens im besten Sinn des Wortes. "Manche Gefühle", schreibt er, "werden unter bestimmten physischen Verhältnissen gebietender und zuweilen obsessiv".

In der schwierigen Krise, die Gramsci durchmacht, ist sein physischer Zustand ebensowenig ausschlaggebend wie sein psychischer, er gibt jedoch den Rahmen ab für seine qualvollen inneren Spannungen. Gramsci ist von großer geistiger Klarheit und strenger Konsequenz, so daß er wohl weiß, daß er keineswegs "besessen" ist. In ihm findet sich keine Paranoia, denn die Paranoia ist sich der eigenen quälenden Vorstellungen ("Obsessionen") nicht bewußt, sonst wären sie keine. Auch in diesem Brief quälen ihn "bestimmte Vorkommnisse, die sich symbolisch im berühmten Brief zusammenfassen lassen, von dem mir der Untersuchungsrichter in Mailand sprach". Doch den Hinweis auf den Brief Griecos vom Februar 1928 verbindet er gegenüber dem, was er Tanja bisher geschrieben hatte, mit zwei neuen Wertungen: 1) Der Brief ist der symbolische Inbegriff einer Reihe von Vorkommnissen, an die er "in all diesen Jahren" ständig gedacht hat, ohne sie klären zu können. Gerade in den letzten Monaten hat dieses Denken die Form einer "Obsession" angenommen, weil das Vertrauen darauf, "persönlich eine plausible Erklärung" für diese Vorkommnisse finden zu können, sich ständig verringerte; 2) "Mit dieser Reihe von Vorkommnissen bringe ich in Verbindung, welche Formen die Beziehung zwischen Julia und mir angenommen hat". "Ein gewisses Mißverständnis, eine Doppelbödigkeit, eine Zweideutigkeit verhindern, die Dinge klar zu sehen und völlig offen zu sein: Mein Eindruck ist, beiseite geschoben zu sein und sozusagen nur die Randerscheinung eines bürokratischen Vorgangs darzustellen". Auch im Gefängnis, "abgeschnitten von jeder direkten und indirekten Kommunikation", erreichen ihn wie ein Echo, in langen Abständen, fragmentarische Informationen und Indizien, die zu interpretieren ihn seine kritische "Philologie", "deren Eigenschaften ich noch nicht alle verloren habe", befähigt.

Gramsci zieht aus seinen Überlegungen folgenden Schluß: Es war nicht das faschistische Sondergericht, das ihn verurteilte. "Das wäre falsch. Mich hat ein sehr viel größeres Kollegium verurteilt, dessen lediglich äußerer und materieller Ausdruck das Sondergericht war ... Ich muß sagen, daß unter denen, die mich 'verurteilten', sich auch Julia befand, unbewußt, wie ich glaube, mehr noch, wie ich fest überzeugt bin. Aber es gibt eine Reihe anderer Personen, die weniger unbewußt sind. Das ist zumindest meine Überzeugung, die eisern in mir verankert ist, denn sie allein erklärt eine Reihe von aufeinander folgenden und in sich übereinstimmenden Vorkommnissen."

Letztlich schreibt er dies alles, "weil es mir scheint, ich sei an eine entscheidende Wende meines Lebens gekommen, in der ohne weiteren Aufschub eine Entscheidung getroffen werden muß. Diese Entscheidung ist gefällt. Die Verhaltensregel, die ich Dir in den letzten Gesprächen und im letzten Brief dargelegt habe, ist nur ein möglicher Teil dieser Entscheidungen. In bestimmten Momenten habe ich geglaubt, daß mein ganzes Leben ein großer (groß für mich) Fehler war, ein Verranntsein. Was mich noch davon überzeugt, daß das nicht völlig zutrifft, ist Deine Haltung und insbesondere die des Advokaten ... Aber das reicht nicht aus ... ich spüre, daß ich die kritischste Phase meiner Existenz durchmache ... Was ich Dir schreibe, ist nur für Dich und den Advokaten bestimmt ... Ich habe den Eindruck, daß Julia ein bißchen an dem gleichen Übel leidet ...".

Ich glaube, diese Zusammenstellung von Zitaten aus dem Brief vom 27. Februar gibt Gramscis Gedankengang, der ihm klar vor Augen steht, korrekt wieder. Doch verbleiben notwendigerweise einige Unklarheiten. Außer Zweifel steht, daß er sich über sein Verhältnis zur politischen Welt, der er angehört, ein Urteil gebildet hat. Er ist überzeugt, "verurteilt" zu sein. Es ist richtig, daß es von Seiten der Partei keinen formalen Akt dieser Art gibt, weder nach dem "Zwischenfall" von 1926, noch 1930, als anläßlich der "Wende" seine abweichende Haltung bekannt wird, und daß die materielle Unterstützung durch die Partei mittels Tanja und Sraffa nie abgebrochen wird. Es ist aber auch richtig, daß in dem völligen Schweigen, das sich drei Jahre lang, 1930-1933, über Gramsci legt, ein politisches Urteil enthalten ist. In diesem Sinn ist die Intuition Gramscis meiner Ansicht nach im wesentlichen zutreffend, auch wenn man berücksichtigen muß, daß sein bekannter Widerwillen (um nicht zu sagen seine Ablehnung) gegenüber Kontaktversuchen der Partei die Verbindung erschwert bzw. völlig entmutigt hat. Was den "berüchtigten" Brief Griecos betrifft, glaube ich an keine "kriminelle" Absicht, sondern, wie auch Sraffa, an einen "Leichtsinn". Die kürzlich vorgetragene These, der Brief sei eine Fälschung der OVRA, entbehrt meiner Ansicht nach jeglicher Grundlage.(1) Sicher ist, daß der mailändische Untersuchungsrichter mit seiner Unterstellung Gramsci gegen diesen Brief aufgebracht hat und daß Gramsci dann seinen Verdacht durch "eine ganze Reihe von Vorkommnissen" bestätigt sah, wie mir scheint ohne Grund. Zutreffend bleiben also die Intuitionen Gramscis, daß er, wie er schreibt, "beiseite geschoben sei" (denn selbst die Partei vermeidet es in jenen Jahren, über ihn zu reden) und daß Julia "ein wenig am gleichen Übel" leide wie er (das bestätigen die Briefe Apollons und Genias). Nicht unterschreiben wurde ich den harten Satz Gramscis, auch Julia befinde sich, wenn auch unbewußt, unter denen, die ihn "verurteilt" haben. Denn auch sie war "verurteilt", verurteilt, weil sie Gramsci gegenüber ihre intimen Gefühle nicht frei zur Sprache bringen kann. Von Togliatti selbst wissen wir, daß Julia Gramsci nicht direkt schreiben kann, sondern daß sie ihre Briefe zur Weiterleitung einem "Büro" abzugeben hat, wo sie einmal sogar sechs Monate zurückgehalten wurden.(2)

Demnach ist sicher, daß die Korrespondenz Julias mit Gramsci einer politischen Zensur unterlag. Ist es das, was Apollon Schucht meinte, als er im Juni 1930 mitteilte: Julia schreibt nicht, nicht weil sie nicht will, sondern weil sie nicht kann? Dieser Satz wird Gramsci nicht entgangen sein, doch konnte er in seinen Briefen darauf direkt nicht eingehen. Julia unterlag den Bestimmungen derer, die Gramsci "verurteilt" hatten; doch was konnte sie tun im Rußland der 30er Jahre, krank, Frau eines italienischen Kommunisten, der zwar im faschistischen Gefängnis sitzt, jedoch "trotzkistischer Sympathien" verdächtigt wird? Gramscis Urteil über Julia, die ihn "unbewußt" ebenfalls "verurteilt" habe, ist extrem hart, doch findet sich bereits ein Anklang in jenem Brief, in dem er nicht nur der Kommunistischen Internationalen, sondern auch Julia die Aufkündigung der politischen Solidarität vorwarf (Brief vom 7. Dezember 1931).

Den oben zitierten Brief vom 27. Februar 1933 hat Gramsci ausschließlich für Tanja und den "Advokaten", d.h. für Piero Sraffa bestimmt. Bedeutet das, daß der Brief über Sraffa auch an die Partei gerichtet ist, oder müssen wir annehmen, daß Gramsci einen Unterschied macht zwischen Sraffa und der Partei und Ersterem eine gewisse Autonomie unterstellt? Gramsci weiß sehr wohl, daß Sraffa in engem Kontakt zu Togliatti steht, und gegenüber Tanja hat er sich darüber "zufrieden" geäußert. Falls die Botschaft seines Briefes auch an die Partei gerichtet ist, wäre ihre Bedeutung außerordentlich: Gramsci spricht von einer "entscheidenden Wende" und von einer getroffenen Entscheidung. Um was handelt es sich? Wir wissen es nicht. Sicherlich hat er mit Tanja bei ihrem letzten Besuch darüber gesprochen, doch in seinem letzten Brief findet sich kein Hinweis auf die "Verhaltensregel", die ein "möglicher Teil dieser Entscheidungen" sein soll. Will er zum Ausdruck bringen, daß er sich nicht mehr als ein Mitglied der Partei fühle? Ist es eine Anspielung auf seine Absicht, sich nach der Trennung von Julia (Julia als Symbol seiner Bindungen zu einer ganzen politischen Welt) in seine "sardische" Schale zurückzuziehen, von der er vor Monaten schon einmal gesprochen hat? Er schreckt vor dem Gedanken zurück, sein ganzes Leben sei ein "großer Fehler", doch er spricht diesen Satz aus und er fügt gegen Ende des Briefes, vielleicht um den Eindruck des Irreparablen abzuschwächen, hinzu: "Es gibt keine Schlußfolgerung für das, was ich Dir schrieb".

Es überrascht nicht, daß sich in Tanjas Briefen kein Echo auf diesen Brief Gramscis findet. Sie schreibt ihm am 1. März, um zu beteuern, sie habe in Bezug auf einen Brief von Julia keineswegs gelogen und sei, generell, der Lüge nicht fähig. Zu diesem Zeitpunkt mag sie Gramscis Brief noch nicht erhalten haben, aber zwischen dem 2. und 6. März schreibt sie sechs Mal und immer nur von Schlafmitteln, Wäsche und Wärmeflaschen, abgesehen von einer Bemerkung über den Rechtsanwalt Castellet, der die Amnestiesache bearbeitet. Sie befindet sich immer noch in Turi, wo sie bis zum 24. oder 25. bleibt.

Am 6. März schickt ihr Gramsci einen Brief, der eine Fortsetzung des vorigen zu sein scheint, doch mehr darauf abzielt, seine intimen Gefühle und sein komplexes Verhältnis zu Julia zu erklären. In diesem Brief findet sich die furchtbare Metapher von den Schiffbrüchigen, die in ihrem Boot ohne Lebensmittel den Kannibalismus zunächst "in einem anderen Licht" sehen und zuletzt selbst zu Kannibalen werden. Doch, fragt sich Gramsci, "handelt es sich noch um die gleichen Personen?" In ihnen hat sich eine "molekulare" Verwandlung vollzogen: "Es sind nicht mehr die gleichen Personen". "Eine ähnliche Verwandlung vollzieht sich in mir ... die Person verdoppelt sich, eine beobachtet den Prozeß, die andere unterliegt ihm", bis "die ganze Persönlichkeit von einem neuen 'Individuum' aufgesaugt ist, dessen jetzige Impulse, Initiativen und Denkweisen sich von den vorigen unterscheiden. Genau in dieser Lage befinde ich mich". Die praktische Konsequenz: "... Kein Wort, das irgendwie den schwierigen Ablauf der Stunden störe oder kompliziere". Er legt Tanja ein Schweigen auf über alles, was über nackte Lebenszeichen hinausgeht, und zwar so lange, wie "das vom Advokaten eingeleitete Verfahren dauert, von dem wir so viel gesprochen haben". Bei günstigem Ausgang gibt es "eine Vergangenheit zu vergessen", andernfalls wird man sehen müssen.

Zweifelsohne besteht eine enge logische und politische Verbindung zwischen den beiden Briefen. Gramsci hält es für nötig, sich in einigen Punkten besser zu erklären, ohne Abstriche zu machen von dem, was er im ersten Brief geschrieben hat, mit Ausnahme einer leichten Berichtigung dessen, was er über Julia geäußert hat. "Du darfst auf keine Weise glauben, daß ich (auch zu Unrecht) Julca Vorwürfe machen wollte. In meinem Verhalten zu Iulca gab es nur immer Zärtlichkeit ...".

Am 10. März antwortet ihm Tanja und geht auch dieses Mal nicht direkt auf Gramscis Brief ein (ist sie sich bewußt, daß diese Briefe letztlich nicht an sie gerichtet sind?). Sie bittet: "Schreibe an Julca, denn wenn Du Dich an sie wendest, bist Du zu ungeduldig oder zumindest streng. Julca passiert genau das Gegenteil von dem, was mir geschieht. Wenn Du mich mit meinem ganzen Namen nennst, bist Du in Deinem Urteil sehr streng zu mir, wenn Du den Kosenamen gebrauchst, heißt das, daß Du mir wohl willst. Bei Julia machst Du es umgekehrt".

Und am 12. März: "... Du mußt dessen gewiß sein, daß ich nichts ubel nehme, was Du mir schreibst, insbesondere wenn es sich um Bemerkungen über mich handelt, die Dich betreffen. So war ich keineswegs beleidigt, auch wenn ich annehmen mußte, Du würdest mir eine Lüge unterstellen, aber wichtig ist, daß Du weißt, daß ich nicht lüge, weil es mir nicht gefällt."

Zur selben Zeit macht Gramsci eine schwere Krise durch, die er am 14. Tanja folgendermaßen beschreibt: "Gerade am letzten Dienstag, als ich frühmorgens vom Bett aufstand, fiel ich zu Boden, und es gelang mir nicht mehr, aus eigener Kraft wieder aufzustehen". Dann litt er unter Halluzinationen und vermochte nicht mehr, "Gedanken mit Gedanken und Gedanken mit den entsprechenden Worten zu verbinden ... Ich bitte Dich, komm zur nächsten erlaubten Besuchszeit nach diesem Brief, denn ich möchte mit Dir über einen Plan sprechen ...". Diesen Plan hat Gramsci bereits dem Gefängnisarzt unterbreitet und dieser hat ihn "für nicht undurchführbar" erklärt.

Tanja, die noch in Turi weilt, fühlt sich an diesen Tagen unwohl. Am 18. schreibt sie, sie habe an Prof. Arcangeli telegrafiert, er möge zu einem Besuch kommen. Am 19. teilt sie Gramsci mit: "Prof. Arcangeli kommt morgen".

Tatsächlich kommt Prof. Arcangeli und bestätigt nach einer eingehenden Untersuchung die Verschlechterung von Gramscis Gesundheitszustand (er diagnostiziert die Pottsche Krankheit, Tuberkuloseschäden im rechten oberen Lungenflügel, Arteriosklerose und überhöhten Blutdruck). Er erklärt eine Haftentlassung oder zumindest die Verlegung in ein Krankenhaus oder eine Klinik für unbedingt notwendig.(3)

Tanja fährt am 25. März von Turi nach Rom. Am 4. April schickt sie Gramsci einen Brief von Delio. Am 8. schreibt sie erneut beunruhigt, weil sich Gramscis Zustand nicht verbessert, sondern zwischen Extremen schwankt. Am 3. April hat Gramsci ihr einen detaillierten Bericht geschickt, und am 10. April berichtet er von einer leichten Verbesserung. Aber:"Die Hände schmerzen noch immer, und ich kann nichts Anstrengendes machen und auch nicht das kleinste Gewicht halten". Sonst ist er Herr seiner selbst und hat sich sehr über den Brief Delios gefreut. Er rät ihm in einem kleinen Antwortbrief, "die Geschichte vom weißen Seehund zu lesen, vom Mungo Rikki-Tikki-Tawi und von dem Knaben Mowgli, der von Wölfen aufgezogen wurde".

Indes bereitet Tanja ein Osterpaket vor mit einem "Panettone" und hofft, er müsse den Tag nicht ganz allein verbringen (15. April). Gramsci bestätigt den Erhalt, "alles war in bestem Zustand und nach meinem Geschmack". Seine Gesundheit hat sich leicht verbessert. Beweis dafür ist auch die Bücherliste, mit der er Tanja beauftragt.

Am 19. April berichtet Tanja über die an das Sondergericht gestellten Anträge auf eine Pflichtuntersuchung für die Verlegung in ein Sanatorium. Am 25. kehrt sie nach Turi zurück und schreibt von da sofort eine Karte. Es geht ihr gut, aber sie ist müde und findet Turi sehr kalt. Am 29. schreibt sie nach ihrem Besuch: "Ich bin sehr froh gewesen, Dich ein wenig fröhlicher und weniger schwach gesehen zu haben". Gramsci antwortet postwendend am 30.: "... auch ich war froh zu sehen, daß es Dir seit einiger Zeit besser geht, trotz der Mühen der letzten Monate ... Es ist mir nicht gelungen, der Schlaflosigkeit Herr zu werden, die der größte Grund jeder Störung ist". Am gleichen Tag schickt Tanja eine Postkarte: "Ich habe nie verstanden, ob ein Häftling außer einem Stück Himmel auch noch etwas anderes sieht ... Ich las einen interessanten Artikel über die wunderbare Wirkung von Milchinjektionen unter die Haut".

Am 1. Mai fährt Tanja nach Bari, um für Gramsci Wäsche zu kaufen. Am 2. fragt sie, ob er die "Gespräche mit Mussolini" von Emil Ludwig erhalten habe. Am 4. erzählt sie, wie sie ihre Zeit in Turi verbringe und beschreibt ihr Zimmerfenster, die fliegenden Vögel, den Balkon mit dem Blick auf die Landschaft. Am 5. schreibt sie: "Die Einsamkeit ist für mich eine völlig normale Existenzbedingung". Sie liest Dickens und Upton Sinclair. Am 8. schickt sie Strümpfe, Unterhemden, Obst und Naftalin. Am 9. begibt sie sich erneut nach Bari, um das Fest des hl. Nikolaus zu sehen. Gramsci hat ihr am 8. geschrieben, er brauche keine wollene Wäsche, da es bald warm werde. Die "Gespräche mit Mussolini" habe er erhalten und bereits gelesen. Er könne zwar noch nicht intellektuell arbeiten, aber "es gelingt mir nicht, überhaupt nichts zu tun". Er bittet um Bücher: Luigi Einaudi, Nello Rosselli, Omodeo ... "Schade, daß Du nicht in Rom daran gedacht hast, Dir eine Sondererlaubnis für ein paar Besuche außer der Reihe geben zu lassen ... Es hätte mir große Freude gemacht, Dich wiederzusehen ... sehr oft scheint es mir, ich werde nicht mehr fähig sein, etwas Nützliches im Leben zu tun". Er kritisiert einige Lektüren Tanjas, z.B. Sinclair Lewis: "Die wichtigste Tatsache, die die Gruppe von Schriftstellern, der er angehört, auszeichnet, ist meiner Ansicht nach das Fehlen eines starken kritisch-politischen und national-volkstümlichen Interesses. Upton Sinclair steht noch tiefer: er verwaltet eine mittelmaßige Kultursakristei. Neulich las ich seinen Artikel zum Orlando Furioso, unglaublich dumm ...".

Das schlimmste scheint überstanden. Gramsci ist anscheinend ruhig und wartet auf Genesung. Langsam nimmt er seine intellektuelle Arbeit wieder auf. Auch Tanja geht es besser. Für sie ist es fast ein Ferienaufenthalt, sie hat ein bißchen Zerstreuung, liest viel, und die Einsamkeit stört sie nicht. Am 6. Mai schreibt sie ein wenig über sich: "... Handeln fällt mir schwer, während ich fähig bin zu reflektieren und mich rastlos zu quälen im Nachdenken über Fragen, die gelöst werden müssen". Am 9. Mai erhält Tanja einen Brief Julias mit einer Fotografie von Giuliano. "Es ist wirklich ein schöner Junge, wohlgebaut, sehr sympathisch". Am 11. antwortet sie Gramsci auf seinen Satz, er sei unfähig, im Leben noch etwas Nützliches zu tun: "Ich habe deinen letzten Brief erhalten und möchte Dir sagen, ich bin ganz sicher, nicht nur, daß Du im Stand sein wirst, nützliche Sachen zu machen, sondern auch, daß das, was bei deiner Arbeit herauskommt, immer von außerordentlichem Wert sein wird". Am 12. kopiert sie ihm einen Brief Julias, die schreibt: "... gegenwärtig, scheint es, hat sich meine Stimmung verändert. Vielleicht gelingt es mir, sie zu stabilisieren und ein bißchen aktiver zu werden ... und öfters zu schreiben". Am 13. hat sie noch nicht beschlossen, wann sie von Turi abreisen wird. Am 14. liest sie die Briefe von Sacco und Vanzetti. Sie ist einverstanden mit der Kritik Gramscis an Upton Sinclair. Am 16. schaut sie sich in Turi drei Theaterstücke an: "Le campane di San Lucio", "Sora Rosa" und "La cena delle beffe". "Gerade das letzte nahm mir jede Lust an weiteren Aufführungen". Am 17. übermittelt sie einen Brief von Delio. Alles scheint außerordentlich ruhig abzulaufen, bis Gramsci am 16. Mai 1933 einen unerwartet harten Brief schreibt: er fühlt "Erbitterung" und vergleicht "Tanjas dumme und launische Art", sich mit seinen Angelegenheiten zu beschäftigen, sogar mit dem Brief Griecos von 1928 als dem "Symbol" für freundliche Absichten, die Unheil anrichten. "Mein Leben ist zum Spielzeug gefühlsbetonter und irrationaler Entscheidungen geworden". Gramsci zeigt sich besonders gereizt, weil Tanja ihm am 11. Mai einerseits geschrieben hat, seine Arbeit werde "immer von außerordentlichem Wert sein", während er gleichzeitig seine Ratschläge einfach mißachtet sieht "zu Gunsten von überspannten Initiativen, die nicht einmal die Auswirkung berücksichtigen, die sie auf mich haben werden". In dieser Lage weigert er sich, Julia zu schreiben, die in ihrem letzten Brief "einen absurd optimistischen Geisteszustand zeigte, eine Haltung, die sich auch in einigen Ausdrücken Deiner Briefe findet und die ich bei weitem nicht teile".

Er erwähnt dann den Besuch vom Januar, als ich "tatsächlich einen kleinen Lichtblick für meine Zukunft sehen zu können glaubte". Er streicht einige Worte aus, "die ich Dir lieber nicht unterbreite, auch wenn ich sie letztlich nicht für übertrieben halte". Er bittet Tanja, "auf diesen Brief überhaupt nicht zu antworten, denn es gibt keine mögliche Antwort" und: "laß einige Zeit verstreichen, laß mich vergessen".

Es ist ziemlich sicher, daß sich – wie es schon mehrmals der Fall war – Gramscis Zorn in Wirklichkeit gegen jene richtet, für die Tanja stellvertretend als Symbol steht.

Unter den Italienern, die in Frankreich im Exil lebten, hat sich die Nachricht von der schweren Krise Gramscis vom März herumgesprochen. Es entwickelt sich eine Solidaritätskampagne, die Freiheit für Gramsci fordert. Togliatti selbst hat am 27. März der Parteiführung vorgeschlagen, "eine Kampagne mit der Forderung nach einer Haftverschonung zu organisieren".[4] Diese beginnt im April in den Blättern der antifaschistischen Opposition im Exil. Nenni sagt auf einer Kundgebung, Mussolini sei verantwortlich für den Mord an Gramsci. Den Höhepunkt erreicht die Kampagne, als das Organ der französischen kommunistischen Partei, L'Humanité, am 8. Mai das Gutachten von Prof. Arcangeli veröffentlicht, in dem dieser am 27. März die Überführung des Häftlings in eine Klinik forderte, falls es nicht möglich sei, eine Haftentlassung zu gewähren. Am Tag darauf habe die Zeitung geschrieben, sie habe das Gutachten von Gramscis Frau erhalten, berichtet Togliatti am 24. Mai an Sraffa. Togliatti fügt hinzu, "die Veröffentlichung ... war ein grober Fehler", und es seien daraufhin negative Rückwirkungen auf die Verbindung "zwischen Antonio und seiner Frau" zu erwarten.[5] Die Parteiführung eröffnet eine Untersuchung, mit der Dozza beauftragt wird, um zu klären, wer der L'Humanité das Gutachten zugespielt hat. Vielleicht die Internationale Rote Hilfe? Über den Ausgang dieser Untersuchung habe ich im Archiv des PCI nichts gefunden[6].

Es ist bekannt, daß Gramsci Propagandakampagnen zu seiner Rettung, auch auf die möglichen Ergebnisse hin, immer negativ beurteilt hat. Er hält bei allen Versuchen zu seiner Befreiung äußerste Diskretion für angebracht. Das geht so weit, daß er die Partei völlig auszuschließen trachtet und alle Hoffnungen auf Verhandlungen auf staatlicher Ebene setzt. Es wäre nicht überraschend, wenn er über die Kampagne, die in Frankreich stattfand, informiert gewesen wäre. Es genügte, daß ein neu angekommener Häftling seine Informationen verbreitete, was meistens die Regel war. Man kann sich die "Erbitterung" Gramscis, die sich über Tanja entlädt, mit diesen Umständen erklären. Nach seiner Krise im März hat er im Besuch von Prof. Arcangeli und in dessen Gutachten wahrscheinlich jenen "Lichtblick" gesehen, der ihn retten könnte. Jetzt ist diese Karte falsch ausgespielt worden, und die gezielte Indiskretion ruft in ihm erneut jenes Verdachtssyndrom hervor, das ihn seit dem "berüchtigten" Brief Griecos beschäftigt.[7]

Nicht die Kampagne zu seinen Gunsten, wohl aber die Veröffentlichung des Arcangeli-Gutachtens war auf jeden Fall ein unverantwortlicher Akt. Daß die Partei eine Untersuchung in die Wege geleitet hat, um zu erfahren, wer das nur wenigen Personen bekannte Dokument der Zeitung zupielte, ist ein Zeichen, daß es nicht Julia gewesen sein kann. Wer war es aber dann?

Es ist nur eine Vermutung, daß die Kampagne und die Veröffent-lichung des Gutachtens in Frankreich die Ursache für Gramscis "Erbitterung" gewesen seien. Aus dem Briefwechsel zwischen Tatjana und Sraffa der Monate Mai-Juni, in dem Tatjana von den Gesprächen berichtet, die sie mit Gramsci in jener Zeit führt, ergeben sich auch andere Hypothesen. Gramsci geht es weiterhin sehr schlecht. Er leidet an Schlaflosigkeit, und nach Aussagen des Direktors hat er eine zweite heftige Krise, wie die vom März. Zu Tatjana sagt er, wenn die Dinge so weitergingen, wisse er nicht, was er tun werde. Denn "es gibt Fälle, in denen man die physische Kontrolle über sich verliert". Tatjana fügt hinzu: "Ich weiß nicht recht, was Nino damit sagen wollte, aber ich fürchte, ich verstehe ... Ich schreibe Ihnen diese entsetzliche Sache aus Gewissensskrupel". Einen Moment lang glaubt Tanja also, Gramsci könne bis zum Selbstmord gehen.(8) In diesem Zustand ist Gramsci auch psychisch belastet durch die Sorge um die beiden Versuche, die er Tanja gebeten hatte einzuleiten: den Versuch, eine bedingte Haftverschonung oder zumindest die Überführung in eine Klinik zu erreichen und den "großen Versuch" des Austauschs von Gefangenen auf staatlicher Ebene, von dem er im Januar gesprochen hatte. Wir verfügen über kein Indiz, daß dieses Projekt greifbare Formen angenommen hätte.

Mit dem ersten Entwurf eines Antrags auf Haftverschonung bzw. auf eine Überführung ist Gramsci nicht einverstanden. Er verlangt, daß der "zeitweilige" Charakter der Maßnahme deutlich zum Ausdruck kommen müsse, denn er fürchtet, bereits die Vermutung, es werde eine zeitlich unbefristete Lösung beantragt, sei ausreichender Grund für eine Ablehnung. So erbittet Tanja von Sraffa einen neuen Entwurf, den sie Gramsci zeigen könne, damit er ihn eventuell verbessere (siehe Anhang).

Doch besonders irritiert Gramsci, daß der "große Versuch" keine Fortschritte macht. Er ist ungehalten, daß Sraffa immer noch nicht den Kontakt zu den beiden russischen Diplomaten Kerzentschew und Makar hergestellt hat, worum er ihn im Januar gebeten hatte, und er befürchtet, eine Gelegenheit würde ungenutzt verstreichen.(9) Am 31. Mai informiert Tatjana Sraffa, Gramsci habe gesagt, "daß der Advokat daran denken soll, es könne vielleicht mit unserer Regierung [der sowjetischen] gelingen, auch wenn man sich keine große Hoffnung machen darf. Infolgedessen dürfe er die Sache nicht vernachlässigen ..." (siehe Anhang).

Wie schon im Januar besteht Gramsci darauf, alles nur mündlich zu erledigen und nichts Schriftliches zu hinterlassen. Er mißbilligt, daß Tanja Julia über das ganze Projekt informiert hat, und er befürchtet ständig Indiskretionen, die die Sache gefährden würden. Er wirft Tanja vor, sie habe sein Gebot größter Geheimhaltung verletzt.

All das zusammen genommen und der schlechte Gesundheitszustand erklären die Spannung dieser Wochen. Gramscis "Erbitterung" ist die äußere Seite seiner "Obsession". Sein Verhältnis zu Tanja beginnt sich zu wandeln. Am 18. Juni schreibt er: "Ich glaube, es ist das letzte Mal, daß ich Dir zu diesem Punkt schreibe". Und am 2. Juli: "Ich habe Dir und niemand etwas zu sagen". Er verliert sein Vertrauen.

Seit Mitte Mai war Tanja Zielscheibe von Gramcis Erbitterung. Er hatte ihr am 16. geschrieben, sie möge "überhaupt nicht antworten" und "laß mich vergessen". Am 21. Mai antwortet sie und verteidigt sich mit wenigen Worten voll verhaltener Bitterkeit: "Ich respektiere Deinen Wunsch, keine Antwort zu hören ... Nur eine Sache muß ich Dir schreiben. Keine Deiner Anweisungen wurden jemals mißachtet, wie Du behauptest. Ich habe nie auch nur ein Wort von Deinen Empfehlungen überhört ... Ich habe nie aus eigenem Kopf undenkbare Sachen gemacht, ohne auf Deinen Rat zu hören ... doch es tut mir weh, zu lesen, daß Du 'vergessen' willst, vergessen, daß ich zu allem unfähig bin". Sie schreibt am 21. noch einen zweiten Brief und schickt ihm die Kopie eines dem Sondergericht eingereichten Revisionsantrags. Dann schreibt sie nochmals am 24., in der Erwartung eines letzten Besuchs vor ihrer Abreise. Sie hat Strümpfe für Gramsci strikken lassen. Doch am 26., dem Tag des vorgesehenen Besuchs, kann sie nicht kommen. Es geht ihr schlecht, und sie leidet an einer Ohrenentzündung. Am 27. schreibt sie, daß es ihr besser, aber noch nicht gut gehe.

Am 29. Mai schreibt Gramsci ihr einen langen Brief: "Ich hatte eine große Sehnsucht, Dich zu sehen und zu sprechen, und Du kannst Dir denken, wie leid es mir tat, von Deinem Unwohlsein zu erfahren. Ich dachte, daß auch ich vielleicht, indem ich Dir Kummer machte, dazu beigetragen habe, daß Dein Organismus anfälliger geworden ist ...". Er ist "erschüttert" über den Optimismus, der aus Julias Brief (den wir nicht kennen) spricht. Ihr zu antworten ist ihm daraufhin "fast unmöglich" geworden. "Es widerstrebt mir, ihr Komödien vorzuspielen". Tanja habe nicht verstanden, daß er Julia in seine Pläne nicht einweihen wollte, "um sie, in ihrem Gesundheitszustand, vor jeder heftigen Gemütserregung und jeder starken Enttäuschung zu bewahren ... Die unbedarfte, unvorsichtige, unerfahrene und ohne Umsicht tätige Güte ist gar keine Güte, sondern dumme Naivität, die nur Unheil anrichtet ... Ich sehe nicht, was man nunmehr noch groß machen kann. Was getan werden konnte, wurde getan, aber nicht gut und ohne die Umsicht und Genauigkeit, die nötig gewesen wären ... Wie soll ich Julia schreiben? Was kann ich ihr schreiben? ... Der Briefwechsel ist so schwierig und absurd geworden, während er eines der wenigen Dinge war, die mich noch mit dem Leben verbunden haben".

Auch wenn man spürt, daß in diesem Brief das Gefühl der "Erbitterung" sich etwas gelegt hat, muß doch Tanja schwer an ihm getragen haben, denn er enthält in milderer Form, doch unerbittlich das Urteil, unter dem sie am meisten gelitten hat: sie sei zu allem unfähig. Neu kommt der Vorwurf hinzu, sie habe nun auch die Korrespondenz mit Julia erschwert. Von nun an wird Gramsci Tanja gegenüber eine sehr strenge Haltung einnehmen, was Tanja sicher nicht verdiente. Tanja büßt für Fehler, die sie zum Teil gar nicht begangen hat, oder wenn auch, nur unter dem Druck von Kräften, die für sie zu stark waren und sich um ihre Zerbrechlichkeit auch nicht kümmerten.

Am 31. Mai kommt schließlich der Besuch zustande, und sie schreibt sofort darauf eine Postkarte: "Mein Geistezustand verändert sich vollkommen, wenn ich Dich sehe und mit Dir spreche. Ich spüre neue Energien und habe das Gefühl, daß das Leben darin besteht, diese Energien zu entwickeln. Damit möchte ich nicht sagen, daß ich mich immer ohne Kraft und Willen fühle. Wenn ich manchmal in Augenblicke der Mutlosigkeit falle, hindert das nicht, daß ich trotz allem lebhaft spüre, daß die Schönheit des Lebens in der bewußten und unermüdlichen Tätigkeit für die Verwirklichung der eigenen Ideale, Bestrebungen und Studien besteht ...".

Wir wissen nicht, was zwischen den beiden bei diesem Besuch gesprochen wurde. Nach der harten Auseinandersetzung, die vorhergegangen war, sind die Zeilen Tanjas ein Beweis dafür, daß ihre moralische und ideelle Kraft unversehrt geblieben ist, eine Kraft, die sie auch aus ihrem Verhältnis zu Gramsci bezieht und die sie ihm, gereinigt von Hirngespinsten und Obsessionen, zurück erstattet.

Es geht ihr immer noch so schlecht, daß sie nicht abreisen kann. Am 4. Juni, am Nationalfeiertag, schickt sie ihm ein Paket. Am 6. fühlt sie sich schwach, kann aber der Kirschenernte zuschauen. Am 5. schreibt ihr Gramsci und fordert sie sehr brüsk zur Abreise auf. "Deine Unentschlossenheit überträgt sich am Ende auch auf mich und versetzt mich in einen dunstigen Zustand nebelhafter Erwartung voller Zweifel und Unsicherheiten ... Glaubst Du wirklich, daß mich Strümpfe und Unterwäsche so sehr interessieren? ... Ich bitte Dich wirklich, entschließe Dich, sobald Du glaubst reisefähig zu sein, nach Rom zurückzukehren und mir die Entscheidung, die inzwischen gefallen sein muß oder die beschleunigt werden kann, mitzuteilen" [die Verlegung in eine Klinik]. "So kann auch ich mich entscheiden ... Mich interessiert nur noch, daß die Sache ein Ende nimmt und daß ich in die Lage versetzt werde, eine Entscheidung zu treffen".

Doch es vergeht noch ein Monat, bevor Tanja abreist. Am 16. Juni macht sie erneut einen Besuch und schreibt sofort danach, sie habe wohl gemerkt, daß er Fieber und Schweißausbrüche habe. An der Gefängnispforte hinterläßt sie zwei Röhrchen mit Aspirin. Und am 19. schreibt sie: "Du darfst mir nicht zürnen, weil ich noch nicht abgefahren bin. Es ist mir nicht gelungen, so zu Kräften zu kommen, daß ich in den Zug steigen kann, aber es geht mir sonst nicht schlecht ...". Am 23. ist sie über den Gesundheitszustand Gramscis "bestürzt". Sie erwartet wegen der Verlegung in eine Klinik die Antwort des Rechtsanwalts. "Bevor ich fahre, sehe ich Dich natürlich noch". Am 18. hat Gramsci ihr geschrieben: "Ich leide unter einem neuen Verfall meiner Kräfte, ähnlich dem, der im März zur Krise geführt hat ... Dieses ständige Jammern ekelt auch mich unglaublich an. Da nun sicher zu sein scheint, daß man nichts machen kann, wird es das Beste sein, allem seinen Lauf zu lassen ... Ich glaube, es ist das letzte Mal, daß ich Dir zu diesem Thema schreibe, und da ich nicht weiß, was ich Dir schreiben soll, wird es gut sein, wenn ich einige Wochen überhaupt nicht schreibe. Dann sehen wir weiter". Tanja möge dem Advokaten (Sraffa) danken, für das, was er getan habe, aber: "Es ist nunmehr nötig, den Schluß zu ziehen, daß wenn so viel Zeit mit Warten verstreicht auch das ein klares Ergebnis ist". Und unvermittelt nimmt er nun wieder das Thema einer Scheidung von Julia auf. "Vielleicht wäre es gut gewesen, wenn Du sofort dem zugestimmt hättest, was ich Dir, mir scheint im letzten November, schrieb. Ich bin wieder im selben Geisteszustand, der mich übrigens nie ganz verlassen hat. Julia hätte einen Schmerz erlitten, aber inzwischen hätte die Zeit bereits begonnen, die Wunde zu schließen".

Tanja antwortet am 27. Juni: "In Deinem letzten Brief schriebst Du, Du würdest vielleicht einige Wochen nicht schreiben, weil Du Dich völlig leer fühlst. Ich bin jedoch sicher, daß Du sowohl mir, als auch nach Hause weiterhin schreiben willst ... Ich werde Dich besuchen, Du weißt, ich habe ein klinisches Auge (bei aller Bescheidenheit)". Die Reaktion ist ein kurzer, harter, fast ultimativer Brief vom 2. Juli: "Ich habe Dir und niemand etwas zu sagen. Ich bin leer. Den letzten Versuch zu leben, die letzte Regung von Leben spürte ich im Januar. Du hast es nicht begriffen. Oder ich machte mich nicht verständlich unter den Bedingungen, unter denen ich mich bewegen und sprechen muß. Jetzt ist nichts mehr zu machen. Glaube nur, falls Du noch einmal im Leben Erfahrungen machst wie die, die Du mit mir gemacht hast, daß die Zeit die wichtigste Sache ist: sie ist einfach ein anderer Name für das Leben selbst". Tanja solle noch einmal den Brief vom September 1932 lesen, "denn damals hat diese Phase begonnen".

Es gibt von Tanja keine Antwort, auch keine indirekte, auf diesen Brief Gramscis, obgleich sie ihm im Juli sechs Mal schreibt. Sie gibt uns auch keine Hinweise, um die ganze Reihe bisher nicht entschlüsselter und vielleicht heute auch nicht mehr entschlüsselbarer Äußerungen dieses Briefes zu verstehen. Wir haben bereits bruchstückhaft und mit offensichtlichen Lücken die Krise zu rekonstruieren versucht, die Gramsci in der zweiten Hälfte 1932 befallen hat. Verschiedene Faktoren spielten zusammen: Die Enttäuschung über das Ausmaß der Amnestie mischt sich in eine gewisse Frustration über "die stereotypen Briefe" Julias und gipfelt im Vorschlag einer Scheidung. Tanja zögert eine Antwort hinaus. Wir wissen nicht, wieweit Sraffa, d.h. die Partei, sie dabei beeinflußt. Schließlich kommt von ihr ein entschiedenes "Nein", auf das Gramsci überhaupt nicht reagiert. Im Januar kommt Tanja endlich nach Turi zu Besuch, und wir wissen über ihre Gespräche nur aus einigen späteren Andeutungen Gramscis und aus einigen Briefen Tanjas an Sraffa. Zweimal betont Gramsci, im Januar habe er zum letzten Mal an einen Lichtblick geglaubt. Was für ein Lichtblick? Die Haftverschonung? Oder gar die Freiheit auf Grund eines Gefangenenaustauschs? Und was hat Tanja nicht verstanden? Welche "nützlichen" Dinge hätte sie tun sollen, anstatt mit "unbedarfter Güte" die Sache zu vereiteln? Und was bedeutet der Satz von der Zeit, "ein anderer Name für das Leben selbst"?

Einmal scheint es, als habe der Sturm sich gelegt (hofft Gramsci auf den Lichtblick?), doch Ende Februar schreibt Gramsci den Brief, in dem er auch Julia zu denen zählt, die ihn "verurteilt" hätten. Im März erfolgen der physische Zusammenbruch (am 7.) und die Untersuchung durch Prof. Arcangeli (am 20.), in deren Verlauf in ihm der Verdacht keimt, jemand (möglicherweise auch Tanja) wolle ihn dazu bringen, ein Gnadengesuch einzureichen. Und schließlich wird im Mai im Rahmen einer Kampagne für die Freilassung Gramscis in Frankreich das ärztliche Gutachten veröffentlicht. Die politische Wirkung dieser Indiskretion machte möglicherweise (falls er davon wußte) in Gramscis Augen die Hoffnung auf Hafterleichterung zunichte, die er an das Gutachten geknüpft hatte. All das erzeugt in ihm Erbitterung und Besessenheit, die ihn zu allem, auch zum Bruch bereit sein lassen, wie er an Tanja schreibt. Und dann, Anfang Juli 1933, unter großen physischen Leiden die völlige Leere und Hoffnungslosigkeit: "Es ist jetzt nichts mehr zu machen".

Wenige Tage später, am 6. Juli, erwirkt er eine Sondererlaubnis, um Tanja außerhalb des von der Gefängnisordnung bestimmten Rhythmus zu schreiben. "... Du wirst meinen Brief vom Sonntag bereits erhalten haben, und er wird Dich geschmerzt haben. Ich bin halb verrückt geworden und nicht sicher, es in Kürze nicht noch ganz zu werden". Nach dieser Einleitung gibt er eine Reihe von praktischen, in Rom zu erledigenden Anweisungen, "damit ich möglichst rasch aus der Strafanstalt Turi in die Krankenabteilung einer anderen Strafanstalt verlegt werde, wo Spezialisten sind ...". Ein Inspektor des Ministeriums habe ihn besucht und ihm dementsprechende Versicherungen abgegeben. Er erklärt, was Tanja "sofort" in Rom machen müsse und fügt hinzu: "Zum vorigen Brief muß ich Dir einiges erklären", was bedeutet, daß er sich bewußt ist, zu weit gegangen zu sein, doch gleich darauf: "Du kommst mir vor wie jemand, der einen Ertrinkenden sieht und anstatt den Gefährdeten aus dem Wasser zu ziehen, sich zuerst darum kümmert, ihm neue Kleider zu beschaffen oder ihm möglicherweise einen Beruf zu finden, bei dem man nicht das Risiko eingeht, ins Wasser zu fallen. Und währenddessen ertrinkt der andere". Schließlich fragt er, ob sie "bereit" sei, seinen Auftrag zu erfüllen, andernfalls werde er es selbst tun.

Möglicherweise ist es diese Frage, die Tanja unter den vielen verletzenden Sätzen am meisten getroffen hat. Sie zeigt, daß die Haltung Gramscis ihr gegenüber sich so weit geändert hat, daß er bezweifelt, ob sie sich für ihn noch einsetzen wolle. Vielleicht ist diese Frage auch Zeichen eines Schuldgefühls, das es ihm schwer macht, sie um etwas zu bitten, nachdem er sie so verletzt hat.

Am 11. Juli reist Tanja endlich aus Turi ab. Zwischen dem 1. Juli und ihrer Abreise hat sie vier Karten geschickt mit Angaben zu Arzneimitteln sowie Informationen von der Familie und vom Rechtsanwalt. Am 14. schreibt sie aus Rom, sie sei gut angekommen und setze sich sofort mit dem Anwalt in Verbindung. Am 20. schickt sie ihm einen an sie gerichteten Brief Julias mit einer dramatischen Botschaft: "Tanicka, ich möchte mit Dir sprechen und möchte, daß einer den anderen hört, aber alles schmerzt. Ich habe Angst vor allen Tönen, vor jeder Bewegung ...". Indes fährt Gramsci fort, für seine Überführung in eine Klinik zu kämpfen. Er ist überzeugt, daß es für ihn eine Frage von Leben und Tod sei. Im Juli schreibt er trotz der Drohungen, jede Verbindung abzubrechen, an Tanja fünf Briefe mit detaillierten Anweisungen zu den Anträgen. Er mäßigt den Ton seiner kritischen Bemerkungen, ohne in der Sache etwas zurückzunehmen. Er beklagt sich über das Ausbleiben von Nachrichten. Er erhält einen Brief von Julia und antwortet schließlich mit ein paar Zeilen: "... vielleicht gibt es von mir aus nichts zu schreiben, oder zu viel". Er beschreibt Tanja seine von Momenten der Klarheit unterbrochenen Fieberphantasien während der Krise im März. Es gehe ihm jetzt vielleicht etwas besser. Am 28. Juli schreibt ihm Tanja, sie sei froh, zu hören, daß er wieder ein bißchen schlafen könne. Am 7. August informiert sie ihn, sie habe Delio eine in Catania gefertigte Mandoline geschickt, mit Ersatzsaiten, eine "gute Marke". Sie schreibt erst am 28. August wieder, ihre Mutter dränge sie zur

Rückkehr nach Rußland. Im August werden auch die Briefe Gramscis selten. Sie enthalten kurze, farblose Bemerkungen, unter denen die wichtigste ist: "Mir scheint, es geht mir etwas besser, denn ich genieße ein bißchen Ruhe".

Aber am 3. September schreibt er an Tanja erneut einen äußerst harten Brief. Tanja habe seine Anweisungen nicht genau befolgt. Wahrscheinlich handelt es sich um den Antrag auf Verlegung in eine Klinik. "Tatsache ist, daß Du mir das Vertrauen in mich selbst, das meine stärkste Kraft in den vergangenen Jahren war, vollkommen genommen hast. Jetzt weiß ich, daß ich auf niemand zählen kann, egal was passiert ... Bis gestern hast Du mir durch Deine Taten (denn die Worte interessieren mich nicht) gezeigt, daß nichts von dem, was ich will oder für klug halte die Mühe lohnt, ernst genommen zu werden." Und er zitiert, was ihm ein Inspektor Saporito gesagt hat ("ich will Dir etwas schreiben, was Dich bekümmert"): "In meiner Krankheit haben neben physischen Ursachen insbesondere psychische Faktoren eine Rolle gespielt, unter ihnen der Eindruck, von den Angehörigen im Stich gelassen zu sein (nicht materiell, doch was bestimmte Seiten der Innerlichkeit betrifft, die für einen Intellektuellen von großer Bedeutung sind) ... Jedenfalls wundere Dich nicht, wenn ich einige Wochen nicht schreibe".

Tanja ist die letzte Person, der man solche Vorwürfe machen kann. Es ist auch in diesem Fall nicht leicht, zu unterscheiden, was an ihre Person und was an andere, die hinter ihr stehen, gerichtet ist. Vielleicht glaubt Gramsci, Tanja werde "manipuliert". Doch es entgeht ihm, daß er Opfer des gleichen Spiels sein könnte, das im Jahre 1928 der Untersuchungsrichter in Mailand gespielt hatte, wenn er sich nun zu eigen macht, was ihm der Inspektor Saporito sagte. In diesem letzteren Fall fehlen uns einige Informationen, insbesondere eine Postkarte Tanjas vom 1. September, deren Inhalt Gramsci "bestürzt". Auch dieses Mal reagiert er mit der Drohung eines bedingten Abbruchs der Beziehung.

Tanja antwortet nicht. Im September schreibt sie drei Briefe (am 11., 16. und 22.) in denen sie sich auf Nachrichten von der Familie und Informationen über von Gramsci bestellte Bücher beschränkt. Am 1. Oktober bestätigt Gramsci den Erhalt einer Postanweisung und der Briefe vom 16. und 22., "aber ich muß Dir sagen, daß die Probleme, die Du erwähnst, mich nicht mehr interessieren". Was ihn noch interessiert, sind zwei Briefe seines Sohnes Giuliano, der inzwischen sieben Jahre alt geworden ist. Der eine Brief ist direkt von Giuliano geschrieben (das erste Mal!), der andere von Julia, aber vom Kind unterzeichnet. "Schade, daß Du nicht wie früher, bei den Briefen von Delio, eine Übersetzung beigelegt hast. Diese wäre mir sofort ausgehändigt worden und hätte mir geholfen, genauer zu verstehen, was mir Giuliano schreibt" (Briefe in fremder Sprache mußten eine langwierige Kontrolle durchlaufen).

Warum hat Tanja dieses Mal keine Übersetzung beigelegt? Ist es eine polemische Reaktion auf die von Gramsci selbst in den letzten Monaten mehrmals aufgekündigte "Zusammenarbeit" oder eine in der Eile und Müdigkeit begangene Unachtsamkeit?

Am 12. Oktober teilt sie Gramsci mit, das Ministerium habe den Antrag auf eine Überführung in eine Klinik in der Nähe Roms genehmigt.[10] Gramscis Antwort ist eisig: "Da ich seit etwa einem Jahr sowohl von Carlo als auch von Dir mehrmals getäuscht wurde (wenn Du willst, objektiv und unbewußt) ... solltest sowohl Du als auch Carlo sich so wenig wie möglich in praktische Fragen einmischen, denn ihr habt die besondere Fähigkeit, Klares zu trüben und die einfachsten und geradlinigsten Dinge zu verwirren" (Brief vom 13. Oktober).

Dieses strenge Urteil mag auf Carlo zutreffen, sicherlich aber nicht auf Tanja, die sich in ihren Briefen zunehmend zurückhält und auch dieses Mal nicht antwortet. Am 24. schreibt sie, wohl wissend, wie sehr Gramsci die Prozedur der "Überführung" fürchtet: "Ich erhielt die Zusicherung, daß man auf jede vorstellbare Weise Rücksicht üben würde während der Reise". Am gleichen Tag schreibt ihr Gramsci von seinen Skrupeln, den Klinikaufenthalt zu akzeptieren: "Vor fünf Monaten ... hätten zwanzig Tage Krankenhaus eine Bedeutung gehabt, die sie heute, nach einem fünfmonatigen Verfall der Kräfte, nicht mehr haben können". Doch er akzeptiert, weil einige Wochen gründlicher Untersuchung durch Spezialisten durchaus nützlich sein mögen. Als größtes Hindernis erscheinen ihm die hohen Kosten. Gleich anschließend unterstreicht er, daß Tanja ihm seit 14 Tagen nicht mehr schreibe und sieht den Grund dieses Schweigens in seinem letzten Brief. "Ich bin sicher, daß ich Dich verletzt habe". Er bedauert, doch er kann nicht anders. Wieder einmal zählt er alle Versäumnisse Tanjas auf und spitzt seine Kritik noch zu: "Ich bin endgültig davon überzeugt, ... daß es Ideen und Einschätzungen gibt, die absolut außerhalb Deines intellektuellen und moralischen Horizonts liegen. Ich habe Dir einmal gesagt, daß es Dir an Phantasie fehlt ... Du mühst Dich ab, manchmal bis zur Erschöpfung, ... aber mit völlig oder fast völlig negativem Erfolg, denn Du kannst nicht einschätzen, wie man vorgehen muß". "... ich spüre, daß eine neue Phase meines Gefängnisdaseins beginnt, eine vielleicht noch schlimmere, als es die vorigen waren, denn ich kann nur auf mich zählen und auf meine geringen Kräfte".

Schwer zu sagen, warum Gramsci seit dem Frühjahr 1933 seine Kritik an Tanja bis an den Rand eines Bruches treibt. Daß es zu keinem völligen Bruch kommt, ist nur Tanjas Sanftheit, Zuneigung und Ergebenheit zuzuschreiben. Auch dieses Mal antwortet sie nicht.

Gramscis Schärfe entspringt- wenn man eine Hypothese wagen darf- wahrscheinlich zwei Quellen, die miteinander verbunden sind: da ist einmal sein Gesundheitszustand, der ihn in den kritischen Phasen mit Obsessionen "halb verrückt" macht. Er ist sich dessen bewußt und hat die extremsten Äußerungen fast immer zu korrigieren versucht. Seine Fähigkeit der Selbstkontrolle nimmt jedoch seit dem Frühjahr 1933 sehr rasch ab, insbesondere nach dem physischen Zusammenbruch vom 7. März und nach der Untersuchung durch Prof. Arcangeli am 20. März. Im Zusammenhang mit diesem Besuch kam ihm möglicherweise der Verdacht, man wolle ihn, um sein Leben zu retten, dazu verleiten, ein Gnadengesuch zu stellen. Er sieht in Tanja ein "manipuliertes" Instrument dieses Manövers, und an diesem Punkt verliert sie wahrscheinlich sein Vertrauen.

Doch Tanjas Vertrauen in Gramsci ist nie erschüttert. Sie erfüllt ihre Liebespflicht bis zuletzt, und auch nach Gramscis Tod beweist sie, daß ihre Treue zu ihm viel tiefer ist, als die zu den politischen Kräften, die sie mit dem Beistand Gramscis betraut hatten.

Am 5. November schreibt sie, sie erwarte jeden Augenblick die Genehmigung der Überführung in eine Klinik. Und am 8.: "Ich glaube, daß wir uns nun das erste Mal nicht mehr in Turi, sondern in Formia sehen werden, und vielleicht werde ich zu aufgeregt sein". Sie kopiert ihm einen an sie gerichteten kurzen Brief Julias, die schreibt: "Ich möchte mehr mit den Kindern zusammen sein, aber ich besitze nicht die Fähigkeit, mich ihrem Leben stärker anzunähern".

Gramsci antwortet erneut brüsk am 12. November: "...ich verstehe nicht, warum Du 'zu aufgeregt' sein solltest, mich in einer Klinik zu sehen. Das läßt mich nur vermuten, daß Du Dummheiten nicht vermeiden können wirst oder zumindest überflüssige Dinge machen wirst, die manchmal schädlicher sind als Dummheiten und absichtliche Niedertracht". Und da er seit einem Monat keine Zeitschriften mehr erhält, fügt er hinzu: "Ich weiß nicht, ob Du, da Du so leicht erregbar bist und alles so leicht und schön und fertig siehst, den Bezug der Zeitschriften unterbrochen hast. Darum warne ich Dich".

Am 14. November schreibt Tanja: "Der Anwalt hat mir geschrieben, man solle sich keine Illusionen machen über den Ausgang des Revisionsantrags". Für die Überführung soll Gramsci "sofort seine Einverständniserklärung schicken ... ich hoffe, ich muß nicht nach Turi kommen, um

Dich von Deinem Vorhaben abzubringen". Am 20. November schreibt ihr Gramsci, er sei bereits nicht mehr in Turi, sondern in Civitavecchia: "Ich vertraue mich Deinem gesunden Menschenverstand an ... Ich warte mit Sehnsucht auf Nachricht". Am Abend des 21. November telegrafiert ihm Tanja nach Civitavecchia: "Alles gut. Überführung in Klinik entschieden. Umarmung Tanja". Gramsci bleibt in der Krankenabteilung der Strafanstalt Civitavecchia 18 Tage.(11) Am 4. Dezember fährt Tanja nach Civitavecchia, um die Überführung in eine Klinik zu beschleunigen. Am 10. Dezember ist Gramsci in Formia, Tanja wartet noch auf die Besuchserlaubnis. Am 21. schickt sie ihm einen Brief seiner Kinder, am 30. eine Postkarte, um zu versichern, sie unternehme nichts, was er nicht angeordnet habe. Das ist ihr letztes Schreiben. Es besiegelt Tanjas Treue zu Gramsci. In Formia kann sie ihn jede Woche besuchen, eine Korrespondenz wird deshalb überflüssig. Von Anfang 1934 bis zu seinem Tod im April 1937 schreibt Gramsci mit Ausnahme zweier Briefe an Tanja und einiger Briefe an die Familie in Sardinien nur noch an Julia und die Kinder. Leider sind Julias Briefe uns nicht erhalten.

Anmerkungen zum Kapitel 8

1) Diese These wird von Luciano Canfora (Togliatti e i dilemmi della politica, Bari 1989) vertreten und ist von mir (Il Manifesto vom 25.2.1989) und von Michele Pistillo (l'Unità vom 20.3.1989) bereits kritisiert worden.
2) vgl. dazu den bereits zit. Brief Togliattis an Berti, abgedruckt in P. Spriano, Gramsci in carcere..., op.cit. S. 44
3) Der Bericht von Prof. Arcangeli betont die Notwendigkeit einer Überführung Gramscis in ein Krankenhaus, spielt aber auch auf eine bedingte Freilassung an. In jenem Monat März erfährt Gramsci von einem Wärter, der mit Tanja gesprochen hatte, daß die Rede davon gewesen sei, ein Gesuch um Begnadigung einzureichen. Gramsci äußerte als Reaktion zwar nur ein: "Begnadigung ist eine Form des Selbstmords", aber es ist wahrscheinlich, daß dieser Umstand seine Zweifel verstärkte, die er bereits über Tanjas Vorgehen und über ihre Erfüllung seiner Anweisungen nährte. (Relazione di T. Schucht al PCd'I, marzo 1933, in: Rinascita vom 23.1.1970 mit einem Kommentar von Paolo Spriano; abgedruckt auch in Piero Sraffa, Lettere a Tania..., op.cit. S. 253).
4) Das Sekretariat des PCd'I beschloß am 17. März eine Kampagne für Gramsci mit der Forderung einer bedingten Haftverschonung (Archiv des PCI, 1126/13,1933). Wenige Tage später besucht Prof. Arcangeli Gramsci in Turi. Vielleicht besteht eine Beziehung zwischen den beiden Ereignissen.
5) Der Brief ist abgedruckt in: Paolo Spriano, Gramsci in carcere..., op.cit. S. 155
6) vgl. die Fußnote 6 zum Kapitel 10
7) Brief Tanjas an Sraffa vom 31. Mai 1933, Archiv des PCI, a.a.O.

8) Brief Tanjas an Sraffa vom 21. Juni 1933, Archiv des PCI a.a.O.

9) Am 18. Juni schreibt Gramsci an Tanja: "...ich glaube, es ist das letzte Mal, daß ich Dir zu diesem Punkt schreibe" und am 2. Juli: "... ich habe Dir und niemand etwas zu sagen".

10) G. Fabre (Roma a Mosca, Bari 1990) kommt auf das bereits von P. Spriano angeschnittene Thema (in: Gramsci in carcere..., op.cit.) einer sowjetischen diplomatischen Initiative gegenüber der faschistischen Regierung (Litwinow-Grandi, Potemkin-Mussolini) zur Befreiung Gramscis durch einen Gefangenentausch zurück. Spriano äußert sich dazu skeptisch, auch auf Grund der Arbeit von N. Tschukowski (Im diplomatischen Dienst, Moskau 1974) und auf Grund des völligen Fehlens vertrauenswürdiger Zeugnisse und Unterlagen. G. Fabre hingegen stellt fest, daß die Überführung Gramscis in die Klinik nach Formia von den faschistischen Behörden Anfang September 1933 entschieden wurde, was zeitlich mit der Unterzeichnung des italienisch-sowjetischen Freundschaftsvertrags zusammenfällt (2.9.1933). "Es ist daher plausibel, anzunehmen, daß die Sache Gramsci (d.h. seine Verlegung in eine Klinik) während einer der verschiedenen Begegnungen zwischen Mussolini und Potemkin besprochen wurde... und informeller Bestandteil der Abmachungen war" (Roma a Mosca, op.cit. S. 198). Aus der Untersuchung von Fabre geht eindeutig hervor, daß die faschistischen Behörden immer einen Austausch Gramscis gegen einen in den Händen der Sowjets befindlichen politischen italienischen Häftling ablehnten.

11) Über den Aufenthalt Gramscis in der Strafanstalt Civitavecchia gibt es zwei Aussagen. Die erste stammt von Ferruccio Rigamonti, einem zu 16 Jahren Haft verurteilten Kommunisten. Er befand sich Ende 1933 in Civitavecchia. Er sah, wie Gramsci von drei Aufsehern zum Arzt gebracht wurde. Am Tag darauf meldete auch er sich zusammen mit anderen zwei Genossen "krank". Als sie an Gramscis Zelle vorbeikamen gelang es einem von ihnen, kurz den Spion zu öffnen und zu rufen, "ciao, Toni": "mehr konnte er nicht sagen, denn die Stimme versagte ihm ..., als er Gramsci auf dem Bett liegen sah, fast unbeweglich beim Gruß. Wir verstanden, daß es dem Ende zuging ...". (in: Gramsci vivo, op.cit. S. 173, Fußnote).
Die zweite Aussage ist von Umberto Terracini, der sich ebenfalls Ende 1933 in Civitavecchia befand: "... es erreichte uns die Nachricht, ... Gramsci sei gekommen. Wir wußten nicht, ob er hierher kam, weil hier eine spezialisierte Krankenabteilung bestand ..., oder ob er nur vorübergehend hier durchkam ... Es tut mir leid sagen zu müssen, daß Gramsci damals für die Genossen nur einer unter vielen war. Soviel ich weiß, hatte das nichts mit den Meinungsverschiedenheiten in Turi zu tun. Ich war jedoch tief bewegt: 'Was, Gramsci hier? Und ich dachte sofort, wir können ihn sehen, ihm begegnen' ... Dann sah ich jedoch, daß auch die führenden Genossen, die mit mir zusammen waren, der Sache nicht die geringste Bedeutung zumaßen, was den Versuch, sich mit ihm in Verbindung zu setzen, unmöglich machte. Nur auf Grund eines gemeinsamen Interesses wären dazu die Mittel zu finden gewesen. Wir waren eisern abgeschlossen in der Abteilung der vom Sondergericht Verurteilten, und ich allein konnte nichts unternehmen, habe nichts machen können. So begegneten wir uns nicht, auch wenn es vielleicht dazu eine Gelegenheit gegeben hätte" (in: Gramsci vivo, op.cit. S. 119).
Zu jener Zeit befanden sich in der Strafanstalt Civitavecchia unter anderem Mauro Scoccimarro, Celeste Negarville, Gian Carlo Pajetta.

"Julia schreibt mir, daß jede Gefühlsbewegung Ninos, jeder Schmerz, die ich in diesen Jahren in mir mitgefühlt habe, immer ein Echo in ihrem Herzen auslösten... Wenn sie deshalb jetzt an Nino denken und sich an ihn wenden will, denkt sie und wendet sie sich an mich, und mir sendet sie den Schrei ihres Schmerzes und unendlicher Qual."
Tatjana, 1.7.1937

9. Kapitel:

Gramscis Tod (27.4.1937)

Mit dem Aufenthalt in der Clinica Cusumano in Formia endet zwar der Briefwechsel zwischen Tanja und Gramsci, nicht aber die Betreuung, die Tanja Gramsci weiterhin angedeihen läßt. Sie besucht ihn ein Mal in der Woche, gewöhnlich am Sonntag, und sie erfüllt weiterhin die Funktion einer Mittlerin zwischen Gramsci und der Familie bzw. zwischen Gramsci und Sraffa (die Partei).

Gramsci hat sich in Formia nie wohl gefühlt. Natürlich sind die Haftbedingungen gegenüber Turi wesentlich besser, aber die Überwachung ist minutiös. Kost und ärztliche Betreuung sind schlecht. Sein Gesundheitszustand verbessert sich nicht besonders, und die Schlaflosigkeit quält ihn unerbittlich. Bis zum Oktober 1934, als seine Haft unter Einschränkung seiner Bewegungsfreiheit auf Bewährung ausgesetzt wird, verläßt er nie sein Zimmer und ist meist mit Fieber zu Bett. Selten macht er, wenn es ihm besser geht, einen kleinen Gang unter Polizeiaufsicht im Garten. Erst nach dem Oktober 1934 fährt er einige Male mit Tatjana im Wagen spazieren. Sraffa kommt zweimal zu Besuch, und die beiden können lange miteinander sprechen. Was wir über Gramscis Leben aus jener Zeit und aus der Zeit seines Aufenthalts in der Klinik Quisisana in Rom (ab August 1935) wissen, verdanken wir im wesentlichen den Briefen Tanjas an Sraffa.(1)

Am 16. Februar 1934 schreibt sie an Sraffa, sie habe Nino "regelmäßig, jeden Sonntag" besucht; "Er hat keine Zeile geschrieben ... Es ist ihm gelungen, ein bißchen Kräfte zu sammeln, das ist alles ... Er erhält Zeitschriften und den Corriere della Sera". Gramscis Blutdruck liegt zwischen 200 und 220, das Minimum zwischen 100 und 110. Er leidet an Überempfindlichkeit der Hände und Füße, das Gehen fällt ihm schwer und ist schmerzhaft, er hat nach wie vor Darmbeschwerden. In der Klinik fehlt warmes Wasser zum Baden, das Brot ist miserabel und oft kaum gebacken.

Am 4. April: "Der Gesundheitszustand ist weiterhin prekär ... die letzte Röntgenaufnahme ... hat ergeben, daß gegenwärtig im Brustkorb kein besonderer Prozeß im Gange ist".

Am 15. April: "... ich habe ihn ganz schlechter Laune angetroffen, mit Kopfweh und Fieber ... er war ganz finster". Tanja bemerkt, er müsse im Gefängnis Hunger gelitten haben, denn jetzt ißt er alles mit Gier. Er leidet an "Darmkoliken mit Verstopfung, Durchfall und Fieber".

Man versucht, die Verlegung in eine medizinisch besser ausgestattete Klinik zu erreichen.

Am 8. Mai: "Nino zählt die Tage bis zum Ablauf der Frist", d.h. in Erwartung der Bewährung. "Wir haben gestritten, denn er behauptet immer wieder, daß er besonders darunter gelitten habe, daß die Seinen seine Anordnungen auf die leichte Schulter genommen und mißachtet hätten". Er leidet immer unter Schlaflosigkeit, und "bis jetzt hat er seine Studien und seine Arbeit nicht aufnehmen können" ... "Doch bin ich sicher, daß er noch den gleichen Drang fühlt, alle Fragen und Themen, die ihn früher beschäftigt hatten, zu vertiefen. Er ist wie früher leidenschaftlich interessiert. Er liest regelmäßig zwei Zeitungen, den Corriere della Sera und Il Sole. Außerdem Zeitschriften und ein paar Bücher ...".

Im Mai, ohne genaues Datum: "Nino wünscht, man möge seinen Antrag beschleunigen (auf Verlegung in die Klinik Poggio Sereno in Fiesole). Er ist so schlechter Laune, daß ich ganz erregt bin ... Er sagt er sei müde, ganz müde und daß es 'ein böses Ende' nehme ... Er fragt, ob wir uns bald wieder sehen, denn er wünscht sehnlichst, Sie zu sprechen ... Der Gemütszustand Ninos macht mir geradezu Angst. Denken Sie, ich erfuhr erst gestern, daß er während der Krise im vergangenen Jahr Blut uriniert hatte ... Er ist zutiefst mutlos und wiederholt immer 'ich bin müde, totmüde, so kann das nicht weiter gehen, ich kann nicht mehr, ich habe keine Widerstandskraft mehr'".

Am 17. Mai schreibt Sraffa an Tanja: "Teilen Sie mir mit, ob Nino selbst über den Antrag entschieden hat, oder ob er die Ansicht des Rechtsanwalts abwartet". Es handelt sich entweder um den Antrag auf Verlegung in eine bessere Klinik oder, wahrscheinlicher, um den Antrag auf eine bedingte Freilassung. Denn wenige Tage später schreibt Sraffa an Tanja (am 28. Mai): "Sie müssen Nino sagen, daß der Rechtsanwalt die Sache prüft und ihn benachrichtigt, bevor er Schritte unternimmt ...".

Am 21. Mai hat Tanja an Sraffa geschrieben: "Gestern habe ich Nino besucht. Ich fand ihn auf und im Garten, Temperatur 37,6 und 37,8.

Blutdruck um 200. Die Nachtruhe ist immer kurz ... er hätte Appetit, hat aber Darmschmerzen ... er ißt jetzt sehr wenig ... Nino besteht nur auf einer Sache: man soll den Antrag nur an den Regierungschef richten ... Bevor ich ihn verließ, hatte ich den großen Kummer, in ihm einen Wutausbruch zu provozieren, denn ich sagte ihm, eines der üblichen Mittel sei es, den Antrag ... von der Ehefrau stellen zu lassen. Nino war geradezu entsetzt, und es gelang mir nicht, ihn zu beruhigen. Er wiederholte mehrmals, dies sei die Art, wie man um Begnadigung bitte ... und er wolle vor allem vermeiden, daß man ihn mit der Zunge am Boden sieht ...".

Am 26. Juni informiert Tanja Sraffa, Gramsci warte unruhig auf Nachricht von Sraffa wegen des Antrags und habe kein Vertrauen. Es gehe ihm schlechter: Schwindelanfälle, hoher Blutdruck, Schlaflosigkeit, Appetitlosigkeit.

Im Juli: "Nino ist seit sechs Tagen bettlägerig". Er hatte einen äußerst heftigen Anfall akuter Nierenentzündung und 40 Grad Fieber". Er trieft vor Schweiß, "will mit einem Schlag sterben ... sagt, daß er dies sehnlich wünsche ... er hat gefragt, ob und wann Sie kommen".

Am 17. Juli: der Urinbefund hat sich gebessert, aber wegen der Nieren kann er kein Schlafmittel nehmen. Er schläft eine Stunde. Er ist immer in großer Unruhe wegen des Antrags: "Er sagte, der Direktor (der Klinik) ist ein Spekulant. Als ich am Morgen ohne Ressentiment, nur um etwas zu sagen, ihm auf seinen Sarkasmus und seine Ironie mir gegenüber erwiderte, 'warum willst Du mich denn kränken und ärgern', sagte er, 'wenn Du wüßtest, wie Du mich in diesen Jahren geärgert hast; hättest Du vor anderthalb Jahren auf mich gehört [Januar 1933, der "große Versuch"], wäre ich jetzt nicht hier ... er sah eine Mücke, ein großes Ding und sagte, 'wenn ich wüßte, sie übertrage mir die Pest, würde ich mich stechen lassen' ".

Am 19. August hat er blutigen Auswurf, es wird jedoch keine Tuberkulose nachgewiesen.

Am 29. August: "er bestätigte mir seinen Wunsch, mit dem Anwalt zu sprechen ... er wartet voll Unruhe auf Nachricht ... er ist so schwach, daß er kaum im Garten gehen kann".

Am 10. September berichtet Tanja vom zermürbenden Warten Gramscis: "Nino möchte ..., daß ich noch einmal mit dem Anwalt spreche. Darum verschiebt er die Vorlage seines Antrags auf die nächste Woche ... Er meint, es sei angebracht, ihn vor dem 15. d.M. zu stellen, Tag der Sitzung des faschistischen Großrats".

Dieser Brief kreuzt den Sraffas vom 11. September, in dem Sraffa seinen Unwillen nicht verbirgt, daß Tanja ihn dringend aufgefordert habe, so schnell wie möglich nach Rom zu kommen, ohne ihm den Grund mitzuteilen (Sraffa befindet sich zu diesem Zeitpunkt in Mailand). "Briefe dieser Art ... schaffen nur Verwirrung". Doch Tanja hat ihm lediglich einen Wunsch Gramscis mitgeteilt.

Am 18. September: "Sonntag habe ich Nino schlechter vorgefunden. Schlaflosigkeit, Schwindel, Gliederschmerzen, er sieht die Dinge doppelt ... Doktor Cusumano sagt, Nino müsse aufhören zu rauchen ... aber er raucht ganz wenig ... zum Antrag meinte er, ob es nicht besser sei, das Ereignis abzuwarten [eine Geburt im Hause Savoia] und zu sehen, was für eine Amnestie es gäbe ... ich glaube, er wird nie etwas tun, was in irgend einer Form ihm [Gramsci] günstig wäre".

Sraffa besucht Tanja am 28. September. Am 24. hat Gramsci an den Regierungschef den Antrag auf bedingte Freilassung gestellt, und schon am 27. teilt Sraffa Tanja mit, er habe "aus sicherer Quelle" erfahren, daß dem Antrag stattgegeben sei.

Die bedingte Haftentlassung gibt Gramsci ein Minimum an Bewegungsfreiheit. Im November unternimmt er mit Tanja im Wagen ihre erste Spazierfahrt in den Ort. "Als wir herauskamen sagte Nino, er würde nicht gerne durch die Menschenmenge auf dem Rathausplatz fahren und den Wagen warten lassen. Trotzdem haben wir im Ort ein paar Schritte gemacht, wir waren im Stadtgarten, sahen das Denkmal für die Gefallenen usw. ... er hat einen aufgeblähten Leib ... von einer Woche zur andern nimmt der Umfang zu. Nino merkt es am Hosengürtel ... er hat immer, immer hohe Temperatur ... er ist sehr glücklich, nicht allein zu sein".

Im November hält sich Tanja einen Monat lang in Formia auf. Auch ihr geht es nicht gut. Schließlich "ließ er mich abreisen mit dem Versprechen, möglichst bald zurückzukehren".

Am 17. Dezember: "Erst am 14. habe ich Formia verlassen, doch ich mußte Nino versprechen, nicht später als am 20. zurückzukehren, um bis zum Ende des Monats bei ihm zu bleiben ... Bestimmt wünscht Nino lebhaft, Sie zu sehen ... Ich bin froh, daß Nino fühlt und sagt, daß ich ihn seine Haft vergessen lasse. Ich würde so gerne mehr für ihn tun, um ihn froh zu machen und gesund zu sehen; holen Sie sich eine Genehmigung, oder besser, benachrichtigen Sie das Ministerium und kommen Sie! Inzwischen steht Nino nur noch unter polizeilicher Beobachtung".

Am 2. Januar 1935 besucht Sraffa Gramsci. Unglücklicherweise wissen wir nichts über dieses Gespräch. Mit ziemlicher Sicherheit hat Sraffa Togliatti informiert, doch im Archiv des PCI findet sich davon keine Spur.

Im Winter wird Tanja krank. Bis zum 29. März gibt es zwischen ihr und Sraffa keine Briefe, bis er ihr am 29. März eine seltsame Bemerkung schickt: "Da Sie schweigen, dachte ich, Sie wollten die Korrespondenz nicht fortführen". Wir wissen nicht, was diesen Zweifel in Sraffa geweckt hat.

Sraffa befaßt sich mit dem Amnestieproblem. Am 12. April besucht er Gramsci erneut und verbringt mit ihm den ganzen Tag. Auch von diesem Besuch ist kein Zeugnis geblieben. Weder Sraffa noch Togliatti haben jemals etwas verlauten lassen.

Am 21. April schreibt Sraffa an Tanja. Er ist über ihre Gesundheit besorgt (Tanja muß sich einer Operation unterziehen). Er gibt Informationen über die anscheinend sicher bevorstehende Überführung Gramscis in die Klinik nach Fiesole. Tanja antwortet am 25. Mai: "Seit 14 Tagen ist Nino immer im Bett, er hatte ein Nierenversagen und hat die Beine verbunden. Er ist müde". Dann, am 17. Juni: "Wir haben noch nichts erreicht [die Überführung nach Fiesole], und anstatt sich zu bessern, scheint seine Gesundheit sich zu verschlechtern". Am 7. August befindet sich Gramsci immer noch in Formia. Am 26. schreibt Tanja: "Erst seit letztem Samstag sind wir in Rom, in der Klinik Quisisana. Heute wurde Nino von Prof. Frugoni untersucht, der eine Kur verschrieb und den Kranken aufmunterte, obgleich er ihm offen sagte, es bedürfe noch einiger Monate, bis es einigermaßen gut gehe. Es handle sich um eine Nierenentzündung mit Einschränkung der Nierenfunktion, doch der Allgemeinzustand ist nach Ansicht des Professors nicht schlecht, und die nervliche Erschöpfung sei eine Art Neurasthenie, die von der Nierenschwäche und vom überhöhten Blutdruck herrühre. Eine Besserung sei möglich". Kurz darauf erhält Gramsci den Besuch Sraffas.

Der Zustand des Kranken bessert sich nicht. Am 15. September schreibt Tanja an Sraffa: "Was mich traurig macht, ist, daß er nie sein Zimmer verläßt, außer um sich auf die Loggia zu begeben ... Gestern bat er mich, ihm die Bändchen Fanellis zu besorgen, die vom "Secolo Fascista" veröffentlicht wurden, und ich habe ihm bei Treves schon einen Band geholt; auch wollte er das Büchlein von Interlandi, "I nostri amici migliori".

Am 5. Januar 1936 schreibt Tanja: "Er wurde von Prof. Puccinelli untersucht, im Unterleib fand man freie Flüssigkeit, doch in keiner bemerkenswerten Menge. Wir haben keine Nachricht von Julia, und Sie können sich unter diesen Umständen den Gemütszustand von Nino vorstellen. Er sagte mir, als wir von Ihnen sprachen: 'schreib ihm, ich werde verrückt'. Auf meine Frage, was er damit meine, antwortete er sofort im normalen Ton: 'ach was, ich sagte es nur so'."

Außer diesem ersten Brief vom Januar sind aus dem Jahre 1936 keine anderen Briefe Tanjas an Sraffa bekannt und keine von Sraffa, der sicherlich Gramsci in der zweiten Hälfte des Jahres besucht hat, also nach dem Prozeß gegen Sinowjew und Kamenew im August. Spriano berichtet: "Sraffa sagte uns, Gramsci habe vermieden, eine Stellungnahme abzugeben. Höchstens habe er sich prinzipiell dagegen ausgesprochen, daß die Geständnisse als Beweise gegen die Angeklagten angesehen wurden". [2] Aber ist das nicht eine klare Stellungnahme? Hat nicht auch Bucharin anderthalb Jahre später, am Schluß des Prozesses, der mit seinem Todesurteil endet, die Legitimität dieser Art von Beweisen bestritten und gesagt, diese Geständnisse seien ein mittelalterliches Werkzeug? Kann man erwarten, daß Gramsci in seiner Lage und mit seinem Wunsch, nach Verbüßung der Haft die Familie in Rußland zu erreichen, eine noch deutlichere Ansicht äußert?

Am 5. März 1937 schickt Tanja an Sraffa ein Alarmsignal: "Ninos Zustand hat sich nicht nur nicht gebessert, sondern fesselt ihn schon seit drei Wochen ans Bett. Seit ein paar Tagen kann er überhaupt nicht mehr aufstehen". Am 25. kommt Sraffa erneut zu einem Besuch. Es ist das letzte Mal, daß er Gramsci sieht. Am 20. April soll Gramsci seine volle Freiheit erhalten, und die beiden sprechen von einer möglichen Zukunft Gramscis in der Sowjetunion.

Das Ziel dieser Arbeit, die Beziehung zwischen Gramsci und Tatjana Schucht in den Jahren 1925 bis 1937 zu rekonstruieren, verlangt auch eine Antwort auf die Frage, wie sich Gramscis Verhältnis zu Tatjana nach der großen Krise um die Jahresmitte 1933 weiter entwickelt hat. Es gibt dazu Bemerkungen in den Briefen 1934-1936 an die Familie und ein paar Briefe an Tanja selbst.

Am 8. März 1934 schreibt er seiner Mutter, von deren Tod im Dezember 1932 er nichts weiß: "Tatjana besucht mich jeden Sonntag". Am 22. Juli 1935 schreibt er Tatjana und bittet sie, bei einem Funktionär der politischen Polizei, dem Comm. Leto vorzusprechen, um die Verlegung in eine andere Klinik in oder außerhalb Formias (Fiesole) zu beschleunigen, denn die Klinik von Professor Cusumano ist ihm unerträglich geworden. Er leidet an Schlaflosigkeit und hat Fieber.

Drei Wochen später, am 11. August, ein kurzer Brief: "Ich habe Deinen Brief erhalten, der mich keineswegs befriedigte. Man sieht, kaum warst Du wieder in Rom, bist Du erneut in Deinen Zustand der Entschlußlosigkeit und des untätigen Wartens verfallen. Du mußt meinen Antrag sofort einreichen ... und Leto bitten, ihn so schnell wie möglich zu beantworten, denn ich bin am Ende meiner Kraft. Jetzt hast Du in mir mit Deinem Tun und Nichtstun die furchtbare Obsession erzeugt, es könne eine neue Verzögerung eintreten ... Liebevoll, doch mit einem energischen Tadel, Antonio".

Wir kennen bereits diesen Ton in viel härteren Briefen, und wir wissen, daß das Wort "Obsession" bei Gramsci eine Krise ankündigt, die, zu Recht oder zu Unrecht, Tanja angelastet wird. Dieses Mal geht die Sache gut aus, denn einen Monat später wird Gramsci in eine römische Klinik verlegt.

Im Sommer 1936 schreibt er Julia: "Es fällt mir immer schwerer, Dir zu schreiben, doch Tanja besteht darauf, daß ich Dir wenigstens eine Zeile schicke". Bis zum Schluß verzichtet Tanja nie auf diesen Teil ihrer Mission.

Im Dezember schreibt Gramsci erneut an Julia und gibt von Tanja ein liebevoll scherzhaftes Bild. Schon seit einiger Zeit gelingt es ihm nicht mehr, seinen früheren leichten Ton zu finden. Jetzt ist es das letzte Mal, daß er ihn findet: "Ich möchte Dir keinen Bericht ... über Tanja geben. Sie lebt natürlich nach ihrer Weise, was mir ab und zu eine furchtbare, sardische Lust einflößt, einen knotigen Stock in die Hand zu nehmen; doch es scheint mir, daß sie über eine üppige Vitalität verfügt und daß es ihr gut geht. Manchmal streiten wir, denn sie ist unregelmäßig im Essen, das heißt sie ißt wenig und schlecht, auch wenn ich Grund habe zu glauben, sie sei eine Frau von gutem Appetit, man muß ihr nur alles vor die Nase stellen. Auch wenn sie protestiert und abzuwiegeln versucht, ist doch sicher, daß ich sie in Formia ein ganzes Hühnchen verzehren sah (gekocht, nicht gebraten, sagt sie), kein sehr großes, das ist wahr, doch ein respektables Tier. Und das zum Frühstück (savtrak). So sah ich sie auch eine beträchtliche Portion Lamm mit gerösteten Kartoffeln essen. Derzeit, scheint mir, vernachlässigt sie sich, und ich habe den Eindruck, sie habe abgenommen. Sicher genügen wenige Wochen normaler Ernährung, um sie ganz zu verändern, zu verjüngen usw. Du weißt, daß ich das ungern schreibe, denn ich mache ihr immer Vorwürfe, was kein Vergnügen ist (gestern hat ihr auch mein Bruder Carlo deswegen den Kopf gewaschen), sondern mich eher sehr oft irritiert. Über Tanja stop".

Und noch ein Brief an Julia aus dem Jahre 1936: "Tanja möchte, daß ich Dir jedes Mal einen Traktat schicke, um Dich dazu zu bringen, öfters und mit größerer Genauigkeit zu schreiben. Ich glaube, daß das nichts hilft und lästig wäre". Und ferner, in einem ebenfalls nicht datierten Brief an den kleinen Julik: "Es ist Tanja, die mich zum Schreiben anhält, auch wenn es mir nicht gut geht. Deshalb schreibe ich schlecht: gib mir in allem eine schlechte Zensur".

Gramsci stirbt am frühen Morgen des 27. April 1937. Am 25. April abends bekam er einen Gehirnschlag mit einer Lähmung der linken Seite. Es war der Tag, an dem man ihm offiziell die vollständige Freiheit und Rücknahme der polizeilichen Überwachung angekündigt hatte. In einem Brief an Sraffa vom 12. Mai beschreibt Tanja die lange, verzweifelte Agonie:

"Er hat keineswegs das Bewußtsein verloren ... er konnte sehr gut sprechen". "24 Stunden nach dem Anfall verschlechterte sich seine Lage rapid, und am Morgen des 27. um 4 Uhr 10 ist er gestorben". "Ich ließ den Leichnam fotografieren und die Totenmaske abnehmen. Jetzt lasse ich sie und auch einen Abdruck der rechten Hand in Bronze gießen". Vom Ministerium war die Anweisung gekommen, niemand dürfe die Leiche sehen. Auch der Bruder Carlo wurde erst nach seinen Protesten zugelassen. "Wir waren immer von einer Schar von Beamten der Polizei und des Innenministeriums umgeben, aber wir konnten die Leiche sehen. Wir mußten Fragen über uns ergehen lassen, warum wir eine Maske abgenommen und Fotografien gemacht hätten". "Bei der Überführung und bei der Einäscherung waren nur Carlo und ich dabei, abgesehen von einer großen Zahl von immer gegenwärtigen Beamten". "Nun liegt die Asche in einem mit Holz verschalten Behälter aus Zink für zehn Jahre gebührenfrei an einem von der Verwaltung angewiesenen Ort. Ich warte, um die Genehmigung zur Überführung zu beantragen" (siehe Anhang).

Anmerkungen zum Kapitel 9

1) Archiv des PCI, Fondo Sraffa, Briefe von Tanja Schucht, 1934-1937
2) Paolo Spriano, Gramsci in carcere e il partito, op.cit.,S.72 f.

10. Kapitel:

Antigone

Am 2. September 1938 wird die Asche Gramscis von Tanja auf den protestantischen Friedhof an der Porta San Paolo überführt. [(1)]

Bald nach diesem letzten Akt geschwisterlicher Liebe und ziviler Gesinnung kehrt Tatjana nach Moskau zurück. Sie wird während des Angriffs Nazideutschlands nach Zentralasien evakuiert, zusammen mit dem kleinen Giuliano und ihren Schwestern Julia und Genia. Sie stirbt 1943 in Frunze "an Not und Entbehrung".[(2)]

Läßt sich ein abschließendes Bild ihrer Persönlichkeit zeichnen, nachdem wir nicht ohne Respekt und innere Bewegung verfolgt haben, was sie alles in zehn Jahren an Gramsci geschrieben, wie sie sein Schicksal Schritt für Schritt begleitet und wie sie immer versucht hat, mit ihrer unerschöpflichen Fähigkeit Trost und Liebe zu spenden und die trennenden Gefängnismauern zu durchdringen?

Über ihre Gefühle, ihr Leben, ihre Persönlichkeit zeigen die Briefe an Gramsci vor allem eines: ihre Hingabe an Gramsci bis zu seinem Tod und auch danach.

Mehrmals spricht sie in ihren Briefen an ihn von ihrer Art, die Beziehung zum "Nächsten" aufzufassen und zu gestalten. Für sie gibt es nur eine Art, die der "selbstlosen" Liebe, die den anderen in seinem Eigenwert, ohne Gegenleistungen zu erwarten und ohne Eigeninteresse, liebt. Trotz der häufigen Erwähnung dieser Problematik ist es kaum möglich herauszufinden, ob Tanja nicht doch in einem bestimmten Augenblick aus diesem allgemeinen Gefühl unmerklich in eine konkrete Liebe übergegangen ist. Über ihre Liebesgefühle bewahrt sie eine an Gehemmtheit grenzende Diskretion. Wir wissen über sie nichts und kennen nur ihre Hingabe für Gramsci, die in einigen Augenblicken die Formen einer sublimierten, idealen Liebe annimmt.

Sie hat sicherlich die Faszination, die von Gramscis Persönlichkeit ausgeht, auf sich wirken lassen. Sie ist bezaubert von seinem Humor, erschreckt von den Ausbrüchen seines Zorns. Doch bei ihren Besuchen, selbst in den Augenblicken größter innerer Bewegung, tritt sie immer zur Seite und läßt keinen Zweifel: "ich bin hier im Namen Julias und der Kinder".

Ihre Selbstlosigkeit und die Negation jeder Gegenleistung, ja Gegenseitigkeit, sind meiner Ansicht nach auch Ausdruck einer Begrenztheit. Mehrmals spricht sie von ihrer Unmöglichkeit, "sich zu öffnen", ihr Leben anderen zugänglich zu machen. Sie empfindet das, ihren Briefen nach zu schließen, nicht so sehr als einen Mangel, sondern vielmehr als eine Schutzschicht für die Unversehrtheit ihrer Gefühle.

War die "Selbstlosigkeit" nur die Kehrseite ihrer Unfähigkeit, sich zu "öffnen"? Oder genauer, war ihre Verschlossenheit vielleicht der Grund dafür, daß sie eine Beziehung nur uneigennützig und ohne Gegenleistung, d.h. einseitig, konzipieren konnte? Und konnte sie in dieser Einseitigkeit überhaupt etwas geben?

Im Verhältnis zu Gramsci treibt sie ihre Fähigkeit zu geben, die Tugend konkreter Hingabe, bis zum Äußersten, und in den Briefen an ihn gelingt es ihr mehrmals, sich zu öffnen und ihre innersten Gefühle mitzuteilen. Es ist bemerkenswert, daß Gramsci in seinen Antworten nie die Schwelle der Tür überschritt, die ihm hier geöffnet wurde, nicht einmal um Tanja zu helfen, sich über sich selbst klarer zu werden.

Ohne Zweifel spürt Gramsci für sie eine tiefe Zuneigung, wie für eine Schwester, und zumindest in den ersten Jahren des Gefängnisses verbindet sich in einigen Augenblicken für Gramsci mit ihrer Gestalt das geliebte Bild Julias. Tatjana löst in ihm aber auch Reaktionen aus, die mit den Jahren immer gereizter werden. Manchmal findet er sie "naiv" und schreibt das auch ohne Umschweife. Er hält sie für "unfähig in praktischen Angelegenheiten" und unfähig, wirklich zu verstehen, was ein Leben im Gefängnis bedeutet. Mehrmals verbietet er ihr kategorisch, etwas für ihn ohne seine vorherige Einwilligung zu unternehmen. Gerade dieser Punkt führt zu einer ständigen Reibung und mit den Jahren zu einem echten Konflikt. Dabei spielen sicherlich der Verdacht und die Zweifel mit, die Gramsci gegenüber den politischen Exponenten hegt, die hinter ihr stehen, die sie unterstützen, aber auch, wie Gramsci befürchtet, unter Umständen manipulieren. Nur diese Befürchtung kann seine übertriebene Härte Tanja gegenüber erklären, die er bis zum Bruch treibt und die meiner Ansicht nach in erster Linie jenen anderen gilt, die hinter Tanja stehen.

Tanja hat darunter sehr gelitten, reagiert aber nur selten auf die Grobheit gewisser Vorwürfe. Sie verteidigt sich schweigend und schützt damit ihre innersten Gefühle.

Auch Tanjas Verhältnis zur Familie ist eigenartig und voller Widersprüche. Sie wächst auf im Klima der antizaristischen, revolutionären Ideen, derethalben ihre Familie ins Exil gegangen ist. Sie hat jedoch weder die Erfahrung der Revolution von 1905, noch die der beiden Revolutionen von 1917 gemacht und hat die bolschewistische Partei, ihre Kultur, ihre Moral, ihre Praxis der Machtausübung nie kennengelernt. Das unterscheidet sie vor allem von Genia und Julia, die aktive Parteimitglieder sind.

Dieser Unterschied kommt in ihren Briefen nirgends direkt oder indirekt zum Ausdruck. Er findet jedoch seinen Niederschlag in der Eigenart ihres Denkens.(3)

Als 1925/1926 die Schwestern Julia und Genia mit dem kleinen Delio nach Rom kommen, hat Tanja Probleme mit ihnen, insbesondere mit dem eigenmächtigen Verhalten Genias, das sie mißbilligt und unter dem sie leidet.

In den folgenden zehn Jahren, während derer sie Gramsci im Gefängnis beisteht, drängt die Familie mehrmals auf ihre Rückkehr nach Rußland. Einmal ist Tanja nahe daran abzureisen, bleibt aber doch. Mehrmals fragt sie Gramsci um Rat und versucht, ihm zu erklären, warum sie nicht abfährt, ohne ihm jedoch mitzuteilen, daß er der eigentliche Grund ihres Bleibens sei. Sie hat über Sraffa den Auftrag erhalten, ihm beizustehen. Doch viel stärker als diese Pflicht ist ihre eigene Beziehung zu Gramsci, dessen Rettung ihr zur Lebensaufgabe wird.

Auch gegenüber der Familie, selbst gegenüber der von ihr sehr geliebten Mutter, gebraucht Tanja ihren Maßstab der "selbstlosen Beziehung". Eine solche ist im Rahmen der Familie (sie denkt dabei wahrscheinlich insbesondere an Genia) nicht möglich. Überdies verhindert eine gewisse "krankhafte" Atmosphäre (als deren Opfer sie Julia sieht), daß sie sich in der Familie wohl fühlen könnte. Sie zieht es vor, allein zu leben; sich in der Familie zu "öffnen", hält sie für unmöglich. Sie sagt nie, sie liebe Italien (sie verabscheut Rom und zieht Mailand vor) oder sie ziehe es vor, hier zu leben, aber sie will Italien nicht verlassen. Sie schreibt einmal: "ich kann nicht den Ort wechseln". Es gibt nur einen rationalen und zugleich gefühlsmäßigen Grund ihres Verbleibens: sie kann Gramsci, der langsam seinem Tod entgegengeht, nicht allein lassen. Wie hätte sie, bevor das Schicksal sich nicht erfüllt hätte, die Szene verlassen können?

Tanja ist weder religiös motiviert, noch ist sie eine engagierte Kommunistin, aber sie verwirklicht auf der höchsten und zugleich bescheidensten Ebene die Ideale menschlicher Solidarität. Die Begegnung mit Gramsci ist sicherlich entscheidend, um die Grenzen einer egozentrischen Enge zu sprengen, die der Entwicklung ihrer Persönlichkeit im Wege stehen. Durch und für Gramsci kann sie ihr Ideal einer "selbstlosen Liebe" verwirklichen und den Versuch wagen, sich einem anderen Menschen zu "öffnen". Diese zu Unrecht vergessene, zerbrechliche, kranke Frau, die drei Monate im Jahr ans Bett gefesselt ist, hat es verstanden, ihre eigenen Beschwerden hintenanzustellen und buchstäblich Gramscis "Schwester" zu werden, in seinem Kampf und seinen Leiden. Ohne sie hätte Gramsci keine zehn Jahre lang im Gefängnis überlebt. Und es sind nicht nur zehn Jahre zermürbender

Kämpfe, sondern auch die Jahre, in denen Gramsci mit seinen richtungsweisenden Überlegungen zur geistigen und moralischen Erneuerung des italienischen Geisteslebens und in seinem Drang zur praktischen Verwirklichung der großen Ideale der Menschheit ein Werk "für ewig" hinterläßt (er selbst hat diesen goetheschen Ausdruck einmal in einem Brief gebraucht). Und nach seinem Tod kämpft Tanja für Gramsci ihren letzten Kampf. Sie ist eine Antigone jener ehernen Zeit.

Gramsci ist tot, doch Tanja sieht ihre Aufgabe als noch nicht erfüllt. Die grausame Frage, die sich Gramsci zehn Jahre lang immer wieder gestellt hat, der Zweifel, der seine Obsession genährt hat, der Verdacht, von den Seinen, nämlich von der Partei und sogar auch von Julia (als unfreiwilligem, passivem Instrument) "verurteilt" zu sein, sind ohne Antwort geblieben. Der entscheidende Punkt ist der Brief von Ruggero Grieco vom Februar 1928. In ihm wird Gramsci, damals in Untersuchungshaft, explizit als einer der wichtigsten Parteiführer angesprochen und damit objektiv seinen Verfolgern kenntlich gemacht. Der Untersuchungsrichter, auch ein Sarde, hat in guter oder böser Absicht ihn darauf aufmerksam gemacht mit den Worten: "vielleicht haben Sie Freunde, die Ihnen übel wollen". Damals keimt in ihm der furchtbare Verdacht. Er schreibt von dem "seltsamen" Brief an Julia, doch kommt keine Antwort (oder sie ging verloren). Und nach dem harten Urteil des Prozesses wird der Verdacht in den langen, einsamen Meditationen und unter dem Eindruck des langsamen Verfalls seiner Kräfte zur Obsession.

Tanja weiß das sehr wohl und hat das Wachsen dieses Gespenstes beobachten können. Sicher war die Sache auch bei ihren Besuchen zur Sprache gekommen, auch schon vor jenem Brief vom 5. Dezember 1932 und den ihm folgenden Gesprächen vom Januar 1933. Und auch in den letzten beiden Jahren in Formia und Rom war der Verdacht nicht zerstreut, war die Frage nicht beantwortet worden, trotz der Besuche Sraffas, der in direktem Kontakt mit Togliatti stand, in dem Gramsci die Person vermuten konnte, die bei dem "berüchtigten" Brief von Grieco möglicherwese die Hand im Spiel hatte.

Wir wissen nicht, ob Gramsci mit Sraffa über seinen Verdacht gesprochen hat. Wir wissen aber, daß Gramsci zur Zeit des "großen Versuchs", von dem er sich 1933 seine Befreiung erhoffte, Tanja einschärfte, die Partei dürfe weder einbezogen werden, noch etwas davon erfahren. Eine Beteiligung Sraffas, wenn auch nur am Rande, hat er jedoch nicht ausgeschlossen. Er hat also Vertrauen in Sraffa, und auch Tanja kann, nach dem Tode Gramscis, in ihn ihr Vertrauen setzen. Der Verdacht, Gramsci sei verurteilt und verraten worden, ist ein quälendes Erbe, das seine Obsession ihr hinterlassen hat. Bevor dieser Zweifel nicht geklärt ist, sieht sie ihre Mission für Gramsci nicht als erfüllt.

Sraffa trifft Tanja in Rom am 30. Juni, nachdem er ihr mehrmals geschrieben hat, um ihr zu raten, wie sie die Papiere Gramscis aufzubewahren hätte. Sie sollten an Julia nach Moskau geschickt werden. Aus Paris hat Donini an Sraffa geschrieben: "Wo Julia ist, ist auch E". Ercoli ist der Deckname Togliattis. Der Adressat des Nachlasses ist also letzlich die Partei, d.h. Togliatti.

Nach diesem Treffen in Rom händigt Tanja am 1. Juli dem abreisenden Sraffa am Bahnhof einen Brief aus (siehe Anhang). Nach Ansicht Gerratanas, dem ich diese Information verdanke, "scheint es so zu sein, daß zwischen den beiden unter anderem auch der 'berüchtigte' Brief Griecos zur Sprache gekommen war; damals hatte Tanja den Text des Briefes noch nicht aufgefunden und konnte die Frage nicht vertiefen".

Die Tatsache, daß Tanja gleich bei der ersten Begegnung Sraffa diese quälende Frage unterbreitet, läßt darauf schließen, daß sie sich von ihm Unterstützung bei der Klärung der Angelegenheit erwartet. Andrerseits haben die Angst und Verzweiflung des Briefes, die sie Sraffa im letzten Augenblick am Bahnhof übergibt, nicht unbedingt etwas damit zu tun. Tanja steht vor ihrer Abreise nach Rußland, und alle Ängste, die sie vor diesem Schritt immer gehabt hat, lasten auf ihr, verstärkt durch ein vernichtendes Gefühl der Ohnmacht über den Verlust Gramscis, den weder ihre Hingabe noch ihre Opfer gerettet haben.

Bereits am 7. Juli schreibt sie erneut an Sraffa. Dieses Mal wird sie direkt: "... Es wird gut sein, wenn Sie mir mitteilen, was Sie zu tun oder zu sagen gedenken in Bezug auf den berühmten Brief. Ich verstehe, daß niemand ohne eine Erklärung übergangen werden kann. Was mich betrifft, kann ich derzeit ohne Ihre Anweisung nur schweigen. Sehen Sie zu, was getan werden muß, ich brauche Ihnen dazu nichts zu empfehlen, doch gestehe ich, daß ich mich nicht danach fühle, eine solche Verantwortung zu übernehmen. Andrerseits weiß ich nicht, wie man die schwierige Frage lösen kann. Ich hoffe, wir haben noch Gelegenheit, uns zu sehen, bevor eine Entscheidung fällt ..."(siehe Anhang).

Sraffa zögert mit der Antwort. Er wartet den Ausgang der Operation ab, der sich Tanja unterziehen muß. Schließlich schreibt er ihr, er sei in Rapallo, bei seinen Angehörigen. Am 9. September informiert er Tanja, daß es seinem Vater schlecht gehe und er deswegen nicht nach Rom kommen könne. Er bittet Tanja, ihm detailliert zu schreiben, was sie ihm sagen will.(4)

Wahrscheinlich ist das die Antwort auf einen Brief Tanjas, in dem sie ihn bittet, nach Rom zu kommen, "um über eine wichtige Sache zu sprechen", die, wie sich herausstellt, eben die Affaire Grieco ist.

Sraffa läßt sich darauf nicht ein, sondern teilt nur mit, er könne sich unmöglich von Rapallo entfernen, und Tanja möge so schnell wie möglich abreisen, da sich die allgemeine Lage von einem Tag zum anderen überstürzen könne. Wir wissen nicht, was er damit meint, und Tanja geht in ihrer Antwort von 16. September mit keinem Wort auf diesen dringenden Rat ein, sondern kommt sofort zur Sache: "Ich möchte auf den berüchtigten Brief kommen und von Ihnen hören, wie ich mich verhalten soll. Sonst weiß ich nicht, welche Haltung ich einnehmen soll, auch gegenüber Julia. Seinerzeit habe ich in Rom auf die Sache angespielt, hatte aber damals noch nicht den Text des Briefes. Ich verstehe gut, daß man manchmal auch Fragen von größter Bedeutung fallenlassen kann. Es gibt genug Gründe: Nachlässigkeit, Gleichgültigkeit, der Wunsch nach einem ruhigen Leben, Rücksicht usw. Aber ich habe den absoluten Wunsch, meine eigentlichste Pflicht nicht zu vernachlässigen, nicht nur gegenüber Nino, sondern gegenüber all dem, was er als das Ziel seines Lebens ansah, das nicht verraten werden darf. Nach meiner Rückkehr zur Familie könnte ich die nötigen Schritte unternehmen, um zu versuchen, die Wahrheit zu erfahren. Aber um dies tun zu können, meine ich, muß man viel Vorsicht walten lassen, sehr diskret sein, sonst wird es nicht möglich sein, etwas zu erfahren, ... falls es tatsächlich etwas Ernstes zu entdecken gibt" (siehe Anhang).

Dieser Brief ist wichtig und kündigt bereits ein brüskes Ende an. Tanja will der Sache auf den Grund gehen, braucht aber von Sraffa zumindest einen Rat, wie sie "sich verhalten soll". Sie spürt, daß sie mit größter Umsicht zu Werk gehen muß, will sie nicht alles verderben. Sie bringt zwei neue Argumente: zunächst eine Kritik an Sraffa, die trotz ihrer Indirektheit schneidend ist. Jedes Wort (Nachlässigkeit, Gleichgültigkeit, Wunsch nach Ruhe, Rücksicht) muß wie ein Mühlstein wiegen. Und danach das Bekenntnis, das diese Härte legitimiert und Tanjas Haltung erklärt: sie hat ihre "eigentlichste Pflicht" zu erfüllen, nicht nur gegenüber Gramsci, sondern auch gegenüber seinem Lebensziel. Das ist das große Wort. Tanja handelt nicht nur aus Zuneigung und Hingabe, die Gramsci in ihr geweckt hat, sondern sie verteidigt auch seine moralische und politische Welt und die Ideale, für die er mit dem Leben bezahlt hat. Sie läßt nicht zu, daß sie verraten werden. Dieses Wort ist vielleicht das Echo eines anderen Wortes, das sie oft von Gramsci gehört und in seinen Briefen gelesen hat: "verurteilt".

Es ist gut möglich, daß Sraffa sich beim Lesen dieser Zeilen unbehaglich fühlte. Sie enthalten keine direkte Anklage gegen ihn, schließen aber eine Mitverantwortung nicht aus und verlangen eine Stellungnahme. Andernfalls bleibt der Vorwurf der Nachlässigkeit, des Wunsches nach Ruhe usw., erhoben von einer Frau, die sich seit zehn Jahren aufopfert, um jemand beizustehen, der im Gefängnis seinem Tod entgegensieht; und es bleibt für die Welt, für die Sraffa steht, der entsetzliche Vorwurf des Verrats. Sraffa antwortet umgehend (am 18. September): Er beginnt mit dem Beispiel eines Mißverständnisses, das zwischen ihm und Tanja, die sich einem ungerechten Vorwurf ausgesetzt gefühlt hatte, entstanden war, aber ohne weitere Folgen ausgeräumt werden konnte. "Nehmen Sie jedoch an, wir hätten uns nicht frei schreiben können, nehmen wir an, Sie wären zehn Jahre unter furchtbaren physischen und psychischen Bedingungen allein mit Ihren Gedanken geblieben; das Mißverständnis wäre in Ihrem Kopf gewachsen und Sie hätten sich immer mehr davon überzeugt, ich hätte Ihnen einen ungerechten Vorwurf machen wollen". Nach diesem die Sache verharmlosenden Vergleich geht er in die Offensive: "Für mich ... ist klar, daß es sich beim Schreiber des Briefes um Leichtfertigkeit gehandelt hatte, aber daß dahinter keine 'Bosheit' und noch weniger ein diabolischer Plan steckte ..." und er gibt seinen Rat: Fahren Sie nach Paris, treffen Sie den Schreiber des Briefes, "unterbreiten Sie ihm frei Ihre Gedanken und hören Sie seine Erklärungen; aus dem Ton seiner Antwort müßten Sie beurteilen können, ob sie aufrichtig ist oder nicht. Das ist, da Sie mich gefragt haben, mein Rat" (siehe Anhang).

Auch wenn ich davon überzeugt bin, daß Sraffa im Grunde recht hat, wenn er von "Leichtsinn" spricht und einen "diabolischen Plan" ausschließt, meine ich doch, daß Tanja mehr Verständnis für ihr Anliegen verdient hätte und mehr Ernsthaftigkeit im Bemühen, sie auf ihrer Suche nach der Wahrheit zu unterstützen. Denn es ist nicht von der Hand zu weisen, daß der "berüchtigte Brief", wie aus den Briefen Gramscis hervorgeht, zum Symbol geworden war für einen viel weiteren und komplexeren Sachverhalt, d.h. für das Verhältnis Gramscis zur Kommunistischen Internationalen, zunächst im Oktober 1926, nach seinem Brief an das ZK der bolschewistischen Partei der UDSSR, dann aber auch während der ganzen ersten Hälfte der 30er Jahre, als Gramsci eine von der Linie der italienischen Partei und der Internationalen abweichende Haltung eingenommen hatte. Das ist ein wirklich diabolischer Knäuel, an den Tanja ahnungslos Hand angelegt hat. Sraffa wagt nicht, zu erklären, daß hier das Problem liegt, und angesichts der Zeiten kann man das auch verstehen. Doch hätte er mehr tun können, als in Unschuld seine Hände zu waschen und seine Zuflucht zu Pseudoratschlägen zu nehmen. War es ihm wirklich nicht möglich, den Zug zu nehmen und offen mit Tanja zu sprechen?

War es wirklich unvermeidlich, sie noch einmal allein und verzweifelt zu lassen?

Tanja antwortet am 28. September mit einem äußerst harten Brief, der im Grunde einem Bruch gleichkommt. Sie akzeptiert keines seiner Argumente und wiederholt noch einmal die ihren, dieses Mal mit dem offenen Vorwurf, "man wolle die Sache fallen lassen ... um Unannehmlichkeiten zu vermeiden". Sie bemerkt das Trügerische am Rat, "sich direkt an den zu wenden, der den Brief geschrieben hat"; denn "die Absicht ging nicht von dem Schreibenden aus, sondern von dem, der den Brief schreiben ließ". Dieser Hinweis mußte es für Sraffa noch schwieriger machen, Tanjas Ansinnen nachzukommen, zumal Tanja hinzufügt, "man solle sich keineswegs wundern, wenn es eine fast diabolische Tat gewesen wäre, mit dem Ziel, mit allen Mitteln die Verwirklichung und Behauptung dessen zu verhindern, für was andere ihr Leben opferten. Und wenn dem so wäre, hülfe auch meine ganze Umsicht und Klugheit nicht, um der Sache auf den Grund zu kommen". Für Tanja ist es "schmerzlich", einen solchen Rat bekommen zu haben. Sie nimmt zur Kenntnis, daß "Sie nichts tun wollen oder können und mir auch nichts in meinem Sinne raten; aber das tut mir leid auch für Sie, und ich wünschte, daß Sie letztlich doch ernsthafter an die Angelegenheit gedacht hätten, als Sie glauben machen wollen" (siehe Anhang).

Tanjas Verhältnis zu Sraffa, dem einzigen Freund, der Gramsci in den Gefängnisjahren nahe gestanden war, endet mit einer Vertrauenskrise. Tanja ist auf dem Grund ihrer Einsamkeit angelangt.

Uns liegt keine Antwort Sraffas vor, und der Briefwechsel zwischen den beiden bricht ab. Monatelang hört Sraffa nichts mehr von Tanja, so daß er glaubt, sie sei nach Rußland zurückgekehrt. Doch kommt es zwischen Mai und Juli 1938, als Tanja sich zur Abfahrt anschickt, noch einmal zu einem kurzen, farblosen Austausch. Am 15. Juli schreibt Tanja: "... man kann sagen, ich bin nun fast abfahrbereit", doch spricht sie nicht mehr von ihren Gedanken, sondern nur von den Kleidern, die für Rußland am geeignetsten seien.

Im Dezember 1969, viele Jahre später, in einer anderen historischen Epoche, Tanja war schon seit über fünfundzwanzig Jahren tot, Togliatti seit fünf Jahren, antwortet Sraffa auf eine Anfrage Paolo Sprianos. Es ist vielleicht das einzige Mal, daß er den undurchdringlichen Schleier lüftet, den er über seine Erinnerungen aus jener Zeit gelegt hat. Zu einem Kärtchen, das zufällig am Tage von Gramscis Tod an Togliatti geschickt worden war, schreibt er: "Die Bemerkung Griecos [in Wirklichkeit die von M. Montagnana], man solle die Wasser nicht aufrühren, ist zweifelsohne so zu interpretieren, wie Sie sagen: keine Pressekampagne in Bewegung setzen. Aber was Sie von Grieco berichten, nämlich daß es sich darum gehandelt habe, zu vermeiden, Gramsci zu irritieren, hat mich wütend gemacht wie zu *jenen Zeiten* (kursiv, A.N.). Es ist schon so, daß aus unzeitigen Veröffentlichungen der Parteiführer in Paris zweimal ein Unheil ersten Ranges entstand. Weder damals noch heute glaube ich an Böswilligkeit, sondern nur an die für Journalisten und Agitatoren unwiderstehliche Versuchung, alles zu veröffentlichen. (Ich weiß, das gilt auch für Historiker, doch bitte ich Sie, diesen Teil meines Briefes als vertraulich anzusehen)" (siehe Anhang).

Meiner Ansicht nach ist dieser Brief wichtig. An welches Unheil dachte Sraffa? Wir können nur Vermutungen anstellen. Zunächst muß man jedoch hinzufügen, daß sich auf dem Billet Montagnanas an Togliatti nach den Worten "nichts aufrühren" die Zwischenbemerkung findet, "Du kennst den Typ".[5] Damit war Gramsci gemeint, und diese Bezeichnung hat vielleicht dazu beigetragen, Sraffa noch jetzt, 1969, "wütend zu machen wie zu jenen Zeiten". Und die Wut über das zweimal durch unzeitige Publizität verursachte Unheil in jenen Zeiten? In Gramscis Gefängnisleben gibt es tatsächlich zwei Fälle, in denen unzeitige Publizität Unheil gestiftet hat:

1) Der erste betrifft den Brief Griecos vom Februar 1928, der die Identität und Rolle Gramscis als erstrangigen Führer der Partei und der internationalen kommunistischen Bewegung enthüllt und damit der Justiz das Material für eine Urteilsverschärfung in die Hand gibt. Davon ist Gramsci bis zuletzt überzeugt. Zwar ist richtig, daß dieser Brief in den Prozeßakten nicht auftaucht. Aus ihnen geht hervor, daß Gramsci leugnete, wie es damals üblich und abgesprochen war, Mitglied des Zentralkomitees zu sein. Doch der Untersuchungsrichter hat Gramsci den Brief gezeigt, und auch Scoccimarro und Terracini, Empfänger eines ähnlichen Briefes, werden wie Gramsci zu Höchststrafen verurteilt. Auch wenn man annimmt, der Brief sei irrelevant für den Prozeß gewesen, so war er es doch nicht für das Bewußtsein Gramscis, für das er, wie wir wissen, verheerende Folgen hatte. Was unerklärlich bleibt, ist die Tatsache, daß die Partei in so vielen Jahren Gramsci gegenüber die Sache nie zu klären versucht hat. Konnte sie und konnte das Büro der Internationalen (der Brief war sicher über diesen Weg gegangen) Gramsci gegenüber, der seit 1926 im Geruch eines "Trotzkisten" stand, einen Leichtsinn nicht zugeben?

2) Der zweite Fall ist klarer und eindeutiger. Es handelt sich um die Veröffentlichung des Arztberichtes von Prof. Arcangeli in der L'Humanité im Mai 1933. Togliatti hatte eine Untersuchung angeordnet, wer der Zeitung das Dokument übergeben haben könnte, aber vom Ausgang dieser Nachforschungen ist nichts bekannt[6]. Sraffa kennt den ganzen Hintergrund

sehr gut. Er selbst hat den Antrag Gramscis auf eine vorläufige Haftentlassung (oder zumindest auf Überführung in eine Klinik) verfaßt. Er hat über seinen Vater erfahren, daß die Veröffentlichung der L'Humanité in den Kreisen der Justiz und der Politik, die mit dem Antrag Gramscis befaßt sind, eine negative Wirkung hervorgerufen hat und hat also allen Grund, über die "unzeitige Publizität" wütend zu sein. In diesem Fall besteht das angerichtete "Unheil" im Vereiteln einer Möglichkeit, die es anscheinend im Frühjahr 1933 gegeben hatte, für Gramsci schon damals die vorläufige Haftentlassung zu erwirken. So wird er lediglich Ende des Jahres in die Klinik nach Formia überführt, was Gramscis Zustand nur beschränkt von Nutzen ist.

Man weiß nicht, ob Gramsci damals erfuhr, was alles wirklich passierte. Sprach Sraffa mit ihm über die beiden Angelegenheiten und ihren jeweiligen Hintergrund bei den wenigen Besuchen (zumindest vier), während derer sie sich relativ frei unterhalten konnten? Sraffa hat sich darüber nie ausgesprochen, und wir wissen auch nicht, was er Togliatti über diese Gespräche berichtet hat.

Möglicherweise hat er mit Tanja über den Fall Humanité-Arcangeli gesprochen. Den Brief Griecos erörtern die beiden nach dem Tode Gramscis, und Sraffa beschränkt sich darauf, die Sache als eine "Leichtfertigkeit" herunterzuspielen, auf eine Art, die für Tanja inakzeptabel ist. Dieses letzte "Unheil", denn das ist es für Tanja, hätte vielleicht durch eine freundschaftliche, brüderliche Unterredung vermieden werden können. Sraffa schickt hingegen nur einen distanzierten, sachlichen Brief. Vielleicht sind seine damalige Stummheit ebenso wie das hartnäckige Schweigen, das er bis zu seinem Tode wahrt, Ausdruck einer Welt, deren Schranken zu durchbrechen er nicht gewagt hat.

So muß Tanja–Antigone, "Beistand der Toten", "Schwester" Gramscis im Kampf und im Schmerz der letzten Jahre, auch sie sich auflehnend gegen eine zu eng gewordene Welt, allein bleiben, bis zu ihrem eigenen Untergang.

Anmerkungen zum Kapitel 10

1) Ein Polizeibericht mit dem Stempel des Innenministeriums vom 4. September 1938 bestätigt, daß die Überführung der Asche am 2. September erfolgte "nach Genehmigung durch das örtliche Gesundheitsamt, durch die Bestattungsbehörden und durch die deutsche Botschaft". Irrtümlich vermerkt das Dokument, "der hier bekannte Antonio Gramsci" sei am 29. April 1938 gestorben (Archiv des PCI, Fondo Sraffa. 1937, Dokument7). Die der Ausgabe der "Gefängnishefte" beigefügte Chronologie verlegt die Überführung der Asche in die Zeit nach der Befreiung (1. Heft, op.cit., S.65)
2) Mimma Paulesu Quercioli (Hrsg.), Forse rimarrai lontana, Lettere a Iulca, op.cit. S. 27
3) Giuliano, der Sohn Antonio Gramscis, schreibt von seiner Tante Tatjana, die nach Moskau zurückgekehrt war: "... wegen ihrer Art, sich auszudrücken und sich zu verhalten, wurde sie von einem italienischen Genossen als 'bürgerlich' bezeichnet. Sie war von der Propaganda jener Jahre nicht betäubt und beurteilte die Dinge jeweils frei und ohne Konformismus", in: Tatiana Schucht, Lettere ai familiari, op.cit. S. XVII
4) Piero Sraffa, Lettere a Tania per Gramsci, a cura di V. Gerratana, op.cit., S. 186
5) P. Spriano, Gramsci in carcere..., op.cit. S. 90 f.
6) Claudio Natoli bereitet die Veröffentlichung von kürzlich in Moskau aufgefundenen Dokumenten vor, aus denen hervorgeht, daß es Giuseppe Berti war, der den Arztbericht der Pariser Zeitung zugespielt hat. Berti war der "Vertrauensmann" der Kommunistischen Internationalen innerhalb der italienischen Partei.

Anhang

1. Brief

Tanja Schucht an Antonio Gramsci
12. April 1927

Lieber Antonio, ich kann Dich versichern, daß ich regelmäßig Deine Post erhalte. Bisher erhielt ich sie Donnerstagabend oder Freitagmorgen, einige Male kam sie Samstag. Weißt Du, ich war schon besorgt und ärgerlich, das heißt in Sorgen und darum schlechter Laune, als endlich mit der ersten Post am Samstagmorgen Dein Brief eintraf. Ich danke Dir, daß Du mir jede Woche schreibst. Falls Du es nicht können wirst, weil Du anderen schreiben mußt, macht es nichts, aber es wäre mir lieber, ich wüßte das eine Woche vorher. In einigen Tagen ist Ostern, ich hoffe, Du wirst zufriedengestellt und erhältst das Gebäck, um das Du gebeten hast. Du hast mich auch daran erinnert, Deiner Mutter die Fotografie Delios zu schikken. Bitte schreib mir ihre Adresse. Ich bin sicher, sie wird sehr froh sein, sie zu erhalten, auch weil das Gesichtchen Delios Dir stark ähnelt. Lieber Antonio, ich habe vor mir auf dem Schreibtisch zwei Briefe von Dir, einen vom 19.3. und einen vom 26.3. Ich weiß nicht, welchen von den beiden ich beantworten soll; weißt Du, welchen Eindruck sie auf mich machen, wenn ich sie wiederlese? Ich weiß nicht, was ich Dir antworten soll auch aus einem ganz einfachen Grund. Du schriebst, wahrscheinlich denke ich an Dich auf einem komplizierten Umweg, ich weiß nicht, ob Dein Bild exakt ist, jedenfalls, glaube ich, denke ich immer an Dich, an Julia und die Kinder, das Haus usw. Ich denke viel über das, was Du mir schreibst, und da ich Dir nicht sofort eine lange Antwort geschrieben habe, kann ich mich nicht erinnern, was ich Dir dazu schrieb in meinen Postkarten. Es sind nun einige Tage, daß ich diese Art Ungewißheit spüre. Ich verstehe, daß meine Besorgnis auch lächerlich ist, doch gelingt es mir nicht, den Gedanken zu überwinden, daß ich alles, was ich Dir schreiben möchte, Dir sicher schon geschrieben habe. Im Brief vom 26. sagst Du, Du habest den meinen zusammen mit dem Julias von Ustica nachgeschickt bekommen. Du sagst, Du habest meinen unter verschiedenen Gesichtspunkten besonders untersucht: unter einem linguistischen, literarischen und psychologischen usw. Gesichtspunkt. Am Tag als ich diesen Brief erhielt, erhielt ich auch eine Karte von Papa. Beide sagtet ihr die gleiche Sache. Du schreibst mir, ich müsse mir Dein Leben in Ustica völlig anders vorgestellt haben, als es in Wirklichkeit war. Papa schreibt mir, ich müsse ganz einfach ihr Leben vergessen haben, da ich seit langer Zeit mit ihnen nicht mehr lebe. Ich erlaube mir, Euch beiden gegenüber zu bemerken, daß Ihr in einem schweren Irrtum seid. Ich weiß nicht, was Dich dies denken ließ oder besser, ich weiß es nur zu gut. Nicht nur der Ton meines Briefes, sondern auch sein Inhalt war von der Absicht diktiert, einen bestimmten Eindruck hervorzurufen und ein bestimmtes Ziel zu erreichen. Nun, da Du in Mailand bist, ist das Ziel natürlich verfehlt; aber wenn mein Brief unnütz geworden ist und seinem Zweck nicht entspricht, besagt das noch nicht, daß er Unverständnis widerspiegelt gegenüber Deiner Umwelt und Deiner Art zu leben. Ich versichere Dir, daß ich beim Lesen eines Deiner Briefe oder eines Briefes meiner Angehörigen nicht nur ganz genau verstehe, was er ausdrückt, sondern daß ich auch ganz genau den Ton der Stimme höre, sogar schon beim ersten Lesen höre ich sofort den Klang, den er in Wirklichkeit hat. Es ist deshalb sicher, daß ich Dein Leben in Ustica durchaus nachvollziehen konnte. Du solltest doch nicht nur den psychologischen und pädagogischen Zweck in meinen Briefen anerkennen, sondern bisweilen auch den Ausdruck eines legitimen Scherzes, wie den der Heiligen usw. Bitte glaube nicht, ich hätte es übel genommen, gewiß nicht, ich muß nur einmal mehr bekräftigen, daß weder Papa, noch Du mich im geringsten kennt. Die Schuld (wenn man das Schuld nennen kann) liegt im übrigen völlig bei mir, ich habe mich immer um die gekümmert, die mir lieb waren, habe aber nie jemand die Gelegenheit gegeben, mein intimes Leben kennen zu lernen. Ich war Freundin, Schwester, Gefährtin, aber nie ist das jemand für mich gewesen. Du schreibst (ich weiß nicht warum, von meiner Seite habe ich Dir keinen Grund dazu gegeben), wenn Du gedacht hättest, ich wäre Dir weniger gut, hättest Du aufgehört, mir zu schreiben. Bravo, tut mir leid für Dich, für Euch, für fast Alle, die ihr mit so einer Psychologie ausgestattet sein könnt. Ihr braucht es, daß man Euch immer liebt und umsorgt usw., während ich mich in meinem Verhältnis zu denen, die ich liebe, überhaupt nicht um deren Gefühle mir gegenüber kümmere. Was daran tatsächlich seltsam ist, ist der Umstand, daß deswegen keiner protestiert. Denn im Grunde scheint es mir beleidigender zu sein, sich um die Gefühle der anderen überhaupt nicht zu kümmern, als seine Gefühle zu verändern und jemand weniger oder viel mehr zu lieben. Warum hast Du Freunde aufgegeben, als sie Dich nicht mehr liebten wie zuvor (sagst Du), anstatt Dich um sie zu kümmern? Mit welchem Recht? Vielleicht brauchten sie mehr Liebe, als sie anderen geben konnten. Indes sei versichert, da Du nun mal zu denen zählst, die wirklich Liebe brauchen, daß ich sie Dir

nie entziehen könnte, gerade weil ich immer die Notwendigkeit, das Bedürfnis spüre, das zu geben, dessen man bedarf.
Aber wäre ich wie Du, hätte ich Dir schon längst nicht mehr schreiben dürfen beim Gedanken, Du könntest glauben, ich hätte Dich vergessen. Ach, Du bist richtig böse, und Du bist es noch mehr, wenn Du Dich rechtfertigst und erklärst, Du hättest diese Gedanken nie gehabt. Was sind das für Dummheiten. Du mußt mir gegenüber Deinen Gefühlen immer vollständig Ausdruck geben und darfst nie fürchten, sie könnten mißverstanden werden. Ich versichere Dir, ich bin, wie ich oben schrieb, in einem gewissen Sinn sehr verschieden von den üblichen Leuten, die, zu ihrem Unglück, der Liebe anderer bedürfen und bei ihrem Fehlen unsäglich leiden. Ich nenne mich glücklich, wenn niemand auf mich einschlägt, was das gleiche ist, wie die Liebe eines anderen zu beanspruchen! Im Gegenteil, wenn man nie Anlaß gibt, gestützt zu werden, bewirkt das, daß niemand auch nur versucht, Dich zu lieben, denn man liebt vielleicht, wen man beschützt. Genug, lieber Antonio, ich weiß wirklich nicht, warum ich Dir so lange Erklärungen über mich gemacht habe, zumal ich nie moralische Ärzte benötigt habe. Es ist nicht so, daß ich mich im Augenblick in einer besonderen Geistesverfassung befinde, aber ich bin ein bißchen müde, denn ich war vergangene Woche krank. Jetzt geht es mir ziemlich gut, doch ich möchte nicht noch einmal lesen, was ich Dir geschrieben habe, sonst schicke ich den Brief nicht ab, wegen all der Fehler, die er enthält. Ich umarme Dich,

Tatjana

2. Postkarte

Tanja Schucht an Antonio Gramsci
5. September 1927

Lieber, es scheint mir, ich war richtig dumm, oder ich wußte Dir nichts zu sagen, und ich habe Dich nicht einmal nach etwas gefragt und ich kann nur weinen. Ich hoffe, daß ich, wenn ich Dich noch einmal sehe, weniger bewegt sein werde und daß auch Du mir sagen kannst, was Du brauchst, wie es Dir wirklich geht, was ich Dir bringen soll, damit Du es mit Appetit essen kannst. Ich stelle mir vor, daß Du überhaupt nichts mehr ißt. Wenn ich Dir Fleischwaren oder Obst brächte? Lieber, ich fürchte, Du fandst mich noch dümmer, als ich mich empfand. Weißt Du, ich kam als letzte dran, weil sie meinen Namen nicht aussprechen konnten. Eine Umarmung,

Tanja

3. Brief

Tanja Schucht an Antonio Gramsci
5. September 1927

Liebster Antonio, wie kurz war die Zeit unseres Gesprächs, wir hatten nicht einmal die Zeit, zu verstehen, in welchem Zustand wir uns gegenseitig befanden. Dann wollte ich Dich zärtlich umarmen und war enttäuscht, daß ich Dir nicht einmal die Hand geben durfte. Ich hoffe jedoch, daß Deine Enttäuschung nicht allzu groß war, zumindest möchte ich, daß Du dieses Gefühl überwindest. Wir müssen versuchen, die Freude, sich zu sehen, im höchsten Maße auszukosten. Ich muß Dich sehen im Namen Julias und der Kinder, ich möchte Dir auch die Vorstellung lassen, sie zu sehen, während Du mich siehst, und es schmerzt mich sehr, daß ich Dir keine frische Nachrichten von ihnen geben konnte. Du kannst Dir vorstellen, wie mir zu Mute war, daß ich von meinen lieben Hausherren nicht erreichen konnte, daß sie mir die Post nachschickten. Weißt Du, diese Leute haben mir wirklich alles mögliche angetan. ... Indes laß mich wissen, wenn Du keinen Pfennig mehr zur Verfügung hast, in diesem Fall werde ich eine kleine Summe hinterlegen, ohne daß mir das schwer fallen würde, aber schreib mir, ob Du das Geld erhalten hast, das ich im Juni hinterlegt habe (Lire 300). Ich habe Dir zwei schöne Pfirsiche gebracht- ich hoffe, sie sind gut- und auch ein Wörterbuch. Ich habe nicht recht verstanden, ob Du auch das englische Wörterbuch willst, schreib es mir. Ich weiß, daß Du in Rom ein sehr schönes hast. Eine feste Umarmung,

Tanja

4. Brief

Tanja Schucht an Antonio Gramsci
30. Dezember 1927

Liebster Antonio, ich habe Deinen Brief vom 19. Dez. erhalten. Weißt Du, ich muß Dir gestehen, daß ich oft täglich das Bedürfnis empfinde, Dir zu schreiben, Dir meine Gedanken und Gefühle mitzuteilen, dann aber, vor der Tatsache, daß es ein Jahrhundert braucht, bis Dich meine Post erreicht, verzichte ich auf den Trost, Dich, wenn auch nur schriftlich, zu sprechen. Als ich heute Deinen Brief erhielt, mußte ich mir sagen, daß Du unvergleichlich tüchtiger bist, das Gefängnis wird es mit sich gebracht haben, daß Du lerntest, Dich vielen Notwendigkeiten zu beugen und Dir nicht wie ich den Luxus von Anwandlungen und Augenblicken tiefster Trostlosigkeit leisten kannst. Du sprichst von einigen meiner Gesten und Gesichtsbewegungen. Dazu kann ich Dir versichern, daß Dein Aussehen sich ziemlich verändert hat, oder besser, manchmal nimmst Du einen Ausdruck an, den ich an Dir vor dem Gefängnis nicht kannte: ich dachte mir, Dein Aussehen ähnelt manchmal dem von Kindern, die zu Hause oder insbesondere im Internat mißhandelt wurden. Ich möchte, daß Du moralisch so stark sein kannst, daß Du nie an der Aufrichtigkeit und Wahrheit unserer Mitteilungen über unsere Lebensbedingungen zweifelst, nicht aus Wahrheitsliebe um ihrer selbst willen, sondern weil wir uns bewußt sind, das kann ich Dir fest versichern, in welcher Geistesverfassung Du Dich befindest und weil wir uns alle einig sind in der Auffassung unserer Pflicht Dir gegenüber. Du sollst auch wissen, daß unsere Gedanken immer bei Dir sind; siehst Du, darum scheint es mir manchmal unmöglich, zu unterscheiden, was ich Dir wirklich mitgeteilt habe und was wir zusammen, ohne Dein Wissen, gedacht haben; sei auch gewiß, daß wir an all Deinen Gedanken teilnehmen, an den traurigen wie an den süßen. Du kannst auch davon überzeugt sein, daß man zu Hause ständig von Dir spricht und daß Delio eine Welt von Beobachtungen und Gedanken über Dich macht, Du weißt, wie sehr es ihm gefällt zu reden und wie treffend seine Beobachtungen sind. Ich bin überzeugt, daß wir, wenn wir ihn sehen werden, keine Schwierigkeit haben werden, erneut Freundschaft zu schließen, glaubst Du nicht auch?

Lieber, ich habe die Bücher, die Du gewünscht hast, bestellt. Ich hoffe, Du

bekommst sie bald. Laß mich wissen, wenn Du im Augenblick noch etwas brauchst, ich habe erfahren, daß der graue Pullover Dir am Hals eng geworden ist, Du solltest ihn rausschicken, damit ich ihn in Ordnung bringe. Ich schicke Dir noch andere Wollstrümpfe. Noch einmal bitte ich Dich darum, schick mir Deine Wäsche zum Waschen und zum Ausbessern. Ich möchte Dich in einem perfekten Zustand haben. Denk daran, daß Wolle sehr oft gewechselt werden muß, andernfalls wärmt sie nicht mehr. Brauchst Du noch andere Wollsachen zum Wechseln? Ich habe Dir Größe zwei geschickt, das andere war Größe drei, welches steht Dir besser? Schreib es mir. Ich umarme Dich zärtlich, Tanja.
Alles Gute. Grüße an Enrico.

[Es handelt sich um Enrico Tulli, ebenfalls kommunistischer Häftling, A.N.]

5. Brief

Tanja Schucht an Antonio Gramsci
17. April 1928

Liebster Antonio, heute erhielt ich zwei Briefe von Dir, einen vom 26. März und einen vom 2. April, ich muß Dir etwas sagen, bis zur vorigen Woche hatte ich eine Nummer an der Tür, das heißt, daß man mich an jedem Tag besuchen kommen konnte, allerdings nur zwei Mal pro Woche [Tanja befand sich im Krankenhaus], aber Du weißt, daß das für mich praktisch gleich ist, es kam nie jemand, um mich zu besuchen. Frau Tulli habe ich nur vier Mal gesehen, ein paar Mal mehr seine Mutter, die, wenn sie zur Messe ging, vorbeischaute. Ein Stück der Messe hörte sie auch im Krankenhaus, wo sie täglich gelesen wird, dazu Beichte und Kommunion soviel man will. Ich wüßte also nicht, wie man Dir Nachrichten von mir überbringen konnte. In den ersten Tagen, an denen es mir schlecht ging, sah ich niemand, nicht einmal damals. Ich schreibe das nicht, um mich über irgend jemand zu beklagen, und ich bin deswegen auch nicht sehr traurig, aber die Wahrheit ist, daß Deine Briefe mir nur mit großer Verspätung gebracht wurden. Ich glaube, ich hatte Dich gebeten, sie ans Krankenhaus zu adressieren, aber ich glaubte nicht, diese Bitte wiederholen zu

müssen, obgleich das Ausbleiben Deiner Nachrichten mir wirklichen Schmerz verursachte. Dein Brief vom 26. März sollte mich vielleicht erröten lassen, aber das ist schwer. Deine genaue Untersuchung der Art, wie ich meinen Brief vom 6. Februar zusammengestellt hatte, der syntaktischen und anderer Fehler macht mich keineswegs verlegen. Nicht daß ich nicht immer gewünscht hätte, jede Sache auf die bestmögliche Weise zu machen, aber ich kann Dir versichern, daß es mir, während ich einen Brief schreibe, nie passiert, daß ich einen Absatz noch einmal lese, und auch nicht, daß ich in meinen Gedanken innehalte, um einen besseren Ausdruck zu finden. Ich weiß wohl, daß ich oft sehr schlecht schreibe, Du selbst hast es mir mehr als einmal gesagt, aber ich tauge absolut nicht dazu, mich zu korrigieren, ich müßte sonst meine ganze Art, mit denen zu sprechen, die mir lieb sind, verändern. Ich muß Dir auch sagen, daß ich bei Deinen Bemerkungen lächeln mußte.
Lieber Antonio, ich wußte, daß die Nachrichten, die ich Dir übermittelte, in Dir auch Schmerz hervorrufen würden, aber ich war sicher, daß sie Dir auch gestatten würden, das Leben Deiner Kinder konkreter zu sehen. Ich glaube, ich habe Dich darin zufrie-dengestellt; zumindest ich wünsche immer, ein Bild von der Welt zu haben, in der der Schreibende lebt, auf diese Weise kann ich besser seine Persönlichkeit verstehen und spüre sie stärker, begreife besser sein tägliches Leben. Als ich Dir schrieb, spürte ich genau, was Du empfinden würdest, wenn Du mich liest. Ich glaube, daß Du mir das zubilligst. Du sollst Dich dann nicht mit schmerzlichen Gedanken quälen. Du weißt wohl, daß ich der Familie von großer Hilfe sein kann, das muß Dich beruhigen, doch ich werde Dir nicht gestatten, Dich böse zu verschließen und zu behaupten, daß DU nichts brauchst, diese Behauptung bedeutet einfach, daß Du Dich isolieren, Dich von uns lösen willst, uns an Deiner Existenz überhaupt nicht teilnehmen lassen willst, mein Temperament akzeptiert eine solche Situation nicht. Ich will das Leben meiner Lieben verfolgen. Du hast nun kein Recht darauf, Dich in Deinem Leben einzuschließen, aber Du hast auch ganz stark unrecht, so viele Gedanken zu wälzen, auch was diese Vorstellungen betrifft. Du könntest, wenn Du weniger verschlossen wärst, Deinen Gefühlen freien Lauf lassen und Dich dadurch dem Leben der Unseren nähern, Deine Gefühle für sie werden zu etwas, was ihnen gehört. Du wirst sehen, daß es Julia gelingen wird, Dich besser mit den Kindern in Verbindung zu setzen, mit all den Unsern, Du sollst nicht allein sein, vielmehr stärker die Verbindung zu uns spüren. Ein Gefühlsausbruch egal welcher Art trägt dazu bei, sich näherzukommen. Jetzt, da ich mich ohne die schmerzliche Pflicht finde, Dir etwas zu essen zu bringen, sehe ich mich eines unendlichen Gutes beraubt, ich würde viel

dafür geben, wenn ich mein Leben der letzten Monate noch einmal aufnehmen könnte. Als ich in die Aufnahme trat, war es mir, als ob ich Dich zu besuchen käme, und doch, wieviel Bitternis, wieviel Schmerz begleiteten jenes Leben, dem ich trotzdem mit schwerem Herzen nachweine. Derzeit kann ich das Krankenhaus noch nicht verlassen, der Zustand meines Beines erlaubt das nicht, und ich darf es noch nicht bewegen. Wenn ich Dir nicht schrieb, so darum, weil ich manchmal geradezu außer mir war vor Verzweiflung. In den nächsten Tagen lassen sie mich von einem Chirurg untersuchen. Physisch geht es mir ganz gut, ich vertreib mir die Zeit mit dem Lesen von Büchern, die mir der Arzt gab. Ich umarme Dich,

Tanja

6. Brief

Tanja Schucht an Antonio Gramsci
25. April 1928

Liebster Antonio, ich habe Deinen Brief vom Ostermontag erhalten. Ich bin froh, daß Du meinen mit der Locke von Giuliano noch vor Ostern erhalten hast. Hat sie Dir gefallen? Ich bin überzeugt, daß auch Giuliano immer Bewunderung erntet. Vorgestern erhielt ich Nachrichten von zu Hause, immer wird unsere Korrespondenz durch irgendwas aufgehalten, was die Unseren dann besorgt macht, speziell was unsere Gesundheit betrifft. Dem letzten Brief Julias ist zu entnehmen, daß sie von meiner Krankheit noch nichts weiß und seit langer Zeit keine Nachricht erhalten hat. Das Leben der Unsern spielt sich auf die gleiche Weise ab, sie erwarten mit Ungeduld den Frühling, um die Stadt zu verlassen. Sie haben Delio ein hübsches Häuschen für ein Amselpaar geschenkt, es scheint, daß das Häuschen sehr künstlerisch ist. Delio wächst sehr schnell, er ist mager, während der Kleine stärker gebaut ist, mit dicken Wangen. Der Kleine hat einen ganz anderen Charakter als Delio. Vor kurzem haben sie den Kindern eine Art Wägelchen geschenkt. Delio setzte sich darauf, während der Kleine ihn mit sich zog. Er läuft völlig frei. Der Kleine hat einen kühnen, energischen Charakter, es macht ihm gar nichts aus, wenn er fällt, sich wehtut, gewöhnlich kümmert er sich überhaupt nicht um ein Mißgeschick. Wenn er sich etwas in den Kopf gesetzt hat, unternimmt er alles mögliche, um

sein Ziel zu erreichen, er will jedes Hindernis überwinden, aber gleichzeitig ist er sehr empfindsam und liebevoll...
Er ist beleidigt, wenn er eine Änderung der Stimme heraushört, wenn man Unruhe oder Ärger äußert. Ich wäre richtig froh, wenn ich diesen kleinen Mann sehen könnte, wie er seinen älteren Bruder herumfährt. Wie froh bin ich, daß die Kinder zu zweit sind. Ihre Kindheit verläuft unter normaleren Bedingungen, als wenn Delio allein wäre, und wie froh wird er über die Gesellschaft des Kleinen sein, jetzt, da er laufen kann (...).
Hast Du mir an die Adresse des Krankenhauses geschrieben? Ich hoffe, ich bleibe hier nicht mehr lange, so daß wir uns bald sehen. Laß es Dir gut gehen, erzürne nicht Deinen Zellengenossen, ich leg es Dir ans Herz. Doch bin ich froh festzustellen, daß Du zu Scherzen aufgelegt bist, vielleicht geht es Dir wirklich ein bißchen besser. Aber Du darfst mit den Spritzen nicht ganz aufhören, es wäre Zeit, sie wieder aufzunehmen, Du mußt es tun, und zwar sofort, jetzt im Frühling, dann kommt die große Hitze, und es wird zu spät sein. Ich umarme Dich zärtlich,

Tanja

7. Brief

Tanja Schucht an Antonio Gramsci
14. Juli 1928

Liebster Nino, ich habe Deinen Brief aus Caserta erhalten, es tut mir leid, daß es Dir noch so schlecht geht. Ich hoffe, daß Du Dich richtig pflegst, wenn Du an Deinen Bestimmungsort kommst. Ich nehme an, der Herpes ist rein zufällig, Du brauchst sicher nicht an ein Leberleiden zu denken: mag sein, daß Du Rippenschmerzen hattest, auf jeden Fall wirst Du so klug sein, daß Du nichts unterläßt, um Dich wieder herzustellen. Gestern habe ich zwei Pakete mit Büchern für Dich gemacht. Die deutsche Grammatik habe ich noch nicht gefunden, aber ich schick sie Dir sicher nach, ich schick Dir auch die zwei deutschen Büchlein, die ich Dir nach Ustica geschickt hatte, eher als Erinnerung, ich weiß wohl, daß Du gerade die Grammatik brauchst, glaub nicht, daß ich, was ich Dir auf deutsch schikke, für das richtige halte, aber ich dachte, es könnte Dir irgendwie nützlich sein. Als Lekture schicke ich Dir "Die drei Musketiere" und einen Führer durch den Vatikan. Aber Du selbst mußt mir sagen, was ich Dir als fremdsprachige Lekture schicken soll. Von der Buchhandlung in Mailand habe ich zwei Bücherpakete bekommen, ich werde schreiben, damit Du Deine Bücher direkt zugeschickt bekommst. Als ich Dein Gepäck aus dem Gefängnis abholte, hatte ich nicht geglaubt, den Inhalt des Koffers kontrollieren zu müssen, ich glaube nicht, daß etwas fehlen kann, doch hatte ich nicht verstanden, daß ich mir Deine Sachen hätte in Deiner Anwesenheit aushändigen lassen können, Du kannst Dir vorstellen, daß ich sonst im Gefängnis gewartet hätte. Sie sagten mir, sie seien sofort nach der Gesprächszeit gekommen, ohne mich zu finden. Die Sache ist, ich wollte noch im Ministerium vorbei, ohne zu wissen, daß nach dem Essen kein Publikumsverkehr mehr ist. Ich bekam die Uhr, die Feder und die kleine Medaille ausgehändigt und schicke das alles an Julia. War auch die Gedenkschrift dabei? Schreibe mir, was ich mit Deinen Sachen tun soll, schreib mir auch, was ich Dir schicken soll, um Dein Leben angenehmer zu gestalten. Ich fürchte, ich habe Dir die Reise erschwert dadurch, daß ich Dir den Alluminiumtopf brachte. Andrerseits ist es kein großer Unterschied, wenn Du den Rest in einem Tuch trugst, allerdings immer ohne Ansehen der ganz besonderen Verhältnisse, unter denen eure Überführung stattfand. Waren Dir die Kirschen nützlich? Ich wußte nicht, wie ich Dir Mut machen sollte, aber Obst tut immer gut, meinst Du nicht auch, besonders wenn Dir das Fleisch nicht schmeckt.

In diesen Tagen muß ich einen Brief von Julia erhalten, ich hoffe zumindest, daß sie geschrieben hat und vielleicht auch die versprochenen Fotografien mitschickt. Wegen Deiner Bücher schreibe ich an den Anwalt in Mailand. Hast Du Dein Besteck dabei? Ich schicke Dir die Futterale für Gabel und Löffel. Warum gebrauchst Du nie Löffel aus Horn? Willst Du welche aus Bein? Schreib mir ganz genau, was Du brauchen kannst oder was Dir einfach Freude macht. Schreib mir, wie oft im Monat man zu Besuch kommen darf und wie lange ein Gespräch dauert: vielleicht kannst Du eine Verlängerung erreichen, alles, alles gute, ich umarme Dich,

Tanja

8. Brief

Tanja Schucht an Antonio Gramsci
6. Oktober 1928, Via Plinio 34

Liebster Antonio, Deine Kinder sind wirklich wunderbar. Julia hat allen Grund, diese völlig zufriedene Miene zu zeigen, die Gedanken ganz bei den lieben Kindern. Wie graziös ist der Kleine, und Delio ist wirklich ein kleiner Mann, was für ein schöner Blick, schade, daß er auf dem großen Foto den Mund versteckt.

Mein Foto wurde von Freunden in Rom gemacht, weil ich es Mamma schicken wollte, aber ich denke, ich tu es besser nicht, denn Mamma würde es leid tun, mich so abgemagert zu sehen. Da Du mich kürzlich gesehen hast, schicke ich es Dir, wenn es Dir Freude macht, kannst Du es behalten, oder es mir wieder in einem Brief zurückschicken. Ich habe Piero gesehen, er kam in die Buchhandlung, um mich zu treffen. Er bat mich, Dich sehr, sehr zu grüßen. Auch er war unzufrieden über die Unregelmäßigkeit der Buchsendungen. Er schlug mir vor, die Buchhandlung zu wechseln, dann verblieben wir jedoch so, daß wir nichts unternahmen. Er hat eine Liste von Büchern für Dich zusammengestellt. Er will, daß man Dir "L'Emporium" oder eine andere Kunstzeitschrift schickt. Er wird Dir schreiben. Vielleicht hättest Du gerne die Kunstzeitschrift "The Studium". Schreib mir mit vielen Einzelheiten über Deine Gesundheit und Dein Leben. Was den Antrag betrifft, schreibe ich dem Rechtsanwalt Niccolai in Rom, er trifft sich in diesen Tagen mit dem Rechtsanwalt Ariis bei Gelegenheit des Prozesses. Ich erwarte die Rückkehr Pinas nach Mailand nach der Abreise ihres Mannes. Ich umarme Dich zärtlich. Laß mich wissen, wieviel Geld Du noch auf Deinem Buch hast.

Tatjana

9. Postkarte

Tanja Schucht an Antonio Gramsci
30. Dezember 1928

Liebster Antonio,ich bin eben nach Mailand zurückgekehrt, ich hatte ein sehr gute Reise, ich bin überhaupt nicht müde. Ich fand ein graues, graues Wetter vor....
In Turi ist das Wetter tatsächlich sehr viel milder. Lieber, ich hoffe, es geht Dir besser, ich war wirklich glücklich, Dich gesehen zu haben. Und ich bin sicher, daß Dein gegenwärtiges Unwohlsein eine vorübergehende Sache ist und daß Du mir den Gefallen tun wirst, die Arzneimittel, die ich Dir hinterließ, zu nehmen, es handelt sich um Substanzen, die das Nervensystem stärken. Denn der Wassermansaft ist auch ein Beruhigungsmittel und nicht nur stärkend. Ich nehme an, Du nimmst auch das Sedobrol, und ich werde Dir auch noch welches schicken zusammen mit der Gummiflasche für heißes Wasser. Ich habe darüber mit dem Direktor und auch mit dem Arzt gesprochen, es ist besser, Du hast dieses Ding völlig zu Deiner Verfügung. Die Wärme hilft jeden Schmerz zu lindern, sowohl bei Neuralgien, als auch bei Darmbeschwerden, aber siehst Du, ich möchte wirklich hoffen, daß Du zufrieden warst, mich zu sehen, ich kam im Namen der ganzen Familie, hoffen wir, daß ich vor Ostern noch einmal kommen kann im Falle mich die Firma nach Neapel versetzt. Unendlich gute Wünsche, ich umarme Dich liebevoll,

Tanja

10. Brief

Tanja Schucht an Antonio Gramsci
Mailand, 8. Februar 1929

Liebster Antonio, ich habe Dir geschrieben, daß ich von den Meinen Nachrichten erhielt, von meinem Brief an Julia und die Familie, in dem ich von Dir erzählte und von meinem Besuch in Turi, bzw., daß ich endlich in

dem Ort gewesen bin, an dem Du Dich jetzt befindest und wo bisher noch nie eine Person, die Dir teuer ist, gewesen ist. Diese Nachricht, schreibt Julia, hat die ganze Familie beruhigt, auch meine Mutter hat neuen Mut geschöpft. Julia hat völlig recht, zu sagen, es scheine ihr, als ob sie Dir nun näher wäre, weil ich Dir nahe gewesen bin: ich möchte ihr das Gefühl, das ich jetzt habe, übermitteln können, daß ich auf gewisse Weise Deine Existenz materiell nachfühlen kann. Ich fühle den Ort, wo Du bist, das Haus, in dem Du Dich befindest, ich kenne die Physiognomie der verschiedenen Personen, die um Dich sind, ich kenne den Himmel und die Landschaft, und ich versichere Dir, daß ich auch Dich besser fühle. Was bedeutet es schon, daß ich Dich in Sträflingskleidung gesehen habe, zumindest kann ich mir Deine Person nun so vorstellen, wie sie jetzt ist, und das tut meiner Ansicht nach dem Geiste gut. Mir scheint, daß man sich geistig viel näher sein kann, seit ich mich, wenn auch nur ganz wenig, versichern konnte, daß die geliebte Person materiell existiert. Nun ist auch für Julia mein Gespräch mit Dir zu einem wirklich materiellen Kontakt geworden, und ich bin glücklich, daß ich ihr diese große Genugtuung verschaffen konnte.
Julia hat mir am gleichen Tag wie Dir geschrieben, während Mamma und Papa mir am 20. des vorigen Monats geschrieben haben. Julia macht mich darauf aufmerksam, daß sie mir mit ihrem Schreiben auch das von Papa und Mamma schickt, obgleich diese vorher und daher auch in einem viel traurigeren Gemütszustand geschrieben haben, denn in diesen Tagen haben meine Eltern keinen Augenblick gefunden, um noch einmal zu schreiben, denn derzeit ist Asja hier in Moskau, die Winterferien hat und mit der Gegenwart der Schwester, die nach Moskau kam, um für wenige Tage ein wenig den Rhythmus der Großstadt zu erleben, ändert sich der Rhythmus des Familienlebens. Ich denke, ich habe richtig verstanden, daß sowohl Genia als auch Delio noch in Iwanowo geblieben sind. Wer weiß, wieviel Freude Delio haben muß, wenn er mit dem Zug reist, den Aufenthaltsort wechselt usw. Ach!, ich erinnere mich, wie kompliziert es war, ihn im Zug zu haben, als wir von Trafoi nach Venedig fuhren, damals, es ist wahr, war er nur zwei Jahre alt. Lieber Antonio, wenn ich an die Kinder denke, denke ich oft an das, was ich ihnen schicken oder bringen könnte, wenn ich nach Moskau fahren werde, könntest Du, der Du so gescheit bist, mir raten, was ich für sie aussuchen soll? Tust Du mir den Gefallen? Und Du, Lieber, brauchst Du noch etwas Wäsche? Vielleicht Strümpfe? Du mußt mir aufrichtig schreiben, Du weißt, daß ich jetzt auch mehr machen kann, denn vom ersten Januar an hat man mir mein Gehalt erhöht, deshalb solltest Du Dir kein Gewissen daraus machen, mich um etwas zu bitten. Auch wegen der Bücher kannst Du beruhigt sein, du mußt mir eine

Liste von denen machen, die Du haben willst. Wie geht es mit dem Englischen? Und das viersprachige Buch? Es kann Dir ziemlich nützlich sein, sowohl für Dein Deutsch, als auch für Dein Englisch und Russisch. Ich denke, wenn wir uns in einiger Zeit wiedersehen, bist Du ein richtiger Wissenschaftler geworden. Ich umarme Dich,

Tanja

11. Brief

Tanja Schucht an Antonio Gramsci
Turi, 18. Januar 1930

(...) Lieber, es tut mir sehr leid, daß es Dich betrübt, daß ich hier in Turi unpäßlich bin, ich habe Dir schon geschrieben, daß ich hier ausgezeichnet gepflegt werde, und es ist besser, daß die Ruhepause, die die Reise für meine Arbeit bedeutet, mit einem Aufenthalt hier zusammenfällt, anstatt mit einem Krankenhaus-aufenthalt in einer Stadt, und dann spüre ich zumindest die große Genugtuung, am gleichen Ort zu sein, an dem Du Dich befindest, so daß Deine Isolierung tatsächlich unterbrochen wird. Lieber, Du mußt nicht glauben, daß ich Deinen Gemütszustand nicht verstanden hätte. Aber da es sich um eine wirkliche Ungeheuerlichkeit gegenüber Julia handelte, glaubte ich, es sei angemessener, auf diesen krankhaften Zug in Dir überhaupt nicht einzugehen. Dein Zustand ist, folgt man dem Anschein, völlig verständlich. Aber in Wirklichkeit liegen die Dinge nicht so, denn Deine Zeitberechnung vom Beginn eines Briefes an, den Du an Julia schreibst, bis zum Erhalt ihrer Antwort, mag zwar mathematisch exakt sein, entspricht aber nicht der realen Zeit vom Erhalt Deines Briefes und ihrer Antwort. Ich hätte gerne, daß Du jenen Brief von ihr noch einmal lesen würdest, in dem sie erwähnt, wie sie sich gestärkt fühlte durch die Zeilen, in denen Du Dich der Kinder erinnerst, es genügt schon dieses Gefühl von ihr, um Dir ihren Zustand klar zu machen. Du bist zwar tatsächlich von der Welt abgeschnitten worden, aber Julia ist gewaltsam und unerbittlich völlig von Dir getrennt worden. Im Vergleich zu Deiner Lage ist die ihre, was ihre Beziehungen betrifft, unvergleichlich schlimmer. Du hast hier Deine Mutter und Deinen Bruder, aber sie hat überhaupt niemand, niemand, der ihr das reale Gefühl Deiner Existenz und eurer innersten Bindung vermittelt. Doch bereits eine Bemerkung von Dir über Eure Kinder genügte, um ihr ein tiefes Trostgefühl zu geben, um sie die Wirklichkeit eurer Verbindung und eurer Liebe spüren zu lassen. Siehst Du, es ist im schlimmsten Fall tatsächlich nicht auszuschließen, daß sie das denkt, was Spaventa vom Absterben der Gefühle in den Herzen der Unglücklichen berichtet. Und doch, dessen bin ich sicher, ist sie selbst viel zu sensibel, um so etwas glauben zu können. Möglicherweise ist Dir noch nie der Gedanke gekommen, daß Julia zweifelsohne geistig von Dir stärker getrennt ist, als Du von ihr, allein schon aus dem Grund, daß wir mit Dir kommunizieren können, Du aber in Deinen Mitteilungen großen Beschränkungen unterliegst. Es ist richtig, daß Du es bist, dem das Recht, mit seinen Lieben zu verkehren, verwehrt wird. Das mag für Dich eine riesige Pein bedeuten, doch letztendlich sind wir es, bzw. die Familie, die auf die grausamste Weise dadurch bestraft ist. Das ist der Grund, warum ich wünschte, es würde Dir gestattet, öfter zu schreiben. Es scheint, es gibt keine einheitliche Regelung, auch für Dich hätte die Sache daher anders sein können, doch Geduld!, wie man hier sagt, und Du bist zweifelsohne in keiner guten psychologischen Verfassung, wenn Du mir gegenüber behaupten willst, daß auch Du wenig Lust zum Schreiben spürst und daß Du nicht weißt, was Du schreiben sollst. Aber Antonio, ich bestreite nicht, daß dieser Zustand sehr stark der Tatsache zuzuschreiben ist, , daß Du so wenig Nachrichten von uns bekommst, aber er ist auch Ergebnis dessen, daß Du die Gewohnheit verloren hast, eine bestimmte Funktion auszuüben, mit dem mangelnden Gebrauch schwindet auch das Organ, hier ist es das gleiche, nur auf der psychischen Ebene. Siehst Du, Lieber, Du hast die Deinen, Du hast uns, um Dich auszutauschen, aber mit wem kann sich Julia austauschen, wer gibt ihr Stärkung? Sie hat nur ihre Kinder, die etwas wie Zeugen eurer Liebe sind, sonst hat sie nur die Möglichkeit, ab und zu Nachrichten über Dich zu erhalten, von Dir ein paar an sie gerichtete Zeilen und ein paar Informationen über Deinen allgemeinen Zustand. Das ist tatsächlich zu wenig, und ihr Gemüt muß darunter leiden, immer vom Gefühl der Sehnsucht durchzogen, von der Trennung zerrissen. Lieber, es tut mir leid, Dich leiden zu lassen, indem ich Dich noch einmal daran erinnere, was der Grund Deiner gegenwärtigen Bitterkeit sein mag, aber es ist vielleicht gut, daß ich es Dir einmal schreibe ohne Bedenken, Dir weh zu tun, und wenn Du willst, daß ich es Dir gestehe: Ich habe Deinen letzten, an mich geschriebenen, aber indirekt für Julia bestimmten Brief noch nicht abgeschickt. Ich verstehe, daß auch die Äußerung eines Zweifels eine gewisse Kompensation bieten kann, indem sie die Existenz besonderer Gefühle sichtbar macht, doch scheint mir, Du hast das Problem auf eine Weise angegangen, die es

nicht gestattet, Julia das darin enthaltene Gift in solcher Dosis weiterzugeben. Hingegen habe ich ihr Deinen vorletzten Brief an mich geschickt und ihm einen Brief von mir vorhergehen lassen, sozusagen als Vorbereitung. Und mir scheint, daß das so mehr als ausreichend ist. Julia unterscheidet sich viel zu sehr von den üblichen Frauen und ihrer weiblichen Psychologie, darum habe ich es als Pflicht gefühlt, ihr einen Schlag zu ersparen, der möglicherweise ernsthaft ihr Leben beeinträchtigen würde. Und wenn es Julias Fehler ist, allzu schweigsam zu sein, so ist das genau die Auswirkung ihres psychischen Leidens, das sie Dir eher allzu genau offen gelegt hat, wenn sie schrieb, es fehle ihr an "Wille", um das zu tun, was sie möchte. Ihre physischen Kräfte sind gering, der Existenzkampf ist schwer, der moralischen Leiden sind viele, siehst Du, das ist das Bild der Lage.
Lieber, solltest Du jedoch wünschen, daß ich den besagten Brief abschikke, sag es mir oder schreib es mir, Du solltest mir schreiben zusammen mit dem Brief an Deine Mutter, vielleicht läßt Du ein bißchen Papier frei, das öfter mit Nachrichten über Dich für Julia ausgefüllt werden könnte, ich umarme Dich zärtlich,

Tanja

12. Brief

Tanja Schucht an Antonio Gramsci
Turi, 29. Januar 1930

Liebster Antonio, in diesem Augenblick habe ich Deinen Brief erhalten. Ich übermittle Deiner Mutter den für sie bestimmten Teil. Ich bin Dir sehr dankbar, daß Du mir geschrieben hast, sonst wäre ich, ohne Nachrichten von Dir, zu sehr in Sorge gewesen. Dein Brief hat mich zufrieden gemacht, denn so kurz er ist, ist er doch durchdrungen von einem ganzen Komplex von Gefühlen; aber ein gutes Vorzeichen ist die Tatsache, daß Du Deine vorherige Art, die Dinge zu sehen, vollständig aufgegeben hast, auch wenn Du eine Menge verblüffender Sachen geschrieben hast, auch was Dein innerstes Gefühl gegenüber Julia betrifft. Es kann keine Rede mehr davon sein, sich zu fragen, ob sich Julia in der Lage der Tatjana von Puschkin befindet oder nicht. Ich sehe mit großer Genugtuung, daß Du

Dich in dieser Frage berichtigt hast. Was Deinen Tadel mir gegenüber betrifft, möchte ich Dir daraus keine Schuld machen. Auch da befinden wir uns in einer Welt reiner Phantasie. Wirklich, ich war weder grausam noch ungerecht Dir gegenüber, ich habe Dir lediglich rückhaltlos die Lage unserer Familie an sich geschildert, ohne besondere Rücksicht auf den Schmerz dessen, der machtlos die Sache nicht lösen kann. Du schreibst, Du hast meinen langen Brief mehrere Male gelesen, Du hättest jedoch alle Briefe noch einmal lesen müssen, denn sie bilden eine organische Einheit. Auch wenn die einzelnen Bestandteile, die Du in ihnen findest, ganz zufällig zu sein scheinen, ist doch in Wirklichkeit das Gegenteil der Fall. So zufällig die in ihnen enthaltenen Einzelheiten sind, so sind sie doch ganz bezeichnend für unsere Umstände und sind auch begleitet von meiner Art, sie zu interpretieren, anscheinend oberflächlich, da ich nur einen Aspekt berührt habe, anscheinend den unwichtigsten von dem, was Papa geschrieben hat. Meine Kommentare aber und das, was Papa an persönlichen Dingen mitteilte, sollen Dir gestatten, Dich zumindest teilweise anzunähern an die Realität des Lebens unserer Lieben. Ich habe nicht in Eile geschrieben, sondern erst nach einer langen Zeit fast absoluten Schweigens, in einem Augenblick, in dem ich mein Herz am unbefangensten und voll Güte sprechen ließ, in wirklicher Hingabe, weil nur vom Wunsch bewegt, die Lage in all ihren Aspekten zu betrachten und ohne die Schlacken der eigenen Gefühle. Im übrigen bestand im Hinblick auf Dich die einzige Klippe in meiner Befürchtung, Dich über den Gesundheitszustand Julias nicht in allzu große Sorge zu versetzen. Doch vor ein paar Monaten traf ich eine Person, die Julia im Hause italienischer Freunde gesehen und sie bis zu jenem Zeitpunkt nicht gekannt hatte. Sie versicherte mir, meine Schwester befinde sich in einem guten Gesundheitszustand und sagte, um mich davon zu überzeugen, man könne uns beide nicht einmal vergleichen. Das hat mir eine große Freude gemacht, allerdings sind aber auch die Bemerkungen von Papa über Julias Müdigkeit und die Notwendigkeit, sich zu pflegen, von größtem Gewicht. Und auch Julia selbst hat sich manchmal ziemlich eindeutig über ihre Gesundheit geäußert. Ich will hoffen, daß Du Dich nun nicht spitzfindig zu diesem Thema ausläßt, aber Du wirst wohl ohne weiteres zugeben wollen, hoffe ich, daß man, um das Schweigen Julias zu erklären, aus ihr keineswegs die Heldin eines Romans zu machen braucht. Du kannst Dir vorstellen, wie unangenehm es mir ist, diesen Punkt zu berühren, aber ich kann nicht sicher sein, daß Du vollständig von der besonderen Krankheit der vergangenen Monate geheilt bist. Was hast Du nach Deiner Aussage geprüft, gewogen, wieder gewogen, was? Und Du, der Du es trotz allem verstehst, Deine Heiterkeit zu bewahren, mußt sehr vernünftig sein, um Dein bestes zu tun, um Julia jene Energie zu geben, die ihr fehlen könnte. Du bist tatsächlich von ihrer Welt getrennt, aber Du wirst wohl zugeben wollen, daß auch ihr Deine Welt abhanden gekommen ist, und zwar auf eine viel absolutere Weise, als es Dir passierte. Ich habe wirklich nicht geglaubt, daß Du mißverstehen könntest, was ich Dir nur schrieb, um Dir zu zeigen, daß trotz allem, absolut gesehen, Julia stärker von Dir isoliert ist als Du von ihr. Ja, im Rahmen meiner Möglichkeiten bleibe ich in Verbindung mit Dir. Und in eurer gegenseitigen Lage, ihr beide allein genommen, insgesamt, sehe ich, daß häufigere und tiefere Kommunikationsströme zu Dir fließen, als von Dir zu ihr. Das ist die Wirklichkeit. Ein bißchen anders könnte es sein, ja notwendigerweise würde sich etwas ändern, wenn es Dir gelänge, Julia die Kraft zu geben, die ihr fehlt, um ihrerseits Dir nahe zu sein. Meine Briefe können das Gefühl der Trennung, dessen Opfer ihr beide seid, zweifelsohne nicht vermindern, doch warst Du nie mit Dir allein gelassen, während, ich wiederhole, Julia niemand hat. Sie schrieb Dir, daß sie sich Dir näher fühlte, als sie von meinem Besuch bei Dir hörte, auch weil meine Beziehung zu Dir im wesentlichen sie vertritt, Du wirst Dich erinnern, daß ich Dir das bei einem Besuch in Mailand einmal gesagt habe. Ich blieb in Italien, damit Du nicht jeden Kontakt zu Julia verlierst, und ich kann nicht glauben, daß Du behaupten möchtest, Du habest diese Bedeutung meines Tuns nicht begriffen. Was habe ich in diesen drei Jahren getan? Im Glauben, im Rahmen meiner Möglichkeiten die Verbindung von ihr zu Dir aufrecht erhalten zu können, habe ich darauf verzichtet, zuerst Julia zu trösten und sie die Beziehung zu Dir spüren zu lassen. Ich verstehe, daß meine Bemühung das Gefühl tiefer Sehnsucht, das euch beide in Bann geschlagen hat, nicht überwinden kann, und das ist auch ganz natürlich so, aber es kommt Dir zu, was Du natürlich auch wünschst, Julia zu helfen, die mit Dir im Gefühl und in Gedanken als wirkliche Gefährtin vereint ist. Jedes Mal, wenn Du kannst, mußt Du ihr lange schreiben, ich kann nichts anderes machen. Du sollst nicht mir, sondern nur Julia schreiben, wenn Du kannst, auch wenn Du Deiner Mutter schreibst, und Du wirst sehen, daß Du nicht, wie Du sagst, einen pädagogischen Effekt erzielen wirst, sondern einen psychotherapeutischen, denn Du kannst vor allem nicht daran zweifeln, daß Julias Gemüt sich in einem pathologischen Zustand befindet. Du weißt genau, wie leicht sich das moralische Gleichgewicht unserer Familie verändern kann, und auch mein Unwohlsein ist nicht nur physischer, sondern auch moralischer Natur und hängt von meiner allgemein schwachen Verfassung ab. Das gleiche gilt, vielleicht in einer viel akuteren Form, für die anderen Mitglieder unserer Familie.

Als kleines Kind habe ich immer an einem gewissen Gefühl der Leidenschaft gelitten, das die Atmosphäre unseres Hauses immer durchdrungen hat.
Lieber, ich ende diesen Brief, um nicht zu lang zu werden, auch wenn ich noch viel zu sagen hätte, um auf Deinen Brief zu antworten. Ich umarme Dich liebevoll

Tanja

13. Brief

Tanja Schucht an Antonio Gramsci
Turi, 16. Februar 1930

Liebster Nino,
Deinen Brief habe ich mit großer Sehnsucht erwartet, Du weißt, daß ich seit über einem Monat keine Nachrichten erhielt, ich kann mir dieses Schweigen nicht erklären, wie ich Dir schrieb, die letzte Nachricht war das Glückwunschtelegramm zu meinem Geburtstag und dann nichts mehr. Es sei denn, man hätte mir nach Rom geschrieben und die Sendung wäre dort geblieben. Meinerseits habe ich kürzlich mehrere Karten geschrieben, auf italienisch und bat immer um Nachrichten, aber bis heute erhielt ich keine Antwort. Ist das die Zensur, die alles in die Länge zieht? Wie dem auch sei, es ist sehr wahrscheinlich, daß in Rom Post für mich liegt, mir tut sehr leid, daß alles zusammenkommt, um für Dich die Ankunft von Nachrichten von zu Hause zu verzögern. Die Ferne ist wirklich eine ganz schlimme Sache, und ich habe zudem immer das Pech, diese Ferne noch dadurch zu vergrößern, daß ich am falschen Ort krank werde. Lieber, ich hoffe wirklich, Dich in den nächsten Tagen zu sehen. Ich hoffe, in den ersten Tagen der kommenden Woche, damit ich gegen Ende der Woche dann fahren kann. Möglicherweise halte ich mich noch ein paar Tage in Bari auf, so kann ich nicht nur die Stadt sehen, sondern mich auch an den Direktor der Augenklinik wenden, an Professor Maggiore, den ich in Rom kennengelernt habe und der mir gute Ratschläge für meine Augen geben kann, deren Sicht beträchtlich geschwächt scheint, sie ermüden rasch, was dazu beiträgt, das Gefühl allgemeiner Schwäche zu verstärken. Weißt Du, an

der Universität Bari sind gegenwärtig mehrere Professoren, die ich von Rom her kenne, ich hätte also in dieser Stadt Unterstützung von verschiedener Seite, wenn ich hier bleiben sollte, um Dir nahe zu sein. Du wirst ganz richtig denken, daß es sehr wenig genützt hat, daß ich Dir jetzt in Turi so nahe war. Du hast zwei Monate vorbeigehen sehen, ohne mich zu sehen, es ist wahr, aber die Ausnahme zählt nicht, wenn ich ein normales Leben führen würde in einem Ort in Deiner Nähe, würde ich unweigerlich jeden Monat Dich besuchen kommen, ohne von der Reise zerschlagen zu sein, es wäre wirklich ideal. Außer Bari ist noch Tarent in der Nähe, das, wie es scheint, unter vielen Gesichtspunkten eine viel schönere Stadt sein soll als Bari und ist auch groß, das heißt, hat kaum 10.000 Einwohner weniger als Bari. Du mußt Dich nicht ärgern, wenn Du all diese Bemerkungen liest, Du darfst auch nicht glauben, ich hätte, ohne Dich zu unterrichten, irgendeinen Schritt unternommen, um zu versuchen, mich näher bei Dir nieder zu lassen, sei ganz sicher, daß ich nichts tun werde, nicht einmal, um einen anderen Wohnort zu wählen, ohne [hier sind 7 Zeilen von der Zensur gestrichen]

wir müssen auch diese Seite meines Fernseins sehen, unabhängig von meiner persönlichen Genugtuung, Mamma nahe zu sein, ich werde neu in diesem Milieu sein, und Du wirst sehen, daß ich zwangsläufig eine Menge Dinge beobachten werde, die den anderen vertraut sind und daß ich infolgedessen Dir viel mitzuteilen haben werde über das Leben unserer Lieben, und indem ich die Kleinen kennen lerne, werde ich sie Dir in allen Details beschreiben können, denn alles wird neu für mich sein. Lieber, Du forderst mich auf, entschlossener zu sein, Du hast Recht, mir diesen Rat zu geben, jetzt, da ich diesen gestern begonnenen Brief zu Ende bringe, spüre ich, vielleicht in Übereinstimmung mit dem grauen Wetter von heute morgen, eine große Übelkeit, eine große moralische Müdigkeit, ohne daß ich wirklich wüßte, woher das kommt. Wenn ich einen ganzen Tag niemand sehe, geht es mir besser, als wenn jemand einen Augenblick kommt und mit mir spricht. Den Nächsten zu sehen oder zu hören, strengt mich unverhältnismäßig an, wenn ich mich hingegen unter völlig Unbekannten finde, die mir nichts bedeuten, die sich für mich überhaupt nicht interessieren, das strengt mich nicht an, darum wäre Reisen für mich sehr angebracht, wenn es nicht von physischer Anstrengung begleitet wäre. Doch wie dumm bin ich, Dir solche Dinge zu schreiben, ich sollte es nicht tun, auch um Dich nicht zu beunruhigen, aber auf jeden Fall bitte ich Dich, mach Dir um mich keine Sorgen, mein Zustand kann sich auch sehr schnell ändern, die Nachrichten von zu Hause werden eintreffen, und ich werde fröhlicher sein, mehr noch, ich werde mich stark fühlen können, um anderen auch nützlich zu sein. Was Deinen Brief betrifft, es ist sehr interessant, was Du Julia schreibst. Ich wollte mich bereits um einen Rat an Dich wenden wegen einer Anzeige, die der Corriere della Sera seit einiger Zeit veröffentlicht. Da heißt es: "Wissenschaftler gesucht zwecks Rezension von Bänden: italienisch und weitere Sprachkenntnisse erforderlich, Anonima Editrice, Finanze 34, Rom". Ich weiß, daß Dein Rat wichtig sein kann. Ich habe Dir bereits geschrieben, daß ich mir zwei Zeitungen bringen lasse, den Corriere, den man hier das gängige Blatt nennt, und ich halte mich an diese Bezeichnung, um verstanden zu werden, und die Gazzetta del Mezzogiorno, zuweilen auch Domenica del Corriere, Periodikum genannt, statt illustrierte Zeitung. Du weißt, daß man hier einen ziemlich schwer zu verstehenden Dialekt spricht. Doch ich meine, es bedarf, um egal welchen Dialekt zu verstehen, vor allem der Gewöhnung des Ohrs an den Tonfall, man kommt dann mit etwas Übung dazu, auch einen sehr starken Dialekt gut zu verstehen. Ich finde es schade, daß ich heute den Corriere vom Samstag nicht bekommen konnte. Gestern ging niemand, ihn mir zu holen. Wahrscheinlich müßte ein Artikel über den Fall Kutepow darin stehen, den Führer der Weißrussen, der in Paris verschwunden ist, es scheint, ein richtiger Roman

[die folgenden 8 Zeilen sind von der Zensur gestrichen]

doch wenn ich stärker bin und das Wetter besser sein wird als heute, werden wir uns sehen, Lieber, ich umarme Dich

Tanja

14. Brief

Tanja Schucht an Antonio Gramsci
Turi, 26. Februar 1930

Liebster, in diesem Augenblick erhalte ich Deinen Brief, ich war dabei, Dir zu schreiben, als der Briefträger kam. Als ich Deine Schrift sah, hatte ich einen Augenblick großer Freude, doch als ich den Brief gelesen hatte, verspürte ich großen Kummer. Warum mußt Du alles, was mich betrifft, in einem so ungünstigen Licht sehen? Und ich hoffe, Du übertreibst, wenn Du von geistiger Auflösung sprichst. Dein Urteil soll jedenfalls sicherlich nicht ermutigend sein, während ich ohnehin genau daran leide, daß ich mich selbst immer heruntersetze. Wie Du einmal richtig bemerkt hast, hege ich überhaupt keine Liebe für mein Leben, woraus sich alle Ungereimtheiten meiner Existenz ergeben. Genug. Lieber, den Brief an Carlo habe ich bereits abgeschickt, ich danke Dir sehr, daß Du auch an mich geschrieben hast. Als Dein Brief ankam, hatte ich die Bücher noch nicht bekommen, aber später wurden sie mir ausgehändigt durch jemand, der im Außendienst des Gefängnisses steht. Ich bin sehr froh, diese Bücher zu haben, ich glaube, ich habe Dir geschrieben, daß ich alle Bücher, die ich mitgenommen hatte, wieder und wieder gelesen habe. Ich habe an die Buchhandlung geschrieben, ich hatte schon geschrieben wegen Deiner Bitten vom vorigen Mal, ich bat auch um die Berlitz-Bände, da sie sich in Deiner Bibliothek in Rom nicht mehr finden, so wirst Du auch das Buch von Gladkow erhalten haben, es macht mir Freude, aber ich bitte Dich, nimm es mir nicht übel, wenn ich Dir manchmal eine Neuerscheinung direkt zuschikken kann, die Dir auch die Buchhandlung geschickt haben könnte, die von mir den Auftrag hat, Dir alles zu schicken, was Dich interessieren könnte, manchmal möchte ich die Initiative ergreifen, ohne immer zu kontrollieren, was Dir die Buchhandlung bereits geschickt hat.Ich möchte Dir ebenso schicken können, was mir interessant erscheint, denn es ist nicht wahr, daß ich nicht auch zuweilen eine gute Wahl treffen könnte. Lieber, ich möchte jetzt davon reden, was man mir von zu Hause schreibt. Mama läßt mich wissen, daß die neue Wohnung, die die Familie jetzt hat, im ersten Stock liegt, Du weißt, wie wichtig das ist für Mamma, die die Treppen nicht mehr leicht nehmen kann. Die Zimmer sind geräumig und sehr hell und haben einen Balkon, den sie in ein paar Monaten genießen können. Die Küche hat einen Gasherd, und das Bad wird ebenfalls mit Gas geheizt. Das Gas ist eine große Hilfe und erspart viel Mühe und viel Zeit. Mamma stellt das mit großer Zufriedenheit fest, aber was ihrer Ansicht nach der größte Vorteil der Wohnung ist, ist die Tatsache, daß im Hof des Wohnblocks in einigen Wochen ein Kindergarten aufgemacht werden wird, in dem Kinder ab 4 Jahren angenommen werden, aber man wird versuchen, gleich auch Giuliano einschreiben zu können, auf jeden Fall hat er das Recht dazu in sechs Monaten. Mamma ist darüber sehr zufrieden, sie sagt, daß das den Kindern erspart, die bei Arbeitsschluß überfullten Straßenbahnen nehmen zu müssen, infolgedessen werden sie auch den vielen Möglichkeiten, sich anzustecken, entgehen. Die Nachbarschaft des Kindergartens erspart auch die erhebliche Mühe des täglichen Hinbringens und Abholens der Kinder über eine erhebliche Entfernung. Im Wohnblock hat bereits eine Lebensmittelgenossenschaft aufgemacht.

Papa, der mir zusammen mit einem Brief Julias, den ich noch nicht erhalten habe, auch ein Foto von sich geschickt hat, wünscht ein Foto von mir. Mamma schreibt, daß es sehr kalt war, doch eine Woche später, als Papa mir am 16. Februar schrieb, schien es, daß die große Kälte vorbei sei und der Schnee zu schmelzen beginne. Giuliano geht in den Kindergarten und Delio bleibt zu Hause, wie ich Dir schon schrieb, denn er ist noch nicht ganz hergestellt, doch verläuft die Sache anscheinend gut. Aber sein Leiden hat sehr zu schaffen gemacht. Denn wie Du wohl weißt, hat man alle Vorschriften der Ärzte mit der äußersten Sorgfalt befolgt, und die Sache nahm einen normalen Verlauf (...).
Lieber, heute bin ich vielleicht gezwungen, im Bett zu bleiben. Ich habe seit heute Nacht intensive Darmbeschwerden. Auch gestern spürte ich einige Störungen, doch stand ich desungeachtet auf. Heute hingegen ist es besser, wenn ich im Bett bleibe, so wird morgen alles vorbei sein. Seit einigen Tagen habe ich normale Temperatur, ich denke, das ist den Trichalcin-Spritzen zuzuschreiben, die ich jedoch unterbrechen mußte, weil der Doktor unpäßlich war. Ich werde mir in Rom welche geben lassen. Und wie fühlst Du Dich? Wie ist deine Verdauung? Geh an die Luft, wenn das Wetter gut ist, doch unglücklicherweise regnet es jetzt oft. Ich bin seit dem 31. Dezember nicht mehr ausgegangen und war nur ein paar Mal im Garten. Ich umarme Dich zärtlich,

Tanja

15. Brief

Tanja Schucht an Antonio Gramsci
Turi, 12. März 1930

Liebster Antonio, gestern war das Wetter dann doch nicht so schlecht, aber ich habe vorgezogen, nicht auszugehen, denn es wehte ein ziemlicher Wind. Jetzt bin ich noch im Bett und sehe den grauen Himmel, höre die Vögel, es regnet nicht, so daß der Tag ziemlich geeignet wäre, um einen Besuch zu machen. Doch ist es so, daß ich mich schon gestern dazu nicht in der Lage sah. So groß war das Gefühl der Erschöpfung, daß ich entgegen meiner Gewohnheit mich mehrmals am Nachmittag den Speisen genähert habe, ich sage genähert, denn in Wirklichkeit vermochte ich nicht, ernsthaft zu essen, doch ich verspürte die Notwendigkeit, ein paar Bissen zu mir zu nehmen, um das Gefühl der Schwäche, das ich hatte, zu überwinden. Auch heute bin ich noch schwach, ich hatte Fieber auch in der Nacht. Darum ist es besser, daß ich noch heute und vielleicht auch morgen abwarte, bevor ich Dich besuche.

Ich habe Deinen Brief erhalten, ich hoffte wirklich, daß Du Julia und den Kindern schreiben würdest, es ist immer schade, wenn Du die Zeit verstreichen läßt, ohne zu schreiben, während ich Dir versichern kann, daß Du Dich, trotz allem was Du darüber denken magst, was mich betrifft, völlig mit Deinen Einschätzungen täuschst. Du irrst immer, wenn Du über irgendeine meiner Handlungen urteilst, und ich bin sicher, daß man meinen psychischen Zustand nicht als Willensschwäche bezeichnen kann. Es ist etwas anderes. Was das Leben betrifft und die Einschätzung seiner Werte, sind wir sicher völlig verschieden. Unsere jeweils besondere Art, auf die existentiellen Anreize zu reagieren, wird zweifelsohne immer verschieden bleiben. Doch das bedeutet nicht, daß die Überlegungen, die Du dazu anstellen kannst, völlig falsch wären. Ich schreibe Dir das nicht, weil ich Dir zeigen will, worin ich recht habe; auch nicht, weil ich über das, was Du mir schreibst, beleidigt oder einfach betrübt bin. Nein, ich stelle nur eine Tatsache fest. Du befindest Dich immer im Irrtum; nicht nur weil Du die Umstände nicht genügend kennst, um ein Urteil zu bilden, sondern auch weil wir eine völlig verschiedene Einstellung zum Leben und zu seinen Werten haben, so daß Dir als Luxus vorkommen mag, was meiner Ansicht nach eine Naturnotwendigkeit ist. Ich glaube, damit bin ich sehr viel realistischer als Du. Nicht die Überlegung, sondern das Gefühl bestimmt im Grund unsere Handlungen. Ich sage "unsere", denn keiner kann dieser Gesetzmäßigkeit entgehen. Er kann höchstens nachträglich irrtümliche Überlegungen anstellen. Sei jedoch versichert, daß ich eine große Charakterstärke besitze. Ich umarme Dich,

Tanja

16. Brief

Tanja Schucht an Antonio Gramsci
Turi, 28. März 1930

Liebster Antonio, ich danke Dir, daß Du meinem Wunsch nachgekommen bist und mir geschrieben hast, Du fandst meinen Zustand besser, als Du ihn Dir vorgestellt hattest, das freut mich, aber ich kann Dir noch mehr versichern und behaupten, daß zweifelsohne meine Gesundheit viel besser ist, als Du Dir denken kannst. Die Ärzte haben immer versichert, daß ich eine außerordentliche physische und moralische Widerstandskraft besitze. Ich selbst kenne ganz genau meine schwachen Stellen, und ich weiß auch, wie ich mich verhalten muß, um intellektuell und materiell die größtmögliche Leistung herauszuholen. Es kann passieren, daß ein Umstand des Lebens mich aus dem Geleis bringt, mehr aber nicht. Im Gegensatz zu anderen Kindern hatte ich schon als Kind niemand nötig, der mich führt und mich stützt. Ich habe immer allein gelebt und erinnere mich nicht, jemals ein hilfloses Geschöpf gewesen zu sein. Das Leben erschien mir immer als sehr komplex, ich besaß davon eine greifbare Wahrnehmung durch das Leben all derer, denen ich mich näherte. Und der stärkste Eindruck war der von der Schwäche des menschlichen Wesens gegenüber dem Schmerz. Nicht nur das, ich habe auch verstanden, daß der Mensch das Bedürfnis nach Trost durch seinesgleichen spürt, demgegenüber er seinen Gefühlen freien Lauf lassen kann, man kann sagen, daß die Natur diesem Bedürfnis nur ganz wenige Ausnahmen gestattet.
Von mir aus hatte ich nie die Gelegenheit, jemand um Hilfe zu bitten, um ein Heilmittel für meine Übel, und ich bin darüber glücklich. Ich empfand die Wohltat, mich objektiv zu wissen und vor allem, in meinem Verhältnis zum Nächsten, ihn zu lieben um seinetwillen, wenn ich ihn nicht gehaßt habe oder wenn er mir nicht gleichgültig war. Doch um stark zu sein, bedarf es einer Sympathie, die unabhängig von den Umständen, in denen wir uns befinden, sozusagen selbstlos wirkt.
Diese Art meiner Beziehungen zum Nächsten konnte Dich verleiten, sogar zu glauben, ich hätte den Geschmack an meinem eigenen Leben verloren. So ist es nicht, auch wenn ich sehr wohl die Entfaltung meines Eigenlebens auf unbestimmte Zeit aufschieben kann. Das hast Du selbst feststellen

können, als Du sahst, wie ich mich andern völlig hingeben kann, unter Ausschluß meiner eigenen Angelegenheiten.
Ich schreibe Dir das alles als Antwort auf den Wunsch, den Du geäußert hast, mich in gewisser Hinsicht leiten zu wollen, und sei es nur, damit ich mich pflege, denn Du glaubst, dies sei nötig, und ich allein sei nicht fähig, es richtig zu machen. Lieber, zweifelsohne bräuchte ich manchmal eine Ermutigung zum Handeln, wenn es darum geht, mit jemand zu verhandeln, meine Gründe zu vertreten usw. Abgesehen davon verstehe ich sehr wohl eine Situation einzuschätzen, aber ich finde es ganz entsetzlich, mit dem andern zu feilschen, um irgend etwas zu erreichen. Das fällt mir äußerst schwer. Doch auf jeden Fall kannst Du meinetwegen ruhig sein, und auch ich bin überzeugt, daß es Dir heute besser geht als vor vier Monaten, als Du mir jene sowohl für Dich als für mich so schmerzlichen Briefe schriebst, die mich in Wahrheit, wie ich Dir schon geschrieben habe, nicht nur betrübten, sondern auch unmäßig wütend machten. 'Ist es möglich', sagte ich mir, 'daß man bis zu diesem Punkt des Leidens und der Verrücktheit kommen muß'?. Nun ist es ein großer Fortschritt, daß Du ruhig bist, eine relative Ruhe natürlich, doch schließlich gibst Du selbst zu, daß die 'Krise' vorbei ist, sicherlich auch dank der Aufrichtigkeit meiner Briefe, die ich Dir in Turi schrieb. Deshalb ist es absurd, daß ich diese Dinge nicht einmal erwähnen soll. Wenn Du meinem Rat folgen willst, solltest Du uns im Gegenteil an jedem Deiner Gemütszustände teilnehmen lassen. Es ist nicht so, daß man sich auf keinen Fall in des anderen Angelegenheit einmischen soll (denn einen bestimmten Gemütszustand von Dir kann man nicht als solche bezeichnen). Was kann es sein, was ich nicht besprechen kann, besprechen muß, nachdem Du selbst mir Deine Gefühle dazu mitgeteilt hast. Es gibt genug Gelegenheiten, in denen Du mir Deine Herzensgüte zeigen kannst, durch Aufrichtigkeit und das Erreichen jener vollkommenen Ruhe, die es Dir erlaubt, hellsichtig und gerecht zu sein, anstatt daß Du Dich zerfleischst und deshalb die Wirklichkeit verkennst. Das darfst Du jetzt auch nicht als "Predigt" nehmen, ich hüte mich da sehr wohl davor. Mich treibt nur die Sorge um Dein Wohl und das von Julia in erster Linie, denn sie weiß nichts von Deinem Gefühlszustand und Deinen Leiden. Überhaupt, ich dachte manchmal daran, sie Papa mitzuteilen, aber ich wußte dann nicht, ob Julia davon nicht einen allzu starken Eindruck empfangen würde, und so habe ich mich immer enthalten: Julia ist zu schwach, als daß man das Risiko eingehen könnte, sie ohne triftigen Grund so zu verstören, auch aus Liebe zu Dir, Lieber. Ich umarme Dich

Tanja

17. Brief

Tanja Schucht an Antonio Gramsci
Turi, 4. Mai 1930

Liebster Nino, ich bin froh, daß Du Dich davon überzeugt hast, daß es für uns notwendig ist, an Deinem Leben teilzunehmen. Und nicht nur das. Wir brauchen auch den spürbaren Beweis Deiner Zuneigung, Deine Hilfe, um gegen unsere Müdigkeit, Traurigkeit und Not anzukämpfen. Du bist so außerordentlich stark, daß Du uns etwas von Deiner Kraft und Deinem Widerstand einflößen mußt. Denn Du mußt wissen, daß normalerweise unsere moralische Kraft nicht zu verachten ist, daß aber der schwere Schlag Deiner Verhaftung Julias Gesundheit vorübergehend beeinträchtigt hat. Langsam, langsam, hat sie sich nun erholt. Du weißt, daß sie jetzt arbeitet, was sie sehr ermüdet, das ist wahr, aber um ihren Pflichten gegenüber den Kindern nachzukommen, so wie sie sie versteht, ist sie auch bemerkenswerter außerordentlicher Anstrengungen fähig. Voriges Jahr ist z.B. die Familie lange Monate auf dem Land geblieben, um die Jungs von einem Mitmieter in der Stadtwohnung fern zu halten. Papa kam nur Samstags zur Familie, während Julia täglich hin und zurück fuhr, sie hat sich dabei völlig verausgabt. Bei uns, wie auch bei andern zu Hause, passiert immer wieder eine Krankheit. Und schon kann Julia nicht schreiben, wie damals, als Delio und Genia Scharlach hatten. Auch damals war es Papa, der mich benachrichtigte, diese Dinge sind Dir wohl bekannt, wie auch die krankhafte Empfindsamkeit Julias, als sie an Heimweh nach Delio litt, als dieser in Trafoi war. Sie litt auch daran, daß das Kind auf besondere Weise an Genia hing und umgekehrt. Und dann, ich habe Dir das nie gesagt, hatte sie Angst, das Kind könne ihr geraubt werden. Sie schob abends an der Tür einen Sicherheitsriegel vor, schloß alle Fenster und Fensterläden zum Garten hin und selbst das 25 Zentimeter breite Toilettenfenster. Sie befürchtete, Bösewichte könnten ihr euren Delio entreißen. Du weißt wohl, daß sich Julia sonst um den Haushalt nicht kümmerte, außer wenn es die Kinder direkt betraf. Ihre Vorsorge, jeden Abend abzuschließen, weckte in mir ein tiefes Gefühl des Widerwillens, denn ich sah in dieser Sorge irgend etwas Krankhaftes. Aus dieser Erfahrung, deren Zeuge ich war, kann ich mir Tag für Tag vorstellen, wie das Leben Julias abläuft angesichts der niederschmetternden Tatsache, die euer Leben getroffen hat, und deshalb

ist es völlig richtig, daß Du Dich immunisieren mußt gegenüber allen schwächenden Einflüssen, um Dich selbst gesund zu halten, so wie auch Julia, um eine gute Mutter zu sein, ihre Gefühle hemmen muß, sonst würde sie die Prüfungen des Lebens nicht überstehen. Nur Du kannst ihr Trost spenden, nur Du kannst ihre Kräfte vervielfältigen (...). Du riefst aus, 'was kann ich schon tun?'. Doch Du kannst alles, denn von Dir erwartet man alles. Erinnere Dich an ihren Brief, in dem sie Dir ihre ganze Dankbarkeit ausdrückte, weil Du, in Deinem Brief, auf eure Kinder zu sprechen kamst, es schien, als ob Du eine ganz außerordentliche Sache getan hättest, indem Du Deine Liebe für sie zeigtest. Ist das nicht von Julias Seite Zeichen einer krankhaften Sensibilität? Und es ist auch der schlagendste Beweis, wie sehr sie lechzt, Dein Herz zu spüren, und Du bist es, an den sie sich wendet, wenn sie ihren Blick auf Deine Kinder richtet.
Nun, so wie es mit den Fensterläden war, ist es auch mit ihrer Korrespondenz. Julia ist davon überzeugt, daß es am besten sei, sie schreibe Dir so wenig wie möglich. Sparsam schrieb sie Dir ein Mal im Monat, und wenn etwas zu Hause passierte, verstrichen zwei Monate, ohne daß sie Dir schrieb. Das ist überhaupt nicht vernünftig, aber indem sie so tut, glaubt sie es richtig zu machen. Lieber, ich habe kein Papier mehr, darum schließe ich und umarme Dich

Tanja

18. Brief

Tanja Schucht an Antonio Gramsci
Turi, 24. Mai 1930

Liebster Nino, ich schrieb Dir einmal, ich hätte erwogen, mich an Papa zu wenden. In diesem Augenblick erhalte ich zwei Karten von ihm, die ich Dir vollständig übersetze:
"Dein Brief gibt mir ein Gefühl der Beunruhigung. Andrerseits hast Du keine klare Vorstellung von der Situation. Ich kann Dir nur eine Sache sagen: wenn Julia nicht schreibt, heißt das, daß sie Schwierigkeiten hat, es zu tun, das heißt, daß sie nicht schreiben kann. Ich nehme es nicht auf mich, mit ihr darüber zu sprechen. Ich möchte ihr keinen Schmerz zufügen,

und ich habe noch nicht entschieden, ob ich jemand den Teil Deines Briefes zeige, in dem Du davon sprichst. Vielleicht zeige ich ihn Genia. Derzeit befindet sich Julia im Sanatorium zur Kur. Die Kur ist auf vier Wochen festgesetzt, wird aber wahrscheinlich um zwei Wochen verlängert werden. Mehrmals habe ich Dir geschrieben, daß Julia nicht nur sehr erschöpft, sondern auch krank ist. Auf ihr lastet auch noch die Sorge um die Kinder. Auch Genia ist erschöpft und kann keine Stelle annehmen, um Geld zu verdienen. Delio ist ein äußerst nervöses Kind. Der Kindergarten tut ihm gut, er fühlt sich dort wohl in Gesellschaft mit anderen Kindern. In ein paar Tagen nimmt auch Giuliano den Kindergarten wieder auf, auch der Kleine erfährt durch das Kindergartenmilieu einen günstigen Einfluß. Wenn die Kinder dort sind, mühen sich die Großmutter und auch Genia weniger ab. Die Großmutter ist mit den Kindern sehr nervös geworden, und das tut nicht gut. Küsse, Papa".

Und nun die Übersetzung der Karte vom 7. Mai, während obiges am 4. Mai geschrieben wurde:

"Liebe, ich habe Deinen Brief erhalten, in dem Du schreibst, Julia sollte zumindest Postkarten schreiben. Daß das Ausbleiben von Nachrichten ein Gefühl der Unruhe erzeugt und sich auf die Geistesverfassung niederschlägt, all das verstehe ich sehr wohl, aber die Sache ist viel komplizierter, als es auf den ersten Blick scheint. Julia ist eine kranke Frau, sie ist nervös, und dessen muß man Rechnung tragen. Jetzt ist sie ins Sanatorium gefahren, um dort einen Monat oder vielleicht mehr zu verbringen, um eine Kur zu machen, um sich zu stärken. Ihre Gesundheit kann nur mit der Zeit und unter günstigen Lebensbedingungen wieder vollständig hergestellt werden. Was ich Dir schreibe, darf Dich nicht erschrecken, aber Du mußt wissen, daß man von Julia nicht verlangen kann, was man von einem gesunden Menschen verlangt, man muß sich immer vergegenwärtigen, daß es sich um eine kranke Person handelt. Sie geht zur Arbeit, sorgt für die Kinder, macht viele Besorgungen, aber sie ist doch eine kranke Person. Wir wissen das, aber ihr Zustand erschreckt uns nicht, denn wir wissen, daß sie alles tut, was sie kann, und daß sie jemand ist, der nachdenkt und alle Bedingungen in Erwägung zieht, alle Umstände. Und dann ist es auch generell schwierig zu sagen, warum eine Person eine bestimmte Sache nicht getan hat. Wollte sie nicht, konnte sie nicht, war es Nachlässigkeit oder Mangel an Kraft. Liebe, sorge für Dich, wie wünsche ich, Dich zu sehen, wann kommst Du? Was sagt der Arzt zu Deiner Fahrt hierher? Papa".

Liebster Nino, Du mußt Mitleid mit mir haben, weil ich mich entschlossen habe, nichts zu verbergen. Papa irrt, wenn er meint, ich kenne die Lage nicht. Ich hatte lediglich gedacht, er könne irgendwie etwas tun. Ich insistiere nicht auf Deiner irrtümlichen Auffassung von meiner Art, Deine Lage zu sehen. Aber wenn Dein Urteil auch nicht zutreffend ist, so ist das doch vollkommen gerechtfertigt durch die Bedeutung der Angelegenheit. Ich bitte Dich jedoch, immer Vertrauen zu haben in meine Sensibilität und meinen Verstand, wie in meine Aufrichtigkeit, die mich zwingt, grausam zu sein, indem ich Dir die Wahrheit nicht verberge. Du mußt jedoch bedenken, daß mehr als drei Jahre vergangen sind, seit Julia erkrankte, und daß jetzt zweifelsohne ihr Zustand sich verbessert hat, wir müssen ihr nur helfen, ihr Gleichgewicht und ihre Ruhe wiederzufinden. Ich schreibe Deiner Mutter. Ich umarme Dich zärtlich. Sei stark und guten Mutes, das ist notwendig für uns alle. Denk an Dein Wohl. Tanja. Ich warte auf die Sachen und die Bücher.

19. Postkarte

Tanja Schucht an Antonio Gramsci
Turi, 6. Juni 1930

Liebster Antonio, ich erhielt gestern abend Deinen Brief vom 2. d. Monats. Ich hatte schon geglaubt, daß Du mir dieses Mal nicht schreiben würdest, deshalb war die Überraschung angenehm. Ich denke, daß Du am 2. die Sachen bekamst, die ich Dir zum Jahrestag der Verfassung geschickt habe, doch nachdem Du bereits geschrieben hast. Du wirst sagen, ich hätte sie schon Sonntag schicken sollen, Du hast Recht, alles war fertig, nur der Bote, der mir am Vorabend versprochen hatte, zu kommen, kam nicht rechtzeitig. Ich war darüber untröstlich, weil ich mir vorstellte, daß Du denken würdest, ich habe Dich vergessen. Ich hoffe aber, daß das nicht der Fall war. In Deinem Brief sagst Du, Du hättest es aufgegeben, etwas zu verstehen. Siehst Du, ich verstehe Dich nicht, was willst Du sagen, wenn Du für die Vergangenheit auf Nachrichten anspielst, die ich Dir zu lange vorenthalten habe. Wirklich, ich kann das nicht verstehen. Neu ist das Wort meines Vaters zur Sache, während Du sagst, gerade dieses habe Dich davon überzeugt, auf ein Verstehen verzichten zu müssen. Lieber, ich bin schmerzlich tief betroffen, aber ich kann Dir im Augenblick sonst keine weitere Hinweise geben. Ich kann Dir auch sagen, daß Papa, da er Deinen Brief an Julia erhielt, nachdem er mir zu dieser Frage schon geschrieben hatte, nach Erhalt Deines Briefes an Julia [vom 5. Mai] und im Glauben, Dein Brief sei eine Antwort auf den seinen an mich, schreibt: "Man sieht, daß weder Du noch Antonio mich verstanden hat. Ich habe nicht gesagt, Julia schreibe nicht, weil sie krank sei. Ich sagte, sie schreibe nur selten, weil es ihr schwer fällt, unter den Umständen, unter denen sie zu schreiben gezwungen ist". Und zu Deiner Bitte, Julia möge Dir ihre Gedanken mitteilen und nichts verbergen, was ihr passiert, bemerkt Apollon: "Wie ist das möglich!" Man sieht, Papa wollte uns nicht einen übertriebenen Eindruck von ihrem Gesundheitszustand hinterlassen. Ich umarme Dich, heute werde ich nicht kommen, ich habe Kopfweh,

Tanja

20. Brief

Tanja Schucht an Antonio Gramsci
Roma, 2. September 1930

Liebster Nino, nach dem Brief Julias kamen noch zwei Karten von Papa. Eine, vom 23. August, kam einen Tag nach dem Brief vom 26., den Julia eigentlich schon am 16. geschrieben hatte. Offensichtlich hatten sie auf meinen Brief mit der neuen Adresse gewartet, aus Angst, er könne verloren gehen. Die Karte von Papa vom 23. ist noch an die Via Ombrone adressiert, die letzte, die ich heute morgen erhielt, trägt das Datum vom 28. Siehst Du, wie schnell unsere Post ankommt. Der Brief Julias weckte in mir den Wunsch, noch viele andere Dinge über sie alle zu wissen, ich denke, daß mein letzter Brief, den sie erhielten und der auch Deinen Brief an Julia enthielt, bewirken wird, daß sie uns viele Nachrichten über alle schikken. Papa schreibt mir, daß von den Kindern und der Großmutter Fotos gemacht wurden, ich verstehe nicht, warum nicht auch von den übrigen, aber es ist immerhin schon etwas, auch Julia wird glücklich sein, daß sie Dir diese Bilder der Kinder zukommen lassen kann. Natürlich tut Papa nichts anderes als ständig wiederholen, daß sie mich erwarten, und im letzten Schreiben meint er, daß es dieses Mal wohl endlich klappen werde und daß wir uns sicher bald sehen werden. Er fragt, was für eine Arbeit ich gerne haben würde, so daß sie sie mir schon jetzt besorgen würden. Sie glauben, allerdings irrtümlich, mein Leben hier sei sehr schwer, aufreibend usw. und versprechen mir, daß sie alles tun werden, um mir ein besseres Leben im Schoße der Familie zu bereiten. Ich glaube, daß dies sicherlich eine Illusion ist, ich verstehe, wie sehr viel komplizierter und beängstigender mein Leben werden wird, das ist unvermeidlich, und es ist auch natürlich so, und ich möchte keineswegs bestimmten Ängsten ausweichen, nur fällt mir der Entschluß zur Abreise schwer wegen einer Unzahl realer Gründe und auch ohne Gründe. Aber es ist vielleicht auch deshalb schwer abzureisen, weil es sich um mein eigenes Leben handelt, und es mag richtig sein, daß ich überhaupt nicht für mich selbst lebe. Man könnte mir entgegnen, daß es sich in diesem Fall um den legitimen Wunsch meiner Mutter handelt, an der ich zweifelsohne sehr hänge. Und doch kann ich mich zu nichts entschließen, da ich nicht spüre, was meine eigene Person will. Es ist schon wahr, daß ich nur das Leben der andern leben kann, doch bedarf es dazu immer, daß ich mich vom anderen Räderwerk ergriffen fühle. Dann folge ich allen Phasen des anderen Lebens, als wäre es das meine. Gennaro fürchtete, ich hätte mich von Turi nicht mehr fortbewegt. Was meine Abreise betrifft, so fragtest Du mich in einem Deiner Briefe, ob ich mich in Bari aufgehalten hätte. Ich habe Dir dazu noch nichts geschrieben. Nein, ich habe mich nicht aufgehalten, obwohl ich mich schlecht fühlte und man mir im Hotel dazu riet, wo ich am Nachmittag mich ausruhte, um den Abendzug zu erwarten, so schlecht ging es mir. Aber ich tat gut daran, trotzdem zu fahren, was hätte ich, krank, in einem Hotel zehn Tage lang getan. Es ist wahr, die Reise war verheerend, aber ich war zumindest im Zug, und der brachte mich weiter. Meinst Du nicht auch, daß es so besser war? Ich wundere mich nur darüber, daß es niemand gibt, der Hilfe leisten kann, wenn es einem im Zuge schlecht wird, das ist wirklich seltsam! Ich war auch beim Augenarzt, der mir eine Brille verschrieb und mich über das Trachoma beruhigte, auf das ich, nichtwahr, extra zu sprechen kam. Ich schreibe Dir noch ein anderes Mal vom Augenarzt und meiner Brille. Ich umarme Dich zärtlich,

Tanja

21. Brief

Tanja Schucht an Antonio Gramsci
Roma, 12. Oktober 1930

Liebster Nino, der letzte Brief von Papa vom 2. und 3. d.M. berichtet, daß am 3. Julia, Genia und Delio in den Kaukasus abgereist sind. Sie werden einen Monat in einem Sanatorium in Sotschi verbringen, das anscheinend im nördlichen Kaukasus liegt, an der georgischen Militärstraße, ein herrlicher Ort. Ich glaube, sie nehmen den Weg übers Meer, das kostet weniger und ist angenehmer. Ich bin froh, daß ich Dir diese Nachricht geben kann, denn in seinem vorletzten Brief vom 26. des Vormonats hatte Papa geschrieben, daß Julia nach Hause gekommen war, daß sie die Arbeit noch nicht gleich aufnimmt, daß sie den Antrag gestellt hatte, zusammen mit Genia und Delio, daß sie aber noch keine Zusicherung erhalten hatte, weil es im Sanatorium an Plätzen fehlt. Wie man sieht, ist der Familie jedoch ihre Absicht gelungen. Papa sagte, daß Julia sehr glücklich sei, einige Zeit zusammen mit Delio und Genia auszuruhen und daß das ihrer Genesung sehr förderlich sei. Ich bin glücklich, daß es gelang, alle drei reisen zu lassen. Zu Hause sind die Großeltern mit Giuliano geblieben, der ein so gutes und vernünftiges Kind ist, daß für seine kleinen Bedürfnisse der Großvater ohne weiteres sorgen kann. Auch die Großmutter sorgt für ihn, ich stelle mir vor, wie mild für ihn diese Gesellschaft der Großeltern ist, Du weißt ja! ... Außerdem ist er seit Monatsanfang wieder im Kindergarten, wo er den ganzen Tag bleibt, von morgens 9 Uhr bis abends 6 Uhr. Bei der Rückkehr in den Kindergarten wurde Giuliano vom Schularzt untersucht, der erklärte, daß das Kind im Gegensatz zu früher keine Spuren einer Rachitis mehr aufweist. Er wächst gut heran und ist ein starker und gesunder Junge geworden. Auch Delio hat der Aufenthalt auf dem Lande gut getan. Und jetzt zu den Neuigkeiten, die mir Carlo übermittelt hat [von Sraffa, der aus Moskau zurückgekehrt war, A.N.]. Die Familie wurde von ihm auf der Datscha besucht, wo sie sich gerade aufhielt. Allen ging es gut. Genia ist jedoch sehr mager, auch wenn sie sagt, daß sie sich wohlfühlt. Mama wollte das erste Mal unseren Freund nicht sehen, denn sie war zu bewegt bei dem Gedanken, daß jemand gekommen war, der mich erst kürzlich gesehen hatte, doch sah sie ihn dann mehrere Male, und er fand ihr Aussehen gut. Asja und auch Vittorio (der äußerst zuvorkommend gegenüber unserem Freund war) und Papa, allen geht es gut. Sie haben ein großes Verlangen, mich wiederzusehen. Er hat auch Julia im Sanatorium gesehen. Vom Aussehen her fand er sie gut, und man sagte ihm, sie habe zugenommen, seit sie von Hause fort sei. Was ihre Krankheit betrifft, höre, was sie selbst sagte: die hauptsächlichen Symptome sind Amnesien, deretwegen sie in bestimmten Momenten die Bedeutung der Worte vergißt. In einigen Fällen verlor sie auch das Bewußtsein, aber das ist höchstens 6 oder 7 Mal in den letzten Jahren passiert. Die Ärzte sind sich über die Diagnose nicht einig: einer behauptet, es handle sich um Psychasthenie, ein anderer, es sei Hysterie. Der Arzt, der sie gegenwärtig behandelt, glaubt, es sei keines von beiden. Er meint, die Amnesien hingen mit ihrer gewöhnlichen Unsicherheit zusammen, vor allem beim Suchen der Worte, was dann verstärkt wurde durch das, was sie in den letzten Jahren durchmachte. Als Mittel gibt man ihr "Luminal", täglich in kleinen Dosen, und man verschreibt ihr Duschen. Vorher hatte man sie auch elektrisch behandelt an der Schilddrüse, aber das wurde im Sanatorium, in dem sie sich befand, nach der Untersuchung nicht weitergeführt. Eine Folge ihres Zustands ist, daß es ihr Schwierigkeiten macht, konzentriert zu arbeiten und vor allem zu schreiben. Sie sagte insbesonders, daß einer der Umstände, der sie am meisten hindert, wenn sie Dir schreiben will, darin besteht, daß sie ihren wahren Gesundheitszustand verbergen muß, was es ihr unmöglich macht, aufrichtig zu schreiben, was sie tut und denkt. Der Freund glaubte, sie dazu gebracht zu haben, daß sie Dir selbst über ihre Gesundheit schreibt, doch dann erfuhr ich, daß sie Dir erneut wie üblich geschrieben hat. Er meint deshalb, es sei notwendig, Dir die wirkliche Lage der Dinge mitzuteilen: wenn Julia dann erfährt, daß Du über ihre Krankheit informiert bist, kann sie freier schreiben, und das ist auch eine Erleichterung für sie. Gegenwärtig beginnt sie oft mit einem Brief an Dich, doch dann findet sie nicht die Kraft, ihn zu beenden, und wenn sie ihn manchmal beendet, liest sie ihn nochmals und zerreißt ihn. Ihre Handtasche ist immer voll von solchen angefangenen und abgebrochenen Briefen. Der Freund hat die Kinder mehrmals gesehen, im August, auf dem Land, unweit der Stadt, wo die Familie sich aufhielt. Er hat von ihnen nicht viel erfahren können, weil es keine gemeinsame Sprache gab. Aber mit Delio, den er außerordentlich lebhaft und intelligent fand, hat er ein wenig Freundschaft geschlossen. Giuliano ist ruhiger und weniger expansiv. Physisch sind sie ganz unterschiedlich. Giuliano hat sicher eine robustere Verfassung, aber auch Delio ist, obgleich mager, gut gewachsen und gewohnt, Kälte zu ertragen und viel an der Luft zu sein. Sie wissen nicht, daß Du Dich im Gefängnis befindest, und als Delio es von einem anderen Kind im Kindergarten erfuhr, war er sehr betroffen. Man

hat ihn dann davon überzeugt, daß es nicht wahr sei. Er findet keine Übereinstimmung zwischen dem, was man ihm von seinem Vater erzählt und den Briefmarken auf Deinen Briefen. Der Freund hat ihnen Papiervögel gemacht, wie Du es ihm beigebracht hast, und das hat sie bis zum Wahnsinn begeistert. Auch der Fotoapparat hat Begeisterung ausgelöst, besonders bei Delio. Delio interessiert sich für eine Menge Sachen und will von allen Leuten wissen, ob sie Arbeiter sind oder nicht (...).
Ich umarme Dich,

Tanja

22. Brief

Tanja Schucht an Antonio Gramsci
Rom, 28. Dezember 1930

Liebster Nino, in meinem letzten Brief übermittelte ich Dir die Bemerkung Genias, daß die Beziehungen Delios zu seinem Großvater eher kalt sind, "anormal", wie sie selbst schreibt. Ich glaube, daß diese Tatsache Dich viel verstehen läßt, vor allem, wie Du einmal schriebst, daß Papa nicht einverstanden ist mit den Erziehungsmethoden, die angewendet werden. Andrerseits schrieb er mir, davon in meinen Briefen an die Familie nichts zu erwähnen und höchstens ihm persönlich dazu zu schreiben. Ich möchte nicht, daß die Feststellung dieser Umstände, die dann in der Ferne noch trauriger erscheinen, in Dir ein zu pessimistisches Bild vom Leben unserer Lieben hervorruft. Sicher wird, aus verschiedenen Gründen, ihr Leben nicht heiter sein. Ich würde sagen, daß, wenn Papa neutral sein will, und da er dort ist, wird er es aus den verschiedensten Gründen sein, es vielleicht doch nicht nützlich ist, daß auch Du es bist. Mir scheint, daß wir nie den wirklichen Stand der Dinge erraten können, wie immer auch unsere Beziehungen gestaltet sein mögen. Warum sollte man also neutral bleiben? Auch dieses letzte Mal hast Du Julia nicht geschrieben und sagst mir, ich solle ihr immer Deine Briefe schicken, auch die an mich gerichteten; gut, aber mit dieser Bitte bringst Du mich in Schwierigkeiten, gestehe ich Dir. Ich habe Dir bereits geschrieben, daß ich in diesem Sommer fast alle Deine Briefe an mich, alle zusammen, abgeschickt hatte mit der Bitte, sie zuerst

Papa lesen zu lassen und jedenfalls eine Auswahl zu treffen, entsprechend dem Zustand, in dem sich Julia befindet. Sie schrieb Dir dann etwas zur Lektüre dieser Briefe, und was sie sagt, scheint mir sehr bezeichnend. Man kann der Ansicht sein, daß man ihr diese Briefe nicht nur immer regelmäßig hätte schicken können, sondern auch mußte, und das ist vielleicht die richtigste Überlegung und die beste Verhaltensregel, die man unter bestimmten Umständen befolgen kann. Und doch kommt mir ein Zweifel, obgleich meine Vernunft und vielleicht auch das, was wir verstehen können von einem Leben, das sich so fern abspielt, mich glauben lassen, es sei nützlich, mehr noch, notwendig vielleicht, einzugreifen mit Ruhe und Gelassenheit, als eine sehr bestimmte Kraft und Psychologie, die sich ihrer Identität sicher weiß. Ich weiß nicht, ob ich in der nächsten Zeit Gelegenheit haben werde, mit Piero zu sprechen. Sicherlich hat er sich eine Vorstellung von den Dingen gemacht, aber was mehr zählt (denn die Lage kennen wir auch), ist, daß er Dir direkt oder über einen Verwandten mitteilt, was er denkt, und zwar ohne jene Rücksicht, die mich zögern läßt. Auf jeden Fall denke ich, wie ich Dir schon einmal schrieb, daß Julia niemand hat, der sie stärkt, ihre Lage muß schrecklich sein, niemand kann und will sie in ihrem Verhältnis zu Dir, als dem Vater ihrer Kinder und als ihrem Mann, milde stimmen. Es scheint, daß Genia das Versprechen abgab, von den Kindern zwei Mal im Monat zu berichten, was sie dann nicht getan hat. Ich wußte von ihrem Versprechen, schrieb ihr aber nicht, weil ich um nichts betteln will. Dann erhielt ich den langen Brief, den ich Dir abgeschrieben habe, in dem sie sagt, daß der Zustand Julias viel Ruhe erfordert, aber wie soll man das erreichen? Gerade aus diesem Grund, fügt sie hinzu, sind die Briefe, die Julia erhält, nicht das richtige, sie drücken zu wenig Gefühl aus usw. Das ist natürlich alles andere als ein leidenschaftsloses Urteil, aber daß unsere Briefe egozentrisch seien, voll nur von Eigenliebe, scheint mir eine schwerwiegende Feststellung zu sein, und wenn sie möglicherweise auf jemand so wirken, ist es sicher, daß man auf keine Weise versuchen wird, diesen Eindruck abzuschwächen. Höchstens und im günstigsten Fall wird man unterlassen, sie zu kommentieren und zu erwähnen. Man hegt das Vorurteil, daß Du für Deine Söhne ohne jede Liebe sein mußt und Dich auch schon früher nie um sie gekümmert hast, so zumindest berichtete Carlo über das, was ihm gesagt wurde. Es ist offensichtlich, und Du verstehst es wohl, daß es nicht Julia ist, die hier spricht, aber es ist auch wahr, daß sie anders nicht von Dir sprechen hört, wenn auch nicht in diesem Ton. Angesichts Deines letzten Briefes halte ich für unabdingbar, Dir diesen Hinweis auf die Lage nicht zu ersparen, wie sie auf Grund dessen, was ich erfahren habe, zu sein scheint. Außerdem, ich sage das freimütig, spürte ich meinerseits immer ein großes Unbehagen, in Rom, Dir und Deiner Familie gegenüber, ich wußte nicht, was ich tun sollte, um das Leben heiter zu gestalten. Auch in Trafoi war es so. Die Atmosphäre, die da herrschte, war immer so schwer, daß ich weiß, ich habe da ganz schlechte Tage gehabt, immer in großer nervöser Spannung, um zu erreichen, daß zumindest einige natürliche Rechte respektiert werden, damit ein bißchen wirkliche Freude sich ausbreite und angenommen, anstatt behindert werde. Man mußte immer Gelegenheiten nutzen, ich mußte mich stillschweigend in einer gewissen Hinsicht, zu einem gewissen Zweck durchsetzen. Die Krankhaftigkeit dieses Zustands war offensichtlich, und zweifelsohne hast auch Du es bemerkt und darunter gelitten. Was Julia anbelangt, so weinte sie eines Tages, wie Du mir sagtest, und als Reaktion glaubte ich, es sei gut, Dir zu sagen, daß Du sie zurechtweisen, ihr klar machen müßtest, daß das alles Flausen sind. Leider war das die psychologische Realität, wenn man so sagen kann. Und der Schluß all dessen ist, daß man Julia doppelt helfen muß: weil sie krank ist, und weil sie in dem Sinne leidet, wie Du nun weißt. Nur ein heiteres und warmherziges Wort von Dir, besorgt, aber fest, kann ihr helfen. Ich habe Dir schon bedeutet, daß es ihr, wenn Dir eine Bemerkung über die Kinder einfällt, vorkommt, als machtest Du ihr ein großes Geschenk und daß Du ihr damit Mut und Kraft gibst. Denn unter ihrer Sensibilität und Sanftheit spürt man die starke und feste Flamme ihrer Gefühle für Dich, trotz allem was sie in dieser Hinsicht spürt und leidet, auf Grund des Anscheins oder der Psychologie anderer, woraus man schließen könnte, daß Du nur Dich selbst liebtest. Zumindest muß man das ableiten aus dem, wie Du und eure Beziehung hingestellt werden. Ich bin sehr froh, daß ich Julia den Brief geschickt habe, in dem Du schriebst, daß es keine Rechtfertigung für Dich gibt, daß Du, als wir in Rom zusammen waren, nicht mein Verbündeter warst bei dem Versuch, zu erreichen, daß sie sich weniger anstrengt. Ich hoffe, sie versteht die Bedeutung Deiner Worte, und ich habe ihr den Brief nur deswegen geschickt, um ihr die Genugtuung dieser Stelle zu gönnen, sonst hätte ich ihn nicht geschickt, denn Du machst unverhüllt Bemerkungen zu Deinem schlechten Gesundheitszustand, was mich gewöhnlich abhält, solche Briefe zu schicken. Ich möchte Julia alles ersparen, was sie grundlos leiden machen könnte, meinst Du nicht auch? Ich möchte das gleiche immer auch mit Dir tun, und wenn ich Dir die Sache von den Informationen schrieb, die Delio über Dich erhalten hatte, von außerhalb der Familie, habe ich das mit Absicht getan, obgleich auch ich davon sehr unangenehm berührt war. Ich sehe, daß es richtig war, Dir zu schreiben, ich glaube, es ist besser, die Dinge zu klären, und ich meine, Du solltest immer ganz aufrichtig Deine Ansicht mitteilen

und Dich daran erinnern, daß Julia vor allem Deine Zuneigung spüren muß, Deine Kraft, und zu ihrer Liebe Dir gegenüber muß sie auch wissen, daß sie sich auf Dich stützen kann.
Ich umarme Dich

Tanja

23. Brief

Tanja Schucht an Antonio Gramsci
20. Januar 1931

Liebster Nino, (...) Insgesamt scheint mir, daß sich auch mit Julia die Lage jetzt gebessert hat, so sehr sie leidet und erschrickt bei dem Gedanken, daß ihr Zustand für Dich ein neues Moment sein muß in Deiner so besonderen Lage usw.... Aus meinem Gespräch mit Piero geht hervor, daß man es nicht für günstig hielt, das Kind von Deiner besonderen Lage zu unterrichten, um es nicht zu bekümmern, denn es muß vom Gefängnis und von den Häftlingen notwendigerweise ein wenig günstiges Bild haben, was schwer in Einklang zu bringen wäre mit dem, was er sonst von seinem Vater hört. Verständlicherweise hört er immer, daß man von ihm auf eine gewisse Weise spricht. Du bist für ihn vielleicht der legendäre Held, der unangefochtene Freund des Volkes usw., daher seine Fragen, ob es richtig sei, Deine Briefe mit den Marken des Königreichs zu versehen usw. Piero hat schon dazu seine Meinung geäußert, aber ich weiß nicht genau, mit wem er gesprochen hat, möglicherweise tat er es aber in Abwesenheit Julias. Verschiedene Male habe ich Dir schon geschrieben, wie sehr Papa Deine Lage verstand, die unerträglich wurde durch das Ausbleiben von Nachrichten von Julia, doch will er nicht zugeben, daß Du gelitten haben könntest unter dem Gedanken, vernachlässigt oder ... vergessen worden zu sein, denn Du bist Kommunist und Deine Frau ist eine Genossin. Piero sagte mir, er habe mit Papa über dieses Thema nicht diskutieren wollen, aber er habe mit anderen lange darüber gesprochen. Und zu mir sagte er 'was hat der Kommunismus damit zu tun'? In der Tat hat er sicher nichts damit zu tun, aber von Seiten Papas handelt es sich um eine sehr sympathische Feststellung von Tatsachen: er kennt Julia und liebt sie sehr, er ist auf dem Laufenden und kennt die Diskretion, die Julia als erste wünscht, daß sie Dir gegenüber, wenn man von ihr spricht oder schreibt, eingehalten wird.

Darum ist seine Bemerkung nichts anderes als Ausdruck des frommen Wunsches, daß die Dinge sich ohne so viel Schmerz für alle abspielen könnten, zumal niemand direkt Schuld trägt. Aber auch in seinem letzten Brief vom 13. d.M. beschwor er mich, da er einige Zeit ohne Nachrichten geblieben war, ihm alles, was mich betrifft, rückhaltlos mitzuteilen. Er sagt, wir sind verwandt, wir lieben uns, folglich muß immer jeder über den anderen auf dem Laufenden sein, wenn etwas gutes und wenn etwas schlimmes passiert. Und ich muß Dich erinnern, daß es immer Papa war, der mir von den Kranken zu Haus Mitteilungen machte, auch in den Umständen, in denen man schwere Befürchtungen hegen mußte. Doch offensichtlich ist für Julia der Gedanke an Deine Lage immer ein unüberwindbares Hindernis gewesen, um Dir frei die schmerzlichen Umstände ihrer eigenen Existenz mitzuteilen, ohne daß sie dabei an die möglichen Folgen dachte, die für Dich ihr Schweigen haben könnte. Andrerseits sieht man, daß ihr Zustand sich im 2. und 3. Jahr der Krankheit verschlechtert hat, denn früher schrieb sie öfters, trotz allem.
Du weißt, daß sie krank ist, seitdem Du im Gefängnis bist. Aber ich bin sicher, daß es jetzt besser wird, meinst Du nicht auch? Viele Glückwünsche zu Deinem Geburtstag. Ich umarme Dich zärtlich

Tanja

24. Brief

Tanja Schucht an Antonio Gramsci
13. August 1931

Liebster Nino, aus meinen letzten Briefen an Dich und meiner Karte von gestern abend wirst Du verstanden haben, daß ich mich in diesen letzten Zeiten sehr nervös gefühlt habe. Es wird der großen Hitze zuzuschreiben sein, aber nun fühle ich mich auch besser, denn in den letzten beiden Tagen war es viel weniger heiß. Es tut mir leid, wenn es passiert, daß ich mich Dir gegenüber gehen lasse, ziemlich dumm, es ist wahr, und Du beginnst die Lektüre eines Schreibens von mir, denkst, es könne interessant sein und dann handelt es sich um eine, in einem Augenblick schlechter Laune geschriebene, abgeschmackte Soße. Du solltest darüber hinwegsehen. Lieber, ich schrieb Dir, daß ich auf Deinen letzten Brief ausführlich antworten möchte. Ich glaube, daß Dein Gefühl, es gäbe eine "Gewöhnung" an den Gedanken, Du seist Deiner Freiheit beraubt und Deine Lieben hätten sich diese Gewöhnung zu eigen gemacht, völlig absurd ist. Du hast nicht das Recht, dies von Deiner Mutter zu denken, und es wäre eine Ungeheuerlichkeit, wenn Du es auch nur entfernt von Julia glauben würdest. Wenn es ihr schlecht geht, hat das seinen Grund genau darin, daß es Julia nicht nur nicht gelingt, sich an die Lage zu gewöhnen, sondern daß sie sich nicht einmal ganz einfach beruhigen kann, um ihr Gleichgewicht wiederzufinden. Vorgestern erhielt ich einen Brief von Papa, den ich Dir das nächste Mal wörtlich abschreiben werde, um Dir aufs eindeutigste klar zu machen, daß Eltern sich nie an die Vorstellung, ihr eigenes Geschöpf müsse leiden, gewöhnen können. Papas Brief betrifft nur mich und seine Art, die Pflichten eines Vaters zu sehen usw. Er hat mir auch ein Foto von sich geschickt, aufgenommen von Volia, mit Deinem Apparat. Es scheint, daß Volia nun Spaß am Fotografieren hat, und ich hoffe, daß das uns gestattet, bald noch ein paar Fotos der Kinder auf dem Land zu bekommen. Heute will ich Dir den Brief kopieren, den ich von Deinem alten Lehrer Prof. Cosmo für Dich bekommen habe.(*)

"Du hast Recht, ich hätte schon seit einiger Zeit den Erhalt Deines Briefes bestätigen müssen. Aber ich war krank und beginne erst jetzt, mich zu erholen. Die Diagnose, die ich mir selbst erstellt hatte, war sehr schlimm, aber zum Glück hat sie der Arzt nicht bestätigt. Nun muß man sehen, wer von uns beiden Recht hatte. In der Melancholie dieser Tage hat der Brief, der so viele Erinnerungen weckt, mich sehr bewegt. Auch ich befinde mich nun in jenem Geisteszustand und in jenem Alter, in dem man nur von Erinnerungen lebt. Und zu meinen liebsten Erinnerungen gehören die Jahre, die ich an der Universität lehrte und unter den liebsten Schülern Gramsci und Gerosa hatte. Zwei entgegengesetzte Seelen, die sich jedoch darin einig waren, in der Literatur mehr den religiösen, sozialen und politischen Fakten Bedeutung zuzumessen, als den ästhetischen. Für den einen hatte Cantù recht, für den andern Settembrini, und ich mußte die Mängel beider Kritiker aufzeigen und dem De Sanctis sein Recht verschaffen. In jene Jahre fällt der beste Teil meiner Ideen und "Das Leben Dantes" ist aus den damaligen Vorlesungen hervorgegangen, ebenso wie aus ihnen, falls mir genug Leben und Zeit bleibt, woran ich zweifle, hoffentlich "Das Paradies" hervorgehen wird. Ich habe auch noch die Vorlesungen über "De Sanctis und die Kritik in der ersten Hälfte des 19. Jahrhunderts", die ich gerne veröffentlichen würde. Aber ich muß das neu ordnen, eine sehr schwere Arbeit, und ich werde sicher nicht soweit kommen. So werden viele hingeworfene Gedanken verloren gehen. Aber wenn das Buch erscheinen würde, würde der Freund sehen, daß der alte Mann sich nicht verändert hat. Ich habe mich nie einer Schule, einer Kirche, einer Partei verpflichtet und blieb, wie ich bin, unabhängig von allen. Ich habe versucht, das durch die Tat zu zeigen, und die nüchterne Armut, in der ich lebe, müßte das allen bezeugen. Ich bin hierher aufs Land gezogen in das Häuschen der Eltern meiner Frau, ich tröstete mich, als ich krank war, ich tröstete mich mit dem Gedanken, daß vier Bretter und vier Männer, die mich tragen, die ganzen Kosten darstellen, um mir ein ehrenvolles Begräbnis zu geben. Ich werde sicherlich den Freund nicht mehr sehen, und wenn er in die freie Luft der Felder zurückkehrt, hat die dünne Scholle, die mich im Gemeinschaftsgrab bedeckt, nicht einmal mehr meinen Namen behalten. Aber wenn Du ihn siehst, möchte ich, daß Du ihm sagst, daß der alte Lehrer keines seiner Schüler unwürdig gewesen ist, so hoch ihre Ideale und so groß ihre Opfer, die sie brachten, auch gewesen sein mögen. Ich möchte, daß Du ihm sagst, daß Kant sein philosophisches Leitbild war und daß er, wie jener, aus der Pflicht seine Religion machte. Er studierte und rühmte Dante wegen des Einklangs, den er mit ihm zu empfinden glaubte. Er studierte und rühmte den Hl. Franziskus wegen der Liebe, die er durch ihn allen Menschen und Dingen gegenüber empfand. Er tat nie jemand Böses, und vor allem versuchte er, so gut er konnte, Gutes zu tun denen, die ihm Böses zu tun versuchten oder taten.

Ich hätte mehr machen können, doch hoffe ich, daß zumindest mein "Das Leben Dantes" der Jugend meines Landes wohl tut, als Lehre, die hohen Dinge zu lieben und auf die Würde des Charakters zu achten. Du gehörst zu dieser Jugend, erinnere ihn an die Liebe, die ich für ihn, für Dich gefühlt habe, an das Gute, das ich Euch gewünscht habe, die Freude, die ich bei ihrer Erfüllung verspürte. Verzeiht meine Fehler, erinnert Euch an die besten Seiten in mir. Und mit dieser Hoffnung für ihn und für Dich grüße ich Dich liebevoll, 10-8-31".

Liebster Nino, ich umarme Dich zärtlich und warte auf einen langen Brief

Tanja

(*) Prof. Cosmo hat den Brief für Gramsci an Sraffa gerichtet und spricht daher von Gramsci in der dritten Person (d. Übers.)

25. Brief

Tanja Schucht an Antonio Gramsci
28. August 1931

Liebster Nino, heute, Freitag, warte ich noch auf deinen letzten Brief, ich bin noch ohne Nachricht über Deine Gesundheit, ich wünsche, daß Du keine anderen Störungen mehr hattest wie jene, die Du im Brief vom 7. d.M. beschrieben hast. Ich hoffe, daß Deine Temperatur sich normalisiert hat, daß Du besser schläfst und daß der Schlaf Dir mehr Stärkung gibt und Du Dich infolgedessen, besonders am Morgen, nicht so schwach fühlst. Wenn es Dir physisch besser geht, wird auch die Moral höher sein, und Du kannst nicht mehr meinen, daß "die Welt Deiner Gefühlsbeziehungen sich daran gewöhnt habe, daß Du im Gefängnis bist", wie Du im Brief vom 3. schriebst, genau am Tag, an dem es Dir in der Nacht so schlecht gegangen war. Ich muß darauf zurückkommen, um Dir noch einmal zu versichern, daß Du Dich völlig irrst. Der Grund für diesen Anschein liegt ganz bei Dir. Du hast jede Kundgebung gefühlsmäßiger Beziehungen gelähmt, indem Du mir schriebst, nie etwas ohne Deine ausdrückliche Aufforderung zu unternehmen, indem Du mir auch schriebst, daß wir nicht wissen, was ein Leben im Gefängnis bedeute, daß wir darüber romantische, realitätsferne Vorstellungen hätten usw. Würdest Du sie ermutigen, würden sich Deine Beziehungen anders verhalten. Was Deine Studien und das Aufgeben des Programms betrifft, das Du Dir gemacht hattest: sicher, um eine *vollkommene* Geschichte der Intellektuellen zu schreiben muß man eine ganze Bibliothek zur Verfügung haben. Aber warum sie nicht unvollständig schreiben, für den Augenblick, um sie dann zu vervollständigen, wenn Du die Freiheit und den Zugang zu Bibliotheken hast? Früher tadeltest Du immer Piero für seine übertriebenen wissenschaftlichen Skrupel, die ihn daran hinderten, etwas zu schreiben. Es scheint, daß er von dieser Krankheit nie geheilt wurde, doch ist es möglich, daß Dich zehn Jahre Journalismus davon nicht heilten? Vor einigen Jahren gabst Du in einem Brief an einen verhafteten Freund ausgezeichnete Ratschläge und erklärtest ihm, wie man, mit Wille und Methode, auch das unzulänglichste Material benutzen kann, und Du zeigtest, welchen Gebrauch man von einer Gefängnisbibliothek machen könne und nanntest das Beispiel von Groethuysen. Wie kommt es, daß Du, der seinen Willen so gestärkt hat, Deine ausgezeichneten Ratschläge nicht in die Praxis umsetzt? Ich kenne die Materie Deiner Untersuchung nicht, aber ich vermute, daß, wie in anderen Fällen auch, nicht mehr als ein paar Dutzend grundlegender Bücher nötig sind, die man gründlich studieren muß, um eine erste Fassung der Arbeit zu schreiben. Die anderen Bücher braucht man dann nur, um die Dokumentation und den kritischen und bibliographischen Apparat zu vervollständigen. Das kann man auch später machen, wenn sich die Möglichkeit dazu bietet. Dieses paar Dutzend Bücher kannst Du Dir nach und nach schicken lassen, wenn Du sie nur anforderst. Aber ich war immer ein bißchen erstaunt, daß Du in diesen Jahren ausschließlich Neuerscheinungen verlangt hast, was Dir nur dazu diente, auf dem laufenden zu bleiben. Es würde keine Schwierigkeiten machen, Dir auch jene anderen Werke zu liefern, auch ältere, die Dir für Deine Arbeit dienlich sind. Liebster Nino, Du mußt, hoffe ich, in Bälde ein Buch erhalten, das Dich interessieren wird, mit dem Titel "Science at the crossroads". Vielleicht macht Dir dieses Buch Lust auf andere naturwissenschaftliche Bücher. Es ist seltsam, daß in der Bildung aller gebildeten Italiener ein großes Loch klafft: sie wissen nichts von Naturwissenschaften. Croce ist ein Extremfall, aber typisch. Die Philosophen glauben, ihre Aufgabe sei erfüllt, wenn sie nachgewiesen hätten, daß die Naturwissenschaftler in Philosophie kläglich durchfallen müßten. So bleiben die Naturwissenschaften der Kur der Positivisten anvertraut, mit den Ergebnissen, die wir kennen. Einige Naturwissenschaftler (zumindest in England) ...

[hier bricht der Text ab]

26. Brief

Tanja Schucht an Antonio Gramsci
23. September 1931

Liebster Nino, (...) unsere Lieben möchten absolut nicht, daß ich meine Abreise aufschiebe. Nun, wenn Du wüßtest, wie ich mich wirklich unfähig fühle zum Entschluß, Italien zu verlassen, nicht weil ich nicht anderswo leben wollte, sondern weil ich etwas wie ein Gefühl der Angst, einen Widerwillen spüre gegen einen Schritt, den ich freiwillig machen müßte, während ich in mir dazu keinen Ansporn fühle. Das bedeutet nicht, daß ich mich dem Leben in der Familie nicht anzupassen verstünde, nein, ich weiß bereits a priori, welche Rolle ich zu übernehmen hätte, ich verstehe die Bedeutung, die meine Anwesenheit haben kann, unter vielen Gesichtspunkten, aber es ist ganz sicher, daß bei aller Liebe, die ich für jeden der Meinen insbesondere und für alle im allgemeinen fühle, mein Gemüt ihnen immer verschlossen bleibt; das war immer so und kann sich nicht ändern. Wenn Papa und Mamma mir schreiben, sie sehnen sich danach, mich bei sich zu haben, um mich zu pflegen, damit ich nicht allein sei auf der Welt, scheint es mir die schönste Sache zu sein, die beweist, daß meine Lieben sich meinem Gemüt nahe fühlen wollen. Doch mir ist es absolut unmöglich, Augenblicke gefühlvoller Hingabe zu haben, während ich wohl sehe, daß im allgemeinen derjenige, der sich geliebt weiß, sein Herz öffnet und beim Nächsten Sympathie und den Trost zärtlicher Gefühle sucht und Genugtuung und zuweilen Trost empfindet, wenn er verstanden und beraten wird. Für mich ist das absolut unmöglich. Ich sehe nur, was ich tun kann für die, die ich liebe, aber ich spüre überhaupt nicht, was ich für sie bedeuten kann, und ich glaube auch, daß es mir ganz unmöglich ist, das Bedürfnis nach einem anderen zu spüren, da ich mich in keiner Weise öffnen kann. Und doch bin ich zweifelsohne äußerst empfindsam auch für die geringste Gefühlsbezeugung und Aufmerksamkeit, die mir entgegengebracht wird. Doch verwirren mich diese Gefühle, sie bewegen mich sehr stark, aber sie versetzen mich in eine Lage äußerster Zurückhaltung, vielleicht böse, ja sicherlich grausam, weil ich mich trotz allem niemals werde öffnen können. Ich muß mich zwingen, den Meinen kein ärgerliches Gesicht zu zeigen, wenn ich spüre, daß sie mich liebkosen wollen. Andrerseits habe ich beobachten können, daß der Nächste völlig damit zufrieden ist, wenn einer sich mit ihm beschäftigt, er will nicht mehr, er meint, die aufgenommene Beziehung sei vollig normal, wenn er spürt, daß er einen wahren Freund hat, ohne weiter zu fragen, was er dem anderen bedeutet. Es ist wirklich eine schwierige Situation. Aber ich weiß gar nicht, warum ich dazu gekommen bin, Dir das alles zu schreiben?! Ich umarme Dich

Tanja

27. Brief

Julia Schucht an Tanja
24. Januar 1932

Liebste Tanja, wir haben die Briefe und Karten erhalten... Hab Dank für alles. Wir dachten viel an Dich an den Tagen um Deinen Geburtstag... Aber wir haben nichts mitgeteilt. Es waren aufgeregte Tage. Die Kinder waren zu Hause und langweilten sich. Nun geht es uns gut. Doch der Kleine muß noch Diät einhalten, er kann noch nicht wieder an der gemeinsamen Mahlzeit teilnehmen. Er darf nur vegetarisch essen (Hühnerfleisch ist aber erlaubt). Die Nieren waren nach einer einfachen Angina mit Katarrh in Unordnung.

Und wie geht es Dir? Bist Du gesund? Warum hast Du nur berichtet, es ginge Dir schlecht, ohne genauer anzugeben, um was es sich handelte?

Ich habe Schwierigkeiten, Antonio zu schreiben, nicht weil uns die Umstände getrennt haben. Ich bin wie gehemmt- das ist die größte Schwierigkeit, die mein Zustand den Wirkungen der Kur entgegensetzt.

Der Arzt gibt mir eine Aufgabe- machen Sie eine Zeichnung, schreiben Sie einen Bericht über unser Gespräch, legen Sie einen Traum schriftlich nieder; nun, nach einem Jahr der Kur, erfülle ich sie selten, es kostet mich Mühe, ich mache sie im Verhältnis zehn Mal kürzer, als es richtig wäre und die Ärztin verlangt. Jetzt bringt mich selbst die Sprache in Verlegenheit. Doch vor einigen Tagen hat mich die Ärztin dem Professor gezeigt, der sie mir empfohlen hatte. Der Professor stellte ein bemerkenswertes Ergebnis fest, im Sinne einer Verbesserung, seit ich die Kur mache. Er versprach, aus mir einen richtigen Arbeiter zu machen. Genia macht derzeit eine Badekur, sie unterzieht sich einer elektrischen Behandlung. Papa macht eine Knoblauchkur. Nur Mamma hat mit keiner Art von Kur etwas zu tun und hat sich während der Krankheit der Kinder übermäßig angestrengt.

Ich umarme Dich fest, meine gute, liebe Tanicka, Deine

Julka

28. Brief

Tanja Schucht an Antonio Gramsci
23. Februar 1932

Liebster Nino, ich will versuchen, Dir auf Deinen Brief vom 15. d.M. umfassend zu antworten. Doch vor allem weise ich Dich darauf hin, daß ich Deinen Brief an Julia nicht abgeschickt habe. Ich möchte Dir meine Gründe darlegen und bin überzeugt, daß es Dir nicht schwer fallen wird, sie aufs entschiedenste zu billigen. Es wird mir sicher gelingen, Dich zu überzeugen, daß Deine Aufgabe gegenüber Julia sehr viel einfacher ist als Du glaubst, sie ist sogar ganz einfach, unabhängig davon, daß euer gegenseitiges persönliches Verhältnis insgesamt sehr komplex ist, was nichts zu tun hat mit dem besonderen Fall Julias, usw.

So unwahrscheinlich die Sache ist, daß Du Dir von der psychischen und pathologischen Lage Julias ein völlig falsches Bild gemacht hast, so wundert sie mich doch nicht besonders. Schon in den vergangenen Jahren hatte ich Gelegenheit festzustellen, daß Du mit Deiner Art, Deine und Julias Lage zu sehen, völlig auf der falschen Bahn warst. Das ganze ist zu komplex, als daß man die Gründe dafür diskutieren könnte oder sollte, ich möchte auch nicht auf die Wirkung eingehen, die diese falsche Sicht hatte, auf die Schmerzen und Leiden, die daraus entstanden sind. Daß das Fehlen genauer Nachrichten, manchmal auch ihr völliges Ausbleiben zu diesen Folgen führte, soll nicht diskutiert werden. Aber: abgesehen von allem, was Dich in Deiner besonderen Lage und was das Verhältnis Julias zu Dir betrifft, bin ich felsenfest überzeugt, daß das, was Julia völlig unabhängig von eurer Beziehung betrifft, also ihre Krankheit als solche, unglücklicherweise für euch beide, mißverstanden wurde. Du hast Dir von ihrer Lage eine völlig falsche Auffassung gemacht, und daraus folgt natürlich die ungeheuere Verlegenheit, in der Du Dich, wie Du sagst, befindest, wenn Du ihre Briefe beantworten mußt. Doch dürfte das eigentlich keine Schwierigkeit machen. Um es Dir zu beweisen, möchte ich Dir die Verhältnisse in ihrem wahren Licht schildern, sowohl ihre wissenschaftliche, als auch ihre psychologische Seite. Und Du wirst Dich gezwungen sehen, mit der Vorstellung, die Du Dir von der Lage gemacht hast, völlig aufzuräumen und infolgedessen auch den Briefen Julias eine völlig andere Interpretation

zu geben, als Du sie zuvor gabst (es tut mir leid, daß ich Dir nicht schon vor geraumer Zeit meinen Eindruck in diesem Sinne mitgeteilt habe).
Ich verstand nicht, warum Du die Briefe nicht beantworten konntest, die eher gute Nachrichten über ihren Zustand enthielten (übrigens erwähnte ich das einmal im Zusammenhang mit der psychoanalytischen Behandlung, die Dich vielleicht davon abhielt, es zu tun). Auf jeden Fall ging aus diesen Briefen eine wirkliche Verbesserung von Julias Gesundheitszustand hervor, man sah, daß sie Mut geschöpft hatte, denn sie wußte, sie kann nunmehr ihr Übel besiegen. Beim Lesen ihrer Briefe an Dich schien es mir, als ob ich die Stimme einer vertrauensvollen und unendlich hoffnungsvollen Seele vernähme, einer Seele, die heiter und froh war, weil sie unerschütterlich auf Dich und Deine Ideen baute. Das hat sie vollkommen immun gemacht gegen jede Art geistiger Schwäche vor dem Schmerz eurer erzwungenen Trennung. Dieser Schmerz hat immer die gleiche Intensität, die gleiche Vollständigkeit bewahrt, da er weder nach Trost sucht, noch Erleichterung will. Auf der anderen Seite bewirkte jedoch das hohe Verantwortungsgefühl, das sie Dir gegenüber für die Kinder hegt, gepaart mit Leiden und einem gewissen moralischen Eifer, eine Schwächung ihres Organismus und infolgedessen auch ihres Nervensystems. Julia leidet keineswegs an "unlösbaren Problemen", nein, absolut nein. Zweifelsohne befindet sie sich gegenwärtig, was ihre Arbeitsfähigkeit angeht, in einer schlechteren Lage als der Durchschnitt der Menschheit, aber nicht qualitativ oder quantitativ, sondern in anderer Hinsicht. In bestimmten Augenblicken fehlt ihr die Fähigkeit zur Kontinuität, da ihr Organismus sich gegenwärtig in einem physischen und geistigen Zustand befindet, der ihm seine Höchstleistung verwehrt. Jedenfalls ist ganz sicher, daß Julia nicht, wie Du sagst, eine "verwirrte und fieberhafte Phantasie" hat, daran leidet sie wirklich nicht, nein, absolut nein. Und sie gehört auch nicht zur Kategorie der "Erniedrigten und Beleidigten", was Du selbst zugibst, wenn Du erklärst, daß Julia ein "aktives Glied der Gesellschaft ist, nicht nur aus offiziellen Gründen". Doch Du willst ihr eine krankhafte Psyche zusprechen, auf Grund intimer Gedankengänge, bzw. einer ganzen Reihe besonderer Neigungen, die in den Vorstellungen von der eigenen Unfähigkeit, vom Fehlen an Persönlichkeit usw. zusammenlaufen, was alles absolut nichts zu tun hat mit der Mentalität und Psyche Julias.
Im Übel, an dem Julia leidet, findet sich keine Spur dieser Neigungen: und nichts in ihren Briefen konnte meiner Ansicht nach die Vermutung aufkommen lassen, sie betrachte sich auf Grund eines besonderen Mangels als unterlegen. Das ist es nicht, was sie bedeuten wollte, als sie Dir z. B. mitteilte, sie wolle studieren. Dieser Wunsch nach einem "Studium" ist

völlig vereinbar mit der "absoluten" Klarheit ihrer Sehweise, ihrer Ideologie. Da es ihr besser geht, teilt sie uns mit, daß sie studieren werde, auf die gleiche Art, wie sie es in ihrem Tagebuch vor 15 Jahren vermerkt haben könnte. Nun ist Julia von der Mühe der täglichen Büroarbeit befreit, damit sie die Möglichkeit hat, ihren Organismus zu stärken, anstatt ihn durch erzwungene, in der gegenwärtigen Zeit sehr intensive Arbeit zu zermürben. Das wurde ihr zugestanden, damit sie auf die bestmögliche und vollständigste Weise ihre Leistungskraft wieder herstellen kann. Julia litt während der ihrem moralischen Zustand eigenen Angstzustände manchmal an der Schwierigkeit, die richtigen Worte zu finden, um einen Gedanken auszudrücken, manchmal verlor sie auch, wahrscheinlich infolge von Kreislaufstörungen, das Bewußtsein. Dazu sagte mir Piero, daß das nur ein paar Mal in all diesen Jahren passiert ist. Es ist logisch, daß man sie behandeln wollte und es auch versuchte, und wie Du schon weißt, sind diese Störungen anscheinend als grundlos bezeichnet worden. Und doch gab es etwas, was man bekämpfen mußte, auch angesichts der Unwirksamkeit der Kur mit Luminal usw., die lange Zeit ergebnislos gemacht wurde. (...) Das sollte Dir zeigen, wie weit Julia davon entfernt ist, eine "verwirrte und fieberhafte Phantasie" zu haben. Auch wenn Du der Ansicht sein kannst, daß eine Psychoanalyse nur geeignet sei im Fall der "Erniedrigten und Beleidigten", hat man es doch für richtig gehalten, sie auf Julia anzuwenden, auch wenn auf Julia kein Schatten dieses Zustands zutrifft. Darum ist es auch absolut unmöglich, sie verstehen zu lassen, daß Du glaubst, das schwerste Symptom ihres Übels bestünde darin, daß sie zur Psychoanalyse Zuflucht genommen hat und in sie ihr Vertrauen setzt. Sei versichert, daß ich nicht glaube, es sei gefährlich, sie diese Ansicht wissen zu lassen, da sie in sich nichts schlimmes enthält in Hinsicht auf Julias Lage. Doch ist dieser Gedanke aus so falschen Überlegungen entstanden, daß diese sicherlich ihrerseits Anlaß zu vielen anderen Überlegungen geben, die nicht minder schmerzlich und bitter sind. Darum, möchte ich sagen, sollte man vermeiden, ihn Julia mitzuteilen.
Was ich sage, ist nicht eine Argumentation zu Gunsten der Professoren, die sie behandeln, sondern etwas ganz anderes. Nehmen wir an, Julia akzeptiert die Idee, ihr "eigener Arzt" sein zu wollen, unabhängig von der Begründung, auf Grund derer Du ihr diesen Rat gabst. Wenn sie aus eigener Energie ihr Übel besiegen kann, hätten wir gewonnen. Doch wir spielten auf diese Weise ein großes Spiel: wir setzten alles auf eine Karte. Und wenn sie es allein nicht schafft? Ich denke, Du bist nun mit mir darin einig, daß die Überlegungen, die Dich zum Schluß von der Eigentherapie brachten, alle falsch sind, es sind alles falsche Gedankengänge. Doch die

Idee in sich ist schön, und ich glaube, daß im Grunde die Kur in nichts anderem besteht, als daß der Arzt den psychisch geschwächten Kranken, der nicht krank wäre, wäre er nicht geschwächt, in die richtige Richtung lenkt. Doch soll man die verschiedenen Arten psychischer Leiden nicht durcheinander werfen. Ich glaube, Du selbst könntest einige dieser Störungen beschreiben, die zuweilen die Arbeit des Kranken frustrieren, ohne daß besondere Anzeichen aufträten, kein Zeichen veränderter moralischer und geistiger Vorstellungen. Und doch sind die Störungen da. Was Deine Bemerkungen dazu betrifft, wie sich Julia in der Vergangenheit "verteidigte" gegen den Einfluß Deiner Persönlichkeit und daß sie dies "heute" nicht mehr machen würde: darin liegt absolut nichts besonderes; es ist eine Feststellung, die keineswegs beinhaltet, daß Julia jene Vergangenheit als dramatische "Verteidigung" sieht. Mit den Jahren verteidigen wir uns alle immer weniger. Und es gehört vor allem zur Frau, sich geistig, versteht sich, zu "verteidigen" gegen den Einfluß des Wesens, das sie sich zum Gefährten gewählt hat. Du bist es, der das nicht tragisch sehen soll, während Julia natürlich die Bemerkung machen kann, sie fühle sich heute mit Dir mehr verbunden als früher, und so ist es wohl auch.
Ich glaube also, daß es die natürlichste Sache der Welt ist, daß Du ihr, wenn Du ihr schreibst, einen riesigen Trost und eine wirksame Stütze geben kannst, indem Du Deine Sorge für sie ausdrückst und sie spüren läßt, wie sehr Du ihretwegen beunruhigt bist; auch wenn Du ihr, da Du es mit einer völlig ausgewogenen Psyche zu tun hast, auf die normalste und natürlichste Weise auf das antwortest, was sie Dir über ihre Gesundheit mitteilt. Und wenn Dir das nicht immer leicht zu sein scheint, sollte doch die Schwierigkeit, die Du spürst, nichts mit ihrem gesundheitlichen Zustand zu tun haben, nicht mehr, als wenn sie ein Leiden an der Leber oder an den Beinen hätte.
Liebster Nino, ich hoffe, ich habe Dich vollständig überzeugt und wenn Du weitere Erklärungen wünschst, weitere Einzelheiten in dieser Sache, brauchst Du mir nur zu schreiben, völlig frei und aufrichtig. Ich versuche, Dir alle Informationen zu geben, die Du nur wünschen kannst. Du könntest, scheint mir, auch Julia direkt viele Dinge fragen, um viele Erklärungen bitten, auch was die Heilmethoden betrifft und ihre direkten Eindrükke von den Sitzungen mit der Ärztin usw. Wenn Du es wünschst, kannst Du ein paar Bücher zum Thema bekommen. Schreib. Ich werde mich beraten lassen und Dir das beste schicken, was es zu diesem Forschungszweig gibt. Liebster Nino, ich hoffe, es ging Dir Montag so gut, daß Du einen Brief an Delio schreiben konntest, er wünscht sich sogar zwei Briefe und hat Dir das im übrigen auch geschrieben. Schreib mir, ich bitte Dich, mit

Einzelheiten über Deinen Gesundheitszustand, ich möchte insbesondere wissen, ob Du Dich einigermaßen ausreichend ernähren kannst?
Ich umarme Dich zärtlich,

Tanja

29. Brief

Tanja Schucht an Antonio Gramsci
5. Juli 1932

Liebster Nino, (...) Ich schreibe Dir, um Dir heute ein paar Informationen zu Ricardo zu geben. Du kannst Dir gut vorstellen, wie sehr Deine Bemerkungen Piero interessiert haben, doch schreibt er, daß er über die hauptsächliche Bemerkung, über die Bedeutung Ricardos für die Philosophiegeschichte, nachdenken muß. Um das gut zu verstehen, sagt er, muß man nicht so sehr die Schriften Ricardos, als vielmehr die der ersten Theoretiker der Philosophie der Praxis studieren. Doch möchte er Erklärungen zu den zwei Begriffen "determinierter Markt" und "tendenzielles Gesetz" machen, die Du fundamental nennst und denen Du, da Du sie in Anführungszeichen setzt, eine technische Bedeutung zuzuschreiben scheinst. Piero gesteht, daß er nicht versteht, worauf sie sich beziehen. Den zweiten Begriff habe er gewöhnlich als eine Kategorie der Vulgäroekonomie angesehen. Jedenfalls ist es sehr schwierig, sagt er, die philosophische Bedeutung Ricardos einzuschätzen, denn im Gegensatz zu den Philosophen der Praxis habe dieser sich nie bemüht, seine Gedanken historisch zu sehen. Ricardo stellt sich im allgemeinen nie auf einen historischen Standpunkt. Er sieht, wie man bemerkt hat, die Gesetze der Gesellschaft, in der er lebt, als natürliche, unwandelbare Gesetze. Er war und blieb immer ein Börsenmakler von mittlerer Bildung: bevor er, zwischen 30 und 40, Ökonomie zu studieren begann, hatte er für sich studiert, nach 25, Chemie und Geologie; Als er über 40 war, las er philosophische Werke (Bayle und Locke) auf Anraten von James Mill. Doch geht auch aus seinen Schriften anscheinend hervor, sagt Piero, daß das einzige kulturelle Element, das sich in ihnen findet, den Naturwissenschaften entlehnt ist.

Die Bibliographie zu den Bemerkungen, die Du seinerzeit gemacht hast, ist äußerst dünn. Natürlich gibt es die "L`histoire des doctrines économiques" in 8 kleinen Bänden, die Du kennst. Außerdem wurde von Kröner in Leipzig dieser Tage ein Band von Marx veröffentlicht mit dem Titel "Der historische Materialismus", der außer der "Kritik der Hegelschen Staatsphilosophie" kleinere Schriften enthält, eine lange, unveröffentlichte Schrift aus dem Jahre 1844 mit dem Titel "Nationalökonomie und Philosophie: über den Zusammenhang der Nationalökonomie mit Staat, Recht, Moral und Bürgerlichem Leben", die fast 100 Seiten einnimmt. Piero macht darauf aufmerksam, daß er diese Schrift noch nicht gelesen hat, doch meint er, sie müsse offensichtlich wesentlich sein für die Klärung der Frage. Der Band kostet nur 3 Mark 45. Ein zweiter Band der gleichen Veröffentlichung enthält "Die heilige Familie, Kritik der Kritik" usw. Läßt Du mich wissen, ob Du nur den ersten oder beide Bände haben willst?
Zum hundertsten Todestag von Ricardo wurden nur wenige Gelegenheitsartikel in englischen und amerikanischen Zeitschriften veröffentlicht, die uninteressant sind. Doch zu Werken über Methodenfragen ist es nutzlos, sich an Engländer zu wenden, die zumindest in dieser Hinsicht treue Schüler Ricardos sind und sich nie gezielt mit solchen Fragen beschäftigen. Es gibt zwei kleine neuere deutsche Büchlein: Borchers, "Die Abstraktionsmethode bei Ricardo" und Amonn, "Ricardo als Begründer der theoretischen Nationalökonomie". Piero gesteht, daß er sie nicht gelesen hat, aber sie kosten wenig (ein oder zwei Mark), Du riskierst also wenig, wenn Du sie anschauen willst. Unter den älteren Schriften sind die einzigen interessanten, an die er sich erinnert (Piero hat die Bücher nicht bei sich), ein kurzer Artikel von Patten in einer amerikanischen Zeitschrift von 1890, "The interpretation of Ricardo" (Piero könnte Dir vielleicht den Druck besorgen, auf jeden Fall ist er zusammen mit anderen Aufsätzen auch in einem Band veröffentlicht) und die drei Bände von Elie Halevy "Les origines du radicalisme philosophique", die vor etwa 20 oder 25 Jahren erschienen sind. Sie behandeln Bentham, Ricardo und Mill von einem idealistischen Standpunkt aus, sind aber voll von hochinteressanten Informationen und Zitaten. Halevy ist der Autor einer "Histoire du peuple anglais au 19. siècle", von der drei Bände erschienen sind (die Periode 1815-1830), die Piero Dir, scheint mir, schon einmal empfohlen hat.
Nun möchte ich noch einmal auf die Bemerkung zurückkommen, die Du mir bereits für eine Rezension des Buches von Croce geschickt hast: vor allem muß ich Dir sagen, daß diese Bemerkungen sehr nützlich sein werden und daß ich sie sehr interessant gefunden habe. Ich habe den springenden Punkt sehr gut verstanden, und die Fragmente geben, wenn man

sie zusammen nimmt, eine radikale Kritik des Buches ab. Da, wo Du von der historischen Funktion der Intellektuellen sprichst, erkannte ich ein Konzept wieder, das ich in embryonaler Form schon in einer Schrift gelesen hatte, in der Croce und Fortunato als die Schlußsteine des süditalienischen Systems charakterisiert werden. Ich habe auch die Frage der kulturellen Hegemonie verstanden, obgleich sie nicht ausführlich behandelt wurde. Wenn Du diesen Punkt in der Rezension entwickelst, solltest Du nicht nur allgemeinen kulturellen Interessen Rechnung tragen, sondern auch besonderen und unmittelbaren.

Während ich die allgemeinen und grundsätzlichen Gedanken vollständig verstanden habe, wünsche ich zu Detailfragen noch manche Klärung. Die erste betrifft die größere Bekanntheit Croces in den angelsächsischen Ländern im Verhältnis zu Deutschland: als Tatsache ist das unbestreitbar, besonders wenn man Amerika berücksichtigt, aber was hat das mit der allgemeinen Position Croces zu tun? Warum ist das so und was bedeutet das? Zweitens würde mich interessieren, wo Bernstein gesagt hat, daß er durch die Lektüre der Aufsätze von Croce dazu kam, seine Gedanken zu überarbeiten. Drittens: es hat mich ein bißchen überrascht, daß Du behauptest, Croce habe einen großen Einfluß auf Sorel ausgeübt. Wenn man bedenkt, daß Sorel intellektuell ein Abkömmling von Renan war und eine äußerste Antipathie gegen Hegel hatte, möchte ich annehmen, daß der Einfluß von Sorel auf Croce viel größer war als umgekehrt. Jedenfalls hätte ich gerne zu diesem Punkt eine Erläuterung, die mir allgemein die Gründe für den Einfluß von Sorel in Italien verstehen hilft.

Um zu schließen, muß ich Dir sagen, daß die Lektüre dieser Bemerkungen in mir den Wunsch wiederbelebt hat, das Schema für eine Geschichte der Intellektuellen, das Du begonnen hast, in seinem Zusammenhang zu sehen, und ich hoffe, daß Du, falls Du die Arbeit unterbrochen hast, sie so schnell wie möglich wieder aufnimmst.

Lieber, ich schließe den Brief, obgleich ich noch Platz zur Verfügung und Lust zu plaudern habe, aber ich muß schließen, weil ich etwas zu erledigen habe und ausgehen muß, ich umarme Dich zärtlich,

Tanja

30. Postkarte

Tanja Schucht an Antonio Gramsci
16. September 1932

Liebster Nino, es ist mir eingefallen, daß ich Dir keine Informationen zu meinem Gesundheitszustand gab, gut, Du sollst wissen, daß es mir nicht so schlecht geht, im Gegenteil, es geht mir recht gut, nur bin ich ein wenig schwach, wie letztlich immer. Ich glaube, das hat auch mit dem Nervensystem zu tun. Damit möchte ich sagen, daß ich leicht erschöpft, aber auch leicht wieder hergestellt bin. Ich habe auch keine Bemerkung gemacht zu den Büchern, die ich Julia schicken soll, gewiß schicke ich ihr alle, die Du mir angibst. Ich versuche, bald die Wörterbücher zu finden, die Du angegeben hast. Was den Besuch des Vertrauensarztes betrifft, habe ich in meinem und auch in Julias Namen und in ihrem Auftrag einen Antrag gestellt, damit der Besuch von Prof. Umberto Arcangeli in Turi genehmigt wird. Dieser hat seine Zustimmung, sich zu diesem Zweck nach Turi zu begeben, bereits erteilt. Ich umarme Dich zärtlich,

Tanja

31. Brief

Tanja Schucht an Antonio Gramsci
12. Oktober 1932

Liebster Nino, ich habe Deinen Brief vom 3. Oktober erhalten, wisse, daß ich Julia nie einen Vorschlag gemacht habe. Sie kann also nie besondere Ansichten über Deine Initiative oder Dein Mitwissen gehabt haben, sodaß Deine Unterstellungen absurd sind. Es schien, daß man auch mich nichts wissen lassen wollte, und ich hörte die Rede davon einige Zeit nachdem man Julia geschrieben hatte, wie gesagt ohne mein Wissen. Dies, um die Sache richtig zu stellen. Im vorliegenden Fall aber gebe ich zu, daß ich vor der Entscheidung, den Antrag abzuschicken, tatsächlich einen Brief von

Dir hätte abwarten müssen. Ich denke, daß der ganze Komplex unserer schriftlichen und mündlichen Beziehungen keine andere Grundlage hatte und haben konnte als die meiner Liebe zu Dir als meinem Schwager. Ich habe deshalb Dir gegenüber nie eine andere Anteilnahme an den Tag gelegt und werde auch keine andere äußern, als die gegenüber einem Angehörigen, und es ist sicher, daß immer Du es warst, mich um das zu bitten, was Du brauchtest, und ich hoffe, daß Du dies immer tun wirst, ohne zu befürchten, Du könntest mich damit irgendwie stören oder belästigen, im Gegenteil, ich möchte wissen, ob Du nicht Geld brauchst.

Tanja

32. Brief

Tanja Schucht an Antonio Gramsci
11. Dezember 1932

Liebster Nino, ich erhielt Deinen Brief vom 29. November und den vom 5. d.M. Letzterer kam schneller als gewöhnlich, sodaß ich beide kurz nacheinander erhielt. Lieber Nino, ich ersehe aus dem letzten Brief, daß Du meinen Ausdruck völlig mißverstanden hast. Er lautete etwa so: "Da ich leidend und müde bin, fürchte ich, bei meiner Antwort auf Deinen Brief vom 14., daß ich keine Ausdrücke zu gebrauchen weiß, die liebevoll genug sind" usw. Damit wollte ich keineswegs Dich "liebkosen, trösten" oder sonst etwas. Im Gegenteil, da ich Dich nichts weniger als zerfetzen mußte für jedes Wort Deines ruchlosen Briefes, befürchtete ich, zu heftig zu sein, Dich zu tief zu verletzen. Doch genug. Es ist gut, daß auch Du nichts mehr von seinem Inhalt hören willst. Und die Frage Deines letzten Briefes, Deine ausdrückliche Bitte um ein "Ja oder Nein", möchte ich ohne weiteres beantworten. Selbstverständlich hast Du bereits verstanden, daß es sich nur um ein äußerst entschiedenes Nein handeln kann. Und ich will dieses Nein nur mit einem Satz aus Deinem Brief vom 5. d.M. begleiten: "gute und liebevolle Absichten genügen nicht, es braucht noch anderes, bevor man eine Entscheidung treffen kann, die nicht nur einen selbst betrifft: vor allem bedarf es der ausdrücklichen Zustimmung (und, im spezifischen Fall, möchte ich sagen, der Bestrebung, des Bedürfnisses, der Notwendigkeit und ähnlicher Impulse) des anderen, auf den *die verheerenden Folgen,*

die man nicht immer vorhersehen kann, zurückfallen".
Lieber, ich habe Deinen Wunsch vermerkt, daß Du mir mündlich Deine Wünsche und Instruktionen mitteilen willst, sobald ich mich bei der Kanzlei des Sondergerichts informiert hätte. Selbstverständlich werde ich Dir die erwünschten Informationen übermitteln, sobald es möglich ist, sie zu erhalten und sobald ich sie bekomme. Und es scheint sicher, daß ich eine "Reise" nach Turi, wie Du sagst, unternehmen werde. Dazu muß ich Dir sagen, daß es völlig absurd ist, daß Du davon abgesehen hast, mich um einen Besuch in Turi zu bitten, als er nötig war, und das anscheinend nur, weil ich Dir seinerzeit versprochen hatte, ich käme. Das ist keineswegs ein guter Grund, im Gegenteil, Du solltest verstehen, daß es mich beleidigen und auch tief schmerzen muß, wenn Du so handelst oder auch nur so fühlst. Mit diesem Brief übermittle ich Dir auch einen von Julia für Dich. Aus dem, was sie mir und Dir schreibt, ersieht man, daß zwei meiner Briefe sie nicht erreicht haben. Da ich ihr immer per Einschreiben geschrieben habe, wird es meiner Ansicht nach möglich sein, sie aufzufinden. Einer muß einen Brief von Dir an Delio samt Übersetzung enthalten. Ich möchte Julia das genaue Datum mitteilen, an dem ich sie abgeschickt habe. Außerdem habe ich glücklicherweise eine Abschrift des Briefes an Delio, die ich folglich schicken kann. Aber es steht außer Zweifel, daß sie ihn nicht bekommen hat, sonst hätte Julia es geschrieben.

33. Brief

Tanja Schucht an Antonio Gramsci
7. Januar 1933

Liebster Nino, (...) Was das Datum meines Besuchs betrifft, das nicht festlegen zu müssen ich Dich bat, sehe ich nicht, was daran seltsames sein soll, d.h. ich verstehe nicht, warum Du das "mich" in Anführungszeichen setzt, ja, Dich bat ich, denn sicherlich möchte ich, daß mein Besuch Dir nicht nur genehm sein wird, sondern auch und vor allem, daß er Dich nicht noch nervöser macht, als Du wahrscheinlich schon bist. Ich habe Dir bereits meinen gegenwärtigen Zustand leichter Erregbarkeit mitgeteilt, und Du weißt auch, daß es der nervlichen Erschütterung, die so ein Besuch mit sich bringt, zuzuschreiben wäre, wenn ich in diesen Tagen krank werden würde. Deshalb muß ich den günstigsten Augenblick für meine Reise herausfinden. Vielleicht sollte ich sie antreten, ohne mich überhaupt vorzubereiten. Das wäre das beste und würde meine Nerven nicht schon im voraus verbrauchen. Es kann auch passieren, daß mich mein Leiden an der Reise hindert und womöglich ans Bett fesselt, wie es voriges Jahr im Januar der Fall war, oder daß sich etwas an Deiner Lage ändert, sei es, daß Deine Gesundheit sich verschlechtert, was mich dann aufregt, sei es, daß Du, wie öfters schon, etwas schreibst, das mir die Kraft oder den Mut nimmt, abzufahren, während es gerade das wäre, was ich tun sollte. Doch ich verstehe das und leide an meiner beschämenden und dummen Schwäche. Lieber, ich umarme Dich zärtlich,

Tanja

34. Brief

Julia Schucht an Tanja
12. Januar 1933

[Tanja hat diesen Brief für Gramsci kopiert. APC, Briefe Tanjas an Gramsci, 1933. Veröffentlicht von "Il Manifesto" am 20.1.1991]

Liebster Nino, ich habe heute morgen den Brief Julias erhalten, der mir als Eilbrief nach Turi nachgeschickt wurde. Ich möchte Dir auch ein paar Zeilen abschreiben, die an mich gerichtet sind.

Tanicka, liebe, wir haben Deinen Brief mit der Kopie und der Übersetzung von Antonios Brief an Delio erhalten. Sowohl der Junge als auch alle anderen hatten eine große Freude... In der letzten Zeit ist das für uns eine seltene Sache geworden... schreib. Liebe, Du sprichst von meiner möglichen Genesung. Ich bin mir dessen kaum bewußt... Wie ich auch vorher nicht spürte, krank zu sein.
Wann wird es mir gelingen, ein gesunder Mensch zu sein?
Wann werde ich fähig sein, die Sonne zu spüren? Den Schnee zu sehen? Den Eindruck der schönen Winterabende zu empfinden? Schnee und Sonne? Und die Abende des Südens? Es scheint, daß die Nerven dies alles nicht aufnehmen können oder es nur als einen Schmerz wahrnehmen.

Tanicka, siehst Du, so kommt mir ein Murren gegen das Leben, das doch so gut ist ...
Gäbe es nur weniger Ärzte und weniger Diagnosen auf der Welt.
Tanja, ich küsse und umarme Dich, Deine

Julka

35. Brief

Tanja Schucht an Sraffa
11. Februar 1933

Lieber Freund, gestern abend erhielt ich Ihren Brief vom 7. d.M. mit dem beigelegten Memorandum. Ich habe Ihren Brief so wie er ist abgeschrieben, auch wenn das für einen ersten Teil nicht mehr nötig gewesen wäre, denn gerade gestern habe ich auch von Nino einen Brief erhalten, in dem er mir mitteilt, er habe endlich die Erklärung des Sondergerichts bekommen. Auf seinen Wunsch hin hatte ich die Paragraphen des alten Strafgesetzbuches abgeschrieben, die sich auf die Kumulierung beziehen und auf die verschiedenen Vergehen, die ihn betreffen. Sie können sich vorstellen, in welcher Verlegenheit ich war, sie ihm zu schicken, da sie zu nichts anderem dienen würden, als ihm seinen Irrtum zu beweisen. Selbst in seinem letzten Brief bestand er darauf, die Sache zu verfolgen, von der er in seinen vorigen Briefen und auch bei meinem Besuch gesprochen hatte und von der ich Sie ebenfalls informierte, als ich über die Besuche berichtete. Heute morgen habe ich das maschinengeschriebene Memorandum genauso wie es war zusammen mit Ihrem Brief an Nino abgeschickt und habe ein paar Zeilen hinzugefügt, um zu sagen, daß ich seinen letzten Brief erhalten habe, nachdem ich meinen Brief schon geschrieben hatte, und daß ich es leichter gefunden hätte, ihn so wie er ist abzuschicken, um ihn nicht noch ein Mal mit den Änderungen abschreiben zu müssen. Die Gesetzesartikel, die er wollte, hatte ich schon fertig und hätte sie mit getrennter Post geschickt. Ich habe den Brief als Eilbrief abgegeben und hoffe daher, daß er ihn noch vor der Stunde, in der er seine Briefe an die Angehörigen schreiben darf, ausgehändigt bekommt. Sonst wird er Montag den 8. dazu antworten. Gestern habe ich ihm auch die von ihm gewünschte Medizin per Eilbrief geschickt. Sie muß heute oder spätestens morgen bei ihm sein. Ich bin Ihnen sehr dankbar, daß Sie einen Entwurf des Memorandums vorbereitet haben, das Nino dem Sondergericht vorlegen oder durch einen Anwalt übermitteln muß. Ich fürchte, seine neurasthenische Krise wäre noch schlimmer geworden, wenn wir ihm nichts geschickt hätten, was er für eine Berufung brauchen kann.

Noch zu meinem letzten Brief an Sie. In einem gewissen Sinn haben Sie recht, daß er nicht fertig war, andrerseits habe ich ihn abgeschickt wie er war, da ich mich an einen Ort begab, wo es ungünstig gewesen wäre, man hätte ihn bei mir gefunden, und zumal der Hauptgedanke auf der ersten Seite bereits enthalten war, nämlich: es ist unmöglich und auch inopportun, schriftlich zu erledigen, was Sie tun sollen. Auf Grund höherer Gewalt muß also die Aktion verschoben werden, bis Sie hier bei uns sein werden.

Natürlich will ich Ihnen einen möglichst vollständigen Bericht geben von den Ereignissen und von den Gesprächen, die ich mit Nino in Turi hatte. Ich kam Freitag am Nachmittag an, und da Nino durch eine Karte, die ich von Bari abgeschickt hatte, von meiner Ankunft unterrichtet war, meinte ich, es sei gut, wenn ich mich noch am gleichen Tag ins Gefängnis begebe. Es wurde mir gestattet, Nino eine Minute lang zu begrüßen und ihn dann am folgenden Tag zu besuchen.

Der Anblick Ninos erzeugt einen traurigen, besonderen Eindruck, denn man hat den Eindruck, man befände sich einem Geschöpf, einem Kind gegenüber, so abgemagert ist er. Seine Gesichtsfarbe ist immer gebräunt, er geht immer ohne Kopfbedeckung ins Freie, aber er ist sehr mager. Das erste Mal, als ich ihn sah, drückte sein Gesicht Freude aus und war belebt. Das folgende Mal, d.h. während unseres Gesprächs, fand ich ihn sehr bleich, mit gespannten Zügen, die seine Magerkeit hervortreten ließen.

Unser Gespräch spielte sich folgendermaßen ab.

Zunächst fragte Nino den Wärter, wie lange Zeit der Besuch dauern dürfe, "ein Stündchen", sagte der Wärter, worauf Nino bemerkte, daß er "in diesem Fall" Zeit hätte, mir alles zu sagen, was er sich vorgenommen hatte, mir mitzuteilen. Einen Teil des Gesprächs verwandte er, um mir einige Tatsachen darzulegen, die die Lage vor dem Prozeß, im Jahre 1928, betrafen. Nino behauptet, daß man den Prozeß vermeiden wollte und daß außerdem beim Treffen zwischen Litwinow und Grandi in Berlin die Frage seiner Freilassung behandelt werden sollte. Und da kam der "berüchtigte Brief". Auf meine Bemerkung hin, daß man der Ansicht war, der Brief, den Nino zu dieser Sache geschrieben habe, könne nicht mitgeteilt werden, meinte Nino, natürlich nicht, aber man müsse beim Versuch, ihm jetzt zu helfen, so handeln, als ob dieser Brief eine absolut bewiesene Realität

wäre, d.h. man müsse ihm die Bedeutung und die Konsequenzen einer als wahr erwiesenen Tatsache geben. Nino sagte auch, "ich kann Dir den ganzen Inhalt des Briefes nicht berichten, es genügt, Dir zu wiederholen, daß er allzu kompromittierend war, außerdem wollte der Ton des Briefes in Verbindung mit dem Inhalt so viel besagen wie 'wir habens ihm gegeben' ". "Es ist klar, daß nach einem solchen Schreiben jeder Schritt zu meinen Gunsten abgebrochen werden mußte; es ist schon sehr viel, daß sie gegen mich nicht weiter vorgehen wollten, Du weißt wohl, daß sie beschlossen hatten, mir Deine Besuche zu verbieten usw., es hätten mir schlimme Sachen passieren können", "dieser Brief war allzu kompromittierend".
Beim letzten Gespräch, dem dritten, kam er auf das Thema zurück, auch weil ich ihn fragte, warum er fünf Jahre lang geschwiegen habe? (eine Bemerkung, die Sie mir gegenüber gemacht hatten). Nino antwortete mit Heftigkeit, ob ich glaube, daß es leicht gewesen wäre, mitzuteilen, was man will, hören und verstehen zu lassen, was man wissen lassen will und daß ich mich davon überzeugt haben müßte, daß er keineswegs schreibt, was er möchte, im Gegenteil. Was die Vorsicht betrifft, den besagten Brief an mich zu diesem Thema nicht weiterzugeben, so beruhe sie darauf, daß "es leicht ist, jemand Böses zuzufügen, der im Gefängnis sitzt und sich nicht verteidigen und aus verschiedenen Gründen sein Recht nicht geltend machen kann".
Dann sagte er noch, daß man die Tatsache, diesen Brief geschrieben zu haben, nicht nur der Dummheit dessen, der ihn geschrieben hat, zurechnen kann, da in diesem Fall die Dummheit jedes Maß überschreiten würde und daß kein Zweifel bestehe, daß, wenn man später den Brief aus dem Archiv ziehen wird, es für den Schreiber und den, der ihn schreiben ließ, sehr schwierig sein wird, ihn zu rechtfertigen. Ja, es sei offensichtlich, daß es nicht gelingen wird, ihn zu rechtfertigen.
Wenn man ihm also helfen wolle, und er zweifelt nicht daran, daß man dies will, muß man absolut und buchstäblich folgende Anweisungen befolgen: die italienischen Freunde dürfen von dem, was man machen will, absolut nicht ins Bild gesetzt werden, man darf von diesen Dingen absolut nichts schriftlich verlauten lassen, da ein jedes Schreiben als Beweis dienen kann, ein Plan sei vorbereitet worden usw., was gegen den Grundsatz verstößt, daß hier in Italien alles der spontanen Initiative des Regierungschefs entspringt. Doch bedarf es einer Vorbereitung, einer sorgfältigen Bearbeitung des Justizapparates, mit dem Ziel, sowohl die eine, als auch die andere Möglichkeit, die man versuchen muß, zu realisieren. Die eine, die wichtigste, ist das "Maximum", sagt Nino, die andere, geringere, ist weniger günstig, aber in beiden Fällen muß man zuvor auf jeden Fall den Boden

bereiten. Die Person, die in solchen Sachen eine gewichtige Stimme haben kann, ist der Präsident der Kassation. Anschließend muß man den Eindruck vermitteln, daß der Gedanke vom Regierungschef selbst gekommen sei.

Man kann viele Gründe vorbringen, um die Zustimmung zur Gewährung einer bedingten Haftentlassung zu erhalten: unter anderem die Tatsache, daß Nino in Kürze der einzige Abgeordnete sein wird, der im Gefängnis ist, einer ist schon in der Haft gestorben; der Gesundheitszustand Ninos ist ziemlich schlecht, und da der "Monarchie" die verfassungswidrigen Zustände von der Art, wie sie früher passierten mit Folgen bis heute, nicht gefallen, sind viele durch die zugestandene Amnestie nicht zufrieden gestellt, und man müßte für Nino eine bedingte Haftentlassung erreichen können. Als ich sagte, daß Sie schon daran gedacht haben, war er sehr zufrieden darüber. Als ich aber beim letzten Besuch hinzufügte, daß Sie meinen: "wenn die politische Lage in einem Jahr und vier Monaten noch unverändert ist, wird es leicht sein, die Haftverschonung zu erreichen", antwortete Nino, da liege das Problem, im "wenn die Lage sich nicht ändert". Man muß sich beeilen, dieses Zugeständnis zu erreichen, wenn man es will, sonst kann man auf nichts mehr bauen. – "Sich auf eine solche Politik einzulassen ist gleichbedeutend mit einem sich von der Strömung treiben lassen wie ein toter Hund". "Und wenn es Versuche einer Revolution gibt, ist die Sache aus. Die Haftbedingungen, die nebenbei gesagt jeden Tag härter werden, werden sich noch mehr verschärfen, und es wird keine Möglichkeit mehr geben, mit einem Antrag auf bedingte Freilassung rauszukommen. Man darf nicht lange warten, sondern muß sich möglichst beeilen".

Dazu meine ich, es war sehr günstig, daß wir Nino gleichzeitig mit den Erläuterungen zur Kumulierung und seinem diesbezüglichen Irrtum auch das Memorandum für eine Berufung schicken konnten. Vielleicht kann ihm die Perspektive einer Möglichkeit, die Aussicht auf Erfolg hat, helfen, die Krise zu überwinden, unter der er im Augenblick leidet. Ich bin vor 18 Tagen aus Turi zurückgekommen, und ich sah Nino drei Tage vor meiner Abreise. Ich nahm in Bari eine verbilligte Rückfahrkarte nach Rom, hin und zurück, gültig für 20 Tage, doch verlängerbar bis zu einem Monat, mit einem Aufpreis von 20 %. Die Kosten sind erheblich geringer als die Kosten einer Einfachfahrt zu normalen Zeiten. Mir kam der Gedanke, diese Rückfahrt jetzt auszunützen und das Billet um zehn Tage noch zu verlängern, was nur 11 Lire kostet. Von Bari kann ich dann noch einmal eine Hin- und Rückfahrkarte nehmen, die ich dazu verwenden kann, in einem Monat noch einmal nach Turi zu fahren. Ich denke, Sie billigen diesen

Plan. Diese ermäßigten Fahrkarten gibt es bis zum 21. April, so kann ich mit einem Minimum an Kosten Nino noch drei Mal sehen, im Abstand eines Monats, mit zwei oder drei Besuchen jedes Mal. Nun, da Sie vorgeschlagen haben, er solle das Memorandum einreichen, wird es nützlich sein, daß ich hinfahre, um ihn dazu mündlich zu hören. Als ich Nino nach so langer Zeit wiedersah, spürte ich ein tiefes Bedauern, daß ich nicht unabhängig von den Besuchen, die Carlo ihm gemacht hat, hingefahren bin. Insgesamt hat er sich stark verändert, und er ist von einer außerordentlichen Reizbarkeit. Ich hatte zwei Gespräche von jeweils etwa einer Stunde und ein letztes Gespräch von etwas mehr vielleicht als einer halben Stunde. Beim zweiten Gespräch wurde er sehr gereizt, als wir von seinem Gesundheitszustand sprachen. Nino sagt, ich dürfe dem, was das ärztliche Personal sagt oder verspricht, absolut keinen Glauben schenken. Ich solle mir fest in den Kopf setzen, daß man nichts machen könne, um seine Leiden zu vermindern, solange er sich im Gefängnis befindet. Wir haben die Möglichkeiten, die Ernährung zu verbessern und die Versuche, die man machen müsse, um seine Leiden zu mildern, in allen Einzelheiten erörtert. Nino hat sich stark erregt und gemeint, daß er nicht verstehe, daß wir immer noch nicht verstanden hätten, daß das Gefängnis von Turi kein Krankenhaus sei, im Gegenteil, es habe nichts zu tun mit einer Heilanstalt. Man tut absolut nichts, um denen, die von einer Krankheit gequält werden, zu helfen. Wir sollten uns daran erinnern, daß die Berichte, die die Ärzte den Verwandten bei ihren Besuchen abgeben, keineswegs der Wahrheit entsprechen, weder was die Informationen über den Gesundheitszustand betrifft, noch was die Versprechungen anbelangt, die die Ärzte machen, um die Angehörigen der Häftlinge zu beruhigen.

Ich habe mehr als einmal mit jedem Arzt gesprochen, auch mit der Frau des Oberarztes. Aus den Bemerkungen, die man mir gegenüber machte, sprach entweder Voreingenommenheit oder die bei allen, auch beim Gefängnisgeistlichen, tief verwurzelte Meinung, Nino leide an einer starken, neurasthenischen Krise, die man der übermäßigen intellektuellen Arbeit, die Nino auf sich nimmt, zuschreiben will. Das sagte zu mir die Frau des Arztes und das gleiche sagte der Arzt, der natürlich die Leiden und Beschwerden und alles dem Mangel an Bewegung zuschreibt. Außerdem meinte der Arzt, Nino müsse sich der übermäßigen intellektuellen Arbeit enthalten. Er verstehe wohl, daß es vielleicht in der psychologischen Lage des Häftlings richtig sein mag, daß er bei Reduzierung der intellektuellen Arbeit von traurigen usw. Gedanken gepeinigt werden würde, aber unter bestimmten physischen und psychischen Bedingungen bedürfe es verstärkter Ruhe. Als ich Nino das andeutete, geriet er noch einmal in Wut und meinte, daß er sozusagen überhaupt nicht arbeite, daß er das gar nicht könne und daß der Arzt so spreche, weil er ihn durch den Spion lesend am Tisch sitzen sehe und daß er so spreche, weil er zu jener Kategorie von Menschen gehöre, die nie etwas lesen. Auf jeden Fall wurde mir von den Ärzten, von den Wärtern und auch von Monsignore gesagt, Gramsci sei in eine andere Zelle verlegt worden, da er sich immer beklagte, er könne nachts nicht ruhen wegen des im Dienstablauf begründeten Lärms. Denn seine vorige Zelle lag gerade vor der Treppe, die zum Trakt der politischen Häftlinge führt, sodaß Nino jedes Geräusch hören mußte, das das Öffnen und Schließen der Tür verursachte, die zum Korridor des großen Raums führte. Nino wurde in eine Zelle am Ende des Korridors überführt, in der Nähe der Kappelle. Er hat nun zwei Fenster statt eines, ist aber genauso der Sonne ausgesetzt, denn ein Fenster liegt genau wie das, das Nino vorher hatte. Der Oberwärter (ein Sarde, der mir richtig sympathisch schien), erzählte mir, als ich ihn nach dem ersten Gespräch sah, daß Nino die Zelle auf Betreiben des Direktors gewechselt hat. Es scheint, Nino sei verzweifelt gewesen, daß er überhaupt nicht mehr zur Ruhe kommt. Der Direktor schlug ihm vor, seine Verlegung in ein anderes Gefängnis zu beantragen, aber anscheinend wollte Nino davon nichts wissen, schließlich mußte der Direktor darauf dringen, Nino möge versuchen, die Zelle zu wechseln, er müsse es versuchen, damit die Dinge sich bessern. Nun befindet sich Nino in dem neuen Raum. Er selbst hat mir davon nicht einmal eine Andeutung gemacht, und ich schwieg dazu, weil ich die Sache von anderen wußte. Ich hatte große Angst, mit meinen Fragen die Gedankengänge Ninos zu stören, was tatsächlich beim zweiten Gespräch passiert ist, als wir von der Gefängniskost sprachen und Nino wütend wurde und sagte, er leide darunter, von so unnützen Dingen zu sprechen und ihm sei nun ein Gedanke entfallen zu einer Sache, die mir mitzuteilen er sich vorgenommen hatte. Er hatte ein völlig entstelltes Gesicht, man sah, daß er eine ungeheuere Anstrengung unternahm, um sich der Sache zu erinnern und daß ihm das nicht gelang. Selbst der Wärter, der zugegen war, blieb davon schmerzlich berührt. Was die Kost betrifft, ab dem ersten Januar wurden die Rationen um zwei Siebtel geschmälert. Die Ausgaben für die Häftlinge der Krankenabteilung wurden auf täglich 2,50 Lire festgesetzt (nur für Essen, stelle ich mir vor). Als ich andeutete, Nino müsse außer Milch und Reis mittags eine Suppe essen, antwortete mir Nino, daß die Suppe mit einem Stück Kochfleisch (das er nicht essen könne) 1,70 Lire kostet. “Willst Du, daß ich ein paar Löffel Suppe mit drei Teigstückchen nehme und mir dafür 1,70 Lire berechnen lasse? Ich könnte dann fast nichts anderes mehr bekommen, da für jeden Häftling täglich 2,50 Lire veranschlagt werden”.

Als ich Nino das letzte Mal sah, sprach ich von den Kosten für Extrakäufe, und er antwortete mir, daß es in der Kantine nichts zu kaufen gäbe und daß der Wirt sich nicht dazu herabließe, selbst das, was erlaubt sei, anzubieten. Er habe ihm einmal mit einem Bericht an den Vorgesetzten gedroht, nachdem er ihn unzählige Male daran erinnert hatte, ihm eine bestimmte Sache zu bringen. "Ein Häftling hatte ihn im November um Marmelade gebeten, die er Ende Januar immer noch nicht bekam. Und das, obgleich im Ort die Lebensmittel in ausreichender Menge und jeder Art vorhanden sind, Milchprodukte, Obst, Gemüse, Fisch usw., auch Marmelade, Gebäck, Kakao usw., alles Dinge, die erlaubt sind, die aber die Häftlinge nie zu sehen bekommen auf Grund des bösen Willens des Wirts". Als ich darüber mit dem Oberarzt sprach, sagte er mir: Der Wirt will zuviel verdienen und bringt nichts, was extra verlangt wird. "Und man kann ihn nicht dazu zwingen". Die Erlaubnis, täglich 5 Lire auszugeben, um die Gefängniskost zu verbessern, ist also ein reiner Mythos. Und dabei hat dieser Wirt die Stirne, mir gegenüber eine Bitte um eine Empfehlung für seinen Sohn in Rom anzudeuten, der sich anscheinend bestimmten Prüfungen für Carabinieri unterziehen muß, während ein anderer Sohn bereits durch eine Empfehlung Carlos begünstigt wurde, der als Bankangestellter von Palermo nach Bari versetzt werden will. Es schien so, daß eine andere Person sich Nino nützlich machen wolle, der Gefängnisapotheker, der mir sagte, daß Nino eine große Menge Brom nimmt, daß er ihm deshalb keine starke Lösungen gab, um die Konsequenzen einer ständigen und andauernden Kur mit Schlafmitteln zu vermeiden. Er zeigte mir einen Antrag, den Nino am gleichen Tag geschrieben hatte, in dem er um ein Röhrchen Aspirin von Bayer bat. Der Apotheker versicherte mir, daß Nino, wenn er eine Medizin benötige, sie auch ohne einen Antrag zu schreiben habe können, wenn er seine Bitte über einen Wärter der Krankenabteilung weiterleite. Er sagte, daß Nino allen Respekt und jede Hilfe verdiene, daß sie sich unglücklicherweise nicht sprechen könnten, daß sie sich aber z.B. gerade heute begegnet seien und ein Lächeln ausgetauscht hätten, "das viel bedeutet". Er sagte mir, ich könne ab und zu gewisse Präparate oder Spezialitäten schicken, die er Nino übermitteln würde. Da ich befürchtete, die Sache zu komplizieren, wenn ich sie ihm schickte, nahm ich ihm das Versprechen ab, nach Mailand zu schreiben, um das berühmte Schlafmittel Quadro nox, von dem Nino in seinem letzten Brief sprach, kommen zu lassen. Nun, wie man sieht, hat er es nicht getan. Ich verstehe wirklich nicht warum, auch wenn Nino mir zu verstehen gibt, daß auch dieser Fall bestätigt, was er über das Verhalten der Verwaltung sagt, das sich bestenfalls als "Knastbehandlung" erweist und gegenüber einigen Häftlingen auch als Schlimmeres. Man muß glücklich sein, wenn man nicht zu denen gehört, die man "besonders" behandelt. Nino meint, ich hätte keinesfalls den Antrag auf die Visite stellen sollen. Der Gefängnisarzt, versteht sich, nahm die Sache schlecht auf. Mir sagte er, da er vom Ministerium die Anordnung erhalten habe, einen Bericht über den Gesundheitszustand Gramscis abzugeben, habe er ihn abgegeben, doch auf weniger gewichtige Weise, als es das Ministerium vorschrieb. Er hätte außerdem nichts dagegen, daß ein Vertrauensarzt eine Visite und eine Konsultation mache usw. Einmal habe sich der Fall ereignet, daß er, der Gefängnisarzt, einen Häftling, der um eine Visite gebeten hatte, aus Turi verlegen ließ, nachdem bei der Visite von Prof. Pende aus Genua nichts besonderes herausgekommen war, denn Turi sei nur für kranke Häftlinge bestimmt. Tatsächlich schien es, daß der Arzt im Grunde nicht allzusehr gegen eine Visite des Arcangeli eingenommen ist, oder daß zumindest die Sache Ninos nicht ganz verloren ist, auch wenn der Arzt sich übergangen fühlte, weil wir ihm vorher nicht geschrieben hatten. Aber ich war da und konnte im Gespräch den Anschein und Eindruck der Sache verändern, und natürlich habe ich mich bemüht, diesen Zweck zu erreichen. Ich habe auch 150 Lire für die Behandlung von Bedürftigen sozusagen gespendet, in die Hand des Arztes, der mir keine Quittung gab, aber versprach, er würde sie mir nach Rom schicken, wo ich aber bis heute nichts erhalten habe. Trotz allem ging mir die Sache nicht aus dem Kopf und es kam mir der Gedanke, einen Weg zu finden, um den Brief, den das Ministerium auf meinen Antrag hin an die Gefängnisverwaltung geschrieben hatte, persönlich einsehen zu können. Die Absicht gelang, und ich sah zwei Briefe des Ministeriums; einer, vom 1. Oktober, will nur einen Bericht des Gefängnisarztes über den Gesundheitszustand von Gramsci Antonio, dessen Schwägerin die Visite eines Vertrauensarztes beantragt hat, mehr nicht; ein zweiter, vom 8. Dezember, genehmigt diese Visite und macht die zusätzliche Bemerkung, gleichzeitig mit diesem Brief an die Gefängnisverwaltung von Turi sei auch eine Antwort an die Schwägerin an deren römische Adresse abgegangen. Sie wissen, daß ich davon nie etwas erfahren habe, bis ich nicht den aufgeregten Brief Ninos erhielt. Dann wurde mir von Perilli, während ich noch in Turi war, mitgeteilt, daß am 18. Januar jemand vom Ministerium zu Hause vorgesprochen habe, um zu erfahren, ob ich hier immer noch wohne und um mir eine Antwort zu geben auf einen Antrag, den ich beim Regierungschef gestellt hätte betreffs einer ärztlichen Visite für meinen Schwager. Sie wollten dringend meine gegenwärtige Adresse wissen usw., Perilli gab sie, doch erwartungsgemäß erfuhr ich dann nichts mehr, da das Ministerium, das mich in Turi wußte, annahm, ich sei durch die Gefängnisverwaltung von der erteilten Antwort

informiert worden. Was die Visite betrifft, gedenkt Nino erst in Zukunft von der Genehmigung Gebrauch zu machen. Er bat mich, bei der Direktion eine Erkundigung einzuholen, wie lange die Erlaubnis befristet sei. Ich sprach davon, und man sagte mir, daß Nino die Visite haben könne, wann er sie will, solange er in Turi ist, natürlich.
Ich sagte dem Oberarzt, daß Nino offensichtlich im Augenblick die Visite nicht wolle, weil im Augenblick er, Dr. Resta, die Krankenabteilung leite und daß Nino deswegen im Augenblick eine Visite für überflüssig halte. Dementsprechend habe er im Mai gesagt, als sein Bruder Carlo zu Besuch gekommen war und als der Kollege Dr. Cisternino als Arzt Dienst tat, wenn die Lage sich verschlechtern sollte, würde er eine Konsultation mit Dr. Resta verlangen, zu dem er volles Vertrauen habe. Der Oberarzt antwortete, daß Nino immer verlangen könne, von ihm untersucht zu werden, auch wenn seit dem 1. Januar Dr. Cisternino in die Krankenabteilung zurückgekehrt sei. Natürlich mußte ich nun sagen, daß Nino, bei seinem Taktgefühl, keine Visite durch Prof. Arcangeli wolle, solange er da war. Da nun aber seit dem 1. Januar Dr. Cisternino da sei, könne man bei Bedarf eine Konsultation von Prof. Arcangeli und ihm, Dr. Resta, machen. Ich glaube, daß der Arzt dann überzeugt war, daß man ihn nicht beleidigen wollte usw. Mit Nino haben wir nicht von einer Visite durch Arcangeli gesprochen, denn, wie ich oben schrieb, hatte er mich wegen meiner Überstürzung in dieser Angelegenheit getadelt, und dann wollte er versichert sein, ob die Erlaubnis eine gewisse Zeit gültig sei und wie lange. Der Kern der Mitteilungen Ninos bei dem Gespräch war die Bitte, dafür zu sorgen, daß er die bedingte Freilassung erhalte, da er sicher sei, eine Berufung einreichen zu können, wenn der Beschluß des Sondergerichts eintrifft. Nino hat sich gewiß gut vorbereitet, um mir darzulegen, was er mich wissen lassen wollte. Er fragte mich auch, warum ich das Jahr 1932 verstreichen ließ, ohne ihn zu besuchen, so als ob ich nicht bedacht hätte, daß dieses Jahr ein besonderes Jahr war, was der Regierungschef seit geraumer Zeit deutlich gesagt hatte. Im ersten Gespräch erzählte mir Nino den Fall eines Häftlings in Turi, dessen Urteilsbegründung durch das Appellationsgericht in Florenz er gelesen hatte, woraus hervorging, daß, da der Verurteilte zwei Strafen zu verbüßen hatte, eine militärische und eine andere, die Kumulierung angewandt worden sei, genau wie er sie uns in seinen vorigen Briefen berechnet hatte: der einen Strafe wurde die Hälfte des Drittels der anderen zugeschlagen. Damit hängt die sehnliche Erwartung Ninos zusammen, daß er sich schon nach einer Strafverbüßung von fünfeinhalb Jahren, und nicht erst nach sechs Jahren, in der Lage befinde, die notwendigen Anträge einzureichen, um die Freilassung auf Bewährung zu erhalten. Was ihm jetzt vielleicht

am meisten am Herzen lag, war, mich zu überzeugen, auf eine ganz bestimmte Art und Weise zu handeln und nicht anders, um das gewünschte Ergebnis zu erzielen: Den Boden vorzubereiten über die Beamten im Justizapparat, dies auch zu tun im Hinblick auf den großen Versuch, oder besser, auf das, was ihm am meisten Möglichkeiten eröffnen müßte, nämlich seine Freilassung auf Grund eines Antrags unserer Regierung an die nationale Regierung. "Es ist offensichtlich, sagte er, daß diese Dinge zwischen den Regierungen und nicht zwischen Partei und Regierung gemacht werden müssen". Nino sprach den Wunsch aus, Sie möchten doch versuchen, die Adressen von Kerzentschew oder Makar zu besorgen, um sie die nötigen Schritte machen zu lassen. Aber in keinem Falle dürfe man dazu schriftlich etwas verlauten lassen, damit nicht das passiere, was 1928 vor dem Prozess passiert ist. Auf keinen Fall dürfen die italienischen Freunde von diesem Versuch erfahren, der sonst wie der erste Versuch endet, der damals in diesem Sinn unternommen worden war. Ich fragte, ob es sich um einen Austausch oder um eine Freilassung handeln müsse und mir scheint, verstanden zu haben, daß es sowohl das eine, als auch das andere sein könne, denn er machte mich darauf aufmerksam, daß man mir einige Male gesagt hatte, es seien keine Vögel gefangen, die für so eine Operation tauglich seien. Nino sagte auch, daß 1928, wenn ich nicht irre, die nationale Regierung, um einen Spion zu retten, der erschossen werden sollte, den Vorschlag einer Freilassung gemacht hatte. Unsere Regierung verlangte als Gegenleistung drei politische Häftlinge, was abgelehnt wurde, und der Spion erlitt sein Schicksal.

Als der "berüchtigte Brief" kam, der jede Möglichkeit irgend eines Zugeständnisses zerstörte, während man in Berlin bereits sich anschickte, darüber zu sprechen, hätte der Untersuchungsrichter vielleicht gerne den Brief vernichten wollen. Aber er war nicht allein, es gab auch den Militärrichter, der natürlich, so wie Nino sich über ihn ausdrückt, eine Verurteilung erreichen wollte, während Macis bereits ein günstiges Gutachten formuliert hatte, um, falls es zum Prozeß kam, den man zu vermeiden suchte, einen Freispruch zu erwirken. Nino sagte, indem er bemerkte, es handle sich um eine delikate Angelegenheit, daß die Machthaber für den Fall eines Konflikts mit Frankreich mehr die Emigranten als die Partei fürchteten. Die Partei hielten sie für weniger antinational. Er hatte sehr viele lange Gespräche mit dem Untersuchungsrichter, während derer sie von diesen Dingen sprachen. Vor ein paar Tagen entschloß ich mich, Julia zu schreiben, um ihr die Bitte Ninos mitzuteilen und sagte ihr, daß Nino daran denkt, Sie könnten die Person sein, die die richtige Art findet, um sich mit unseren Freunden in Verbindung zu setzen. Aber vielleicht ist es einfacher, wenn

Julia jemand damit beauftragt, der die Sache so darlegt, wie es Nino beabsichtigt. Ich versuchte, das sehr ausdrücklich und genau darzustellen. Vor allem ist große Klugheit erforderlich, die Italiener sollen nichts erfahren, ihre Einmischung soll absolut vermieden werden, und deswegen dürfen sie nichts erfahren.

Von meiner Seite aus sprach ich auch hier über die Angelegenheit. Man sagte mir, man wolle mich in zwei Tagen mit dem neuen Botschafter bekannt machen, dem ich alles darlegen soll. Außerdem soll ich für die nächste Post einen Bericht vorbereiten, der alle Einzelheiten enthält und bewirken wird, daß man die Mittel findet, um die Einmischung der Freunde, die man befürchtet, zu vermeiden.

Beim letzten Gespräch sagte Nino, er habe keine Schwierigkeit, seinen Namen zu ändern und auf seine Staatsbürgerschaft zu verzichten. Er könnte vom Wunsch getrieben sein, sich der Familie zu widmen, angesichts der Lage, in der sie sich moralisch und materiell befindet, und vielleicht könnte das Argument einer solchen Bereitschaft die Entscheidung der nationalen Regierung beeinflussen.

Unter den anderen Dingen, die mir Nino beim Besuch sagte und an die ich mich erinnere, ist auch die Sache mit dem Buch von Croce über Europa. Auf Grund einer Bemerkung in meinem Brief, in der ich von meinem Wunsch nach einer Rezension sprach, wurde es ihm verweigert. Man glaubte sofort, daß wir tatsächlich in Moskau Artikel von Nino veröffentlichen. Infolgedessen gab es Durchsuchungen, die zwar ergebnislos verliefen, doch inzwischen sind sechs Briefe von mir an das Ministerium weitergeleitet worden. Es ärgert Nino, daß er in die Lage eines Verdächtigten kam. Als ich ihm sagte, daß das nichts ausmache und mir wenig bedeute, antwortete er: "Du mußt jedoch wissen, daß man aus Prinzip immer mißtrauisch angesehen und verdächtigt wird, und wenn man in diesem Fall nichts entdeckt hat, meint man nur, daß das verdächtige Subjekt es geschafft hat". All diese Sachen hinterlassen einen schlechten Ruf, wie jeder Polizeibericht, dem immer größte Bedeutung zugemessen wird, auch wenn neue Umstände die Grundlosigkeit des Berichts beweisen müßten. Darum ist es dumm, Dinge zu schreiben, die überflüssig sind oder Verdacht erregen. Der Apotheker machte mir eine Andeutung über eine Sache, die in Turi vor einem Jahr passiert war, als man die Kommunisten verdächtigte. Denn, so sagte der Apotheker, man glaubte, daß das, was man in Paris schrieb, aus Turi käme, was in Wirklichkeit unbegründet war. Aber die Konsequenzen sind geblieben. Nino sagte, man habe den Bezug von Tageszeitungen eingestellt, denn man habe entdeckt, daß man über Anzeigen kommuniziere, wie bei der Spionage während des Krieges.

Den Gefängnisdirektor habe ich nicht gesehen. Am Abend meiner Ankunft fuhr er mit einem Auftrag nach Pianosa, wo einige Häftlinge geflohen sind- ich habe nicht verstanden, ob es sich um politische handelt oder nicht. Der Arzt sagte mir, er glaube nicht, daß der Direktor noch einmal nach Turi zurückkomme. Nino tut es anscheinend leid, daß er nicht da ist, denn sicher verschlechtert sich die Lage immer, wenn die verantwortliche Autorität fehlt. Man glaubt, daß jetzt gemäß den Vorschriften ein Arzt als Direktor nach Turi kommen müsse, denn es ist ein Gefängnis für physisch und psychisch Kranke. Wenn dem so wäre, könnte vieles besser werden, doch wer weiß. Lieber Freund, mir scheint, ich habe Euch über den Besuch und die Gespräche ziemlich alles geschrieben, an was ich mich gut erinnere. Wenn mir noch etwas einfällt, werde ich schreiben. Überhaupt, schreiben Sie mir, ob Sie es für günstig halten, daß ich Nino noch einmal besuche, jetzt wo es ihm nicht gut geht und er das Memorandum hat, das er studieren wird und worüber er sicherlich seine Meinung äußern will. Schreiben Sie mir bitte sofort, wenn Sie meinen, ich tue gut daran zu fahren. Wenn ich die Fahrkarte verlängere, könnte ich am 23. (letztes Datum) fahren. Schreiben Sie mir auch sofort, wenn Sie meinen, ich solle nicht reisen, auch wenn ich ohnehin morgen die Fahrkarte verlängern lassen will, indem ich, wie oben beschrieben, nur 11 Lire bezahle. Ich sollte diesem Brief die letzten beiden Briefe von Nino beilegen, aber es ist sehr spät, ich habe die Abschriften nicht fertig, ich werde sie morgen machen und diesem Brief beifügen oder getrennt schicken, um den Abgang nicht zu verzögern. Schreiben Sie, wenn in meinem Brief etwas nicht klar sein sollte. Ich warte auf Nachricht.

Herzlich T.

P.S. Riboldi stellt anscheinend den Antrag auf bedingte Haftentlassung, er hat noch drei Jahre abzusitzen.

36. Brief (Auszug)

Tanja Schucht an Sraffa (Entwurf, April, 1933)

... Aber ich habe ihm schon gesagt, daß Sie von mir über alles informiert sind, was die Dinge betrifft, die das Gespräch mit Ihnen vor einem Monat betreffen. Ich sagte ihm auch, daß ich Julia geschrieben habe. "Was hast Du ihr geschrieben" fragte er, als sei er besorgt. Ich glaubte, ihn beruhigen zu müssen und sagte, er selbst habe geraten, die Adresse bestimmter Personen zu erfahren, um was ich mich gut kümmern konnte an Ihrer Stelle. Ich habe darum Julia deswegen geschrieben. "Ach, gut", natürlich, um diese Adressen zu bekommen ist es gut. Also, sozusagen um an zweitrangigen Sachen teilzunehmen, die die Vorbereitung betreffen, nicht um sie an der Aktion, an der Ausführung des Planes zu beteiligen. "Ich kenne Julia, sie besitzt nicht die nötige Energie, um ein erwünschtes Ziel zu erreichen, denn das Gelingen bedarf großer Energie".

Ich schrieb klar die Dinge, die Du mir mitteiltest und glaube ganz deutlich gewesen zu sein. "Zu klar sein, zu viel schreiben, ist nicht gut, es ist nicht ratsam, von diesen Sachen zu schreiben". Ich antwortete, ich glaube, dies auf eine geeignete Art getan zu haben. Darauf sagte mir Nino: "Nicht wegen des Inhalts der Dinge an sich, sie haben gewissermaßen keine geheime Bedeutung, aber es sind immer Sachen, von denen man am besten wenig schreibt". Darauf gab ich ihm zu verstehen, daß ich, da ich die Sache gut verstanden hatte, sie auch Julia unter diesem Gesichtspunkt explizit dargelegt habe ... Denn dann hatte man mir versichert, daß man bei der Übermittelung Deines Wunsches den Kern Deiner legitimen Befürchtung hervorheben würde, daß sich nämlich die Sache von damals nicht wiederholen dürfe, man müsse also ein Eingreifen der Freunde absolut vermeiden und sie über die Angelegenheit im Dunkel lassen. "So ist es gut", sagte Nino, "so werde ich ihm auch zu verstehen geben, welches Mittel wir zu diesem Zweck benutzen werden".

Ich sagte ihm schon dieses Mal, daß Sie mir auf meinen Bericht von den Überlegungen Ninos zu dem berühmten Brief und zur eventuellen Existenz von jemand, der ihn veranlaßt hatte, zur Antwort gaben, sie würden die Person möglicherweise kennen, auf die Nino anspielen mochte, worüber er wie befriedigt war.

Als wir dann vom Ernst seines körperlichen Zustands sprachen sagte er, ich müsse wissen, daß es ihm immer verhaßt war, zwölf Stunden im Bett zu verbringen, wie es die Gefängnisordnung vorschreibt. Inzwischen ist er jedoch gezwungen, auch am Tag im Bett zu bleiben, weil er es nicht mehr schafft. Er hat Momente von Bewußtlosigkeit, fühlt sich erschöpft und bleibt deshalb auch am Tag im Bett liegen.
Als ich von seiner Lektüre, von seinen Studien sprach sagte er, er lese fast nichts mehr, er sei nicht in der Lage, es zu tun.
Ich sagte ihm, daß ich ihm ein gebratenes Täubchen gebracht habe und daß er alles, was ich mitbrachte, hoffentlich gerne esse und zufrieden sei. Er antwortete, er sei immer zufrieden. Aber er glaube, ich hätte zuweilen komische Ideen. Ich müßte mich längst davon überzeugt haben, was Gefängnis bedeutet. Er würde wütend, wenn er sähe, daß man meine, er könne das ganze Jahr über haben, was er für eine halbe Stunden erhalten haben mochte. Das sei ein schwerer Irrtum.
Wir kamen auf sein schlechtes Befinden zurück, und er sagte, Doktor Resta habe ihm erklärt, seine Beschwerden in den Eingeweiden hingen vom Nervensystem ab. Er glaube, dies sei tatsächlich richtig, denn wenn er z.B. länger schlafe, verdaue er auch besser. Aber ich bestand darauf, daß er einen Versuch mache mit den Medikamenten, von denen ich annahm, sie würden ihm helfen. Auch Dr. Resta sagte ihm, daß in seiner Lage die Schlafmittel auf den Organismus nicht mehr wirken, weil er sie schon zu lange nehme und daß man deshalb ab und zu das Medikament wechseln müsse. Da er diese Auffassung teilt, muß er auch einsehen, daß es gelingen kann, seine Leiden zu erleichtern...

37. Brief

Tanja Schucht an Sraffa
Turi, 18. Mai 1933

In diesem Augenblick erhalte ich den Brief Ninos vom 16. d.M. und mache Ihnen eine Abschrift. Ich denke, Sie haben die Abschrift des vorigen Briefes ordnungsgemäß erhalten.
Erst 14 Tage nach dem ersten hatte ich ein zweites Gespräch, um genau zu sein, am 11. d.M.

Nino bestätigte, daß sein Brief vom 24. ans Ministerium geschickt wurde. Nino sagt, dies habe seine politische Bedeutung.
Man will beweisen, daß sein gegenwärtiger physischer Zustand nicht einer schlechten Behandlung im Gefängnis, sondern einem früheren körperlichen Gebrechen zuzuschreiben sei.
Nino drängt darauf, das Ministerium wissen zu lassen, daß seit dem 11. d. M. weder die von Arcangeli angekündigte, noch die von Saporiti verschriebene Behandlung durchgeführt wird.
Er wird überhaupt nicht behandelt. Seit der Krise vom 7. März, aber erst nach drei Tagen, als der Doktor noch einmal gerufen wurde, wurden ihm als ganze Pflege drei Spritzen verabreicht, die zudem zu stark waren und ihm schlecht bekamen.
Am ersten Tag der Krise tat der Arzt nichts anderes, als eine Ohnmacht zu konstatieren, ohne etwas zu verschreiben.
Das berichtete Nino im letzten Gespräch vor ein paar Tagen. Er will, daß man sich an Arcangeli wende und auch an Saporiti, um ihre Behandlungsvorschläge einzuholen und sie dem Ministerium vorzulegen. Nino hat die Befürchtung ausgedrückt, daß in dem von mir vorgelegten Antrag auf Verlegung in ein Krankenhaus nicht deutlich genug gemacht worden sei, daß es sich um eine vorübergehende Maßnahme handle und daß man vielleicht verstanden habe, es handle sich um eine endgültige Verlegung, d.h. für die ganze Dauer der noch zu verbüßenden Strafe. Schließlich hat er gefragt, was ich zur Sache unternommen hätte, die mein Land betrifft.
Ich sagte, ich habe Julia geschrieben und der Anwalt habe die Angelegenheit noch nicht den Personen vorgelegt, die er damals genannt habe. Nino wurde sehr unruhig. Er sagte, es müsse keine so schwierige Sache sein, die Anschrift sowohl von Makar, der einmal Botschafter in Finnland war oder es noch ist, als auch von Kerzentscheff, dem ehemaligen Botschafter in Rom, herauszufinden; nur der Anwalt dürfe ihnen den Vorschlag machen und daß es kein anderes Mittel und keine andere Weise gäbe, die Sache durchzuführen. Sonst würde man davon in der italienischen Botschaft in Moskau erfahren, und er fürchte sogar, man wisse bereits in Rom davon, auf Grund der Indiskretion der Leute.
Nino wiederholte mir endlos: Ich hatte damit zu tun, aus persönlicher Erfahrung kenne ich dieses Milieu. Weder Du noch der Advokat kennen es. Wenn Du wüßtest, was sie nicht alles wissen (in der italienischen Botschaft).
Nino sagte, es sei vollkommen nutzlos, zu versuchen, ihn von meiner Meinung zu überzeugen, die Sache könne nicht schief gehen. Ihm werde immer der Gedanke bleiben (wenn es schief geht), daß das Mißlingen dadurch

verursacht wurde, daß man seinen Anweisungen nicht buchstäblich folgte. Man muß die Dinge zur rechten Zeit und auf die rechte Weise tun, man darf weder zu viel, noch zu wenig unternehmen, und alles zum richtigen Zeitpunkt natürlich, sagt Nino.

Der Advokat hätte es machen müssen, bekräftigte Nino, als ich sagte, daß ich den Fall vorgetragen hätte. Offensichtlich hatte er gewollt, daß der Advokat es hätte tun müssen, und zwar bei den von ihm angegebenen Personen, das hätte dem gleichen Vorschlag ein ganz anderes Gewicht gegeben.

Er besteht auf den oben genannten Personen, an die sich der Advokat wenden soll oder hätte wenden sollen (Makar und Kerzentscheff). Aus dem Brief, den ich Ihnen beilege, werden Sie sehen, daß Nino auch während des Gesprächs mit mir ständig sagte, er befürchte, die Sache sei bereits schief gegangen.

Ich sagte, ich würde mich noch einmal an den Anwalt wenden und ihm schreiben, worauf Nino sagte, das seien Dinge, die man nicht schreiben dürfe: man solle die Sache nicht aus Eile kompromittieren.

Sein Gesundheitszustand ist immer schwankend. Und zweifelsohne muß man seinem persönlichen Eindruck in dieser Frage trauen.

Ich denke, ich sehe ihn noch einmal in diesen Tagen, wenn mir der Direktor ein Gespräch noch vor meiner Abreise gestattet, noch bevor die 14 Tage seit dem letzten, das ich hatte, vergangen sind. Oder ich bleibe noch hier, wenn es nötig ist und informiere mich über die Gesundheit Ninos, möglichst so, daß ich genaues erfahre. Wenn sein Zustand sich nicht gerade verschlechtert, fahre ich bald. Es kann sein, daß ich zu Prof. Saporito nach Aversa gehe, anstatt ihn in Rom im Ministerium zu besuchen, da Nino es wünscht, ihn zu sehen; zumindest hat er meine Idee, außer Arcangeli noch Saporito zu sehen, gebilligt. Wenn ich Nino nochmals sehe, werde ich hören, wie er den Bericht ans Ministerium abgefaßt haben will und ob er will, daß man einen Antrag an den Regierungschef richtet. Herzl. T.

P.S. Nino sagt, der neue Direktor sei der beste, den er bisher kennen gelernt hat, er ist seit kaum 40 Tagen hier.

38. Brief

Tanja Schucht an Sraffa
Turi, 31. Mai 1933

Lieber Freund, erst gestern und nicht am vergangenen Donnerstag hatte ich ein Gespräch mit Nino. Ich war krank. Ich erfuhr von einer neuen Krise, die Nino die Woche zuvor gehabt hatte (...) Der Oberaufseher sagte mir folgendes: "um ihn zu *retten* müßte man Gramsci für einige Zeit in ein Krankenhaus bringen. Man muß beim Ministerium insistieren".
Ich hatte mir vorgenommen, Nino am folgenden Tag, am 25., zu besuchen, da die 14 Tage seit dem letzten Besuch vorbei waren, und ich ging zum Gefängnis, verlangte nach dem Direktor, der mir die neue Krise Ninos bestätigte und sagte, man hätte ihn in der Zelle aufgesucht als man erfuhr, daß er nicht beim Hofgang war.
Nino hatte sich erneut über den nächtlichen Lärm beklagt, der ihn nicht schlafen läßt, und der Direktor machte die entsprechenden Bemerkungen dem Oberaufseher und Personal gegenüber, ließ aber bei Nino durchblikken, daß er sich nicht besonders streng zeigen könne, aus Angst, in seiner Abwesenheit werde die Sache noch schlimmer.
Beim Gespräch über Ninos Gesundheit machte ich eine Andeutung auf den Besuch des Inspektors Saporito und sagte, daß er eine doppelte Funktion habe: 1) Ninos physische Verfassung festzustellen im Hinblick auf den von uns gestellten Antrag auf Überführung in ein Krankenhaus; 2) festzustellen, ob der gegenwärtige Zustand dem Aufenthalt im Gefängnis bzw. insgesamt der Haft zuzuschreiben sei oder nicht.
Der Direktor sagt auch, er verfüge nicht über die Möglichkeit, die Lage Ninos zu verbessern, er würde aber jeden Vorschlag beim Ministerium in dieser Richtung unterstützen, ich solle also beim Ministerium darauf bestehen. Ich dankte, und der Direktor meinte dazu: "Wenn ich einen Vorschlag zugunsten Gramscis unterstütze, mache ich nichts besonderes, in keiner Weise. Ich bin dazu gezwungen, denn es ist nicht erlaubt und man hat nicht das Recht, die Augen vor der Wirklichkeit zu verschließen und konkrete Fakten nicht anzuerkennen".
Abgesehen von dieser wichtigen Erklärung hat der Direktor, auf meine Bitte hin, "angesichts des Gesundheitszustandes", mir gestatten wollen, Nino vor meiner Abfahrt aus Turi weitere Lebensmittel zu bringen.

(...) Mein Gespräch hatte ich in den Nachmittagsstunden, ich bat um eine Ausnahmeregelung und um Verlängerung, was genehmigt wurde. Am Morgen hatte ich den letzten Brief Ninos erhalten. (...) Zu Beginn sprach man von dem Brief. Ich versuchte Nino auf jede Weise zu überzeugen, daß er sich nicht beunruhigen müsse wegen der Nachrichten, die wir Julia über ihn geschickt hatten, zusammen mit seinen Wünschen und einem Bericht über das, was wir getan hatten, denn zweifelsohne ist die Sache geheim geblieben. Nino fuhr fort mir zu sagen, er habe mich beschworen, seinen Anweisungen buchstäblich Folge zu leisten und es sei besser, eine Sache aufzuschieben, anstatt sie schlecht zu machen; daß die Personen, die er bezeichnet hatte, ihn kennen würden und außerdem auf jeden Fall ernsthafte Leute seien, daß darum ein Vorschlag an unsere Regierung von ihnen hätte ausgehen müssen, während es der Anwalt hätte sein müssen, der sich an sie wandte. Er sagte, er habe gerade in der "Civiltà Cattolica" von einem ähnlichen Fall gelesen, der sich mit der italienischen Regierung ereignet habe. Und schließlich seien wir im Heiligen Jahr, was auch seine Bedeutung habe. Sicherlich wäre die Sache vor dem Konkordat leichter gewesen, im Jahre 1927 wäre es eine sichere Angelegenheit gewesen. Man muß es auch heute versuchen, doch mit der nötigen Vorsicht.
Als wir von dem Antrag an das Ministerium sprachen, sagte er: "Zunächst hatte ich eine Bemerkung Saporitos nicht verstanden, dann verstand ich. Das Ministerium sah den Antrag als Bitte um Umwandlung der Strafe. Es war ein ganz großer Irrtum, nicht die Absicht zu präzisieren, daß es sich nur um eine "zeitweilige" Überweisung handeln soll. So wie er abgefaßt ist, ist der Antrag ein verstecktes Gnadengesuch. Infolgedessen kann das Ministerium natürlich verlangen, daß dieses Gesuch explizit gestellt wird. Man wird sich gesagt haben: "schlau, dieser Gramsci, er bittet um Umwandlung der Strafe, ohne daß es diesen Anschein haben soll".
Man muß sich daher beim Ministerium über das Ergebnis des Gesuchs erkundigen und dann direkt an den Regierungschef einen Antrag stellen, Nino möge an einen Ort gebracht werden, wo eine organische Beobachtung möglich sei, um seinen Zustand festzustellen und um Vorschläge für eine Behandlung zu bekommen; nach einer ersten Zeit in einem Krankenhaus könne dann im Gefängnis weiter behandelt werden.
(...) Zum Abschluß sagte er, daß der Advokat daran denken soll, es könne vielleicht mit unserer Regierung gelingen, auch wenn man sich keine großen Hoffnungen machen darf. Infolgedessen dürfe er die Sache nicht vernachlässigen, doch müsse man dabei sorgfältig und genau vorgehen. (...)
Lieber Freund, ich glaube, ich habe fast alles berichtet, was von Interesse sein kann. Verzeihen Sie, wenn der Bericht nicht allzu gut gemacht ist, ich

bin noch krank, ich habe eine Ohrenentzündung, die mich nachts und auch tags nicht schlafen läßt und habe beständig Kopfschmerzen. Ich erwarte dringend Ihre Nachricht. Herzlich T.

39. Brief

Tanja Schucht an Sraffa
Turi, 20. Juni 1933

Lieber Freund, ich erhalte Ihren Brief vom 14., der sich mit meinem Brief kreuzte. Heute schrieb ich Nino entsprechend den Angaben, die Sie ihm mitzuteilen wünschten. Ich glaube, jede Nachricht dieser Art muß ihn ein wenig beruhigen.

Sie dürfen nicht ungehalten sein, mich noch in Turi zu wissen. Wie ich Ihnen schrieb, wurde ich krank noch bevor ich die Nachrichten von zu Hause erhielt, und anschließend hatte ich ein paar schlimme Tage. Im Augenblick bin ich noch nicht hergestellt, doch glaube ich nicht, daß das Übel, das ich spüre, noch lange dauert. Ich habe das Nino versichert und versprochen, daß ich mich pflege und möglichst bald nach Rom zurückkehre.

Ich schreibe Ihnen, um Sie zu bitten, mir den Antrag an den Regierungschef zu verfassen, so wie Nino es wünscht und verlangt hat, wie ich Ihnen in meinem letzten Brief mitgeteilt habe.

Ich hätte gerne, Sie würden mir einen Entwurf des Antrags schicken, aus Angst, in irgendeiner Weise einen Fehler zu machen. Ich habe den Antrag, den wir zusammen geschrieben haben, hierher mitgebracht, im Glauben, man könne ihn auch von Turi abschicken, falls es dringend sei. Doch weil darin von der Pottschen Krankheit die Rede ist, können wir ihn nicht abschicken, und es ist nötig, ihn genau nach den Angaben Ninos abzufassen. Nino sagte mir, man müsse in ihm die Erklärungen Saporitos wiedergeben, die die Notwendigkeit bestätigen, daß Nino nicht nur behandelt, sondern auch unter ärztliche Beobachtung gestellt wird, d.h. er muß klinischen und Laboruntersuchungen unterzogen werden, die unter den gegenwärtigen Bedingungen nicht gemacht werden können.

Ich erwarte also einen Antragsentwurf mit Ihren Anweisungen und anderen

Nachrichten. (...) Ich denke, es wird möglich sein, Nino noch einmal zu sprechen, morgen oder übermorgen, bevor ich nach Rom abfahre. Auf jeden Fall hoffe ich, zuvor noch Ihre Nachrichten zu erhalten, doch müssen Sie sie immer nach Rom adressieren. Herzlich T.

40. Brief

Tanja Schucht an Antonio Gramsci (nach Formia)
21. Dezember 1933

Liebster Nino, ich übersetze Dir den Brief der Kinder, den ich vor etwa einer Woche erhielt, ins Italienische.

Einer der Briefe trägt das Datum vom 25.1.1933. Es scheint seltsam, daß Julia ihn nach einem Jahr zusammen mit einem neuen Brief geschickt hat. Ich denke, sie tat es, um Dich den Unterschied in der Schreibweise der Kinder, damals und heute, merken zu lassen.

Eingedenk Deines Wunsches nach einer Übersetzung der Korrespondenz der Kinder vom Russischen ins Italienische, damit Du ihnen mit Genauigkeit antworten kannst, hast Du hier den älteren Brief:

Lieber Papa, ich war auf der Krim, ich habe Krebse, Quallen und Delfine gesehen. Im Aquarium auch Seesterne. Ich habe Eidechsen gesehen. Ich küsse Dich sehr Delio.

Und nun der neuere Brief ohne Datum:

Lieber Papa, ich habe Brehms Tierleben erhalten. Der Brehm ist sehr interessant. Warum schreibst Du mir nicht? Aber auch ich schreibe Dir nicht. Wie ist Dein Leben? Ich schicke Dir eine Fotografie von mir. Schicke mir auch Du Deine Fotografie. Ciao Delio.

Und nun ein Brief von Delio an mich:

Liebe Tatanicka, mir und Giuliano haben sie zwei Schreibtische und zwei Stühle gekauft. Geht es bei Euch gut? Ich war mit Julik in Durowo. Ciao Delio.

Und nun das Briefchen des Kleinen:

Lieber Papa, wir haben ein Rotfischchen, Julik.

In Rußland nennt man den Rotfisch Goldfisch, wer weiß warum?

Liebster Nino, ich hoffe, Du hast in diesen Tagen das Wäschepaket bekommen, das Carlo Dir schickte und Deinen besten Anzug, den Teresina schickte. Kaum hatte sie meinen Brief erhalten, war sie so zuvorkommend, Dir den Anzug mit der größten Dringlichkeit zu schicken. An meine Adresse hat Teresina auch Gebäck und andere Kleinigkeiten geschickt, damit ich sie Dir, wie sie schreibt, Weihnachten zukommen lasse. Sie schreibt, es täte ihr leid, daß sie für Weihnachten Dir nicht ein schönes Paket, so wie es ihr gefallen hätte, machen konnte, denn sie ist sehr mit den Kindern beschäftigt, die alle krank sind und Mumps haben. Am Tag, an dem sie mir schrieb, ging es Franco besser, so ist sie ruhiger, aber immer sehr beschäftigt. Natürlich ist sie glücklich beim Gedanken, daß ich Dich manchmal besuchen und ihnen so über Deinen Gesundheitszustand berichten kann, eine liebevolle Umarmung,

Tanja

41. Brief

Julia Schucht an Antonio Gramsci
Dezember 1933

Mein Lieber, am 20. Dezember hat Giuliano seinen ersten Zahn verloren... Er war sehr zufrieden und stolz, als es mir gelang, ihn zu ziehen, und er hat mir vorgeschlagen, ihn Dir zu schicken. Er sagte mir auch danke... Es ist seine Art, Liebe auszudrücken. Er ist sehr empfindsam für Liebkosungen und für Zeichen der Aufmerksamkeit. Ich spüre, daß es wenig ist, was ich ihm geben kann, es entspricht nicht seinem wirklichen Leben, dem Leben eines Kindes. Wenn ich daran denke, daß ich in der ganzen Zeit, als ich im Sanatorium war, an keinem Spiel teilgenommen habe, sehe ich, daß das, was ich dem Kind geben kann, wenig lebhaft und wirklich ist.
Delio sucht bei vielen Personen Antworten auf seine Fragen, und oft antwortet ihm Genia. Giuliano kommt fast immer zu mir, obgleich er seit den ersten Monaten seines Lebens immer in einem Kinderkollektiv gewesen ist und verschlossener ist als der Große. Der *Große*, wir können es sagen! Gestern war er zusammen mit anderen Kindern in einem Zirkus. Heute spricht er dauernd von Tieren. In der Schule interessiert er sich sehr für das zoologische Museum, in denen er "Knochen von Tieren sah, die noch nicht geboren wurden". Er führte mich an das Schaufenster eines Ladens, um

mir das Skelett eines ungeborenen Kindes zu zeigen, "dessen Fuß- und Handknochen wie die eines Hähnchens sind".

Er ist viel fröhlicher geworden und seiner Kräfte sicherer als damals, als er den Kindergarten besuchte und als in den ersten Zeiten seines Schulbesuchs. Ich denke, schuld war die Kindergärtnerin. Zwar sagte der Schularzt, Delio bedürfe größter Ruhe, doch hätte er sicherlich nach einer gewissen Zeit der Passivität in seiner Rolle als Schüler aktiv werden können. Delio sah und beobachtete in der Schule alles, er sah die Schule insgesamt und in ihren einzelnen Aspekten, und deswegen "arbeitete" er nicht, wie die Kindergärtnerin sagte. Der Arzt meinte, man müsse dem keine Bedeutung zumessen, doch die Lehrerin ließ ihn mehr als einmal glauben oder spüren, daß er unfähig sei zu arbeiten, und Delio begann zu schreiben und zerriß wieder die Blätter der Hefte, die er begann ...

Jetzt arbeitet er ruhiger und ist seiner selbst sicherer.

Was soll ich Dir von mir sagen? Manchmal kann ich aktiv sein, ein andermal bin ich passiv. Wie Du siehst, habe ich über einen Monat lang nicht geschrieben.

Warum? In bestimmten Augenblicken spürte ich eine große Trostlosigkeit, ich sehe wenige Ergebnisse meiner Tätigkeit, ich werde nervös. Ach, Du mußt nicht glauben, die Welt, die ich Dir zeige, sei "groß und schrecklich". Auch ich sehe, daß sie schön ist ... Der Zirkus, den Delio gestern zum zweiten Male sah, ist z.B. etwas Herrliches.

Dein Brief hat Delio sehr interessiert ... Er fragt, warum euer sardischer Händler den Eseln nicht jeden Tag die Ohrenkappen anlegte, sondern nur sonntags. Man sieht, daß er als Großstädter diese Dörfer nicht vor Augen hat, in denen alle Waren auf dem Rücken eines kleinen Esels Platz haben. Delio hat Deinen Brief in einen Band des Brehm gesteckt, wo er auch Blumen und andere schöne Dinge verwahrt.

Ich habe erfahren, daß man mich immer noch nicht "im Ernst" arbeiten lassen will. Ich tue, was ich kann, das heißt, was mir gelingt. Ja?

Ich umarme Dich, Lieber, ganz ganz stark

Julia

42. Brief

Julia Schucht an Antonio Gramsci
13. September 1934

Mein Antonio, im Leben unserer Kinder hat sich viel ereignet. Delio ist Pionier. Giuliano geht heute zur Schule... Sie spüren das sehr tief... Und das Leben der Großen, das sich auf die Kinder konzentriert, ist in diesen Tagen sehr intensiv, auch wenn wir ab und zu streiten, weil die Ohren manchmal ungewaschen sind. Dieses tiefe Gefühl des Lebens, des Lebens zweier aufwachsender Kinder, möchte ich Dir sagen, möchte ich Dir einfach wiedergeben ... Wie die Sonne in diesen Tagen ganz einfach die Erde erleuchtet und erwärmt, dieses Gras da, wo unsere Söhne laufen. Es Dir mit einer Liebkosung sagen! Julia.

43. Brief

Tanja Schucht an Sraffa
12. Mai 1937

Liebster Freund, ich bitte Sie, mir nicht zu zürnen, weil ich so lange zögerte mit der Antwort bzw. damit, Ihnen die Einzelheiten des Unglücks zu schreiben.
Doch vor allem möchte ich, daß Sie mir schreiben, wenn Sie es für nützlich halten, mehr noch, für absolut notwendig, daß Sie die Manuskripte Ninos ordnen. Zweifelsohne muß diese Arbeit von einer kompetenten Person gemacht werden, anders geht es nicht. Andrerseits war es der Wille Ninos, daß ich alles an Julia schicke, um es ihr anzuvertrauen, bis er anders entscheidet. Ich habe die Sendung verzögert, um eine Antwort von Ihnen abzuwarten, ob Sie sich damit beschäftigen wollen, mit der Hilfe von jemand aus der Familie, alle Sachen zu besehen. Dann wollte ich, daß Julia von meiner Absicht erfahre, ihr alle Schriften zu schicken, damit sie sie verwahre, um jeden Verlust oder die Einmischung von wem auch immer zu vermeiden.

Wir haben die Einäscherung vorgenommen. Es gab Schwierigkeiten mit der Genehmigung, aber dann haben wir es geschafft. Ich ließ den Leichnam fotografieren und die Totenmaske abnehmen. Jetzt lasse ich sie und auch einen Abdruck der rechten Hand in Bronze gießen. Der Gips wurde gut, und ich hoffe, daß die Bronze eher besser wird, da ich die Arbeit einem Bildhauer anvertraute.
Wir haben auch die Fotos, die in Formia gemacht wurden, als Nino die Papiere eines unter Polizeiaufsicht stehenden Haftentlassenen erhalten hatte. Bisher habe ich sie noch nicht herausgesucht. Nino hatte einen Gehirnschlag am Abend des 25. April. Am gleichen Tag, um 12 Uhr 30, hatte ich ihm den vom Büro des Überwachungsrichters beim römischen Gericht unterzeichneten Ausweis gebracht, mit der Feststellung, daß die Bewährung vorbei und jede Sicherheitsmaßnahme gegenüber Nino eingestellt sei.
An jenem Tag, glaube ich, fühlte sich Nino nicht schlechter als sonst. Im Gegenteil, ich kann sagen, er war ruhiger als gewöhnlich. Wie immer kam ich am Nachmittag gegen halb sechs Uhr in die Klinik zurück. Wie gewöhnlich sprachen wir von den Tagesereignissen und davon, wie ich mich auf eine Lektion über französische Literatur vorbereiten sollte, für die ich ein bißchen studieren wollte, während ich bei Nino bin, während er etwas lesen würde. Er protestierte und sagte, ich sei da, um ihm Gesellschaft zu leisten, ich dürfe nicht für mich arbeiten und ich hätte diese Arbeit überhaupt nicht annehmen sollen, die von mir eine besondere Vorbereitung verlangte, was mich zu sehr ermüden würde usw. Trotzdem haben wir zusammen einige Ausdrücke im Larousse nachgeschlagen. Er wollte nicht, daß ich ihm von Corneille etwas vorlese. Dann plauderten wir bis zum Abendessen. Auf meinen Vorschlag, den Ausweis unten sehen zu lassen oder den Kommissar zu rufen, sagte er , daß das keine Eile habe, daß man das auch an einem anderen Tag machen könne.
Er aß wie gewöhnlich zu Abend, eine Suppe mit Teigwaren, ein bißchen gekochtes Obst und ein Stückchen Kuchen. Er ging auf die Toilette und wurde von mehreren Personen auf einem Stuhl zurückgebracht. Auf dem Abtritt hatte er den Gebrauch der linken Seite verloren, vollständig, er sprach aber sehr gut und erzählte mehrmals, er sei gefallen, aber nicht mit dem Kopf aufgeschlagen, er habe sich bis zur Türe geschleppt und um Hilfe gerufen. Ein Kranker, der vorbeikam, rief eine Schwester, die ihm riet, selbst die Türe zu öffnen, was ihm gelang, da er sich auf die rechte Seite stützte. Unglücklicherweise war das eine enorme Anstrengung, während er eigentlich jede Aufregung und Anstrengung vermeiden sollte. Als er im Bett war, wurde einer von den Ärzten, die sich zu diesem Zeitpunkt in der Klinik befanden, gerufen. Als erster kam Dr. Marino, der nicht erlaubte, daß man

ihm eine aufputschende Spritze gab, die die Lage nur verschlechtern könne. Indes verlangte Nino die Spritze mit großem Nachdruck, er verlangte nach einer Fleischbrühe mit Ei und Zitrone, ja, er wollte eine doppelte Dosis, mit einem Wort, Nino war vollkommen bei sich und erzählte dem Doktor in allen Einzelheiten, was ihm passiert war. Als ihm dann die Wärmeflasche für die Füße gebracht wurde sagte er mir zuerst, sie sei zu heiß, dann bemerkte er, daß der linke Fuß die Wärme nicht sehr spürte. Von einem Augenblick zum anderen wurde Prof. Puccinelli erwartet, der zu einer dringenden Operation gerufen worden war. Ich benachrichtigte die Pforte und den Operationssaal, daß der Professor, wenn er vorbeikäme, sich bei Nino sehen lasse. Er kam gegen 9 Uhr in Begleitung eines Assistenten, stellte die völlige Immobilität der linken Seite am Arm und Fuß fest, verschrieb ein Salzklistier, einen Eisbeutel für den Kopf und strich die Wärmeflasche für die Füße. Nino sagte, daß er das Klistier nicht wolle und erzählte auch dem Professor, was ihm auf der Toilette zugestoßen war. Er bemerkte, daß er keineswegs das Bewußtsein verloren habe, sondern nur das Gefühl und den Gebrauch der linken Seite. Puccinelli versuchte, in die unteren Glieder Bewegung zu bringen und beschränkte sich darauf, die Worte Ninos zu wiederholen, "das linke Bein ist schwach", ja, sagte er "es ist schwach". Er verordnete einen Aderlaß. Nino sprach vollständig klar, nur mit Anzeichen von Müdigkeit, die Puccinelli konstatierte. Er sagte mir, Nino brauche vollständige Ruhe. Als er kam, hatte er ihn auf dem Bauch liegend vorgefunden und half nun, ihn auf den Rücken zu legen. Nun versuchte Nino, eine Stellung zu finden, in der er besser ruhen könne, er klammerte sich mit der einen, freien Hand an die Stangen des Bettes, ich mußte ihn davor warnen, sich zu sehr auf die eine, die linke, unbewegliche Seite zu legen, weil er dabei war, aus dem Bett zu fallen. Auf meine Bemerkung reagierte er absolut verständnisvoll und versuchte, sich auf die andere Seite zu ziehen. Unglücklicherweise kam man erst nach mehr als einer Stunde, um ihn zur Ader zu lassen. In dieser Zeit hat er sich mehrmals erbrochen. Ich war allein, es gelang mir aber trotzdem, ihm behilflich zu sein. Dann wollte er urinieren, tat es, dann begann erneut der Brechreiz, er versuchte sich die Nase zu putzen, die zwangsläufig mit Speiseresten verstopft war, er redete und begann dann wortlos nach dem Taschentuch zu suchen, er versuchte zu tasten, dann blieb er mit geschlossenen Augen und blähte immer die Nase. Als der Arzt für den Aderlaß kam, konnte er nicht sprechen, hatte die Augen geschlossen und nur der Atem ging schwer. Der Aderlaß führte nicht zum gewünschten Ergebnis, und Dr. Belock gab der Schwester zu verstehen, daß die Lage des Kranken ohne Hoffnung sei. Es kamen der Priester und andere Schwestern, und ich mußte aufs heftigste

protestieren, damit man Antonio in Ruhe ließ, während diese weiter machen wollten und sich an Nino wandten, um ihn zu fragen, ob er dies oder jenes wolle usw. Der Priester sagte mir zuletzt, daß ich hier nichts zu bestimmen hätte usw. Am folgenden Morgen, gegen 10 Uhr, kam Frugoni. Die ganze Nacht über hatte sich die Lage nicht im mindesten verändert. Auf meine Frage an Frugoni, um zu erfahren, wie es dem Kranken gehe, sagte er, sehr schlecht und er könne mir nichts sagen, wie ein Architekt nichts sagen könne, wenn ein Haus eingestürzt ist. Er hat jedoch angeordnet, Blutegel an die Brust anzusetzen und bestimmte Spritzen zu geben. Nachmittags schien es, als ob Nino etwas leichter atme. Doch 24 Stunden nach dem Anfall kam der Brechreiz wieder, und der Atem wurde übermäßig schwer. Ich wachte immer bei ihm und tat was ich konnte, ich befeuchtete ihm die Lippen und versuchte, ihn künstlich zu beatmen, wenn der Atem auszusetzen schien. Doch dann kam ein letzter, lauter Atemzug und das Schweigen, gegen das nichts mehr hilft.
Ich rief den Doktor, der meine Befürchtung bestätigte. Es war 4 Uhr 10 am Morgen des 27. Um 5 Uhr 15 wollten die Schwestern die Leiche in die Sterbehalle bringen. Ich begleitete sie und blieb eine gewisse Zeit, dann mußte ich raufgehen, um Carlo zu sehen, den ich noch am gleichen Morgen erwartete. Während ich wartete, telefonierte ich einem Freund, er solle mir jemand schicken, um die Totenmaske abzunehmen. Als Carlo kam, bat ich ihn, einen Fotografen kommen zu lassen. In der Zwischenzeit kam mein Bekannter mit dem Maskenbildner, und es gab Schwierigkeiten, sie hereinzulassen. Aber ich sagte sehr entschieden, daß die Formalitäten später erledigt werden und daß man Eile habe. Das Glück wollte, daß man auf mich hörte, und so konnten wir unsere Arbeit verrichten. Bevor sie weggingen, mußten diese Personen jedoch eine Menge Erklärungen unterschreiben über unsere Beziehungen usw. usw.
Dann kam der Fotograf. Und auch er bekam seinen Teil ab vom Verhör. Und als am Nachmittag Carlo zurückkehrte und direkt auf die Leichenhalle zuging und die Türe öffnen wollte, wurde er festgehalten. Als er seine Angaben zur Person abgab, wurde ihm das Verbot bestätigt, es sei ein Befehl des Ministeriums. Niemand sollte die Leiche sehen. Carlo protestierte beim Polizeikommissar, und der Befehl wurde zurückgenommen. Wir waren immer von einer Schar von Beamten der Polizei und des Innenministeriums umgeben, aber wir konnten die Leiche sehen. Wir mußten Fragen über uns ergehen lassen, warum wir eine Maske abgenommen und Fotografien gemacht hätten, wir mußten erklären, ob wir Traueranzeigen verschickt hätten und ob das Begräbnis im privaten Kreis erfolge oder nicht. Bei der Überführung und bei der Einäscherung waren nur Carlo und ich

dabei, abgesehen von einer großen Zahl von immer gegenwärtigen Beamten. Da wir für die Einäscherung nicht sofort die Erlaubnis bekamen und es dafür einige Tage dauern würde, da Carlo wegen einiger Dokumente nach Sardinien hätte fahren müssen, benachrichtigte uns das Begräbnisunternehmen, die Polizei habe angeordnet, die Einäscherung so schnell als möglich zu vollziehen, andernfalls sie selbst die Leiche bestatten würde. Wir haben uns an das Ministerium gewandt, wo man uns erklärte, daß sie die Sache nichts anginge und daß wir ruhig nachforschen könnten, wer dem Unternehmen eine solche Anweisung gegeben habe. Nun liegt die Asche in einem mit Holz verschalten Behälter aus Zink für zehn Jahre gebührenfrei an einem von der Verwaltung angewiesenen Ort. Ich warte, um die Genehmigung zur Überführung zu beantragen. Die Nachricht vom Tod wurde immer im gleichen Wortlaut vom Radio mitgeteilt und in den Zeitungen veröffentlicht. Ich schicke Ihnen, was heute Il Messaggero schreibt. Es ist eine richtige Schande. Ich weiß nicht, wie man protestieren soll. Ich habe einen an die Familie Gramsci adressierten Brief von Fabrizio Maffi erhalten. Er schreibt, er sei stolz, wenn er etwas für das Andenken Gramscis tun könne.
Herzlich, schreiben Sie bitte bald, T.

44. Brief

Tanja Schucht an Sraffa
1. Juli 1937

Liebster Freund, ich bin froh, daß es mir zumindest teilweise gelungen ist, Ihnen meine unendliche Verzweiflung zu verbergen. Ein Gefühl der Angst, fast des Schreckens, erfaßt mich immer stärker und immer häufiger. Es hilft nichts, daß ich mich überzeugen will, daß die Verzweiflung jetzt nichts fruchten kann, im Gegenteil, sie könnte auch Unglück bringen, so daß mir manchmal Zweifel kommen, ob der Augenblick meiner Abfahrt kommen wird, ohne daß ich durch ein Unglück oder Krankheit verhindert werde. Manchmal frage ich, ob es mir vergönnt sein wird, die Meinen wiederzusehen und meiner Familie auf irgend eine Weise nützlich zu sein, ob es möglich sein wird, die arme Julia und ihre Kinder ein wenig zu trösten?

Julia schreibt mir, daß jede Gefühlsbewegung Ninos, jeder Schmerz, die ich in diesen Jahren mitgelitten habe, immer auch ein Echo in ihrem Herzen auslösten, wie bei vielen anderen auch. Wenn sie deshalb jetzt an Nino denken und sich an ihn wenden will, denkt sie und wendet sie sich an mich, und mir sendet sie den Schrei ihres Schmerzes und unendlicher Qual. Sie will mich aber auch wissen lassen, daß sie stark sind, daß alle stark sind. Und alle erwarten mich, wollen wissen, jeder auf seine Weise ... die Kinder, die andern, alle.
Und ich spüre eine Verantwortung, von der ich nicht weiß, ob ich sie einlösen kann. Ich weiß nicht ob ich die Erwartung erfülle, ob ich fähig bin, zu tun, was man so brennend von mir erwünscht.
In meiner Angst befürchte ich, auch nicht entfernt in der Lage zu sein, jemandes Wunsch zu erfüllen. Vielleicht wird es sein wie mit Nino, wir haben so viel getan und konnten so wenig tun ..., denn, wenn ich unseren Schmerz beiseite lasse, verzweifle ich unendlich viel stärker beim Gedanken an ihn, an alles, was er verloren hat, der Unglückliche, unwiederbringlich verloren, der Arme, der immer unwahrscheinlich geduldig war, einfach bis zum äußersten, liebevoll, besorgt wie keiner, wie keiner empfindsam für jede Liebesäußerung und Hingabe. Ich glaube, nur wenige können so tief erkenntlich und so maßlos dankbar sein für jede Sorge wie er. Er hat das immer, bis zuletzt, bewiesen, dieses vornehme, herausragende Wesen, dessen Leben und Arbeit von unschätzbarem Wert waren, und das nicht nur für die Angehörigen.
Wenn ich an all das denke, nimmt meine Verzweiflung zu. Sie nimmt immer zu, anstatt abzunehmen, und das entsetzt mich schließlich, denn ich verstehe, daß ich auf diese Weise auf einem schlimmen Weg bin, den ich um jeden Preis verlassen muß. Aber derzeit habe ich nicht die Kraft dazu.
Ich möchte wissen, wann kommen Sie wieder nach Rom?
Wenn ich kann, komme ich heute Abend an den Bahnhof, um Sie zu grüßen und Sie zu bitten, meine besten Grüße und Wünsche mündlich Ihrer Mutter und Ihrem Vater zu übermitteln. 18 Uhr. Herzlich, T.

45. Brief

Tanja Schucht an Sraffa
7. Juli 1937

Liebster Freund, ich hoffe, Sie hatten eine gute Reise und mein Brief findet Sie noch bei Ihrer Familie vor.
Gestern habe ich die Hefte abgegeben (alle): und auch den Katalog, den ich begonnen hatte. Ich schrieb an Julia, um ihr einige Ihrer Gedanken über die Arbeit mitzuteilen. Ich glaube, sie teilt Ihre Überlegungen.
Es wird gut sein, wenn Sie mir mitteilen, was Sie zu tun oder zu sagen gedenken in Bezug auf den berühmten Brief.
Ich verstehe, daß niemand ohne eine Erklärung übergangen werden kann. Was mich betrifft, kann ich derzeit ohne Ihre Anweisung nur schweigen. Sehen Sie zu, was getan werden muß, ich brauche Ihnen dazu nichts zu empfehlen, doch gestehe ich, daß ich mich nicht danach fühle, eine solche Verantwortung zu übernehmen. Andrerseits weiß ich nicht, wie man die schwierige Frage lösen kann.
Ich hoffe, wir haben noch Gelegenheit, uns zu sehen, bevor eine Entscheidung fällt.
Ich habe es Ihnen nicht gesagt, aber ich muß mich operieren lassen, ich müßte es schon seit zweieinhalb Jahren tun. Ich glaube, es ist klug, die Sache nicht länger zu vernachlässigen und es jedenfalls noch vor der Abfahrt zu machen. Es handelt sich um einen anscheinend gutartigen Tumor, aber die Klugheit verlangt einen chirurgischen Eingriff. Vor zweieinhalb Jahren sprach man von einer Woche. Ich hoffe, daß inzwischen keine nicht mehr gut zu machende Komplikation eingetreten ist. Schreiben Sie mir Ihre Nachrichten. Herzlich. Hat Ihnen die Maske gefallen? T.

46. Brief

Tanja Schucht an Sraffa
16. September 1937

Lieber Freund, es tut mir sehr leid, von der schlechten Gesundheit Ihres Vaters zu hören. Ich verstehe vollkommen Ihren Wunsch, ihm und auch Ihrer Mutter immer nah zu sein.
Ich bitte Sie, übermitteln Sie Ihren Eltern meine besten Wünsche und daß ich von mir hören lasse, sollte ich durch Mailand kommen.
Ich möchte auf den berüchtigten Brief kommen und von Ihnen hören, wie ich mich verhalten soll. Sonst weiß ich nicht, welche Haltung ich einnehmen soll, auch gegenüber Julia.
Seinerzeit habe ich in Rom auf die Sache angespielt, hatte aber damals noch nicht den Text des Briefes.
Ich verstehe gut, daß man manchmal auch Fragen von größter Bedeutung fallen lassen kann. Es gibt genug Gründe: Nachlässigkeit, Gleichgültigkeit, der Wunsch nach einem ruhigen Leben, Rücksicht usw.
Aber ich habe den absoluten Wunsch, meine eigentlichste Pflicht zu erfüllen, nicht nur gegenüber Nino, sondern gegenüber all dem, was er als das Ziel seines Lebens ansah, das nicht verraten werden darf.
Nach meiner Rückkehr zur Familie könnte ich die nötigen Schritte unternehmen, um zu versuchen, die Wahrheit zu erfahren.
Aber um dies tun zu können, meine ich, muß man viel Vorsicht walten lassen, sehr diskret sein, sonst wird es nicht möglich sein, etwas zu erfahren, wenn die Angelegenheit durch sich selbst kompromittiert wird, – falls es tatsächlich etwas Ernstes zu entdecken gibt.
Ich danke Ihnen für den Rat, den Sie mir geben. Ich glaube, ich kann die Frage der Operation nächste Woche entscheiden. Zumindest hoffe ich es. Ich versuche, die ganzen Sachen zu beschleunigen. Doch muß ich Ihnen sagen, daß mich Ihre Bemerkung, meine Lieben müßten lernen, Geduld zu üben, getroffen hat. Auch wenn die Langsamkeit meiner Vorbereitungen ganz von mir abhängt, glaube ich doch nicht, daß dabei Bosheit mitspielt.
Ich habe von Carlo keine Nachricht. Morgen schreibe ich Teresina, um Nachrichten und um seine Adresse zu erhalten. Er muß viele Bücher Ninos haben, die er in Turi abgeholt hat, also Bücher, die Nino damals las.

Lassen Sie von sich hören und lassen Sie mich möglicherweise wissen, wann Sie abfahren werden. Und ob wir uns vielleicht noch sehen können. Auf jeden Fall schreiben Sie mir bitte.
Die herzlichsten Grüße an die Ihren, T.

P.S. Ich schicke Ihnen noch zwei Fotos von Nino.

47. Brief

Sraffa an Tanja Schucht
18. September 1937

Liebe Freundin, gerade Ihr Brief liefert ein Beispiel, das Ihre Frage beantwortet. Sie schreiben: "Ihre Bemerkung, meine Lieben müßten lernen, Geduld zu üben, hat mich getroffen. Auch wenn die Langsamkeit meiner Vorbereitungen ganz von mir abhängt, glaube ich doch nicht, daß dabei Bosheit mitspielt".
Sehen Sie, wie rasch ein Mißverständnis entsteht! Sie haben einem unschuldigen Satz von mir die Bedeutung eines Tadels, fast einer Beleidigung gegeben. Glücklicherweise können wir uns frei schreiben; Sie haben mir frei Ihre Interpretation gesagt, und ich kann Ihnen die Erklärung geben, die folgende ist: Ich habe meinen Satz Wort für Wort aus Ihrem vorletzten Brief kopiert und lediglich hinzugefügt, ich sei einverstanden mit Ihnen! Sie sehen also, daß Ihre Interpretation irrig ist ..., es sei denn, Sie wollten sich selbst tadeln und der "Bosheit" bezichtigen!
Die Sache ist geklärt. Doch nehmen Sie an, wir hätten uns nicht frei schreiben können, nehmen wir an, Sie wären zehn Jahre unter furchtbaren physischen und psychischen Bedingungen allein mit Ihren Gedanken geblieben; das Mißverständnis wäre in Ihrem Kopf gewachsen, und Sie hätten sich immer mehr davon überzeugt, ich hätte Ihnen einen ungerechten Vorwurf machen wollen.
Ich bin überzeugt, daß etwas Ähnliches (in einer natürlich viel schwerwiegenderen Angelegenheit) im Falle des berüchtigten Briefes an Nino passiert ist. Für mich, der ihn mit kühlem Kopf gelesen hat, ist klar, daß es sich beim Schreiber des Briefes um Leichtfertigkeit gehandelt hatte, aber

daß dahinter keine "Bosheit" und noch weniger ein diabolischer Plan steckte. Ich wurde in dieser Ansicht dadurch bestärkt, daß Nino sagte, er sei durch den Untersuchungsrichter auf diesen Verdacht gekommen; und man weiß gut, daß das Ausstreuen von Verdächtigungen dieser Art zum handwerklichen ABC eines Untersuchungsrichters gehört.

Auf jeden Fall, wenn Sie den Verdacht nach einer erneuten Lektüre des Briefes aufrecht erhalten, gibt es keinen Grund, keine "Nachlässigkeit, Gleichgültigkeit, der Wunsch nach einem ruhigen Leben, Rücksicht usw.", wie Sie schreiben, um die Angelegenheit fallen zu lassen. Tun Sie, was Nino getan hätte, wenn er die Bewegungsfreiheit gehabt hätte, die Sie haben: begeben Sie sich zum Schreiber des berüchtigten Briefes. Wenn Sie nach Paris fahren, bringen Sie ihm seinen Brief und den Ninos, unterbreiten Sie ihm frei Ihre Gedanken und hören Sie seine Erklärungen; aus dem Ton seiner Antwort müßten Sie beurteilen können, ob sie aufrichtig ist oder nicht. Das ist, da Sie mich gefragt haben, mein Rat.

Ich danke Ihnen sehr für die Fotos. Halten Sie mich über die Operation und Ihr künftiges Programm auf dem laufenden. Ich fahre hier Ende September ab.

Meine Eltern senden Ihnen ihre guten Wünsche und Grüße und werden sehr froh sein, wenn Sie zu einem Gruß in Mailand vorbeikommen.

Herzlich. P.

48. Brief

Tanja Schucht an Sraffa
28. September 1937

Lieber Freund, Ihr letzter Brief hat in mir, unabhängig von Ihrer Absicht, einen kläglichen Eindruck hinterlassen. Eine Sache ist für mich jedenfalls klar, Sie müssen der Angelegenheit keine Bedeutung zumessen, oder besser, Sie hegen keinen Zweifel an der Harmlosigkeit der Sache, folglich erscheint Ihnen die Weise, mit der ich die Machenschaft entdecken könnte, absolut gleichgültig zu sein, da es für Sie keine gibt. Und Sie behaupten das, indem Sie sich insbesondere auf die Tatsache stützen, daß ein Anderer (der Untersuchungsrichter) es seinerseits für richtig befand, darauf hinzuweisen.

Daraus leiten Sie ab, daß es die Sache nicht gibt, das handwerkliche ABC ... usw.
Ich glaube nicht, daß diese Argumentation gerechtfertigt werden kann. Es sei denn, man wolle die Sache absichtlich fallen lassen. Ich gebe zu, daß es viele Gründe geben könnte, um dies zu tun, oder besser, man kann es vorziehen, jeden Versuch einer Nachforschung aufzugeben, um Unannehmlichkeiten zu vermeiden, weil man es letztlich nicht wissen will und schließlich, "weil" man aufrichtig glaubt, die Sache sei unmöglich oder weil man in diesem besonderen Fall die Möglichkeit nicht zugeben will. Und doch sollte man sich keineswegs wundern, wenn es eine fast diabolische Tat gewesen wäre, mit dem Ziel, mit allen Mitteln die Verwirklichung und Behauptung dessen zu verhindern, wofür andere ihr Leben opferten.
Und wenn dem so wäre, hülfe auch meine ganze Umsicht und Klugheit nicht, um der Sache auf den Grund zu kommen. Darum muß man auf jeden Fall den Gedanken zurückweisen, sich direkt an den zu wenden, der seinerzeit den Brief geschrieben hatte, um aus dem Ton seiner Antworten zu schließen, ob eine schuldhafte Absicht dahinter gesteckt hatte. Außerdem müßten Sie sich erinnern, wenn Sie ein gutes Gedächtnis haben, daß die Absicht nicht von dem Schreibenden ausging, sondern von dem, der den Brief schreiben ließ, und die zweite Unterschrift ist die einer Frau, die jetzt offen ins Lager der ärgsten Feinde übergelaufen ist. [Eine Anspielung auf Fanny Jezierska, die meines Wissens unbegründet ist, A.N.]
Für mich ist es wirklich schmerzlich, Ihren Rat bekommen zu haben, denn es scheint mir unverständlich, daß Sie ihn mir geben konnten in dem Sinn, in dem Sie es taten. Auch die Argumentation, die auf Grund einer irrtümlichen Interpretation Ihrer Bemerkung durch mich die Möglichkeit behauptet, daß auch die Interpretation Ninos falsch sei, ist keineswegs schlüssig, denn der Brief an Nino ist für sich genommen ein Dokument, eine Darlegung von Tatsachen, von Angaben und Bemerkungen, deren Mitteilung an den Staatsanwalt eines Sondergerichts sicherlich niemand für geraten ansieht. Meiner Ansicht nach handelt es sich nicht darum herauszufinden, ob die Absicht gut sein konnte, während die Tat kriminell war, sondern man muß geduldig die ehemalige und die gegenwärtige Tätigkeit dessen verifizieren, der den Brief inspiriert hat, wenn man schon, wegen mangelnder Intelligenz, die Verantwortung nicht dem zuschreiben kann, der den Brief geschrieben und unterzeichnet hat. Daß Sie nichts tun wollen oder können und mir auch nichts in meinem Sinne raten, mag ich akzeptieren, aber das tut mir leid auch für Sie, und ich möchte nicht, daß Sie letztlich nicht ernsthafter an die Angelegenheit gedacht hätten, als Sie glauben machen wollen. Herzlich.

59. Brief

Sraffa an Paolo Spriano
Trinity College Cambridge
18. Dezember 1969

Lieber Spriano, Ihren Brief habe ich erhalten und seinerzeit auch Ihren zweiten Band, für den ich sehr danke. Ich antworte auf Ihre Fragen so gut ich kann. Der "p" vom April 1937 bin sicherlich ich (manchmal stand der Buchstabe für Piero, manchmal für Professor), und ich erinnere mich mit Sicherheit, daß Gramsci bei einem meiner letzten Besuche in der Klinik Quisisana in Rom mich darum bat, seine Empfehlung zu übermitteln, man solle die Parole einer Assemblea Costituente (verfassungsgebende Versammlung) ausgeben. Ich berichtete das in Paris, ich weiß nicht mehr, Grieco oder Donini – der erste ist wahrscheinlicher. Vom dem Plan Bertis, Gramsci einen Vertrauensarzt aus Paris zu schicken, habe ich nie etwas gehört. Der Gedanke konnte auf einer irrtümlichen Kenntnis der Umstände beruhen: Gramscis Arzt (Pulcinelli, scheint mir) war von Tatjana gewählt worden und man konnte diese Wahl ändern, ohne um eine Genehmigung nachzufragen. Das gleiche gilt für eine eventuelle Konsultation (ich spreche von der Periode des Quisisana-Aufenthalts). Die Bemerkung Griecos, man solle "die Wasser nicht aufrühren" ist zweifelsohne so zu interpretieren wie Sie sagen: keine Pressekampagne in Bewegung setzen. Aber was Sie von Grieco berichten, daß es sich darum gehandelt habe, zu vermeiden, Gramsci zu irritieren, hat mich wütend gemacht wie zu jenen Zeiten! Es ist so, daß aus unzeitigen Veröffentlichungen der Parteiführer in Paris zwei Mal ein Unheil ersten Ranges entstand. Weder damals, noch heute, glaube ich an Böswilligkeit, sondern nur an die für Journalisten und Agitatoren unwiderstehliche Versuchung, alles zu veröffentlichen. (Ich weiß, das gilt auch für Historiker, doch bitte ich Sie, diesen Teil meines Briefes als vertraulich anzusehen). Zwischen dem 6. und 10. Januar bin ich für kurze Zeit in Rom im üblichen Hotel. Herzlich, Ihr Piero Sraffa.

Teresa Noce

ESTELLA

Autobiografie einer italienischen Revolutionärin

Im Jahr 1900 als zweites Kind einer alleinstehenden Turiner Arbeiterin geboren, lerne Teresa Noce von ihrem 10. Lebensjahr an die Härte der Arbeitswelt kennen. Mit zwölf Jahren kämpfte sie für den Zehnstundentag, mit fünfzehn gegen den Kriegseintritt Italiens auf den Barrikaden der Turiner Arbeiter, mit neunzehn für die Bewegung der Fabrikräte. 1921 gehörte sie zu den Gründern der Kommunistischen Partei, lernte deren Führer kennen und sagte darüber später: „Bordiga nannte mich die ‚Sturmwindmadonna' ... Ja, ich habe mit allen gestritten ...". Gemeinsam mit Luigi Longo ging Teresa Noce 1926 zunächst ins Moskauer, später ins Pariser Exil.
Für die meisten ihrer Freunde bleibt sie ein Leben lang „Estella"; als Leiterin der Francs-Tireurs-Partisans in der französischen Résistence 1941–1943 wird sie von der deutschen Gestapo 1943 in Paris verhaftet und in die Konzentrationslager Ravensbrück und später Holleischen deportiert. Es gelingt ihr, dem Terror der Todeslager bis zur Befreiung durch polnische Partisanen zu widerstehen.
Ihre Autobiografie ist als Geschichte des Widerstandes zugleich die leidvoll erlebte Geschichte der italienischen Arbeiterbewegung des 20. Jahrhunderts, leidvoll nicht nur im Kampf gegen die politische Rechte, sondern auch als Kampf einer Frau in einer – auch innerhalb der Linken – von männlichen Normen beherrschten Welt. Das Scheitern ihrer Liebe zu Luigi Longo – einem der Begründer und späteren Führer der PCI – führt für sie aufgrund einer persönlichen Intrige zugleich zum Scheitern ihrer politischen Leitungstätigkeit innerhalb der Italienischen Kommunistischen Partei.
Sie wird jedoch – neben Sibilla Aleramo – zu einer der großen Wegbereiterinnen der italienischen Frauenbewegung.

416 S.; Paperback 32.– DM, ISBN 3-88442-005-4